●동양의 역사와 철학이 집약된 결정체!!

# 故事成語

編輯部 編

부 록 : 속담풀이

# 머 리 말

고사성어(故事成語)는 동양의 역사와 철학이 집약된, 그 결정이라고 풀이할 수 있다. 우리는 그 고사(故事)를 통하여 많은 것을 배우고 얻을 수 있다. 이 속에는 인간의 흥망 성쇠와 처세(處世)와 사상과 운명과 윤리가 담겨져 있다. 또한 해학과 풍자까지도 섞여 있어서 그 진가가 더욱 빛을 발한다.

그러한 고사성어(故事成語)는 그 대부분이 우리의 생활 감정이 되어 선인(先人)들의 사고(思考)를 이해하는 데 커다란 도움이 되어왔다. 원래는 모두가 한문으로 짜여져 있었으나 현대에 이르러서는 그 대부분이 우리 말로 토착화하여 속담으로 사용되어지는 것도 헤아릴 수 없을 만큼 많다.

이 책에서는 고사의 성립과 그 과정을 보다 인상적이며 이해하기 쉽도록 해설했다. 그렇기 때문에 이 인상적인 이해는 자구(字句)의 이해를 도와서 한자(漢字) 학습과 고사의 기억에도 큰 도움이 될 것을 믿어 의심치 않는 바이다. 어떤 고사를 막론하고 하나의 사건으로 해설되었고 또 상호 연결을 찾을 수 있어서 더할 수 없는 흥미를 느낄 수 있다.

보편적이고 참된 다수의 책이 그렇듯이 이 책 역시 예외는 아니어서 독자의 부류를 한정할 수는 없다. 누구나 흥미롭게 읽고 새로운 지식을 더한다면 더없는 기쁨이 되겠다.

끝으로 뒷부분에 수록한 고사와 간략한 해설은 사건으로 엮어진 해설을 찾기 어려운 것들이며 해설도 그 뜻을 중점적으로 다루었기 때문에 앞부분과 중복되어 있는 것이 있으니 착오가 없기를바란다.

편자 직

● 고사성어 **차 례**

## 〔가〕

## 〔나〕

## 〔다〕

## 〔마〕

## 〔바〕

## 〔사〕

〔아〕

## 〔자〕

## 〔차〕



## 〔타〕

## 〔파〕



## 〔하〕

# 〔가〕

## • 佳人薄命(가인박명)

의미 / 가인(佳人)이란 임금과 같이 귀한 사람을 일컫는 뜻도 있으나 통상적으로는 미인과 마찬가지로 용모가 아름다운 여자를 일컫는다. 즉, 이 성어는 여자의 용모가 너무 특출나면 운명이 기박하다는 뜻이다.

출전 / 蘇軾의 詩 〈薄命佳人〉

해설 / 박명가인이라는 시는 칠언율시(七言律詩)로 되어 있다.

두 뺨엔 굳은 젖, 머리털엔 옻을 발랐는데(雙頰凝酥髮抹漆)
눈빛은 발로 들어와 구슬처럼 또렷하구나(眼光入簾珠的白樂)
원래 흰 깁으로 선녀의 옷을 만들고(故將白練作仙衣)
붉은 연지로 타고난 바탕을 더럽히지 못한다(不許紅膏汗天質)
오나라 말소리는 귀엽고 부드러워 아직 어린데(吳音嬌軟帶兒痴)
한없는 인간의 근심은 전혀 알지 못한다.(無限間愁總未知)
예로부터 가인은 대부분 박명이라지만(自古佳人多薄命)
문을 닫고 봄을 다하면 버들 꽃도 지고 말겠지(閉門春盡楊花落)

이 시는 작자가 항주(杭州), 양주(楊州) 등의 지방 장관으로 있을 때 절에 갔다가 나이 삼십이 갓 넘었다는 어여쁜 여승(女僧)을 보고 그녀의 아리따왔을 소녀시절을 연상하며 미인의 운수가 기박함을 글로 쓴 것이다.

## • 苛政猛於虎(가정맹어호)

의미 / 여기서 가정(가혹한 정치)이란 관리들의 세금을 가혹하게 징수한다는 뜻의 말로서, 이는 곧 포악하고 무분별한 정치제도는 짐승의 왕이라는 호랑이보다도 더 무섭다는 뜻이다.

출전 / 〈禮記〉 檀弓篇

해설 / 서서히 움직이는 수레 위에 공자(孔子)가 온화한 얼굴로 점잖게 앉아 있었다. 옆에는 공자를 중심으로 몇 사람의 제자가 따르고 있었다.

사람의 왕래가 거의 없었고 태산이 한결 높이 솟아 있었으며 근처는 죽은 듯 고요했다.

일행은 얼마 후 여인의 울음소리가 정적을 깨고 들려오는 것을 들었다. 그 울음소리는 앞에 있는 묘지에서 들려오는 듯했다. 공자는 이상히 여기며 그 소리에 귀를 기울였다.

예상한 대로 한 부인이 길가에 있는 세 개의 초라한 무덤 앞에서 울고 있었다. 그 울음소리는 비통하고도 애절해서 사람의 가슴을 찌르는 것이었다. 공자는 예의를 표하고 난 다음 제자인 자로(子路)를 시켜 까닭을 묻게 했다.

「몹시 슬퍼 보이십니다. 거듭해서 슬픈 일이 생기신 모양이군요.」

「그렇습니다. 이 근처는 참으로 무서운 곳입니다. 옛날 저의 시아버님이 호랑이에게 물려 돌아가셨는데 곧 이어 저의 남편도 호랑이에게 당했읍니다. 그런데 이번에는 아들까지 잡아먹혔답니다.」

「그렇게 위험한 곳인데 왜 다른 곳으로 떠나지 않습니까?」

「그것도 이유가 있읍니다. 이곳에 살고 있으면 마구 뜯어 가는 세금을 재촉받을 걱정은 없으니까요.」

공자는 이 말을 듣고 깊이 느끼는 바가 있어 동행하는 제자들에게 말했다.

「잘 들어둬라. 가혹한 정치는 호랑이보다 무서운 것이느니라.」

## • 刻舟求劍(각주구검)

의미 / 칼이 강물에 빠지자 뱃전에 칼자국을 내어 표시해 두었다가 나중에 배가 움직인 것은 생각지도 않고 표시해 두었던 뱃전 부근에서 칼을 찾는다는 뜻으로, 전혀 융통성이 없음을 비유한 말이다.

출전 / 〈呂氏春秋〉 察今篇

해설 / 옛날, 초나라 사람이 배를 타고 양자강을 건너갔다. 깜박 졸다가, 손이 비었다고 생각했다. 들고 있던 보검이 미끄러져 강물에 빠졌다.

그는 당황하여 손을 뻗쳤다. 검을 주워 올리려고 했지만, 때는 이미 늦어서, 검은 물 속 깊이 가라앉았다. 탁류는 도도히 흘렀고, 검은 보이지 않았다.

검을 잃은 남자는, 단검을 빼내어 뱃전에 자국을 내고, 의아하게 여기는 다른 승객에게 말했다.

「내 검이 이곳으로 부터 떨어졌다. 표시를 해 두었기 때문에 이제 괜찮다. 건질 수 있다.」

드디어 배가 건너편 강변에 도착했다. 남자는 표시를 한 뱃전으로부터 강물 속으로 들어가 검을 찾기 시작했다.

「틀림없이 이 밑 강물 속에 있다. 내 표시에는 틀림이 없기 때문이다.」

그러나 검을 떨어뜨린 장소로부터 배가 떠나와 버렸기 때문에 검이 발견될 수 없었다. 그러나, 남자는 그것을 깨닫지 못했다. 남자는 구경꾼들의 조소 속에서 검을 찾기 위해 계속 강물 속을 더듬었다.

## • 肝膽相照(간담상조)

의미 / 간과 폐를 드러내 보인다는 뜻으로, 서로의 마음을 숨김없이 터놓고 거리낌 것 없이 친하게 사귐을 일컫는 말이다.

출전 / 韓愈의 〈柳子厚墓誌銘〉

해설 / 중당(中唐)의 문인 한유(韓愈)는 맹교(孟郊)나 가도(賈島)와 같은 좋은 친구를 여러 명 사귀고 있었는데, 아마도 생애에 여러 번 직면했던 곤경 속에서 참된 우정과 그렇지 못한 것을 구별할 수 있는 능력이 몸에 배어 있던 때문일 것이다. 〈유자후묘지명(柳子厚墓誌銘)〉에서는 먼저 유종원(柳宗元)의 선조의 사적부터 설명하고 그 사람됨과 재능과 정치가로서의 사업을 칭찬하고 나중에는 그 우정의 두터움을 찬양하였다.

유종원이 유주자사(柳州刺史)로 임명되었을 때 그의 친구 유몽득(劉夢得) 또한 파주자사(播州刺史)로 전출될 예정이었다. 그 말을 들은 유종원은 몹시 슬퍼하면서,

「파주란 형편없는 지방으로 도저히 몽득 같은 사람이 살곳이 못된다. 더군다나 노령인 모친을 모시고 부임할 수도 없을 테고 또 그 사실을 어떻게 모친에게 알릴 수 있겠는가! 모른체 할 수가 없다. 간청을 하여 몽득 대신 파주행을 지원해야겠다. 물론 나랏말을 거역하는 일이 되겠지만 그것은 각오한 바이다.」
라고 말했다고 한다.

## • 強弩之末(강노지말)

의미 / 원문은, 「강노의 끝은 비단조차도 뚫지 못한다」로, 강한 활로부터 나온 화살도, 최후에는 힘이 없어져, 노호(魯縞 ; 노에서 나는 고운 비단) 조차도 뚫을 수 없게 된다는 의미이다. 전(轉)하여, 강대한 힘도 최후에는 쇠퇴하여 아무것도 할 수 없게 되어 버린다는 말이다.

출전 / 사기(史記)

해설 / 전한(前漢) 초기, 거듭되는 흉노의 침범으로 북쪽의 한족은 대단히 괴로와했다.

한(漢)의 고조(高祖)는 대군을 이끌고 출진했지만, 오히려 흉노에게 포위당하고 말았다.

신하 진평(陳平)이 꾀를 내서, 흉노왕의 비(妃)를 선물로 회유하여, 포위망의 한 구석을 풀어주게 하였다. 덕분에 고조는 겨우 탈출 할 수 있었다.

그 후, 고조는 오랜 전란 후의 국내의 휴양와 국력 회복을 위해 힘을 다했고, 흉노에 대해서는 친화술로 대처했다.

기원 전 198년 고조는 흉노왕(단우)에게 일족의 딸과 막대한 예물을 주어 형제국으로서의 약속을 했다. 게다가, 매년 선물을 주기로 결정했다.

그러나, 단우(單于)는 그 후에도 친화의 약속을 짓밟고, 때때로 북변에서 소동을 일으켰다. 한에서는 이것을 격퇴하는 것이 고작이었으므로 전면 전쟁은 불가능했다.

그로부터 50년, 한은 내정에 힘을 기울인 결과, 문제(文帝) · 경제(景帝) 때에는 국력도 회복하였고 무제(武帝) 시대가 되자, 그 힘은 하늘을 찌르게 되었다.

이 국력을 배경으로 무제는 흉노토벌을 결심하여, 기원 전 133년, 주전파 신하 왕회(王恢)가 올린 계책으로 흉노를 유도하는 계략을 신하들을 모아 놓고 토의했다.

어사대부 한안국(韓安國)이 반대했다.

「강한 활도 종말에는 비단조차 뚫지 못한다고 합니다. 한군이 강해졌다지만, 원정한다면, 승리를 확신할 수 없읍니다.」

왕회가 반발했다.

「땅을 선취하여 복병을 둔다면 단우를 잡을 수도 있고, 일격에 전면 승리도 가능하지 않을까요?」

무제는 이 의견에 따랐다.

그리하여, 삼십만 대군을 내서, 복병과 위장 투항 전술로 단우의 십만 기병을 유인하였으나, 기미를 눈치챈 단우는 도망쳤다.

그러나, 무제는 기세가 꺾이지 않고, 후에 위청(衛青)과 곽거병(霍去病) 등을 출병시켰다. 두 사람은 흉노를 토벌하여 사막으로 쫓아 버렸고 비로소 북방의 근심이 없어지게 되었다.

## • 改過遷善(개과천선)

의미/ 지나간 허물을 뉘우치고 새롭게 착한 사람이 되는 것을 뜻한다.

출전/〈普書〉本傳

해설/ 진(普)나라 혜제 때 양흠(楊羨) 지방에 주처(周處)라고 하는 괴걸(怪傑)이 있었다.

그의 아버지 주방(周紡)은 동오(東吳) 파양(鄱陽) 태수를 지냈으나 불행히도 주처가 젖먹이일 때 세상을 떠났다. 주처는 아버지의 가르침과 보살핌에서 벗어난 뒤부터 점점 망나니로 변해 하루종일 빈둥거리거나 방탕한 생활을 하며 지냈다. 그런데다가 남달리 몸이 강인하고 힘도 보통 사람이 도무지 따르지 못할 정도여서 걸핏하면 남을 두들겨 팼기 때문에 마을 사람들은 그와 마주치는 걸 두려워했다.

그러나 철이 들어감에 따라 자신의 과오를 깨닫고 「지난 허물을 과감히 고치어 새로운 사람이 되겠다(痛改前非 重新做人)」고 굳은 결심을 하였다. 그러나 주처가 아무리 좋은 일을 해도 사람들의, 그에 대한 감정은 변하지 않았다.

그래서 그는 정든 고향을 등지고 동오에 가서 대학자 육기(陸機)와 육운(陸雲) 두 형제를 만나보고 솔직담백하게 말했다.

「전에 저는 나쁜 짓을 헤아릴 수 없이 많이 했읍니다. 그러나 이제부터는 뜻을 세워 착한 사람이 되려고 노력하고 있읍니다. 하지만 너무 늦은 감이 있어 두렵습니다.」

「자네는 나이가 아직 젊네! 절대 늦지 않았으니 굳은 의지를 가지고 지난 허물을 고쳐 새로이 착한 사람이 된다면 자네의 앞길은 무한한 것일세.」

하고 육운이 격려를 했다.

이때부터 주처는 뜻을 세워 동오에서 글을 배웠다. 이후 10여년 동안 품덕(品德)과 학문을 닦고 익혀 마침내 유명한 대학자가 되었다.

## ●蓋棺事定(개관사정)

의미 / 관 뚜껑을 덮고 난 뒤에야 비로소 그 사람에 대해 안다는 뜻으로, 사람은 죽고 난 뒤에야 올바르고 정당한 평가를 할 수 있다는 말이다.

출전 / 杜甫의 〈君不見簡蘇徯〉

해설 / 다음의 시는 두보가 사천성(四川省) 동쪽 기주(夔州)의 깊은 산골로 들어가서 가난하게 살고 있을 당시 역시 거기에 들어와 살며 실의에 찬 나날을 보내고 있는 친구의 아들인 소혜(蘇徯)란 사람에게 편지 대신으로 보낸 한 편의 시이다.

그대는 보지 못하였는가 길가에 버려진 못을(君不見道邊廢棄池)
그대는 보지 못하였는가 앞서 꺾여 넘어진 오동나무를(君不見前者摧折桐)
백년 뒤 죽은 나무가 거문고로 쓰이게 되고(百年死樹中琴瑟)
한 섬 오랜 물은 교룡을 품기도 한다(一斛舊水藏蛟龍)
장부는 관을 덮어야 일이 비로소 결정된다(丈夫蓋棺事始定)
그대는 아직 다행히 늙지 않았거늘(君今幸未成老翁)
어찌 원망하리요, 초췌히 산속에 있는 것을(何恨憔悴在山中)

심산 궁곡은 살 곳이 못 되노니(深山窮谷不可處)
벼락과 도깨비와 미친 바람까지 겸했노라(霹靂魍魎兼狂風)

## • 擧案齊眉(거안제미)

의미 / 밥상을 눈 위로 받들어 올린다는 말로, 아내가 남편을 지극히 공경함을 나타낸 말이다.

출전 / 〈後漢書〉 逸民傳

해설 / 후한서(後漢書)의 일민전(逸民傳)에 나오는 양홍조(梁鴻條)를 요약해 보면 다음과 같다.

자(字)가 백란(伯鸞)인 양홍은 부풍군 평릉현의 사람으로 끼니를 잇지 못할 정도로 가난하였으나 절개가 곧았다. 같은 현의 맹가(孟家)에 맹광(孟光)이라는 딸이 하나 있었는데 몸이 비대하고 얼굴이 못생긴데다 살색까지 검은 추녀였다. 그러나 힘은 돌절구를 들 정도로 세었다.

나이 서른이 되었는데도 들어오는 혼처(婚處)를 모두 물리치고 시집을 가려 하지 않자 걱정이 된 부모가 그 이유를 물었다.

「양백란님 같은 훌륭한 분을 고르고 있습니다.」

처녀는 잘라 말했다. 양홍이 그 말을 전해 듣고 정식으로 그녀에게 청혼을 하였다. 그렇게 하야 결혼을 하였는데 7일이 지나도록 양홍이 새색시를 외면하자 새색시가 침대 아래에 무릎을 꿇고 애원하였다.

「제가 알기로 당신께서는 이상이 높으셔서 어느 누구의 청혼도 거절하셨다 하더이다. 그러나 지금 겨우 저를 선택하여 주셨는데 저의 어디가 마음에 드시지 않는지요?」

양홍이 대답했다.

「나는 누더기를 입고 함께 산으로 들어가서 살아갈 여자를 원하였던 것이오. 그런데 지금 그대는 아름다운 비단옷을 입고 분을 바르고 눈썹을 그리고 있소. 그러한 여자는 내가 바라던 바가 아니오.」

그러자 새색시는 머리를 아무렇게나 돌려 묶고 무명옷을 입고 실과 바늘을 가지고 나왔다. 양홍이 크게 기뻐하며 별명을 짓기를 덕요(德曜)라고 하였다.

그들은 둘이서 패릉의 산속으로 들어가 막일을 하며 살았다. 그러나 양홍이 왕실을 비방하는 시를 지어 장제(章帝)에게 쫓기게 되자 성과 이름을 바꾸고 오(吳)나라로 건너갔다.

오나라에 이르자 고백통(皐伯通)이라는 명문 대가를 찾아가 방앗간의 일을 거들며 지냈다. 일이 끝나고 돌아오면 아내가 밥상을 들고 눈썹 높이로 들어 바쳤다.(每歸 妻爲具食 不敢於鴻前仰視 擧案齊眉)

백통은 그것을 보고 생각하였다.

「남편을 극진히 대하는 것을 보니 필시 보통 사람이 아니다.」

백통은 양홍 일가를 자기 집안에 들어와 살게 하였다. 생활이 안정되자 양홍은 십수편의 책을 저술할 수 있었다. 양홍이 죽자 백통 등은 그를 오나라의 요리(要離) 곁에 묻었다.

## • 乾坤一擲(건곤일척)

의미 / 하늘과 땅을 한번에 내던진다는 뜻으로 천하를 잃느냐 얻느냐, 죽느냐 사느냐와 같이 사생결단을 건 최후의 한판 승부를 뜻하는 성어이다.

출전 / 韓愈의 詩 〈過鴻溝〉

해설 / 홍구(鴻溝)란 지금의 하남성(河南省) 고노하(賈魯河)로 진(秦)이 멸망한 뒤 천하통일이 이루어지지 않자 초(楚)의 항우(項羽)와 한(漢)의 유방(劉邦)이 이곳에 선을 긋고 천하를 나누어 가졌다. 이 시는 당시를 추억한 것이다.

용은 피로하고 호랑이는 곤하여 천원을 서로 나누니(龍疲虎困割川原)

모든 백성들이 성명을 보존하였다(億萬蒼生性命存)

누군가가 한왕에게 군사와 말을 돌이키길 권하며(誰勸君王回馬首)

진실로 천하를 건 한판의 도박을 벌였구나(眞成一擲賭乾坤)

## ● 格物致知(격물치지)

의미 / 〈대학(大學)〉의 교과를 닦아 체득하는 일로 사물이 지니고 있는 이치에 인간의 인식이 도달하여 궁극적인 지(知)에 이르는 것, 또는 의념(意念)이 움직이는 모양을 살펴 그 부정을 바로잡고 양지(良知)를 한껏 발휘하는 일을 뜻한다.

출전 / 〈大學〉 八條目

해설 / 「예전의 밝은 덕을 천하에 밝히려고 하는 사람은 먼저 그 나라를 다스리고, 그 나라를 다스리려는 사람은 먼저 그 집안을 정돈하고, 그 집안을 정돈하려고 하는 사람은 먼저 그 몸을 닦고, 그 몸을 닦으려고 하는 사람은 먼저 그 마음을 바르게 하고, 그 마음을 바르게 하려는 사람은 먼저 그 뜻을 정성스럽게 하고, 그 뜻을 정성스럽게 하려고 하는 사람은 먼저 그 아는 것을 극진히 해야 할 것이니 아는 것을 극진히 하는 것은 사물의 이치를 연구하는데 있다.(古之欲明明德於天下者 先治其國 欲治其國者 先齊其家 欲齊其家者 先修其身 欲修其身者 先正其心 欲正其心者 先誠其意 欲誠其意者 先致其知 致知在格物)」

이상은 대학의 팔조목에 나오는 말이다.

## •犬牙相制(견아상제)

의미 / 개의 이가 어긋나게 물려 교착해 있는 것처럼, 국가와 국가의 국경이 뒤얽혀 복잡하게 접해 있는 것을 말한다. 서로 견제시키기 위해 이렇게 했다. 「견아상착(犬牙相錯)」이라고도 한다.

출전 / 「한서(漢書)」 경13왕전(景十三王傳)

해설 / 한(漢) 고조는, 건국 후, 여러 장수들을 각지(各地)의 왕으로 봉했다. 이들 왕은 각지에서 패권을 다투었고, 심한 곳에서는 반란을 꾀했기 때문에, 고조는 이들을 하나씩 멸망시켰다.

그래서, 성이 다른 자는 왕이 되지 못하도록 정하고, 일족을 차례로 왕으로 봉했다. 일족이 힘을 합하여 한(漢)의 왕실을 융성시키도록 했다.

그런데, 경제(景帝) 시대가 되자, 강대해진 동성(同姓)의 왕은 중앙과 대립하게 되어, 기원 전 154년에는 오왕(吳王)을 우두머리로 하는 오초 칠국(吳楚七國)의 반란이 일어났다.

다행히도 태위(太尉) 주아부(周亞夫)가 36인의 장수를 이끌고 출정하여, 겨우 3개월 만에 7왕의 난을 평정했기 때문에, 한 왕실은 무사했다.

그러나, 그 밖에도 동성의 나라가 많이 있어서, 아무리 해도 인접한 성과 영지의 소유 문제는 여전히 조정의 골치 거리가 되었다.

그 대책으로, 다음 황제인 무제 때, 대신들은 전제(前帝) 시대의 「영지 삭감안」을 실시하기로 했다. 그 때문에 제후들의 죄상을 차례로 고발하여, 무제에게 선처를 청했다.

제후들은 황급히 와서 말했다.

「우리들은 황실과 골육, 선제(先帝)가 영지의 경계를 개의 이처럼 교착해서 봉한 것은 서로 힘을 모아 황실을 지키라는 것이다.」

「무실의 죄, 인정할 수 없다.」

라고 소리친 최강경파 중의 유승(劉勝)과 유등(劉登)은, 기원 전 138년, 석명(釋明)을 위해 장안(長安)으로 갔다. 무제는 향연을 베풀어 환대했다.

드디어 가무(歌舞)가 시작되자 유승은 울며 무제에게 말했다.

「폐하, 우리들의 골육의 정을 없애려고 하는 참언을 결코 믿지 마십시오.」

무제는 유승을 위로했다. 그 후, 추은령(推恩令)을 발하여 제후들의 영토를 자식들에게 나누어 주었다. 그래서, 큰 나라가 작은 나라로 분할되어 약체화 되었고, 중앙집권의 기초가 굳어졌다.

## • 結草報恩(결초보은)

의미 / 풀을 엮어서 은혜를 갚는다는 뜻으로 죽어서까지도 은혜를 잊지 않고 갚는 것을 뜻한다.

출전 / 〈春秋左氏傳〉 宣公 15年條

해설 / 춘추 시대 때 진(晋)나라에 위무자(魏武子)라는 사람이 있었는데 사랑하는 첩을 거느리고 있었다. 그런데 그들 사이에는 자식이 없었다. 그래서 무자는 병이 들자 아들인 과(顆)를 불러 말했다.

「반드시 다른 곳으로 시집보내도록 하여라.」

세월이 흘러 병이 악화되자 이번에는 이렇게 말했다.

「죽여서 내 곁에 묻도록 하라.」

아버지가 돌아가시자 위과는 그녀를 죽이지 않고 시집보내면서 말했다.

「병이 심해질 적에는 머리에 혼란이 일어나는 것이다. 나는 병세가 악화되기 전의 아버님 말씀에 따르는 것이다.」

그후 선공(宣公) 15년 7월에 진(秦)의 환공(桓公)이 진나라를 쳐서 군대를 보씨(輔氏)에 주둔시켰다. 이 보씨의 싸움에서 위과는 진의 이름난 역사(力士) 두회를 사로잡았다. 한 노인이 두회의 발 앞에 풀을 엮어서 걸려 넘어지게 했으므로 그를 잡을 수 있었던 것이다.(及秦普之戰 魏顆見老人結草 以坑杜回 回躓而顚遂獲之)

그날밤 위과의 꿈속에 그 노인이 나타나서 말했다.

「나는 그대가 시집보내 준 여자의 아비 되는 사람이오. 그대가 선친의 바른 유언에 따랐기 때문에 내가 은혜를 갚은 것이외다.(我而所嫁婦人之父也 爾從先人治命 餘是以報)」

## ● 傾國之色(경국지색)

의미 / 한 나라를 위태롭게 할 정도의 미인이란 뜻으로, 아름다운 여인을 이르는 말이다.「경국」이라고 줄여서 말하기도 한다.

출전 / 〈漢書〉 李夫人傳

해설 / 한무제(漢武帝)를 모시고 있는 가수(歌手) 중에 이연년(李延年)이란 자가 있었는데 음악적 재능이 풍부하고 노래와 춤 솜씨도 대단해서 신곡을 만들거나 편곡을 할 때마다 사람들을 감동시켰으므로 무제의 총애를 한몸에 받고 있었다. 그러한 그가 황제 앞에서 춤을 추며 노래했다.

북방에 가인(佳人) 있어
절세로 단 한 사람 뿐
일고(一顧)하면 성을 기울게 하고(傾城)
재고(再顧)하면 나라를 기울게 했다.(傾國)
어찌 경성 경국을 모리리요마는
가인은 두번 다시 얻기 어려우리

무제는 노래를 듣고 나서 한숨을 내쉬며 말했다.

「아아, 세상에 그런 여인이 존재할 수 있을까?」

「연년에게는 누이동생이 있거든요.」

무제의 누이인 평양공주(平陽公主)가 귀엣말로 속삭였다.

무제는 곧 연년의 누이동생을 불러들였는데 그녀는 표현키 어려울 만큼 예뻤고 춤솜씨도 대단했다. 무제는 그녀를 본 순간 완전히 마음이 사로잡히고 말았다.

## • 敬遠(경원)

의미 / 공경하나 이를 멀리한다는 뜻으로, 공경하면서도 그것에 친숙해지지 않는 것을 나타냈으나 현대에 이르러서는 겉으로는 존경하는 체하면서 속으로는 꺼리고피 하는 것을 말한다.

출전 / 〈論語〉 雍也篇

해설 / 「군자는 괴, 력, 난, 신을 말하지 않는다.(子不語怪力亂神)」

「군자는 괴이(怪異)와 무용(武勇)과 세상의 어지러움과 신에 대해서 말하지 않았다」는 뜻으로 괴와 신이란 초월자에 대해서는 따르는 이외의 태도를 하지 않는다는 말이다.

더구나 공자는 이와 같은 태도야말로 바로 지(知 ; 英知)라고 확신하였다.

「제자인 번지(樊遲)가 지에 대해서 물었다. 자가 말하기를 자기 자신이 해야 할 일에만 노력하고, 귀(鬼)나 신(神)은 공경하면서 멀리해 둔다. 이렇게 하는 것이 지라고 할 수 있다.」

여기에서 「공경하면서 멀리해 둔다」란 공경하면서도 그것에 친숙해지지 않는 것, 요컨대 신에 의존하지 않는 것을 뜻하며, 바로 여기에서 공자가 초월자의 객관적 공정성에 대해서 절대적으로 신뢰함을 엿볼 수 있다.

## • 鷄肋(계륵)

의미 / 닭의 갈비뼈는 먹을 만한 곳이 없지만 버리기에는 아깝다. 즉, 아무런 도움은 못 되나 버리기에는 아까와서 이러지도 저러지도 못하는 난처한 상황을 뜻한다.

출전 / 〈後漢書〉 楊修傳, 〈普書〉 劉伶傳

해설 / 삼국 정립시대(三國鼎立時代)가 나타나기 1년 전, 즉 후한 헌제(獻帝)의 건안 24년의 일이다. 익주(益州)를 영유한 유비(劉備)는 한중(漢中)을 평정시킨 다음, 위(魏)의 조조(曹操)를 맞아 역사적인 한중 쟁탈전(漢中爭奪戰)을 벌이고 있었다.

싸움은 쉴새없이 계속되었다. 유비의 병참은 후방 근거지의 제갈량이 확보하고 있는 데 반해 병참이 혼란에 빠져 매우 어려운 지경에 처해 있었다.

그러던 어느날 저녁 조조에게 계탕(鷄湯)이 바쳐졌고 갈비가 눈에 뜨였다. 먹자 하니 먹을 것이 없고 버리자 하니 아깝고, 닭의 갈비가 꼭 오늘의 자기 처지와 같다는 생각이 들었다.

이때 그의 장수 하우돈이 야간 군호를 하달해 달라고 하기에 조조는 무심코 「계륵」이라고 소리 질렀다. 그러자 부하들은 무슨 소리인지 몰라 어리둥절해할 뿐이었다.

그런데 주부(主簿)인 양수(楊修)는 조조의 이 고함을 듣자 혼자서 부지런히 장안으로 돌아갈 준비를 서둘렀다. 모두들 어리둥절한 채로 그 까닭을 묻자 양수는 이렇게 대답했다.

「닭의 갈비뼈는 먹을 만한 데가 없다. 그렇다고 내버리는 것도 아깝다. 한중을 이에 비유했으므로, 왕께서는 귀환하기로 결정하신 것이다.」

과연 조조는 위의 전군을 한중에서 철수시켰다.

## • 鷄鳴狗盜(계명구도)

의미 / 닭의 울음소리나 개가 짖는 흉내를 잘 내어 좀도둑질을 잘 한다는 뜻으로, 한 가지 기술에 능하긴 하지만 비천한 사람을 말한다. 또 아무리 미천한 사람이라도 어떤 면에 있어서는 남이 하지 못하는 장점과 특징을 지니고 있음을 의미한다.

출전 / 〈史記〉 孟嘗君傳

해설 / 기원 전 330년 경에서 기원 전 260년 경까지는 진(秦)의 세력이 동쪽의 육국(六國)을 압도해 간 시기였는데 육국측에서도 뒤지지 않으려고 노력했을 것은 당연한 일이다.

그래서 당시의 실권자들은 인재를 자기편으로 만드는 데 온갖 열의를 기울였다.

그 중에서도 제(齊)나라의 맹상군은 유별난 데가 있어서 설사 범죄자라 할지라도 일기일예(一技一藝)에 뛰어나기만 하면 모두 받아들이니, 그의 문중은 항상 3천 명을 헤아렸다고 한다.

제민왕(齊湣王) 25년에 맹상군은 왕명으로 진(秦)나라에 가게 되었다. 진의 소왕은 맹상군의 사람됨을 보고 자국의 재상으로 초치하려고 했다. 그러나 거기에는 강경한 반대 의견이 분분했다.

「맹상군은 당대의 어진 사람이며, 또 제나라는 왕국입니다. 그러한 그가 국정을 맞게 되면 틀림없이 제나라의 이익을 생각하고 진나라를 나중으로 미룰 것이니 그 점도 염두에 두어야 할 것입니다.」

이리하여 소왕은 자신의 생각을 버리고 맹상군을 잡아 가두어 기회를 보아 암살하려고 했다.

이를 눈치 챈 맹상군은 소왕의 애첩에게 사람을 보내어 풀려날 수 있도록 힘써 주기를 부탁했다. 그러자 애첩은,

「그대가 가지고 있는, 여우의 겨드랑이 흰털로 만든 고급 피의가 탐이 난다」고 했다.

맹상군은 원래 값이 수천금이나 되는 천하 일품인 물건을 가지고 왔었는데 진나라에 와서 그것을 소왕에게 헌상해 버렸기 때문에 낙담하지 않을 수가 없었다. 그래서 식객들과 의논을 거듭했지만 이렇다할 묘안이 나오지 않았다.

이때 한쪽 구석에서 좀도둑의 명수라는 사나이가 나서서 말했다.

「제가 해결하겠읍니다.」

사나이는 밤이 되자 개의 흉내를 내면서 궁중의 창고로 숨어들어가 용케도 그 물건을 훔쳐 가지고 나왔다.

이것을 애첩에게 바치자 애첩은 소왕에게 간청하여 맹상군을 석방했다.

석방된 맹상군은 곧 진나라에서 탈출하고자 위장을 한 후 한밤중에 함곡관(函谷關)에 도착했다.

한편, 소왕은 뒤늦게 모든 사실을 눈치 채고 역마를 보내어 뒤쫓게 했다.

맹상군은 함곡관까지 왔으나, 관법(關法)에 의해 첫닭이 울기 전에는 문을 열어 사람을 보내지 않으므로 다시 곤경에 처하게 되었다.

그런데 이번에는 식객 중에 닭울음 소리를 잘 내는 자가 있어 그가 흉내를 내자 근방의 모든 닭들이 따라서 함께 울게 되었다. 마침내 관문이 열리고 맹상군 일행은 쉽게 탈출할 수 있었다.

## •季布一諾(계포일락)

의미 / 계포가 승낙한 한 마디의 말이란 뜻으로 일단 약속을 한 이상 어떠한 일이 있어도 지킨다는 것을 뜻한다.

출전 / 〈史記〉 季布傳

해설 / 초(楚)나라 사람인 계포는 젊었을 적부터 어떤 일에든지 「좋다(諾)」하고 한번 내뱉은 이상은 그 약속을 반드시 지켰다. 훗날

서초(西楚)의 패왕 항우(項羽)가 한(漢)나라의 유방(劉邦)과 천하를 걸고 싸웠을 때, 초나라 대장이 되어 유방을 여러 차례에 걸쳐 괴롭혔으나, 항우가 망하고 유방이 천하를 통일하자 쫓겨다녀야하는 신세가 되었다. 그러나 그의 성품을 아는 자는 그를 밀고하지 않았으며, 도리어 그를 고조(高祖 ; 劉邦)에게 천거해 주었다. 덕택에 사면이 되어 낭중(郎中)이란 벼슬에 있다가 다음 혜제(惠帝) 때에는 중랑장(中郎將)의 벼슬에 올랐다.

## • 股肱之臣(고굉지신)

의미 / 다리와 팔뚝에 비겨도 될 만한 신하라는 뜻으로 임금이 가장 가까이하며 신임하는 중신(重臣)을 일컫는 말이다.

출전 / 〈書經〉 益稷篇

해설 / 순임금이 말했다.

「신하들이여, 옆에 있으면서 도와주오. 어려울 때 도와주는 사람이 진실로 참된 신하로다.」

우가 그 말을 받았다.

「옳으신 말씀입니다.」

순임금은 차분한 어조로 다시 말을 이었다.

「그대들과 같은 신하들은 짐의 팔다리요 눈과 귀로다. 내가 백성들을 돕고자 하니 그대들도 힘써 참여해 달라. 내가 위엄을 온천하에 떨치려 하거든 그대들이 대신해 달라. 내가 잘못하고 있을 때에는 그대들이 나를 보필하여 규정(規正)해 달라. 내 앞에서 순종하는 척하고 물러간 후에 뒷얘기를 할 것이 아니라 나의 면전에서 직접 충고해 달라. 그리고 전후좌우의 동료들을 서로 공경하여 서로 예의를 갖추도록 하라. 관리들은 백성들의 뜻을 나에게 전하는 것이 임무이니 올바른 이치를 세상에 크게 펴지도록 할 것이며, 잘못을 뉘우치는 자가 있으면 용서하고 그렇지 않은 자에게는 철퇴를 가해 나라의 위엄을 보이도록 하라.」

이와 같이 순임금은 신하들이 자신을 잘 보좌하여 올바른 정치를 할 수 있도록 힘써 줄 것을 당부했다.

## •鼓腹擊壤(고복격양)

의미 / 배를 두드리며 박자를 맞추어 격양놀이를 한다는 뜻으로, 백성들이 그와 같이 태평함을 즐기므로 바로 그 시절이 태평성대라는 뜻이다.

출전 / 〈十八史略〉 卷一의 堯帝條篇

해설 / 천하의 성군(聖君)으로 꼽히는 요(堯) 임금이 천하를 통치하기 시작한 지 50년이 지난 어느 날, 나라가 계속해서 태평성대를 누리자 도리어 요의 마음에는 불안한 생각이 들었다.

「도대체 천하는 지금 진정으로 잘 다스려지고 있는 것일까? 백성들은 나를 천자로 받드는 것을 행복으로 생각하고 있을까?」

요는 그것을 자기 눈으로 직접 보고 귀로 확인해 보고 싶었는데 마침 한 무리의 어린이들이 서로 손을 잡고 놀면서 이런 노래를 부르고 있었다.

우리 백성 살리심이(立我烝民)
임의 덕 아님 없네(莫匪爾極)
제 자신도 모르는 체(不識不知)
임의 덕 따르나니(順帝之則)

어린이들의 순진무구한 노랫소리는 요 임금의 가슴속 깊이 스며들었다.

다시 걸음을 옮기다가 무심코 곁을 보니 백발노인 한 사람이 음식을 우물거리면서 격양놀이(옛날 중국에서 하던 유희의 하나)를 하는데, 배를 두드려 박자를 맞추면서 즐겁게 하고 있었다.

해 뜨면 일하고(日出而作)
해지면 잠들며(日入而息)
우물을 파서 마시고(鑿井而飮)
밭 갈아서 먹나니(畊田而食)
임금의 덕 따위야 무엇하리요(帝力何有珍我哉)

이번에야말로 요 임금의 마음은 구석구석까지 환하게 밝아졌다.

## • 高枕安眠(고침안면)

의미 / 베개를 높게 받치고 편안한 잠을 잔다는 뜻으로, 마음이 한가하고 여유가 있어 아무런 근심이 없는 상태를 나타낸다.

출전 / 〈史記〉〈戰國策〉

해설 / 전국 시대 중엽, 소진(蘇秦)과 장의(張儀)가 활약하던 때의 일이다.

소진은 합종(合從)을 외치며 진을 제외한 6개국이 동맹하여 진(秦)에 대항할 것을 설득했다. 그러나 장의는 여섯 나라가 각각 동맹해서 진을 따르기를 주장했다.

장의는 진의 힘을 배경으로 이웃 나라들을 침략했다. 진혜왕(秦惠王) 10년, 장의는 스스로 위(魏)를 침략한 것을 시발로 위의 재상이 되었다. 뿐만 아니라 위양왕(魏襄王)과 애왕(哀王)에게 연횡을 따를 것을 권했으나 뜻대로 되지 않았다. 그래서 진은 본때를 보여주기 위해 한(韓)을 토벌하여 8만의 군사를 죽임으로써 제후들을 떨게 했다.

장의는 그 기회를 잡아 다시 애왕을 설득했다.

우선 위는 천리사방도 없고, 병졸도 얼마 되지 않은 약국이란 것을 지적하며 열국의 통로가 될 가능성이 많다는 것과 남은 초, 서는 한, 북은 조(趙), 동은 제(齊)와 국경을 이웃해서 그 어떤 나라와 동맹을 맺는다 해도 다른 나라의 원한을 사게 되므로 그런 방법은 사분오열(四分五裂)이라고 설득했다. 그런 다음 합종을 비난하여, 형제의 맹방을 맺었다 한들 친형제끼리도 금전상의 다툼이 생기는 것을 보면 합종이란 허울 좋은 사기라고 말하며 진을 섬기지 않으면 어떻게 될지 아느냐고 위협조로 따졌다. 즉 진이 위와 조의 길을 끊고 한을 권유해서 함께 위를 공격할 것이라고 했다. 계속해서 이번에는 진을 섬기면 어떤 이로움이 있는지 아느냐고 달랬다. 진을 섬기면 곧 초와 한은 함부로 대하지를 못한다. 그렇게 되면 대왕은 베개를 높이 베고 누울 수 있으니 반드시 근심이 없어질 것이다. 또한 진의 목적은 초에 있으므로 위와 함께 초를 공격하여 초를 나누어 갖자고 설득했다.

## • 古稀(고희)

의미 / 「예로부터 매우 드물다」는 뜻으로 70세를 고희라고 한다.

출전 / 杜甫의 〈曲江〉

해설 / 당(唐)나라의 수도 장안(長安)의 동남쪽 끝에 곡강(曲江)이란 연못이 있었다. 그 남쪽으로는 부용원(芙蓉苑)이란 궁원도 있어 경치가 몹시 아름다웠고 봄에는 꽃을 관상하는 장안 시민들로 붐볐다. 이 곡강 변에서 두보가 몇 수의 시를 남기고 있다. 그의 대표작

가운데 하나인 곡강이수(曲江二首)라는 시 속에는 고희라는 말이 나온다.

조정에서 돌아오면 날마다 봄옷을 입고(朝回日日典春衣)
하루같이 강가에서 만취해 돌아온다(每日江頭盡醉歸)
술빚은 예사로서 도처에 있고(酒債尋常行處有)
인생 칠십은 예로부터 드문 것이라.(人生七十古來稀)

이 시에서 「인생칠십고래희」가 전해져 내려오는 속언이 아닌가도 생각된다.

## • 曲學阿世(곡학아세)

의미 / 요사스럽게 왜곡된 학문을 하여 세상에 아첨한다는 뜻으로, 평소의 자기 신조나 소신, 철학 등을 저버리고 권세나 시세에 아첨함을 말한다.

출전 / 〈史記〉 儒林傳

해설 / 원고생(轅固生)은 전한(前漢) 4대 경제 때의 학자로서 특히 시경에 밝아 박사로 임명된 적이 있었다. 그런데 5대 무제(武帝) 때에 다시 부름을 받게 되었다.

그러나 이 강직한 노학자가 나타나게 되면 별볼일 없게 될 엉터리 학자들이 어떻게든 황제의 뜻을 되돌려 보려고 고생의 험담을 늘어놓았다.

「그 늙은이는 이제 옛날과는 다릅니다. 시골에서 그냥 지내게 내버려 두어 손자들이나 돌보게 하는 것이 좋을 것입니다.」

하지만 무제는 들은 척도 않고 고생을 등용하였다. 고생과 함께 산동의 공손홍(公孫弘)이라는 소장 학자도 부름을 받았다. 공손홍은 아무것도 모르는 영감이라는 눈초리로 고생을 대했으나 고생은 조금도 개의하지 않고 이렇게 말했다.

「지금 학문의 도가 흔들려서 속설이 유행하고 있네. 이대로 방치해두면 유서깊은 학문의 전통이 마침내는 사설(邪說) 때문에 참모습을 잃게 될 것이야. 자네는 다행히도 젊고 학문을 좋아하는 선비라고 알고 있네. 부디 올바른 학문을 연구, 공부하여 세상에 펴주게. 결코 자기가 믿는 학설을 숨기면서 세상의 속물들에게 아부하지 말게나.(公孫子務正學以言 無曲學以阿世」

이 말을 들은 공손홍은 어떠한 상황 하에서도 절조를 굽히지 않는 고생의 훌륭한 인격과 풍부한 학식에 감동되어 크게 뉘우치고 자신의 잘못을 사과한 뒤 그의 제자가 되었다.

## ● 空中樓閣(공중누각)

의미/ 공중에 떠 있는 누각이란 뜻으로, 현실성이 없는 일이나 뼈가 없는 이야기 또는 글을 지칭하는 성어이다.

출전/ 沈括의 〈夢溪筆談〉

해설/ 심괄(沈括)이 지은 〈몽계필담〉이란 책에 다음과 같은 내용이 있다.

「등주(登州)는 사면이 바다로 둘러싸여 있는데 늦은 봄부터 여름에 걸쳐 멀리 수평선 위로 누각들이 줄줄이 이어져 있는 도시가 보인다. 지방 사람들은 이것을 해시(海市)라고 한다.(登州四面臨海 春夏時遙見空際有城市樓臺之狀 士人謂之海市)」

그 뒤에 청(清)나라 적호(翟灝)는 그가 지은 〈통속편(通俗篇)〉 속에 심괄의 이 글을 인용, 수록한 다음 「지금 말과 행동이 허황된 사람을 가리켜 공중누각이라고 하는데 바로 이것을 말하는 것이다.(今

稱言行虛構者曰空中樓閣 用此事)」라고 기록하였다.

## • 管鮑之交(관포지교)

의미 / 중국 제(齊)나라 때 관중(管仲)과 포숙(鮑叔)의 두터운 우정을 얘기한 것으로, 친구 사이의 두터운 우정이나 교우 관계를 의미한다.

출전 / 〈史記〉 管仲列傳

해설 / 관중(管仲)은 영수(穎水) 근처에서 태어난 사람이다. 포숙(鮑叔)하고는 죽마지우(竹馬之友)로, 두 사람은 무엇을 하든 같이 했는데 포숙은 관중의 뛰어난 재능을 존중했다. 관중은 집안이 가난했기 때문에 곧잘 포숙을 속였다. 그러나 포숙은 한 마디의 불평도 하지 않았을 뿐더러 우정 역시 변하지 않았다.

얼마 후에 포숙은 제(齊)나라의 공자(公子) 소백(小白)을 섬기게 되었고, 관중은 공자 규(糾)를 섬기게 되었다. 소백이 즉위해서 환공(桓公)이 되자 경쟁자였던 규는 싸움에 져서 죽음을 당하고 관중은 포로의 몸이 되었다. 그래서 포숙은 친구인 관중을 등용하도록 환공에게 진언했다. 그리하여 관중은 제나라 국정을 맡게 되었고, 환공은 패자(霸者)가 될 수 있었다. 제후를 규합해서 천하를 하나로 통일할 수 있게 된 것은 어쩌면 관중이 솜씨를 보였기 때문이었는지도 모른다.

## • 刮目相對(괄목상대)

의미 / 눈을 비비고 다시 보며 상대를 대한다는 뜻으로, 한동안 보지 못한 사이에 상대가 깜짝 놀랄 정도의 발전을 보인다는 것을 뜻한다.

출전/〈三國志〉 吳志 呂蒙傳注

해설/삼국이 정립(鼎立)하여 대립상태가 계속되고 있던 무렵 오(吳)나라 손권(孫權)의 부하 중에 여몽(呂蒙)이라는 장수가 있었다. 무식하긴 했으나 싸움을 잘 해서 계속 승진을 하였으며 마침내 장군이 되었는데, 어느 날 손권이 그에게 공부를 하도록 충고했다.

얼마 후 손권의 부하 중 학식이 뛰어난 노숙이 여몽을 찾아갔다. 여몽과는 오랜 친구 사이였던 노숙은 이야기하는 사이에 여몽의 박식함에 깜짝 놀라고 말았다.

「언제 그렇게 공부했는가? 이제 학식이 대단하니 이미 오(吳)의 시골 구석에 있던 여몽이 아니로군.(至於今者 學識英博 非復吳下阿蒙)」

## ●巧言令色(교언영색)

의미/교언(巧言)이란 남의 비위에 거슬리지 않게 하는 교묘한 말이요, 영색이란 좋은 얼굴빛이란 뜻으로 소인배들의 교묘한 수단과 아첨을 일컫는 말이다.

출전/〈論語〉 學而篇, 陽貨篇

해설/공자(孔子)는 학이편에서 「교묘한 말과 아첨하는 얼굴빛에는 인(仁)이 적다(巧言令色鮮矣仁)」라고 하였고, 양화편에서도 똑같은 말을 한 뒤,

「나는 자줏빛이 붉은빛을 뺏는 것을 미워하고, 정나라 음악이 아악(雅樂)을 어지럽힌 것을 미워하며, 약삭빠르게 둘러대는 말이 나라를 뒤엎음을 미워한다.(惡紫之奪朱也 惡鄭聲之亂雅樂也 惡利口之覆邦家者)」라고 하였다. 여기서 이구(利口)란 교언(巧言)과 상통하는 말이라 할 수 있을 것이다.

## ●膠柱鼓瑟(교주고슬)

의미/ 비파나 거문고의 기러기발을 풀로 붙여 놓고 거문고를 탄다는 뜻으로, 어떤 규칙에 얽매여 전혀 융통성이 없는 것이나 고집불통을 나타낼 때 쓰는 말이다.

출전/〈史記〉 廉頗 藺相如列傳

해설/ 조나라 명장 조사(趙奢)에게 괄(括)이라는 아들이 있었다. 그는 어릴 때부터 병서를 많이 읽어 가끔 아버지와 전술에 관해 토론을 했으며 그럴 때마다 아버지가 이론에 몰리곤 하였다. 그러자 조사의 부인이 아들의 총명함을 보고 장군의 집에 장군이 났다면서 기뻐하는 것을 보며 조사는 이렇게 타일렀다.

「전쟁이란 이론만 가지고 승부가 결정되는 것은 아니오. 철없이 이론만 가지고 자신감을 갖는 것은 장수로서 가장 삼가야 할 일이오. 앞으로 괄이 장군이 된다면 조나라는 큰 변을 당하게 될 터이니 그것이 걱정이오.」

그 뒤 진나라가 조나라를 침략해 왔다. 명장 염파가 나가 싸웠으나 싸움은 조나라에 불리하게 전개되었다. 염파는 중과부적임을 깨닫고 방어에 전 병력을 동원했다.

그러자 진나라는 첩자를 들여보내 헛소문을 퍼뜨렸다.

「진나라 사람들은 조사의 아들 조괄이 조나라 대장이 되면 싸움에 질 것이라며 겁을 먹고 있다. 염파는 이제 늙어서 방어만 하고 있기 때문에 조금도 두렵지가 않다.」

이 헛소문에 귀가 솔깃해진 조나라 왕은 즉시 조괄을 대장에 임명하려 했다. 그때 인상여가 진언하고 나섰다.

「대왕께서 소문만 믿고 조괄을 쓰려 하시는 것은 마치 기둥을 아교로 붙여 두고 거문고를 타는 것과 같습니다. 괄은 그의 아버지가 전해 준 책을 읽었을 뿐으로 때에 맞추어 변통할 줄을 모릅니다.(王以名使括 若膠柱而鼓瑟耳 括徒能讀其父書傳 不知合變也)」

그러나 임금은 뜻을 굽히지 않고 조괄을 대장에 임명했다. 조괄은 대장이 되는 그날로 자기가 읽은 병서의 가르침에 따라 전부터 내려

오는 군령들을 전부 뜯어 고쳤다. 그리고 참모들이 말하는 작전과 의견 모두를 병법을 들어 반박하고 자기 주장대로만 밀고 나갔다. 그러다가 결국 조괄은 대참패를 당하고 조나라는 위험에 직면하게 되었다.

## ●狡兎死良狗烹(교토사양구팽)

의미 / 교활한 토끼가 잡히자 충실한 사냥개가 삶겨져 먹힌다는 뜻으로, 쓸모가 없어지자 언제 그랬냐는 듯 없애버림을 뜻한다.

출전 / 〈史記〉 准陰侯列傳

해설 / 초패왕(楚霸王) 항우(項羽)가 망하고, 천하는 한(漢)에게 돌아갔다. 한왕 유방(劉邦)이 제위에 올라 한고조가 되었고 그 이듬해의 일로서 조서가 제후에게 내려졌다.

「짐은 이제부터 운몽포(雲夢浦)로 여행을 하리라. 그대들은 수행차비를 갖추고 초(楚)의 진에 모여라.」

여기에는 까닭이 있다. 당시 한신(韓信)이 초왕으로 봉해져 있었으나 그 한신의 밑에는 항우의 용장이었던 종리매(鍾離昧)가 있었다.

그 전 싸움에서 종리매 때문에 고전한 경험이 있던 고조는 한신에게 그를 체포할 것을 명했으나, 전부터 종리매와 친교가 있던 한신은 오히려 종리매를 감싸고 돌았다. 이 사실을 알고 있는 고조는 진평(陳平)의 책략에 따라 여행을 구실로 제후의 군을 소집한 것이다.

위험을 느낀 한신은 「나에게는 아무런 죄도 없다」고 생각하고 자진해서 고조 앞에 나가려고 했다. 그러자 약삭빠른 가신이 한신에게 속삭였다.

「종리매의 목을 가지고 가시면 폐하도 기뻐하시고, 주군께서도 우려하실 사태가 없어지실 것입니다.」

옳다고 생각한 한신은 그 말을 종리매에게 했다. 그러자 종리매는,

「고조가 초를 침범하지 못하는 것은 자네 밑에 내가 있기 때문이다. 그런데 자네가 나를 죽여 고조에게 아양을 부린다면 자네도 얼마 안 가서 당할 것일세. 지금까지 자네를 믿었던 내가 부끄럽네.」
하고는 스스로 자진을 해 버렸다.

한신은 종리매의 목을 가지고 진으로 갔으나 과연 모반자라는 죄목으로 체포되었고 한신은 분에 못이겨 다음과 같이 울부짖었다.

「아아, 교토가 죽자 양구가 삶겨지고, 비조(飛鳥)가 없어지자 양궁이 감추어지고, 적국이 파멸되어 모신이 망한다(狡兎死良狗烹, 飛鳥盡良弓藏 敵國破謀臣亡)고 하더니 참으로 그렇구나.」

### • 口尙乳臭(구상유취)

의미 / 입에서 아직 젖냄새가 난다는 뜻으로, 상대가 어리고 말과 행동이 유치함을 얕잡아 일컫는 말이다.

출전 / 〈史記〉 高祖紀

해설 / 한왕이 한신을 시켜 위왕 표를 치게 하면서 물었다.

「유나라의 대장이 누구인고?」

누군가가 대답했다.

「백직(柏直)입니다.」

그러자 한왕이 말했다.

「입에서 젖비린내가 나는구나. 어찌 우리 한신을 당해낼 수 있겠는가?(漢王以韓信擊魏王豹 問魏大將誰 左右對曰柏直 漢王日是口尙乳臭 安能當吾韓信)」

### • 國士無雙(국사무쌍)

의미 / 한 나라 안에서 경쟁할 만한 상대가 없는 사람이란 뜻으로,

뛰어난 인재를 이르는 말이다.

출전 / 〈史記〉 淮陰侯列傳

해설 / 진(秦)이 멸망하고 초패왕 항우와 한왕 유방이 천하를 다투고 있을 때의 일이다. 초군의 위세에 눌려 파촉(巴蜀)의 땅에 몰리고 있었던 한군 속에 한신이란 사람이 있었다.

처음에 한신은 초군에 속해 있었으나 항우가 자신을 인정해 주지 않자 한군에 투신했다. 그 뒤 유방에게는 알려질 기회가 없었으나 우연히 부장(部將) 하후영(夏侯嬰)의 눈에 들어 치속도위(治粟都尉)로 추거되었다. 병량(兵糧)을 관리하는 직책으로 그는 다시 승상인 소하(簫何)와 친해지게 되었다. 한신은 야망이 큰 사람이었으며 또 그에 걸맞는 재능을 겸비하고 있었는데, 역시 소하는 그것을 알아보고 은근히 기대를 걸었다.

그 무렵, 유방을 따르는 부장들 중에 향수에 젖어서 도망치는 자가 나날이 늘어났다. 한신도 벼슬에 불만을 품고 도망을 쳤는데 한신이 도망했다는 소식이 전해지자, 소하는 급히 그 뒤를 쫓았다. 그러자 소하도 함께 도망친 것이라고 판단한 한 사람이 유방에게 그 사실을 보고했다. 유방은 팔 한쪽을 잃은 것같이 낙담하였다. 그런데 이틀쯤 지나 소하가 돌아왔다. 그 얼굴을 보고 유방은 기뻤으나 화를 내며,

「승상인 자가 왜 도망을 쳤나?」

「도망친 것이 아닙니다. 도망친 한신을 잡으러 갔었읍니다.」

「뭐, 한신? 지금까지 부장으로서 도망친 자가 10명 정도나 되는데 경은 그 중 한 사람이라도 뒤쫓은 일이 있는가? 그런데 이름도 없는 한신의 뒤를 쫓다니, 거짓말이겠지?」

「이제까지 도망친 부장들 정도의 인물이라면 얼마든지 많이 있읍니다. 그러나 한신은 실로 국사무쌍이라고 칭찬할 만한 인물입니다. 주공께서 이 파촉을 영유하시는 걸로 만족하신다면 한신이란 인물은 필요하지 않습니다만 동방으로 진출해서 천하통일을 희망하신다면 한신 이외에는 같이 군략을 꾀할 사람이 없읍니다. 한신이 필요한지

아닌지는 주공이 천하를 바라시는지 아닌지에 따라 결정될 것입니다.」

이렇게 해서 한신은 한의 대장군이 되었다.

### •跼蹐(국척)

의미 / 머리가 하늘에 닿는 것이 두려워 몸을 움츠리고 땅이 꺼질 것이 두려워 조심스럽게 발걸음을 내딛는다는 뜻으로, 겁이 많아서 몸둘 바를 모르는 상태를 비유한 말이다.

출전 / 〈詩經〉 小雅正月

해설 / 국척이란 말은 〈시경〉 속의 소아(小雅)라는 주나라 조정의 아가(雅歌)를 수록한 것 중 「정월(正月)」이란 시의 구절(句節)로,

하늘이 제 아무리 높다 해도(謂天蓋高)
몸굽히지 않고는 살 수 없다네(不敢不局)
제아무리 땅이 단단하고 두텁다 해도(謂地蓋厚)
감히 조심해서 걷지 않을소냐(不敢不蹐)
여기에 이렇게 말하는 것은(維號斯言)
뜻이 있었기 때문이니(有倫有脊)
슬픔은 오늘날 사람들의(哀今之人)
도마뱀 모양 떨고 있음이여(胡爲虺蜴)

라고 되어 있어 간신들이 국정을 어지럽히고, 뜻있는 선비가 몸을 굽히고, 조심스럽게 걸으며 화를 입지 않으려고 겁을 먹고 있다는 뜻으로 쓰이고 있다.

### •群鷄一鶴(군계일학)

의미 / 많은 닭 가운데 한 마리의 학이란 뜻으로 유독 뛰어난 것, 즉 많은 사람 속에 한 사람의 뛰어난 인물이 섞여 있는 것을 비유하는 말이다.

출전 / 〈普書〉 嵇紹傳

해설 / 혜소(嵇紹)의 자는 연조(延祖)라 하는데, 죽림칠현(竹林七賢)의 한 사람으로서 유명한 위(魏)의 중산대부(中散大夫) 혜강(嵇康)의 아들이다.

소(紹)는 10세 때, 아버지가 무고한 죄로 사형을 당하자 칠현(七賢)의 한 사람인 산도(山濤)가 당시 이부(吏部)에 있을 때 무제(武帝)에게 상주하였다.

「강고(康誥)에 부자의 죄는 서로 미치지 않는다고 적혀 있읍니다. 혜소는 혜강의 아들이긴 하나 그 영특함이 춘추 시대의 진(普)나라 대부인 극결(郤缺)보다 더하면 더했지 못하지는 않습니다. 부디 부르셔서 비서랑(秘書郎)을 시키십시오.」

「경이 추천하는 사람 같으면 승(丞)이라도 족하겠지. 반드시 낭(郎)이 아니라도 좋지 않겠는가.」

황제는 그를 비서랑보다 한 등급 위인 비서승(秘書丞)이란 관직에 오르게 했다.

그 후 소가 처음으로 낙양에 들어갔을 때 어떤 사람이 칠현의 한 사람인 왕융(王戎)에게 말했다.

「어제 많은 사람들 틈에 섞여 있는 계소를 보았는데 의기도 높은 것이 아주 늠름하며, 독립불기(獨立不羈)한 들학이 닭 무리 속으로 내려앉은 것 같았네.(昻昻然 野鶴如在鷄群)」

## • 君子三樂(군자삼락)

의미 / 군자의 세 가지 즐거움이란 뜻으로 이를 인용하여 인생에 있어서의 가장 큰 세 가지 즐거움이라고 하여 인생삼락(人生三樂)이라고 하기도 한다.

출전/〈孟子〉 盡心章

해설/「군자에겐 세 가지 즐거움이 있다. 그러나 천하를 다스리는 왕이 되는 것은 그 속에 끼지 못한다. 부모가 모두 살아 계시고 형제가 무고한 것이 첫째 즐거움이요, 하늘을 우러러 부끄럼이 없고 사람을 굽어보아도 부끄럽지 않음이 둘째 즐거움이요, 천하의 영재를 얻어 교육하는 것이 세째 즐거움이다.(君子有三樂而王天下不與存焉 父母俱存兄弟無故一樂也 仰不愧於天俯不怍於人二樂也 得天下英才教育之三樂也)」

## ● 捲土重來(권토중래)

의미/흙먼지를 날리며 다시 온다는 뜻으로, 실패한 사람이 다시 분기하여 세력을 되찾는다는 말이다.

출전/杜牧의 詩 〈題烏江亭〉

해설/다음의 시는 두목(杜牧)의 시로 항우를 읊은 시 중에서는 특히 유명하다.

승패는 병가도 기할 수 없는 것(勝敗兵家不可期)
수치를 참을 수 있음이 바로 남아라(包羞忍耻是南兒)
강동의 자제에는 준재가 많으니(江東子弟多俊才)
흙먼지를 일으키며 다시 왔으면 승패는 없었을 터인데(捲土重來未可知)

이 시에는 「강동의 부형에 대한 수치를 참고 견디었더라면 우수한 자제가 많은 곳이므로 만회할 수 있었을지도 모르지 않는가」하고 항우를 애석하게 여기는 정이 넘쳐흐르고 있음을 알 수 있다.

### ● 錦上添花(금상첨화)

의미/비단 위에 꽃을 더한다는 뜻인바, 좋은 일에 또 좋은 일이 겹친다는 말이다.

출전/王安石의 〈即事〉

해설/다음의 시는 왕안석이 만년에 정계(政界)를 떠나 남경(南京)의 한적한 곳에 은거해 살 때에 지은 것으로 추측된다.

강은 남원을 흘러 언덕 서쪽으로 기우는데(河流南苑岸西斜)
바람엔 맑은 빛이 있고 이슬에는 꽃이 있다(風有晶光露有華)
문 앞의 버들은 옛사람 도령의 집이요(門柳故人陶令宅)
우물 가의 오동은 전날 총지의 집이다(井桐前日總持家)
좋은 모임에서 잔 속의 술을 비우려 하는데(嘉招欲覆盃中淥)
고운 노래는 비단 위에 꽃을 더한다(麗唱仍添錦上花)
문득 무릉의 술과 안주를 즐기는 손이 되어(便作武陵樽俎客)
내의 근원엔 응당 붉은 노을이 적지 않으리라(川源應未少紅霞)

이 시에서의 비단은 술자리와 근처 풍경을 이르는 것이며 꽃은 고운 노래를 말함이다.

### ● 金城湯池(금성탕지)

의미/단단한 쇠로 된 성곽과, 그것을 둘러싼 열탕(熱湯)의 끓는 못. 방비가 견고하여 난공불락인 것을 이르는 말이다. 「금성철벽(金

城鐵壁)」이라고도 한다.

출전 /「한서(漢書)」 괴통전(蒯通傳)

해설 / 진(秦) 말기, 진승(陳勝)은 진현(陳縣 ; 河南省)에서 진 타도의 병사를 모은 후, 무신(武臣)에게 3천 병사를 주고, 황하(黃河)를 건너 하북(河北) 각지를 공격시켰다.

무신은 각지에서 진의 폭정을 비난했기 때문에 하북의 민중도 속속히 궐기하여 금세 수만의 대군으로 팽창했다. 무신은 무신군(武臣君)이라 부르도록 하였다.

궐기군은 곧 십여성을 함락시켰지만 항복하지 않은 성도 있었다. 범양(范陽 ; 山東省)도 그 중 하나로, 현령(縣令) 서공(徐公)은 방비를 굳히고 저항했다.

범양에 괴통(蒯通)이라는 웅변가가 있었다. 그는 서공을 찾아가 말하였다. 「귀하의 생명은 길지 않습니다만, 나의 말을 들으면 장생할 수 있습니다.」

「무슨 말입니까?」

「귀하가 지금까지 많은 사람을 죽였기 때문에 백성들이 모두 원망하고 있습니다. 백성이 일어나서 진(秦) 조정(朝廷) 타도에 출전할 때에 귀하를 죽일 것입니다.」

서공은 당혹해하였다.

「어찌하면 좋을까요?」

「무신군의 군대가 가까이 오고 있습니다. 한시 빨리 나아가서 항복하십시오.」

서공은 항복하기로 결심하고, 괴통을 무신군에게 보냈다. 괴통은 무신군에게 말했다.

「전쟁을 하지 않고도 천리의 땅을 평정하는 좋은 방법이 있습니다.」

「어떤 방법이 있습니까?」

「범양의 현령 서공이 왜 항복하지 않는지, 그 이유를 아십니까? 그것은 귀하가, 항복한 10여 성의 진의 관리들을 죽였기 때문입니다.」

「그렇게 모두 죽임을 당하기보다는 금성탕지(金城湯池)의 수호를 굳게 하고 있는 것입니다. 무신군께서 서공의 항복을 우대한다면 다른 성도 기뻐하여 항복할 것입니다.」

무신군은 괴통의 진언을 듣고, 항복한 서공을 우대했다. 그 일을 전해들은 30여 성도 항복을 자청하여, 무신군은 싸우지 않고 하북을 평정했다.

### • 琴瑟相和(금슬상화)

의미 / 금(琴)은 거문고, 슬(瑟)은 비파로 이 둘을 동시에 탈 때 음률이 잘 어울려 양자의 울림이 잘 화합한다는 뜻으로, 흔히 부부간의 애정을 여기에 비유한다.

출전 / 〈詩經〉 小雅 常棣篇

해설 / 소아(小雅) 상체편(常棣篇)은 한 집안의 화합함을 노래한 8장으로 된 시로, 이 시의 제 7 장을 옮겨본다.

처자가 좋게 합하는 것이(妻子好合)
비파와 거문고를 타는 것과 같고(如鼓瑟琴)
형제가 이미 합하여(兄弟歸翕)
화락하고 또 즐겁다(和樂且湛)

여기서 금슬을 슬금이라고 바꿔놓은 것은 운(韻)을 맞추기 위함이다. 거문고와 비파를 타면 음률이 어울려 서로 화합해서 즐거운 분위기를 자아내듯 아내와 뜻이 잘 맞음을 말하는데, 여기서 처자란 아내와 자식의 뜻으로도 해석될 수 있다.

### • 錦衣夜行(금의야행)

의미 / 비단옷을 입고 컴컴한 밤길을 간다는 말로, 아무리 출세하고 잘 차려 입어도 주위에서 알아주지 않음을 뜻한다.

출전 / 〈漢書〉 項籍傳

해설 / 유명한 홍문연(鴻門宴)이 있은 지 수일 후의 일이다. 유방(劉邦)과 진(秦)의 수도인 함양(咸陽) 입성을 다투다가 드디어 목적을 이룬 항우가 득의만만하여 함양으로 입성했는데, 이때 그의 유방과는 대조적인 성격이 잘 나타난다.

그는 유방과 달리 난폭했으며 누가 진언을 해도 듣지 않고 자기 뜻대로 모든 일을 처리했다.

그러한 그를 보고 모장(謀將) 범증(范增)이 말렸으나 그는 듣지 않았다. 더군다나 오랜 싸움 끝에 그는 망향의 그리움에 사로잡히고 말았다. 그래서, 진에서 약탈한 재물과 미녀를 다 거두어 고향으로 돌아가고자 했던 것이다. 그러자 한생(韓生)이란 자가 간했다.

「관중(關中)은 천연적으로 사면이 막혀 있어 지세가 견고할 뿐 아니라 토질도 비옥하니 이곳을 도읍으로 정하여 천하의 패권을 잡고 제후들에게 호령해야 합니다.」

그러나 항우의 눈에 비친 함양은 불타다 남은 궁전, 형편없이 파괴된 황량한 초토일 뿐이었다. 그보다도 빨리 고향으로 돌아가 자기의 성공을 과시하고 싶었다.

그래서 그는 동쪽 하늘을 바라보며 말했다.

「부귀를 이루고도 고향으로 돌아가지 않는 것은 비단옷을 입고 밤에 걷는 것과 같다. 누가 이것을 알소냐.(富貴不歸故鄕 如衣錦衣行 誰知文者)」

「비단옷을 입고 밤에 간다」는 〈한서〉의 항적전(項籍傳)에 기재된 말이며, 〈사기〉의 항우본기(項羽本紀)에서는 「錦」이 「繡」로 되어 있다.

## • 杞憂(기우)

의미 / 기인지우(杞人之憂)의 준말로 기(杞)나라 사람의 근심이란 뜻으로, 공연히 쓸데없는 걱정이나 아무런 이익도 없는 근심을 말한다.

출전 / 〈列子〉 天瑞篇

해설 / 기국(杞國)에 어떤 사나이가 있었다. 그 사나이는 만약 하늘이 무너지고 땅이 꺼지면 몸둘 곳이 없어진다고 걱정하며 밤에도 잠을 이루지 못하고 식음을 전폐한 채 걱정만 하고 있었다. 그러자 사정을 딱하게 여긴 친구가 찾아와 이렇게 설명하였다.

「하늘은 공기가 쌓인 것 뿐으로 공기가 없는 곳이란 있을 수 없지. 몸을 구부렸다 폈다 하는 것도 언제나 하늘 속에서 하고 있는 것이니, 하늘이 무너진다는 걱정은 할 필요가 없네.」

「왜 대지는 파괴되지 않지?」

「대지는 흙덩이가 쌓인 것 뿐이라네. 그것이 사방에 꽉 차서 흙이 없는 곳은 없지. 뛰거나 달리거나 항상 지상에 있지 않은가. 왜 대지가 파괴될 거라고 걱정하나?」

그러자 비로소 사나이는 속이 후련해져 크게 기뻐했다고 한다.

## • 騎虎之勢(기호지세)

의미 / 호랑이를 타고 가다가 도중에 내리게 되면 잡혀 먹히고 만다는 것으로, 일을 계획하고 시작한 이상 도중에 중단해서는 안되며, 또 그만둘 수도 없는 상태를 말한다.

출전 / 〈隋書〉 獨孤皇后傳

해설 / 남북조 시대로 북조 최후의 왕조인 북주(北周)의 선제(宣帝)

가 죽자 외척인 한인(漢人) 양견(楊堅)은 뒤처리를 하기 위해 궁중으로 들어갔다. 양견은 재상으로서 정치를 총괄하고 있었으나 언제나 자기 나라가 이민족에게 점령당하고 있는 것을 원통하게 생각하며, 〈기회만 있으면 다시 한인의 천하로 만들겠다〉고 마음 속으로 벼르고 있었다.

그러던 차에 선제가 죽었다. 아들이 아직 어리고 그리 영특하지도 못했으므로 제위를 양도시켜 수(隋)나라를 세웠다. 때는 서력 581년으로 양견은 그로부터 8년 후에 남조의 진(陳)을 멸망시켜 천하를 통일했는데 그가 수의 고조 문제(文帝)이다.

이 문제의 황후인 독고황후(獨孤皇后)는 전부터 남편의 대망을 들어 알고 있었으므로 선제가 사망하고 남편이 마침내 북주의 천하를 빼앗기 위해 궁중으로 들어가 분주획책(奔主劃策)하고 있을 때 사람을 보내어 말을 전했다.

「하루 천 리를 달리는 호랑이를 탄 이상 도중에서 내릴 수는 없읍니다(騎虎之勢不得下虎). 도중에 내리면 잡혀 먹히고 말 것입니다. 호랑이와 함께 최후까지 가지 않으면 안 됩니다. 이미 대사를 일으키시고자 착수한 이상 도중에 꺾여서는 안 됩니다. 반드시 목적을 달성하시도록 애써 주십시오.」

양견이 용기를 북돋아 주는 처의 말에 격려된 것은 말할 나위도 없다.

## • 奇貨可居(기화가거)

의미 / 기화(奇貨)는 기이한 보화라는 뜻이니 진기한 물건을 사서 잘 보관해 두면 뒤에 큰 이익을 본다는 말인데 죄를 범할 수 있는 좋은 기회의 뜻으로도 쓰인다.

출전 / 〈史記〉 呂不韋列傳

해설/ 전국 시대 말기에 조(趙)의 수도 한단(邯鄲)은, 나라가 쇠퇴해 가는데도 불구하고 중원 문화의 정수를 모아 상업이 번창하고 왕래하는 다른 나라 사람들도 많았다. 여불위(呂不韋)는 한(韓)의 수도 양적(陽翟)의 거상으로 한단에 갈 기회가 많았는데 우연히 진(秦)나라의 태자 안국군(安國君)의 서자인 자초(子楚)가 인질로 이곳에 살고 있다는 것을 알았다.

자초는 안국군의 아들 20여 명 중 하나로, 진이 조나라를 침략하지 않는다는 조건으로 인질로 와서 살게 된 것이다. 그러나 진나라가 약속을 저버리고 조나라를 자주 침략했기 때문에 자연히 자초에 대한 조의 대우가 갈수록 나빠져만 갔다.

이 사실을 안 여불위는 문득 한가지 꾀를 생각해냈다.

「이 기화를 잡아두자(奇貨可居). 이것은 뜻밖의 횡재이다. 잡아 두면 멀지않아 큰 이익이 될 것이다.」

여불위는 자초의 집을 찾아가 자초에게 말했다.

「소양왕도 이제 많이 늙었으니 멀지않아 당신의 아버님이신 안국군께서 진왕이 되실 건 분명한 이치입니다. 그러나 정비 화양부인에게는 자손이 없습니다. 당신까지 합쳐 20여 명의 서자분들이 계시지만 그 중에서 누구를 태자로 택하겠읍니까? 솔직한 말로 당신은 유리한 입장에 놓여 있다고는 할 수 없읍니다. 그러니 지금부터 당신을 태자로 세울 운동을 해야 합니다.」

이렇게 하여 자초와 뒷날을 굳게 약속한 여불위는, 진으로 가서 그를 화양부인의 아들로 입양시켜 안국군의 후사를 잇게 하는 데 성공했다.

# 〔나〕

## • 洛陽紙價貴(낙양지가귀)

의미 / 낙양(洛陽)의 종이값이 오른다는 뜻으로, 저서가 호평을 받아 매우 잘 팔리는 것을 일컫는 말, 즉 베스트셀러가 되는 것을 말한다.

출전 / 〈普書〉 文苑傳

해설 / 삼국 시대 다음의 서진(西普) 때에 좌사(左思)라는 사람이 있었다. 생긴것도 변변치 않은데다 말재간도 없어, 남들과 상종을 않고 혼자서 쓸쓸하게 살고 있었다. 그러나 자기 고향인 제(齊)나라 지방에 대한 「제도의 부(齊都之賦)」라는 서사시를 지어 이름이 알려지자 모든 일에 자신이 생긴 듯, 이번에는 「삼도의 부(三都之賦)」를 지어 보겠다고 결심했다.

삼도란 삼국시대의 세 개의 도읍, 곧 위나라의 업(鄴), 오나라의 건업, 촉나라의 성도(成都)를 말한다. 10년에 걸쳐 온갖 노력을 한 결과 마침내 「삼도의 부」가 완성되었고 그때의 유명한 시인이 서문을 쓰고 또 주를 달기에 이르렀으니, 귀족이나 부자들은 앞을 다투어 「삼도의 부」를 복사했다. 붐은 붐을 불러일으켜 마침내는 도읍지인 낙양의 종이값이 올라가고 말았다는 것이다.

## • 難兄難弟(난형난제)

의미 / 형 노릇하기도 어렵고 동생 노릇 하기도 어렵다는 뜻으로 어느 편이 더 낫다고 말하기가 곤란한 경우에 인용하는 말이다.

출전 / 〈世說新語〉 方正篇

해설 / 후한 때의 일로 진식(陳寔)의 아들 진군이 어렸을 때의 이야기이다. 언젠가 진심의 아들 진충(陳忠)과 사촌끼리 자기 아버지의 공적과 덕행을 자랑하며 서로 자기 아버지가 더 훌륭하다고 주장을 했으나 결말이 나지 않았다. 그래서 할아버지인 진식에게 판정을 내려줄 것을 요구했다.

「원방도 형 되기가 어렵고 계방도 동생 되기가 어렵다(元方難爲兄季方難爲弟)」하고 진식은 말했다.

결국 형도 그런 훌륭한 동생의 형 노릇 하기가 어렵고 동생도 그런 훌륭한 형의 동생 노릇 하기가 어려운 형편이니 누가 훌륭하고 누가 못하다는 것을 가릴 수 없다는 이야기이다.

## • 南柯一夢(남가일몽)

의미 / 남쪽으로 뻗은 나뭇가지 밑에서 꾼 꿈이란 뜻으로서 널리 꿈의 대명사로 쓰이게 되었는데 언제부터인가 한때의 부귀와 권세는 꿈과 같다고 하여 사람의 덧없는 일생과 부귀 영화에 비유되어 쓰이기도 한다.

출전 / 李公佐의 〈南柯記〉

## • 濫觴(남상)

의미 / 큰 배를 띄울 수 있는 큰 강물도 그 첫 물줄기는 겨우 술잔을 띄울 정도의 적은 물이라는 이치에서 나온 말로, 모든 사물이나 일의 시초·근원을 의미한다.

출전 /〈荀子〉 子道篇

해설 / 자로(子路)가 화려한 옷을 입고 공자를 찾아뵈었다. 공자는 자로의 화려함을 훑어보고 자로가 사치와 교만에 빠져드는 것이 아닌가 하여 말을 건넸다.

「자로야, 너의 그 화려함이 웬일인가?」

공자는 이렇게 묻고 나서 다음과 같은 이야기를 들려 주었다.

「예로부터 양자강은 민산(岷山)에서부터 시작되는데 그 근원은 술잔을 띄울 정도의 적은 물에 지나지 않는다고 한다. 그것이 흐르고 흐르다보면 물도 물살도 빨라져 배를 띄우지 않으면 건너갈 수 없게 되고, 바람이 없는 날을 택하지 않으면 건너가지도 못하게 된다.」

공자는 사물의 시초가 중요하며 처음이 나쁘면 뒤로 갈수록 심해진다는 점을 알리고 싶었던 것이다.

## • 南風不競(남풍불경)

의미 / 남방 지역의 풍악은 힘과 생기가 없다는 말로, 흔히 힘이나 기세를 떨치지 못할 때 비유하여 쓴다.

출전 /〈春秋在氏傳〉 襄公 18年條

해설 / 춘추 시대도 말엽에 가까운 주영왕(周靈王) 10년, 노양공(魯襄公) 18년의 일이었다.

정(鄭)의 자공(子孔)은 큰 야심을 품고 있는 자였다. 그래서 그는 방해가 되는 여러 대부(大夫)를 제거하고 국권을 장악하려고 꾀했다.

당시 제후들은 진(晋)을 맹주로 삼고, 대두해 온 제(齊)에 대한 토벌군을 일으켜 그 포위진을 압축시키고 있었다. 그래서 그 기회를 이용해 자공은 진에 반기를 들고 남쪽의 명문인 초(楚)의 군대를 사주하여 야망을 달성시키고자 생각했다. 사신을 초의 영윤(令尹)인 자경(子庚)에게 보내어 자신의 계획을 알렸으나 자경은 들어주지 않았다. 그런데 초강왕(楚康王)이 그 소리를 듣고 자경에게 사람을 보내어 자기의 뜻을 전했다.

「내가 사직(社稷)을 맡아서 지킨 지 5년, 아직 군대를 파견한 예가 없었소. 국민들은 나를 가리켜 스스로 안일에 젖어서 선군의 유업을 잊었다고 생각할는지 모르오. 대부, 어떻게 다시 생각해 주기 바라오.」

이렇게 하여 군대는 출동했고, 진나라에서도 초군이 출동했다는 소문이 퍼지고 있었다. 그러나 사광(師曠 ; 진의 樂官)이 말하기를,

「뭐 대단한 일은 없을 것이다. 나는 전부터 남방의 노래, 북방의 노래를 연구했는데 남방의 음조는 미약해서 조금도 생기가 없으니(南風不競死聲多) 초군은 반드시 실패할 것이다.」

동숙(董叔 ; 曆數家)도,

「금년 운수와 이달의 운 역시 서북방에 유리하다. 남군은 때를 얻지 못하고 있으니 성공을 거두지 못할 것이다.」

하고 예언을 했다.

## • 狼子野心(낭자야심)

의미/ 늑대의 새끼는 작아도 흉포한 짐승의 속성이 있어서, 키우기 어려운 일이다. 그것과 마찬가지로, 흉포한 사람의 마음을 교화하기란 어렵다는 말이다.

출전/ 춘추좌씨전(春秋佐氏傳)

해설/ 춘추시대, 초나라의 투자문(鬪子文)은 약오씨(若敖氏)의 후예로, 전설에 따르면 태어나서 곧 들에 버려졌는데, 호랑이가 주워서 키웠다고 한다. 후에 발견한 사람이 「이 아기에게는 복이 있다」고 말

하고 안고 돌아왔다.

투자문은 후에 초의 총리대신으로 출세했다. 그 사람 됨됨이가 공정하여 법의 집행도 공명정대했다. 어느 때, 그의 일족 중의 한 사람이 죄를 지었지만 담당 관리가 투자문의 체면을 생각해서 석방했다.

그 사실을 안 투자문은 즉시 관리에게 말하였다.

「나라는 법률을 만들어 담당 기관을 설치하고 있기 때문에, 법의 집행자가 법을 무시하고 죄인을 석방해서는 안 된다. 설령 내 일족이라 할지라도.」

그래서, 그 일족의 사람을 불러들여서 공정한 심판을 받게 하든가, 그렇지 않으면, 스스로 자해(自害)하도록 명령하여 백성의 비난을 피하려고 했다. 그래서, 담당 관리는 그 사람을 법에 따라서 처벌했다.

이 말을 전해 들은 초의 성왕(成王)은, 곧 그의 가족을 방문하여 경의를 전했다. 초의 백성들은 그 일을 전해 듣고 구구하게 말했다.

「모두가 투자문 같으면 어찌 나라가 잘 다스려지지 않는다고 염려할까?」

투자문의 동생이며 국방상인 투자량의 아들 월초(越椒)를 보러 간 투자문은 말했다.

「저 아기를 빨리 죽여라. 그는 늑대새끼다. 성장한다면 내가 약오씨의 화를 받을 것이다. 속담 중에 낭자야심(狼子野心)이라는 말이 있다.」

그러나, 투자량은 아들을 죽이지 않았다. 염려한 자문은 죽을 때, 가족에게 유언했다.

「월초가 권력을 잡거든 피해 떠나거라.」

투자문은, 장래에 월초가 일족을 손아귀에 넣어 모조리 죽일 것을 두려워했던 것이다.

그가 죽은 후, 아들 반이 총리가 되고, 월초도 아버지를 이어서 국방상이 되었다. 기원 전 626년, 성왕의 아들 상신(商臣)은 부왕을 시해하고 왕이 되었다. 목왕(穆王)이었다. 반은 사실을 알고 있었지만,

목왕을 탄핵하지 않았다.

월초는, 이 기회에 총리의 지위를 빼앗으려고 반을 목왕에게 중상모략했다. 목왕은, 월초와 건설상인 위가(蔿賈)의 말을 믿고, 반을 죽였다. 그리고 월초를 총리에, 위가를 국방상에 각각 발탁하였다.

월초는 20여 년간 총리를 역임했다. 그 동안에 목왕이 죽고 장왕(莊王)이 즉위했다. 그는 장왕을 내심 경멸했다. 장왕이 위가를 등용하여 그의 권력을 제거하려고 하고 있는 것을 원망하다가 모반을 꾀했다.

드디어 그 날이 왔다. 월초는 장왕이 원정(遠征)을 간 틈을 타서 약오씨 일족의 사람과 군사를 끌어들여 위가를 습격했다. 위가를 포박하여 감금시켰다가 후에 죽여 버렸다.

이어서, 월초는 장왕을 토벌하려 했다. 그것을 안 왕은, 투씨의 전날의 공적을 생각하여, 월초에게 사죄시키고 사태를 수습하려 했다. 아들을 인질에서 구해내려 했지만 월초는 이를 거부했다.

어느 해 7월경 월초와 장왕과의 양군이 고호(皐滸)에서 교전했다. 월초는 스스로 활을 당겨 장왕을 쏘았다. 화살은 핑하는 소리를 내며 왕의 수레채 위를 지나 북을 건 대에 꽂혔다.

그 때, 장왕은 스스로 북을 두들겨 싸우고 있었다. 북소리와 함께 화살 꽂히는 소리가 났기 때문에 좌우의 사람들은 당황하여 큰 우산으로 왕을 감쌌다. 그곳으로 제 2 의 화살이 날아와서 왼쪽 우산에 구멍을 냈다.

장왕의 군대는 놀라 당황하여 진을 버리고 후퇴하려고 했다. 그것을 본 장왕은 노하여 말했다.

「월초는 대조(大朝 ; 왕조를 높여 이르는 말)의 화살 두 개를 훔쳤지만, 지금 두 개를 다 쏘았다. 무서워할 것 없다.」

장왕의 기세에 눌려 군사들의 동요가 수습되었고, 진지도 정비되었다. 왕은 힘차게 출격을 명령하였다. 사기를 높이는 북소리가 울리고, 장왕의 군사는 용감하게 출격하여, 월초의 군을 산산이 무찔렀다.

그 후 장왕은 약오씨 일족을 모두 죽였다. 월초의 「낭자야심」은, 결국 여기까지 발전하여, 투자문의 염려대로 약오씨 일족에게 큰 재난을 가져오게 하였다.

## •囊中之錐(낭중지추)

의미 / 주머니 속에 든 송곳은 그 끝이 뾰족하여 주머니를 뚫고 나오는 것과 같이, 포부와 역량이 있는 사람은 많은 사람 중에 섞여 있을지라도 쉽게 드러난다는 말이다.

출전 / 〈史記〉 平原君列傳

해설 / 진이 한단을 포위하자 조나라에서는 평원군을 초나라에 보내어 구원을 청하고 합종하려 하였다. 평원군은 문하 중에서 용기가 있고 문무(文武)의 덕을 겸비한 20인과 동행할 것을 조왕과 약속했다.

어명을 받은 평원군은 자신의 문하 중에서 수행하는 인사 19명을 뽑았으나 나머지 한 명은 적격자가 없어 고심하고 있었다.

그런데 문하에 모수(毛遂)라는 자가 찾아와 평원군에게 자천했다.

「듣자오니 수행할 인사가 한 사람이 모자란다고 하니 제발 저를 수행원 속에 넣어서 가게 해 주십시오.」

평원군이 물었다.

「그대는 나의 문하에 얼마나 있었소?」

「3년 쯤 되었읍니다.」

「무릇 현명한 선비가 세상에 있으면 주머니 속에 든 송곳처럼 그 끝이 즉시 나타나는 법이오. 지금 그대는 나의 문하에 있은 지 3년이 되었지만 그대에 관해서 들은 바가 없소. 이것은 그대가 지닌 바 재능이 없는 까닭이오. 그대는 수행할 만한 능력이 없으니 머물러 있기 바라오.(夫賢士之處世也 譬若錐之處囊中 其末立見 今先生處勝之門下 三年於此矣 勝未有所聞 是先生無所有也)」

「저는 오늘 비로소 주머니 속에 넣어 주기를 청원했을 뿐입니다. 저를 좀더 빨리 주머니 속에 넣어 주셨더라면 자루까지 나왔을 것입니다. 결코 그 끝만 나오고 말지는 않았을 것입니다.」

평원군은 마침내 모수와 함께 가기로 했다. 열 아홉 사람은 모수를 경멸하여 눈길도 주지 않았으나 초에 이르는 동안 모수는 열 아홉 사람과 얘기를 나눈 끝에 결국 모두를 복종시키고야 말았다.

마침내 평원군은 모수의 힘에 결정적인 도움을 입어 초왕을 설득하는 데 성공하게 되었다. 그 일이 있은 후부터 그는 모수를 상객(上客)으로 삼았으며, 다시는 인물을 함부로 평가하지 않겠노라는 맹세까지 하였다 한다.

## • 老馬之知(노마지지)

의미 / 모르는 것이 없다고 잘난 체해도 때때로는 늙은 말이나 개미만도 못할 수가 있다는 말로, 아무리 하찮은 인간이라도 자기 나름대로의 장점과 특징을 지니고 있음을 뜻한다.

출전 / 〈韓非子〉 說林

해설 / 기원 전 662년 봄, 제(齊)의 항공(恒公)은 병사를 이끌고 고죽(孤竹)을 정벌했다. 공을 따르던 자 중에 재사 관중(管仲)도 있었다. 그는 지식이 많았고 지혜는 발군이었다.

출병할 때는 봄이었으나 싸움이 끝나 개선할 때는 이미 겨울이었다. 한겨울 경치 속에서 길을 알지 못하는 제의 군대는 길에서 헤매이게 되었다.

밤이 되었다. 깜깜한 어둠 속에 안개가 깔리고 바람도 불었다. 곧 안개는 걷혔지만 횃불을 밝혀도 방향조차 판단할 수가 없었다.

전진하는 것이 위험하다고 생각한 관중은 전군에게 정지를 명령하였다. 그 곳에서 야숙하기로 했다. 날이 밝아지면 길도 알게 될 것이라고 생각했다.

아침이 되어 주위를 보고 놀랐다. 어둠 속을 지나오는 동안에, 양쪽에 험한 산이 이어진 계곡으로 들어와 버렸던 것이다.

당황하여, 척후병을 내서 길을 찾으려 했지만, 산은 높고 계곡은 깊어서 도무지 길을 찾을 수 없었다.

항공은 어찌하면 좋을지 판단할 수가 없었다. 그러자, 관중이 제안했다.

「이런 때는 노마(老馬)의 지혜가 쓸모 있죠.」

그래서 늙은 말 한 마리를 골라 고삐를 풀어 주었다.

노마는 꼬불꼬불한 길을 익숙하게 달리기 시작했다. 군사들은 말 뒤를 좇았다. 그래서, 전군은 가까스로 위기를 벗어날 수 있었다.

## • 老益壯(노익장)

의미 / 늙었어도 젊은이 못지않게 건장하다는 말이나 사람은 늙을수록 뜻을 더욱 굳게 해야 한다는 의미도 담겨져 있다.

출전 / 〈後漢書〉 馬援傳

해설 / 서한(西漢) 말년 부풍군(扶風郡)에 마원이라는 장사가 있었다. 어려서부터 야망을 품고 글을 배우고 예절을 익혔으며 무예에도 특출하여 그의 형은 그를 대기만성(大器晩成)형이라고 말했다. 그러나 불행히도 그의 형이 젊은 나이로 죽게 되자 마원이 상례(喪禮)를 정중히 모셔 치른 후 예를 다하여 형수를 받들었다.

그후 마원은 광무제 때 대장수가 되어 혁혁한 전공(戰功)을 세웠다.

마원이 항상 입버릇처럼 중얼거린 말이 있었다.

「무릇 대장부가 뜻을 품었으면 어려울수록 굳세어야 하며 늙을수록 건강해야 한다(大丈夫爲者 窮當益堅 老當益壯).」

### • 綠林(녹림)

의미 / 푸른 숲이란 뜻으로 원래는 산의 이름이었으나, 세상을 등진 호걸들이 있는 도적의 소굴을 일컫는 말이다.

출전 / 〈漢書〉 王莽傳, 〈後漢書〉 劉玄傳

해설 / 전한(前漢)과 후한(後漢) 사이에 왕망(王莽)의 신(新)이란 나라가 15년간 계속된 일이 있었다.

왕망은 한나라 천하를 빼앗아 스스로 황제가 된 다음 나라 이름을 신이라 고치고 모든 제도를 뜯어고치고 새로운 정책을 실시했다. 그러나 왕망에게는 황제가 될만한 자질도 없는데다 너무 급격한 개혁이었기 때문에 나라는 혼란의 구덩이 속으로 빠지고 말았다.

이리하여 극도의 생활고(生活苦)에 빠진 백성들은 새 정부에 불만을 품은 호걸들과 합세하여 각처에서 반란을 일으켰다. 그러한 반란군들은 도적의 무리가 되어 지주의 창고를 습격하고 관원을 공격하더니 급기야 형주(荊州)의 녹림산(綠林山)을 본거지로 삼아 녹림병이라 칭했다.

### • 論功行賞(논공행상)

의미 / 공로의 대소를 비교 검토해서 거기에 대응하는 상을 주는 것을 말한다.

출전 / 「사기(史記)」 숙상국세가(蕭相國世家)

해설 / 고담(顧譚)은, 삼국시대 오나라의 명상 고옹(顧雍)의 손자로, 어릴 때부터 수재로 알려져 일을 척척 잘 처리했고, 더우기 사물을 보는 방법이 독창적이어서 사람들로부터 존경받았다.

그는 꾸밈없는 성품으로 솔직한 생각을 말했다. 군주 손권(孫權)에게도 생각을 말한 일이 있다. 손권은 식사 중이었지만, 그 말을 듣고 관심을 가져, 그 후에 때때로 불러서 이야기를 했다.

어느때, 노나라 왕 손패가, 같은 어머니 형제인 오나라의 태자 손화와 대우를 같이 받고 싶다고 손권에게 요구해 왔다. 고담은 역사상의 형제의 싸움을 인용해서 손패의 요구를 물리치라고 손권에게 진언했다.

그 이후, 손패는 고담을 미워했다. 그 때, 같은 시기에 고담과 교제하려다가 거절당한 사람 중에, 위장군 전종의 아들 전기가 있었다. 손패와 전기는 손을 잡고 고담의 실각을 꾀했다.

기원 241년, 손권은 전종(全琮)을 대장으로 삼아 위의 회남으로 출병하여, 위의 장수 왕릉과 작파(芍陂)에서 격전했지만, 오군은 대패하여 중랑장 진광 등 십여 명의 장군이 전사했다.

당시, 고담의 동생 고승과 장휴 두 장수는 수춘에서 작전 중이었다. 작파의 패전을 듣고, 곧 구원을 떠나 위의 왕릉군을 저지했다.

전종의 두 사람의 조카 전세와 전서도 오군의 부장으로 종군했지만, 위군의 추격이 저지당했다고 알고 공격으로 옮겼다. 위군은 그 공격에 견디지 못하고 흩어져 모두 패주하였다.

전투가 끝나자 오의 수도 건업에서 논공행상이 행해졌다. 많은 사람이 위를 저지한 공을 세웠고, 반격한 공도 있었기 때문에, 손권은 고승과 장휴에게 정장군(正將軍), 전제와 전서에게 편장군(偏將軍)의 칭호를 수여했다.

그래서, 전종 · 전기 부자는 고담형제에게 더욱 원한이 깊어졌다. 그래서, 손패를 통해 손권에게 진언했다.

「고승과 장휴는 전군(典軍) 진순과 친했기 때문에 공을 거짓 전달하여 주군을 속였읍니다.」

손권은 조사를 하지 않고, 이 말을 믿어 장휴를 포박하고, 고승의 처분은 보류하였다. 그리고, 뒷날 고담에게 사죄시키려 했다. 어느 날, 고담에게 말했다.

「동생을 어떻게 할까?」

담은 사죄할까? 오히려 나쁜 말을 믿은 손권을 책망했다. 손권은 화가 나서 형제를 지방으로 좌천시켰다. 고담은 비분의 정을 「신언(新言)」 20편에 이어 썼지만, 2년 후 지방에서 병사했다.

## • 壟斷(농단)

의미 / 본래 높이 솟은 언덕이란 뜻이나, 시장에서 좋은 자리를 차지하고 혼자의 이익만 생각하는 등 이익이나 권력을 혼자 독점하는 것을 말한다.

출전 / 〈孟子〉 盡心篇下

해설 / 옛날 아주 먼 옛날, 천지는 평화가 감돌고 사람들은 다 순박하기 짝이 없을 때의 일인데 광장에서 장이 섰다. 곡식을 가지고 와서 모피와 바꾸거나 생선을 소금과 바꾸거나 하는 식으로 물물 교환을 하는 장으로 넓은 광장은 발디딜 틈이 없을 정도로 사람들로 매우 붐볐다.

그런데 수완이 좋은 한 사나이가 여기서 한밑천 잡아보려고 생각했다. 그는 진기한 물건을 잔뜩 가지고 장이 서는 광장으로 오자, 우선 높은 곳에 자리를 잡았다. 높은 곳이어야만 어디서든지 잘 보이기 때문이었다. 아무도 장사를 하려는 생각이 없는데다 좋은 자리를 독차지하였으므로 물건을 대지 못할 정도로 잘 팔렸다. 이 사나이는 그 후 언제나 이 농단(壟斷)을 차지하고 물건을 팔았다. 사람들은 이 사나이가 시장의 이익을 독점해 갔으므로 이 사나이에게 세금을 물리기로 했다. 여기에서 장사치에게 세금을 물리는 일이 비롯되었다.

## • 累卵之危(누란지위)

의미 / 누란(累卵)은 높이 쌓아올린 알이란 뜻으로 조금만 건드리거나 흔들려도 와르르 무너져 깨지고 마는 상태, 즉 아주 조급하고 위험한 상태에 직면해 있는 것을 말한다.

출전 / 〈史記〉 范睢蔡澤列傳

해설 / 전국 시대, 위(魏)나라에서 억울한 죄명으로 인하여 구사일생으로 살아난 범수(范睢)는 장록(張祿)이란 가짜 이름으로 행세하여 마침 위나라에 사신으로 왔다가 돌아가는 진(秦)나라 사신 왕계(王季)의 도움을 받아 진나라로 망명을 하게 된다.

왕계는 진왕에게 장록에 대하여 보고했다.

「위나라에 장록이란 사람이 있는데 그는 누구도 따르지 못할 변사(辨士)였읍니다. 그가 말하기를 〈진나라는 지금 알을 쌓아 둔 것보다도 더 위험하다. 나를 얻으면 안전하게 될 수 있다. 그러나 이것을 글로는 전할 수 없다.〉고 하는 터라 신과 함께 왔읍니다(秦王之國 危於累卵 得臣則安 烈不可以書傳也 臣故載來)」.

이렇게 하여 범수는 진왕에게 원교근공(遠郊近攻)의 대외정책을 진언하는 등 맹위를 떨쳤다.

## • 能書不擇筆(능서불택필)

의미 / 글씨에 통달한 사람은 붓을 가리지 않는다는 뜻으로, 진정한 실력가는 종이나 붓 같은 재료를 두고 트집을 잡지 않는다는 말이다.

출전 / 〈唐書〉 歐陽詢傳

해설 / 〈후산담총(後山談叢)〉에 「선서(善書)는 지필을 택하지 않는다. 묘심(妙心)은 손에 있다」는 말이 있고, 〈왕긍당필진(王肯堂筆

塵)〉에도 「능서불택필이라고 하나 이 말도 구양(歐陽)까지이고, 그 이후의 사람들은 종이와 붓을 문제삼게 되었다.」라는 말이 있다.

# 〔다〕

## • 多岐亡羊(다기망양)

의미 / 갈림길이 많아서 양을 잃어버렸다는 뜻으로, 학문이나 어떤 재주를 배우는 데 있어서 그 본뜻이나 목적을 망각하고 그 외의 부수적인 것에 구애를 받게 되면 얻고자 하는 것을 얻을 수 없다는 말이다.

출전 / 〈列子〉 說符篇, 〈莊子〉 騈拇篇

해설 / 양자(楊子, 楊朱)는 전국시대의 유명한 사상가이다. 어느 날, 그 이웃집의 양 한 마리가 도망쳐 나갔다. 집안의 사람이 모두 나서서, 도망친 양을 찾았지만, 양은 보이지 않았다.

그래서, 양자 집의 하남에게 도움을 청하러 왔다.

「양 한 마리가 도망쳤는데, 이렇게도 많은 사람이 필요합니까?」
라고 양자가 묻자, 이웃 사람이 말했다.

「갈림길이 너무 많기 때문입니다.」

양자는 하남을 보냈다. 후에, 하남이 돌아왔기 때문에,

「찾았느냐?」
하고 묻자,

「찾지 못했읍니다.」
하고 대답했다.

「그것은 어째서냐?」

「갈림길을 가자 또 갈림길이 있어, 양이 어느 길로 도망쳤는지 알 수 없게 되었읍니다. 아무리 찾아도 소용없읍니다. 이제 단념했읍니다.」

듣고 있던 양자는 골똘히 생각에 빠졌다. 그 때 심도자(心都子)라는 사람이 와서 말했다.

「학문의 길도 마찬가지다. 참으로 다기망양이다. 진실의 길을 안다는 것이 얼마나 어려운 일인가!」

## • 多多益善(다다익선)

의미 / 많으면 많을수록 좋다는 뜻. 다다익변(多多益辨)도 이와 똑같은 뜻으로 쓰인다.

출전 / 〈史記〉 淮陰侯列傳

해설 / 한고조(漢高祖) 유방(劉邦)은 천하를 통일했으나, 항우와 싸웠던 맹장들이 언젠가는 한(漢)을 위협하는 존재가 되지 않을까 걱정하고 있었다.

고조는 한신이 항우의 장이었던 종리매(鐘離昧)를 숨겨주었다는 이유로 한신을 잡아 강등시켜 회음후(淮陰侯)로 봉했다.

어느 날 고조는 한신과 여러 장수들의 능력에 대해 이야기하다가 이렇게 물었다.

「나는 도대체 어느 정도의 군사를 거느릴 수 있다고 보는가?」

「글쎄요, 폐하께서는 기껏 10만 정도가 아닌가 봅니다.」

「그래, 그럼 귀공은 어떤가?」

「신은 다다익선(多多益善)으로 많으면 많을수록 좋습니다.」

그러자 고조는 큰 소리로 웃고 나서 말했다.

「다다익선이라면 어째서 내 밑에 있나?」

「그건 이야기가 다릅니다. 폐하는 병의 장수로는 능하지 못하나 장수들은 잘 거느리십니다. 이것이 신이 폐하 밑에 있게 된 이유입니다. 그리고 폐하의 힘은 소위 하늘이 주신 것으로 인력이 미칠 수는 없습니다.」

## • 斷機之敎(단기지교)

의미 / 학업을 중도에 포기하는 것은 짜던 베의 날을 끊는 것과 같아 아무런 이익이 없다는 뜻으로, 학업을 중단해서는 안 된다는 것을 나타낸 말이다.

출전 / 〈後漢書〉 烈女傳

해설 / 맹자가 집을 떠나 유학을 하게 된 지 얼마 지나지 않아서 뜻밖에도 집을 찾아온 적이 있었다. 맹자의 어머니는 마침 베틀에 앉아 베를 짜고 있었다. 오래간만에 집에 돌아온 귀한 아들인 만큼 반색을 하며 기뻐해야 할 어머니인데도 전혀 내색을 하지 않고 이렇게 물었다.

「공부는 모두 끝마쳤느냐?」

「벌써요? 어머님이 뵙고 싶어 잠시 다녀가려고 왔습니다.」

맹자의 어머니는 아무 말 없이 옆에 있던 가위를 집어들어 짜고 있던 베를 잘라 버렸다. 북이며 바디며 잉앗대가 바닥으로 떨어져 흩어졌다.

맹자는 어머니의 그러한 행동에 깜짝 놀라 물었다.

「어떻게 된 일입니까, 어머니?」

「네가 공부를 도중에 그만둔다면 내가 짜던 베를 다 마치지 못하고 끊어 버리는 것과 다를 것이 없다.」

맹자의 어머니는 태연히 잘라 말했다.

## •斷腸(단장)

의미 / 창자가 끊어진다는 뜻으로, 보통 창자가 끊어질 듯한 슬픔을 비유하는 말이다.

출전 / 〈世說新語〉

해설 / 진나라의 환온이라는 사람이 촉나라로 가던 도중 삼협을 지날 때의 일이다.

환혼을 따르는 종자가 숲에 들어갔다가 원숭이 새끼 한 마리를 붙잡아 가지고 배로 돌아왔다. 그런데 어미 원숭이가 뒤를 따라와 물속으로는 차마 뛰어들지 못하고 강가에서 슬프게 울어댔다. 그러나 배는 그대로 떠났다. 어미 원숭이는 강기슭을 따라 배를 계속 쫓아오면서 처절하게 울부짖었다. 이윽고 백리도 더 간 곳에서 배가 기슭에 닿자 어미 원숭이는 배로 뛰어들었으나 끝내 그대로 죽고 말았다. 그때 종자들이 원숭이의 배를 갈라 보니 너무나도 슬퍼했던 나머지 장이 토막토막 잘라져 있었다고 한다.

이때부터 참을 수 없는 슬픔을 단장이라고 하게 되었다.

## •談笑自若(담소자약)

의미 / 위험이나 곤란에 직면해서도, 보통과 변함없이 유연하게 있는 모습. 자약은 「자약고(自若故)」의 줄임말. 비슷한 말로, 「태연자약(泰然自若)」이 있다.

출전 / 「삼국지(三國志)」 오서(吳書) 감녕전(甘寧傳)

해설 / 삼국시대 오의 무장 감녕은 용기와 역량이 뛰어나, 적벽전(赤壁戰)에서는 발군의 공을 세웠다. 그 후 대도독(大都督) 주유(周瑜)의 명령에 따라 한수(漢水)를 건너 남군(南郡)으로 향했다.

남군을 수비하고 있던 위(魏)나라의 조인(曹仁)은 오(吳)의 선봉장 장흠(蔣欽)을 무찔렀다. 주유는 격노하여 조인과의 결전을 주장했는데, 감녕의 진언을 듣지 않고, 이릉(夷陵)의 공략을 감녕에게 명령했다.

이릉의 성 밑에 다다른 감녕은, 성에 있는 위의 조홍과 격전을 20여 차례나 했다. 조홍은 패하여 성을 버리고 패주했고, 감녕은 이릉성에 입성하여 오나라의 기를 달았다.

감녕은 곧 승리를 주유에게 보고했고, 아울러 신병을 모집하여 천여 명을 얻었다. 그리고, 적의 공격에 준비하기 위해, 부하에게 성문을 지키게 하고 자신은 성안을 순찰했다.

결국, 그 날 저녁 조순(曹純)과 조홍의 위군 오천여 명이 이릉성 탈환을 위해 성을 공격해 왔다. 감녕군의 운명은 여기까지라고 보였다.

위군은 사닥다리를 만들어 성벽을 오르려고 했지만, 감녕군에게 사닥다리를 뒤집혀서 쓸모없게 되고, 위군의 수가 줄어 맹렬한 공격을 할 수 없게 되었다.

다음날 아침 일찍, 위군은 방법을 바꾸어서, 흙을 운반해 와서 높은 성채를 쌓았다. 성채 위에서 보면 성안의 모습은 손바닥 보는 것과 같았다. 그 성채로부터 화살이 비오듯 쏟아져 많은 오군이 살상되었다.

생각도 못한 위군의 전법에 오군은 두려워 떨었다. 보기에도 피해가 막심한 상황이었지만 감녕은 태연자약했다. 평소와 변함없이 부하 장수들과 담소를 했다.

감녕은 부하에게 명령하여 화살을 모아오도록 시켰다. 수만 개의 화살을, 궁술의 명수를 뽑아, 위군을 향해 쏘도록 시켰다.

위군은, 성 안의 오군의 몇 배였지만, 감녕의 군은 수비에 저지당해, 아무리 해도 함락할 수 없었다. 그런 때에 주유의 원군이 도착했기 때문에 위군의 동요가 일어났다.

그것을 본 감녕은, 성문을 열고 공격해나가, 주유군과 힘을 합하여 위군을 산산이 격파했다. 감녕의 「담소자약」은 후세에까지 말하여지고 있다.

### • 螳螂之斧(당랑지부)

의미 / 당랑이란 사마귀를 말하며 부(斧)란 도끼로, 사마귀가 넓적한 앞다리를 쳐드는 모습이 마치 도끼를 휘두르는 것 같은 데에서 비롯된 말이다. 자기 힘이 어느 정도인지도 모르고 강적 앞에서 겁없이 날뛰는 것에 비유해서 쓴다. 당랑거철(螳螂拒轍)도 같은 뜻으로 쓰이는데 사마귀가 수레의 앞길을 가로막는다는 뜻이다.

출전 / 〈韓詩外傳〉

해설 / 제나라의 장공(莊公)이 수레를 타고 사냥을 나갔다가 한 마리의 사마귀가 금방 수레 밑에 깔릴 지경인데도 앞발을 치켜들고 장공의 수레를 향하여 덤벼들려고 하는 모습을 보았다.

「호오, 기세가 대단한 놈이로구나. 저게 무슨 벌레인고?」

마부가 대답했다.

「사마귀라는 벌레이온데 저놈은 전진만 알고 후퇴라는 건 모릅니다. 자기 힘도 생각지 않고 오직 적에게 덤빌 뿐이지요.」

장공은 고개를 끄덕였다.

「저 벌레가 만약 인간이었다면 천하에 비할데 없는 용사였을 것이다.」

그리고는 수레를 돌려 사마귀를 피해갔다고 한다.

### • 螳臂當車(당비당차)

의미 /「당」은 사마귀. 사마귀가 앞다리를 들어 수레바퀴에 덤비다가 눌려 버리고 마는 것처럼, 자신의 역량도 모르고 일을 하다 실패한다는 의미이다.

출전 /「장자(莊子)」 인간세(人間世)

해설 / 춘추시대 말경, 노나라의 명사 안합(顔闔)은 위나라로 여행했다. 위나라 군주 영공(靈公)은 그를 극진히 대접하고 아들의 스승으로 삼으려고 생각했다.

안합은, 영공의 아들이 난폭하여 아무렇지도 않게 사람을 죽여서, 백성들이 무서워 하고 있다는 사실을 알고 있었기 때문에, 곤란하여 위나라의 대부인 거백옥에게 의논하러 갔다.

「그 아들을 바로 잡는 것이 중요하기 때문에 그대로 방치해 둘 수 없읍니다. 어찌하면 좋을까요?」
하고 말하자, 거백옥이 말했다.

「자기의 훌륭한 말이 벌레에게 물렸을 때, 갑자기 벌레를 때려잡으면 말이 깜짝 놀라 날뛰어, 그 사람은 말에게 밟혀 죽게 됩니다. 그것과 같은 것입니다.」

백옥은 계속해서 하나의 예를 들어 말했다. 언젠가 외출했을 때, 길 위에 있던 사마귀가 화가 나서 양 앞다리를 들어, 마차가 가는 것을 저지하려고 했다.

「그러나, 사마귀 같은 것이 어떻게 저지하겠는가? 마차가 그대로 나아가서, 가엾게도 그 사마귀는 수레바퀴에 깔려 몸이 가루가 되고 말았읍니다.」

백옥은 말했다.

「그것은 자신의 힘을 몰랐기 때문으로, 지금의 당신과 같습니다. 자신의 능력을 자만하면 반드시 실패하여 나쁜 결과를 맺을 것입니다.」

안합은 그 교훈을 받아들여, 영공의 부탁을 거절하고 서둘러서 위를 떠났다. 그 후, 영공의 아들은 다른 사람과 싸움을 하다 죽었다.

## • 大器晩成(대기만성)

의미 / 큰 그릇은 오랜 시간에 걸쳐서 많은 노력을 들인 뒤에라야 완성된다는 뜻으로, 큰 일이나 큰 인물은 쉽게 이루어지는 것이 아니라 각고 끝에 이루어진다는 말이다.

출전 / 〈老子〉 第41章

해설 / 「최대의 사각은 지나치게 커서 그 모퉁이가 보이지 않을 정도인 것과 같이 최고의 가치가 있는 그릇은 오랜 시간 동안 공을 들인 후라야 완성된다. 가장 힘이 강한 소리는 소리가 나지 않는 것같이 생각된다. 절대적인 불변의 참된 도(道)는 너무나도 광대해서 그 정체를 포착하지 못하기 때문에 참된 도인 것이다.」

노자의 말로서, 여기서의 도는 유교가 말하는 사람이 지켜 행해야 하는 도와는 다르다.

원문에서 나온 대기만성의 본래의 의미는 큰 그릇은 덜된 것처럼 보인다고 말하고 있다. 즉, 원래 위대하고 훌륭한 것은 보통 사람의 눈이나 생각으로는 어딘가 덜된 것 같고, 그 반대인 것처럼 느껴진다는 것이다.

## • 大義滅親(대의멸친)

의미 / 중대한 일을 위해서는 육친의 정도 희생시켜야 한다는 뜻으로, 국가나 사회 전체에 미치는 대의명분을 위해서는 사사로운 정은 버려야 한다는 말이다.

출전 / 〈春秋左氏傳〉 隱公 3 · 4年條

해설 / 때는 춘추 시대 주환왕(周桓王) 원년, 노은공(魯隱公) 4년(기원 전 719년)의 일이다.

위(衛)나라에서는 공자 주우(州吁)가 주군 환공을 죽이고 위(位)에 올랐다. 선군인 장공(莊公)시대부터 그는 환공에 대해 불만을 품고 있었다. 장공이 애처 장강(莊姜)에게 사주되어 첩에게서 난 그를 태자로 세우려고 하지 않았기 때문이다. 환공도 장공의 실자(實子)는 아니었다.

대부 석작(石碏)이 전에 장공에게 간한 일이 있었다.

「주우 도련님을 귀엽다고 생각하시거든 빨리 태자로 정하십시오. 전쟁을 좋아하시는 성격이라 늦어지면 난이 미칠 것입니다.」

그러나 장공은 따르지 않았다. 석작은 자기 아들 후(厚)가 주우와 어울리는 것을 금할 정도로 순충한 신하로서, 환공이 등극하자 은퇴했었다.

환공을 없앤 주우는 제일 처음으로 제후의 신임을 얻음과 동시에 민심을 수습하고자 계획했다. 그러기 위해서는 선군 이래의 적국이었던 정(鄭)나라를 공격해서 공명을 세우는 수밖에 없다고 판단했다. 때마침 송나라와 청나라 사이에 분쟁이 있는 것을 이용하여 위(衛)하고는 사이가 좋은 진(陳) 및 채(蔡) 양국과 교제를 해서 사국연합(四國連合)에 성공, 정나라 토벌군을 일으켜 상당한 무명(武名)을 올렸다. 그러나 그런 무단공벌(武斷攻伐)의 행동만으로는 좀체로 민심을 얻을 수 없었다.

석작의 아들 후는 주우가 만인이 인정할 수 있는 정통의 위군(衛君)으로서 인정받는 방법을 아버지에게 물었다.

「역시 주왕실을 찾아뵙는 것이 최고일 것이다.」

「어떻게 하면 찾아뵙게 되겠읍니까?」

「진환공이 주왕실과 가깝다. 진국은 우리 위하고도 친한 사이이다. 그러니 진공(陳公)을 통해 부탁하면 일은 쉽게 성사될 것이다.」

후가 주우를 따라 진으로 떠난 후, 석작은 몰래 사람을 진으로 보내어 알렸다.

「우리 위나라는 국력이 결핍하고 또 소생도 늙어서 이젠 아무것도 할 능력이 없소. 이 두 사람은 우리 환공을 죽인 반역자이니 부디 적절한 처치를 부탁합니다.」

진나라에서는 곧 두 사람을 잡아 각각 입회인을 위에 청한 다음 주살했다. 이때 석작은 혹시 자기 체면을 생각해서 아들 후를 살려둘 것이 염려되어 자기의 가로(家老)를 입회시켰다. 그래서 이심(二心)이 없는 순신(純臣)으로서 사가(史家)는 대의멸친이라고 이 석작을 칭송하고 있다.

## • 大材小用(대재소용)

의미 / 큰 인물을 시시한 일에 사용하는 것. 사람의 사용 방법이 틀렸음을 말한다.

출전 / 육유(陸游)

해설 / 신기질(辛棄疾)은 남송의 훌륭한 애국자였다. 그가 태어난 산동성은 당시, 동북의 여진족이 건국한 금(金)의 점령하에 있었다. 그는 일찍부터 항금의용군(抗金義勇軍)에 가담했다.

후에, 남송 정부에서 일하며, 각지의 안무를 역임했지만, 항상 금에 대한 저항을 제창하여 많은 전투적인 시문을 만들었다. 영토 회복, 국가 통일을 외침과 함께 지도층의 소극적 자세에 대해 계속 투쟁했다.

그 때문에 평화파로부터 압력을 받아, 기원 1181년부터 두차례에 걸쳐 관을 면직당하고 강서성에 은거했다. 그 불우한 생활은 18년이나 되는 오랜 기간이었지만, 그는 조금도 기세가 꺾이지 않았다.

기원 1203년, 남송의 정권을 잡고 있던 한탁위는, 실은 신기질을 자기 정권의 지속을 위해 기용하려는 생각으로 절동안무사에 기용했다. 그 때 그는 64세로 재임명되었다.

당시 유명한 애국 시인 육유(陸游)는 80세의 고령으로 소흥에 살고 있었다. 기질과 사이가 좋아서 기질은 언제나 육유를 방문해서 함께 국가의 대사를 논했다.

이듬해 봄. 남송의 황제 영종은 갑자기 기지를 수도 임안(臨安)에 불러 칙령을 내렸다. 그의 올해의 계획인 금토벌에 대해서 의견을 듣고 싶다는 것이었다. 그의 가슴은 뛰었다.

그는 그 일을 우선 친구인 육유에게 알렸다. 육유도 기뻐하여,

「이것은 북벌에 대한 자네의 평소의 의견을 조정에 전할 수 있는 좋은 기회네. 꼭 다녀오게.」

하고 격려했다.

그 때, 육유는 시를 한 수 지어 기질에게 주었다. 그 시에 「대재소용을 옛날보다 더 한탄한다….」라는 귀절이 있다. 그를 절동안무사에 임명한 것은 실로 그 좋은 예라고, 임안행을 격려했던 것이다.

용감하게 임안에 들어간 기질은, 한탁위에게, 북벌에 대한 적극적인 의견을 몇 번이나 아뢰었다. 그러나, 한탁위는 그의 명성만 이용하고 있었기 때문에, 그의 의견을 그다지 중요시하지 않았다.

그렇지만 황제의 이름으로 부른 상대방을 생각하여 한탁위는 기질을 진강부의 부지사로 임명했다. 그래서, 그는 진강에 살게 되었고, 정치를 위해 열심히 일했다.

동시에 북벌 작전에 필요한 인원, 물품의 준비를 하는 것도 그의 중요한 일이 되었다. 우선 일만 명의 군사를 준비했고, 신병을 모집하여 북벌군을 편성하려 했다.

게다가 그는 스파이를 보내어 금의 내정을 탐색했다. 병력의 상황, 주둔지, 장수의 성명, 군수품의 상황 등 적의 사정을 정확히 파악하여 작전을 세우고 한발한발 잃은 땅을 되찾으려 하였다.

그런데, 한탁위는 여기에 반대하여 호언장담할 뿐으로, 아무런 조사도 없이 공론을 즐기는 무리를 모아 놓고 북벌을, 차 마실 때 하는 잡담 화제로 삼을 뿐, 진정으로 대처하려 하지 않았다.

때문에, 아무리 기질이 진정으로 군사력 강화를 의견으로 알려도 조금도 귀를 기울이지 않았다. 그 결과는 곧 나타났다. 1206년, 북벌 작전에 대패했던 것이다.

이 패배는 기질을 대단히 침통하게 만들었다. 이보다 1년 전, 그는 한탁위에게 모든 직무를 박탈당하고, 진강을 떠나 고향집에 돌아가

한거하고 있었다.

북벌 실패로 한탁위도 당황했다. 신기질을 다시 등용하여 반금 태세를 세우려고 했다. 그러나, 그 때 기질은 중병으로 앓아 누워 일을 할 수 없었다.

곧, 이 애국의 영웅은 나라의 앞날을 걱정하면서 세상을 떠났다. 육유의 「대재소용」의 넉자(四字)는, 만일 「대재대용」했다면…, 하는 느낌을 준다.

### • 道不拾遺(도불습유)

의미 / 나라가 부강하고 편해서 백성이 길가에 떨어진 남의 물건을 주워 가지지 않는다는 뜻으로, 나라가 태평하게 잘 다스려짐을 비유한 말이다.

출전 / 〈史記〉 商君傳 · 孔子世家

해설 / 노(魯)의 정공(定公) 14년, 56세가 된 공자는 대사구(大司寇; 법무장관)에 임명되어 재상으로서 직무를 보았다. 직무를 맡은지 3개월이 지나자 공자의 덕화정책은 노나라 구석구석에까지 미쳤다.

물건을 사고 팔 때 에누리를 하지 않고, 남녀가 보행할 때 길을 달리해서 문란한 일이 없고, 사람들은 길에 떨어진 것을 줍지 않고, 제 나라의 여행자가 노나라에 이르면 관(官)의 손을 빌지 않고 사람들이 물품을 주어 그를 만족시켰다고 한다.

상앙(商鞅)의 준열 가혹한 법치정책과 공자의 덕화정책은 크게 상반되는 정치체제이지만 두 가지 모두 도불습유의 대표적인 이야기이다.

### • 桃園結義(도원결의)

의미 / 복숭아나무가 무성한 정원에서 의를 맺는다는 뜻으로, 전혀 다른 인격체들이 사사로운 욕심이나 야망을 앞세우지 않고 몸과 마음을 어떤 목적을 향해 같이 하는 것을 의미한다.

출전 / 〈三國志演義〉

해설 / 전한(前漢)은 외척(外戚)에 의해 망했고 후한(後漢)은 환관(宦官)에 의해 망했다고 한다. 그러나 후한의 직접적인 붕괴를 가져오게 한 것은 황건적(黃巾賊)에 의해서였다. 어지러워진 국정에 거듭되는 흉년으로 당장 먹을 것이 없어 아사 직전의 백성들은 태평도(太平道)의 교조 장각(張角)의 깃발 아래로 모여들어 누런 수건을 머리에 두르고 황건적이 되었는데, 그 수는 무려 50만을 헤아렸다.

황건적을 진압하기 위해 정부에서는 각 지방 장관에게 의용병을 모집하라는 지시를 내렸다. 유주(幽州) 탁현(涿縣)에도 의용군 모집의 안내문이 여기저기 나붙었다.

게시판 앞에 발길을 멈춘 유비(劉備)는 나라 일을 걱정하며 자신도 모르게 한숨을 내쉬었다. 이때,

「왜 나라를 위해 싸울 생각은 않고 한숨만 쉬고 있는 거요?」
하고 고함을 치는 자가 있었다. 다름아닌 장비(張飛)였다. 두 사람이 서로 인사를 교환한 다음 가까운 주막으로 들어가 함께 나라 일을 걱정하고 있는데 한 거한이 들어왔다. 기골이 장대한 모습이 예사 인물 같지 않은지라 자리를 같이할 것을 청하고 서로 통성명을 하였다. 그는 운장(雲長) 관우(關羽)였다.

이들 셋은 자리를 같이하고 술을 나누며 이야기하는 동안 서로 뜻이 맞아 함께 천하를 위해 손잡고 일하기로 결심을 했다.

이리하여 장비의 청으로 유비의 집 후원 복숭아나무 아래에서 세 사람이 형제의 의를 맺고 힘을 합쳐 천하를 위해 일하기로 맹세하게 되었다.

## •陶朱之富(도주지부)

의미/도주공(陶朱公)의 부(富)란 뜻으로 수억만대의 큰 부를 일컫는데 「도주」 대신에 의돈(猗頓)을 써서 「의돈지부」라고도 한다.

출전/〈史記〉 貨殖傳

해설/도주(陶朱)란 월(越)나라의 명신 범려(范蠡)의 늙었을 적 이름이다.

주경왕(周敬王) 26년(기원 전 497년) 월왕 구천(勾踐)은 범려의 간곡한 만류를 듣지 않고, 오왕 부차(夫差)와 싸워 크게 패했다. 구천은 늦게나마 범려의 간언을 듣지 않았던 것을 후회하고 그에게 조언을 구했다. 범려는 어떠한 굴욕이라도 참고 화해를 청하여 후일 재기할 것을 권했다. 구천은 그 말을 따라 오에게 항복했다. 이후 범려는 구천을 도와 오로지 부국강병에 힘써 20년이 지난 후에는 드디어 오를 멸망 시키고 천하의 패자가 되게 했다.

구천이 패자가 되자 범려는 상장군이 되었으나, 「제후 밑에서는 오래 있을 수가 없다. 구천과는 환난은 같이 해도 태평 세월은 보내기 어렵다」고 하며 그 일족과 함께 월에서 떠나 제(齊)나라로 갔다.

제에서 범려는 성명을 바꾸어 치이자피(鴟夷子皮)라 하며 장사를 해서 수천만의 부를 쌓았다.

제나라에서는 그의 재질을 아껴 재상으로 맞이하고자 했으나, 그는 「집은 천금의 부를 누리고 벼슬에 있어서 경상(卿相)이 됨은 영화의 극(極), 오래 존경을 받는 것은 몸에 좋지 않다.」고 하여 그것을 거절함과 동시에 수천만의 재산을 가난한 사람들에게 나누어 준 다음 다시 도(陶)로 떠났다. 여기서 그는 이름을 주(朱)로 바꾸고, 거래선을 잘 골라 기회를 잡아 장사를 시작하니 다시 수천만의 부(富)를 쌓아 도주공(陶朱公)이라 불리게 되었다.

## •道聽塗說(도청도설)

의미 / 길에서 듣고 길에서 얘기한다는 뜻으로, 새겨서 듣지 않고 또 그 들은 것을 깊이 생각하거나 실천하는 일 없이 그 자리에서 다시 써먹기에 급급한 경박한 행동을 말한다. 또 유언비어를 곧이곧대로 받아들인다는 뜻도 있다.

출전 / 〈論語〉 陽貨篇

해설 / 「도(道)에서 듣고 도(塗)로 설(說)하는 것은 덕(德)을 버리는 것이다(道聽而塗說德之棄也)」.

「앞의 길에서 들은 좋은 말을 새기고 새겨서 자기 수양의 길잡이로 하지 않고, 그 자리에서 다른 사람에게 말해 버리는 것은 스스로 그 덕을 버리는 것과 같은 것이다. 좋은 말은 전부 마음에 잘 간직해서 자기 것으로 하지 않으면 덕을 쌓을 수가 없다.」

공자는 말하기를 「사람을 보고 말을 택하지 말고 말을 가지고 사람을 택하지 말라」고 했다. 정신병자의 말도 성인이 택한다고 했으며, 말하는 것만 가지고 그 사람을 그대로 평가한다는 것도 경솔하다고 지적했다.

## •塗炭之苦(도탄지고)

의미 / 흙탕물 속이나 숯불 속에 떨어진 것 같은 괴로움을 나타낸 말로, 참을 수 없는 심한 고통과 포악한 정치 속에 빠져 있음을 뜻한다.

출전 / 〈書經〉 仲虺之誥

해설 / 남북조시대, 부국 강성을 자랑하던 전진(前秦)도 점점 국력이 쇠퇴하여 기원 385년에는 후연(後燕)과 후진(後秦)에게 공격받아 수도 장안(長安)에서는 인육(人肉)을 먹을 정도로 식량이 부족했다.

군주 부견(苻堅)은 오장산으로 도피하였지만 후진군에게 붙잡혀서 신하 십수 명과 함께 신평으로 압송되어 어느 사원에 감금 당했다.

후진의 왕 요장(姚萇)은 사자를 부견에게 보내어, 그 나라의 옥쇄를 빼내려고 교섭시켰지만, 부견은 이를 거부하고 요장을 욕하고 비난하였기 때문에, 요장은 부견을 죽여 버렸다.

부견의 아들 부비(苻丕)는 그 당시, 업(鄴)에 있었는데, 전진의 유주칙사 왕영(王永)은 부견의 죽음을 전해 듣자, 사자를 보내 부비에게,

「진양(晋陽)까지 행차하시오.」

라고 진언했다.

진양에 도착한 부비는 거기서 처음으로, 장안이 함락된 것과 아버지의 죽음을 알게 되었다. 왕영들의 간절한 바램으로 곧 황제의 자리에 올랐다.

그 이듬해 6월 부비는 왕영을 좌승상에 임명했다. 왕영은 격문을 작성하여, 전진 각지의 군사력을 모아서, 후진과 후연을 정벌할 것을 주장했다. 그 격문에서 말했다.

「선왕은 적에게 붙잡혔고, 수도는 곤궁해서 야만인의 거처가 되었고, 나라도 황폐하여, 백성도 도탄의 고생 속에 빠져 있다.」

이 격문을 읽은 관리들은 각지에서 군사를 모았다.

이렇게 해서, 진양에 대군이 모였고, 왕영은 이를 지휘하여 반격했지만, 전세가 불리하여 기원 394년, 후진군에게 패하여 전진은 멸망했다.

## • 倒行逆施(도행역시)

의미 / 도리를 따르지 않고 무리하게 행하거나 상식에 어긋나는 행

동을 하는 것을 말한다.

출전 /「사기(史記)」 오자서열전(伍子胥列傳)

해설 / 춘추시대, 초(楚)의 오자서 일가(一家)는, 평왕(平王)의 박해를 받아 아버지와 형이 죽임을 당했다. 오자서는 스스로 유랑자가 되어 오(吳)나라로 피하기로 했다.

오나라로 가는 도중에, 오자서는 친구 신포서(申包胥)를 만났다. 오자서가

「초를 멸하여 원수를 갚겠다.」

라고 말하자, 신포서는

「가능하면, 나는 초를 구하겠다.」

라고 말했다. 그리고 두 사람은 헤어졌다.

도중에 말할 수 없는 고충이 있었지만, 오자서는 결국 오나라에 갔다. 오나라에서, 오자서는 대부(大夫)로 출세하여 오왕(吳王) 합려(闔閭)에게 초를 공격하도록 청하여 승낙받았다.

출병한 오군은 진격을 계속하여 초의 도읍 영(郢; 湖北省)에 돌입했다. 평왕은 이미 죽고, 다음 왕인 소왕(昭王)은 도읍을 버리고 도망쳐, 간 곳을 알 수 없게 되었다.

오자서는, 화가 풀리지 않아, 평왕의 무덤을 파헤쳐서 그 시체를 3백 번이나 채찍질하였고, 뼈를 부수어, 아버지와 형의 원수를 갚았다.

계속해서, 오자서는 부하에게 명령하여 소왕의 행방을 탐색시켰다. 그 때, 친구 신포서가 편지를 보내어 「자네가 하는 짓은 너무 참혹하지 않은가?」하고 책망했다.

거기에 대해, 오자서는 답장을 썼다. 「해야 할 일은 많고, 나에게 남겨진 시간이 적다(日暮道遠; 날은 저물고 길은 멀다). 때문에, 상식에 어긋나는 행동을 했을 뿐이다(倒行逆施).」

신포서는 진(秦)으로 가서, 구원군을 청했다. 그는 7일 밤낮 동안

울며 간청하였다. 진의 애공(哀公)은 신포서의 열성에 감복하여 구원군을 보내 줄 것을 약속했다.

진군(秦軍)이 출동할 무렵, 오나라 국내에서는 반란이 일어났다. 오자서는, 소왕 추격과 진군 침공을 내버려두고, 군대를 오나라로 돌려서 반란을 진압했다.

몇 년 후, 오왕 합려가 죽고, 아들 부차(夫差)가 즉위(即位)하여, 월(越)을 공격하여 구천(勾踐)을 크게 격파했다. 오자서는 단번에 월을 멸망시켜야 한다고 말했지만, 부차는 받아들이지 않았다.

이후, 오자서는 점점 부차에게서 경원당하였다. 동료 백비(伯嚭)의 참언까지 더해져서, 결국, 자결할 것을 명령받고, 부차를 저주하면서 자살하기에 이르렀다.

## • 獨眼龍(독안룡)

의미 / 애꾸눈으로 용기가 있는 사람, 사납고 용감한 장수를 일컫는 말이다.

출전 / 〈五代史〉 唐記

해설 / 당(唐)의 의종(懿宗) 말년(873) 산동(山東) · 하남 지방은 대홍수를 만났으며 다음 해에는 희종(僖宗)의 건부 원년(乾符元年)으로 다시 큰 가뭄을 당하는 불행을 만났다. 그런데다 주현(州縣)의 막중한 세금 징수는 농민들의 반감을 사게 되었다. 그러자 산동 일대의 농민 봉기의 기세를 타고 황소(黃巢)가 난을 일으켰다. 어렵지않게 병력 수십만을 헤아리게 된 황소는 광명 원년(廣明元年) 11월, 낙양을 함락하고 드디어 수도 장안으로 진격, 대중들의 열렬한 환영을 받으며 입성하였다. 그리고 황소는 스스로 제제(齊帝)라 칭하고 대제국(大齊國)을 세웠다.

한편, 홍원(興元)에서 성도로 피신해 있던 희종은 돌궐 출신인 이

극용(李克用)을 기용하여 반격 태세를 갖추어 나갔다. 이극용은 4만의 병사를 이끌고 하중(何中)으로 진군했다.

이 이극용에 대해 〈오대사〉에는 다음과 같이 기록되어 있다.

「이극용, 젊어서부터 효용(驍勇)하여 군중이 일컬어 이아아(李鵶兒)라 했다. 그 한눈이 애꾸였으므로 그가 귀하게 되자 다시 독안룡이라 호(號)하다.」

또 〈당서〉에는 이렇게 기록되어 있다.

「희종 때 황소 반하다. 이극용 이를 평정시키다. 사람들은 그의 한눈이 애꾸이고 용기 있으므로 '독안룡'이라 호하다.」

이것으로 보아 상당한 용장이었음을 알 수 있다.

## • 同病相憐(동병상련)

의미 / 같은 병을 앓고 있는 사람끼리 서로 연민의 정을 품는다는 뜻으로, 비슷한 경우에 처해 있는 사람끼리 더욱더 상대를 잘 이해하고 동정한다는 말이다.

출전 / 〈吳越春秋〉

해설 / 아버지와 형이 역적의 누명을 쓰고 죽자 초나라에서 오나라로 망명해 온 오자서(吳子胥)는 공자광(公子光)을 만나 마침내 초나라에, 아버지와 형에 대한 복수를 하게 된다.

오자서를 공자광에게 추천한 사람은 관상을 잘 보는 피리(被離)란 사람이었다. 피리는 오자서가 거지 행세를 하며 갈곳 없이 거리를 떠돌고 있을 때 예사 인물이 아님을 알았던 것이다. 결국 공자광은 오자서의 도움을 받아 오나라의 왕이 되었으며 이름을 합려(闔閭)로 고쳤다.

오자서가 합려왕의 덕으로 오나라의 실권을 잡게 되었을 때 초나라에서 백주리(伯州犁)의 아들 백비(伯嚭)가 찾아왔다. 백비의 아버지도 오자서의 아버지를 죽게 만든 비무기(費無忌)란 간신에 의해 억울하게 죽었기 때문에 백비는 오자서의 도움을 받기 위해 찾아온 것이다. 오자서는 그를 합려왕에게 천거하여 대부란 벼슬 자리에 앉게 했다.

그러자 대부인 피리가 물었다.

「백비를 겨우 한 번 보았을 뿐인데 어찌 그리 신임하시오?」

「그는 나와 같은 처지에 있기 때문이오. 강가 사람들이 부르는 노래를 듣지 못했소.

같은 병은 서로 불쌍히 여기고(同病相憐)
같은 근심은 서로 구원한다(同憂相救)
놀라 나는 새는(驚翔之鳥)
서로 따라 날고(相隋而飛)
여울 아래 물은(瀨下之水)
다시 함께 흐른다(因復俱流)

### • 得隴望蜀(득롱망촉)

의미 / 농서 지방을 얻고 또다시 촉을 탐낸다는 뜻으로, 끝이 없는 인간의 욕심을 나타낼 때 쓰인다.

출전 / 〈後漢書〉 光武紀

해설 / 후한(後漢)의 세조 광무제(光武帝)가 비로소 제위에 올라 낙양으로 들어가 그곳을 수도로 정했을 무렵이다.

경시제(更始帝)는 적미(赤眉)의 적에게 쫓겨 장안으로 도망치고 있었다. 이때 광무제는 경시를 휴양왕(睢陽王)으로 봉했으나, 적미와 대항 한번 못해보고 곧 항복하여 살해되었다. 그 무렵 국내에는 장안에 웅거하고 있는 적미를 비롯하여 농서(隴西)에는 외효(隗囂), 하서

(河西)에는 두융(竇融), 촉(蜀)에는 공손술(公孫述)이 있고, 다시 휴양(睢陽)에는 유영(劉永), 여강(廬江)에는 이헌(李憲), 임치(臨淄)에는 장보(張步) 등이 할거하고 있었는데 그 중 적미의 유분자(劉盆子), 휴양의 유영, 여강의 이헌, 촉의 공손술 등은 황제의 칭호를 쓰고 있었다.

광무제는 먼저 적미인 유분자를 토벌하고, 이어 유영, 이헌, 장보 등을 차례로 토벌해 갔다. 두융은 시키는대로 하겠다는 뜻을 표했으므로 남은 것은 농서에 있는 외효와 촉에 웅거하고 있는 공손술 두 사람이었다.

외효는 앞서 광무제와 손을 잡고 서주 상장군(西州上將軍)의 칭호를 받고 있었으나 나날이 강성해지는 광무의 기세에 겁을 먹고 촉의 공손술과 손을 잡고 이에 대항하려 했다. 그러나 이미 나라를 세워 제위에 오른 공손술은 외효가 보낸 사신까지도 함부로 대하고 있었으므로 외효는 공손술과 수호(修好)할 생각을 버리고 오히려 광무에게 사람을 보내어 그와의 결탁을 더욱 두텁게 했다.

그러나 외효는 광무제에게 신사(臣事)할 것을 요구받자 이를 거절하고 배반을 했는데, 건무(建武) 9년에 이르러 광무와 대립 상태인 채 병몰하고 이듬해에는 그 아들 구순(寇恂)이 항복해서 마침내 농서의 땅은 완전히 평정되었다.

이때 광무제는 「인생이란 만족을 모른다. 이미 농서를 얻었으니 다시 촉을 얻어야겠다.」하고 그 웅대한 계획을 세웠다.

남아 있는 것은 촉의 공손술 뿐이다. 건무 13년, 광무제는 대군을 일으켜 촉을 엄습, 이를 대파하여 전국의 평정을 끝내고 후한 제국의 기초를 굳게 했다.

## • 得魚忘筌(득어망전)

의미 / 고기가 잡히면 고기를 잡을 때까지 썼던 통발을 잊어버린다는 말로, 어떤 목적이 달성되면 그 동안 도움이 되던 것을 까맣게 잊고 그 은혜에 보답하는 일조차 잊는다는 뜻이다.

출전 / 〈莊子〉 外物篇

해설 / 「전(筌)은 고기를 잡기 위한 것이나 고기가 잡히면 전은 잊어버리게 된다. 제(蹄 : 덫)는 토끼를 잡기 위한 것이나 토끼가 잡히면 잊어버린다. 말은 뜻을 나타내는 것, 뜻을 다 알게 되면 그 말은 잊어버린다.」고 장자는 세 가지 보기를 들고 난 뒤 말했다.

「나는 참된 뜻을 깨달은, 말 같은 것은 잊어버려 얽매이지 않는 사람과 만나 이야기해 보고 싶다.」

그 마음의 밑바닥에는, 참된 뜻이란, 말로는 전할 수 없는 것이라는 생각이 흐르고 있다.

## • 登高自卑(등고자비)

의미 / 높은 곳에 오르려면 낮은 곳에서부터 올라가야 한다는 뜻으로 무슨 일이든지 순서가 있음을 일컫는 말이다.

출전 / 〈中庸〉 第14章

해설 / 군자(君子)의 도는 비유컨대 먼 곳을 감에는 반드시 가까운 곳에서부터 출발함과 같으며, 높은 곳에 오름에는 반드시 낮은 곳으로부터 출발함과 같다.

## • 登龍門(등용문)

의미 / 어려움을 극복하고 용이 되어서 하늘로 올라가는 문이란 말로 입신출세의 관문이란 의미로 쓰인다.

출전 / 〈後漢書〉 李膺傳

해설/ 후한(後漢) 말 환제(桓帝) 때의 일이다.

「발호장군(跋扈將軍)」이란 횡포한 외척 양기(梁冀)가 제거되고 대신 선초(禪超) 등 소위 「오사(五邪)」의 환관이 포학을 자행하기 시작했을 때, 일부 정의파 관료들은 이에 대해 과감한 항쟁을 전개해서 소위 「당고(黨錮)의 화」라는 대규모적인 탄압을 불러일으키게 되는데, 이 항쟁의 선봉장 격의 정의파 관료 중 영수로 지목되는 인물로서 이응(李膺)이라는 사람이 있었다.

이응은 원례(元禮)라고 하며 영천 양성(潁川襄城) 태생이다. 궁정은 환관의 발호로 강기 퇴폐가 심했으나, 이응은 홀로 명교(名教)의 호지자(護持者)로 자처하고 절조를 지켰으므로 명성이 더욱 높아져 태학의 청년 학생들은 그를 가리켜 「천하의 모범은 이원례」라 일컬었거니와 신진 관료사인(官僚士人)들도 그와 친분을 갖거나 추천을 받는 것을 대단한 명예로 삼아 이것을 「등용문(登龍門)」이라 칭했다.

용문(龍門)이란 황하 상류에 있는 협곡의 이름으로서 하진(河津)이라고도 하는데 이 근처는 아주 흐름이 빨라서 그 흐름을 거슬러 오르는 대어(大魚)도 타고 넘지 못한다. 어쩌다 이 급류를 타고 넘으면 그 물고기는 곧 용으로 화한다고 전해지는 곳이다. 따라서 용문으로 오른다는 것은 대단한 난관을 돌파해서 약진하는 기회를 얻는 것을 뜻한다.

# 〔마〕

## • 馬耳東風(마이동풍)

의미 / 말의 귀를 스치는 동풍이란 뜻으로, 다른 사람의 의견이나 충고 등을 완전히 무시하거나 이쪽에서 아무리 떠들어도 상대에게 아무런 영향도 끼치지 못하게 한다는 뜻이다.

출전 / 李白의 〈答王去一寒夜獨酌有懷〉

해설 / 「마이동풍」이란 이백(李白)의 「왕거일(王去一)의 한야(寒夜)에 독작(獨酌)하고 회포에 잠긴다에 답하다」라는 시(詩)에 나온다. 시제목이 말하듯, 이 시는 거일이란 친구가 「한야에 독작해서 회포가 있다.」라는 시를 보내온 데 대한 회답시로 장단구(長短句)를 섞은 장시이다.

## • 馬革裹尸(마혁과시)

의미 / 말가죽으로 시체를 싼다는 뜻으로, 전쟁터에 나가 싸우다가 죽겠다는 용장(勇將)의 각오를 가리키며 전사함을 일컫기도 한다.

출전 / 〈後漢書〉 馬援傳

해설 / 마원은 후한 광무제 때의 복파장군(伏波將軍)으로 교지(交趾)를 평정하고 돌아온, 용맹과 인격을 겸비한 명장이었다.

교지에서 돌아온 그는 신식후(新息侯)로 3천 호의 영지를 받았음에도 불구하고 계속해서 남부지방 일대를 평정하고 건무(建武) 20년(44년) 가을, 수도 낙양으로 개선해 돌아왔다.

이때 마원을 환영하기 위해 많은 사람들이 성 밖까지 나와 맞았는데 그 속에 지모가 뛰어난 맹익(孟翼)도 끼어 있었다.

맹익은 많은 사람들 사이에 끼어 통상적인 축하의 인사만을 건넸다. 그러자 마원은 맹익을 보고 이렇게 말했다.

「나는 그대가 가슴에 사무치는 충언을 해줄 것으로 기대하고 있었는데 겨우 남과 같은 형식적인 인사만을 한단 말인가. 옛날 복파장군(伏波將軍) 노박덕(路博德)은 남월(南越)을 평정하여 일곱 군(郡)을 새로 만드는 큰 공을 세우고도 겨우 수백 호의 작은 영토를 받은 데 불과했네. 그런데 지금 나는 하찮은 공을 세웠을 뿐인데 큰 고을을 봉읍으로 받게 되었네. 공에 비해 은상이 너무 크니 도저히 이대로 오래 영광을 누릴 수는 없을 것 같으니 그대에게 무슨 좋은 생각이 없는가?」

맹익이 별다른 반응을 보이지 않자 마원은 다시 말을 계속했다.

「지금 흉노와 오환(烏桓)이 북쪽 변경을 넘나들고 있네. 이들을 정벌할 것을 청하리라. 사나이는 마땅히 변경 싸움터에서 죽어야만 하네. 말가죽으로 시체를 싸서 돌아와 장사를 지낼 뿐이야(以馬革裹尸還葬耳). 어찌 침대 위에 누워 여자의 시중을 받으며 죽을 수 있겠는가?」

## • 莫逆之友(막역지우)

의미 / 마음에 조금도 거리낄 것이 없는 친구란 뜻으로, 더할 나위 없이 친한 허물없는 친구를 일컫는다.

출전 / 〈莊子〉 大宗師篇

해설 / 「자사(子祀), 자여(子與), 자리(子犁), 자래(子來) 등 네 사람이 서로 말했다. '누가 능히 무(無)로써 머리를 삼고 삶(生)으로써 등을 삼고 죽음으로써 궁둥이를 삼겠는가. 누가 죽고 살고 있고 없는 것이 하나(一體)라는 것을 알겠는가. 내가 그와 더불어 친구가 되리라.' 이렇게 말하고는 네 사람이 서로 바라보며 웃었다. 마음에 거슬림이 없어 서로 친구가 되었다(四人相親而笑 莫逆於心 遂相與爲友)」라는 것이다.

## • 挽歌(만가)

의미 / 수레를 끌면서 부르는 노래라는 뜻인데 상여를 메고 갈 때 죽은 사람을 애도하며 부르는 노래를 말한다.

출전 / 〈春秋左氏傳〉

해설 / 한의 유방이 초의 항우를 해하(垓下)에서 격파하고 즉위하여 한고조(漢高祖)가 되었을 때의 일이다. 이전에 유방과 화목을 맺은 직후, 한신(韓信)에게 급습을 당해 화목사로 온 세객 역이기(酈餌其)를 자살(煮殺)시켜 버린 제왕(齊王) 전횡(田横)은 고조가 즉위하자 주살을 겁내어 부하 5백 명을 거느리고 섬으로 피신했다.

고조는 전횡이 세력을 키운 후에 반란을 일으킬까 겁내어 낙양 못 미쳐 30리까지 왔을 때 포로가 되어 한왕(漢王)을 섬기는 것을 수치스럽게 생각하고 자결하였다. 그래서 그 목을 고조(高祖)에게 바쳤는데 그 두 명의 사신도 전횡의 뒤를 따라 스스로 목을 잘라 순사했다. 섬에 남아 있던 5백여 명도 전횡의 높은 절개를 사모해서 모두 순사했다. 이렇게 되자 전횡의 문인이 해로(薤露), 호리(蒿里) 두 장의 상가(喪歌)를 지었다. 그 중 하나인 해로의 내용은 다음과 같다.

해상(薤上) 해는 부추에 내린 이슬, 어찌 그리 쉽게 마르는가.

이슬은 말라도 내일 아침에는 다시 내린다.
사람은 죽어 한번 가면 언제 다시 돌아올소냐.

## • 萬事休矣(만사휴의)

의미 / 어떤 일에 직면해서 그것에 대해 어떠한 방책도 강구할 수 없는 상태나 뜻하지 않은 실패를 맛보아 되돌릴 수 없게 된 경우의 절망과 체념의 상태를 말한다.

출전 / 〈宋史〉 荊南高氏世家

해설 / 당나라 말년, 황소의 난이 일어나 천하는 몹시 어지러워 전란 30년으로 당의 명맥이 끊어지고, 송이 새로 일어나기까지 50여 년 동안 왕조가 무려 다섯 차례나 바뀌었다. 더구나 그동안 지방에 할거한 소국은 10개국이나 되고, 계속 무력에 의한 항쟁찬탈(抗爭簒奪)이 행해졌다. 군주란 무장 출신이 아니면 도적이나 이민족이고, 초대에는 무력을 배경으로 군림하나 2, 3대가 되면 배경이 없어져 대개 그 힘이 약해져 버리고 만다. 더구나 소국 중에는 대국의 보호 아래 유지되는 곳도 있는 형편이었다.

형남(荊南)도 그런 소국의 하나였다. 개조(開祖)인 고계흥(高季興)은 후량(後粱)의 태조를 따랐고 무공에 의해 형남 절도사(荊南 節度使)가 되었으며, 다시 발해왕(渤海王)에 봉해졌다. 후량이 망하고 후당(後唐)의 세상이 되자 장종(莊宗)에 의해 남평왕(南平王)으로 봉해졌으나, 명종(明宗)에게 공격을 받아 오(吳)에 의지하고 지냈다. 그 아들 종회(從誨)는 영리하고 꾀가 많아 다시 후당에 붙어 남평왕이 되고 남한(南漢), 민(閩), 촉(蜀)이 모두 제위에 오르자 그들에게 신(臣)이라 칭했으므로 각국에서는 그를 천시하여 고무뢰(高無賴)라고 불렀다.

종회의 뒤는 아들인 보융(保融), 그 후는 보융의 동생인 보훈(保勛)

이 자리를 이었으나, 그 무렵에는 후주도 망하여 송(宋)이 되고, 보훈도 송에 신종(臣從)하고 있었다.

보훈은 유아일 때, 종회의 총애를 받고 자랐기 때문에 사람이 화를 내는 것을 보면 웃음으로 얼버무려서 그 사람의 기분을 맞추곤 했다. 그래서 형남 사람들은 「만사휴의(萬事休矣)」 모든 것은 끝장이다하고 생각했었다.

## • 亡國之音(망국지음)

의미 / 망한 나라의 음악 또는 나라를 망하게 하는 음미(淫靡)한 음악이란 뜻으로, 쓸데없는 일에 지나치게 빠져드는 것을 말한다.

출전 / 〈韓非子〉 十過篇

해설 / 주실(周室)의 위광(威光)이 쇠퇴하여 제후간에 분쟁이 끊임없던 춘추 시대의 이야기이다. 위영공(衛靈公)이 진(晋)나라로 가는 도중 복수(濮水) 근처에서 밤을 지내게 되었다. 풀벌레까지도 잠이 든 고요한 한밤중에 일찌기 들어본 적이 없는 절묘한 음악이 들려 왔다. 음색이나 가락이 어찌나 절묘한지 영공(靈公)은 동행하던 악사장인 사연(師涓)에게 명하여 그 악보를 익히게 했다.

이윽고 진에 도착한 영공은 진평공(晋平公)에게 도중에 배운 새로운 음악이라고 하면서 사연에게 거문고를 타게 하여 밤중에 들었던 음악을 들려주었다. 그무렵 진에는 사광(師曠)이라는 악사장이 있었는데, 그가 음악을 연주하면 학이 춤을 추고 흰구름이 너울거린다고 하는 명인이었다.

한창 음악이 연주되고 있을 때 사광이 황급히 사연의 손을 잡으며 말했다.

「잠시 기다려 주시오. 그것이 새로운 음악이라니 말도 안 되오.이것이야말로 망국지음입니다.」

깜짝 놀라며 의심쩍어하는 양군(兩君)에게 사광은 그 까닭을 다음과 같이 설명했다.

「옛날 사연(師涓)이라는 유명한 악사장이 있었읍니다. 은나라 주왕(紂王)의 악사장으로 있으면서 왕을 위해 신성백리(新聲百里)니 미미지악(靡靡之樂)이니 하는 음탕한 곡을 지어 연주하였던바 왕은 그 곡에 빠져 밤낮을 가리지 않고 들었읍니다. 주왕은 아시는 바와 같이 악덕무도해서 주무왕에게 멸망당했읍니다. 주왕을 잃은 사연은 악기를 안고 복수까지 와서 자결을 하였읍니다. 죽은 사연의 혼이 허공을 헤매면서 이 곡을 연주하고 있는 것이오며 사람들은 망국지음이라 하며 귀를 막고 지나다닙니다.」

## • 望洋之歎(망양지탄)

의미 / 광대한 바다를 보고 탄식하다. 사람의 위대함에 감탄하고, 자신이 도달할 수 없음을 부끄러워하는 것이다. 후에, 역부족으로 손을 쓸 수가 없고, 어찌해야 좋을지 모르는 것을 의미하게 되었다.

출전 / 「장자(莊子)」 추수(秋收)

해설 / 아주 옛날, 황하에 강의 신이 있어서 하백(河伯)이라 불리웠다. 그는 오랫동안 황하(黃河) 중류 맹진(孟津; 河南省) 부근에서 살았고, 그 곳에서 멀리 떠난 일이 없었다.

어느날 아침, 태양이 떠올라 수면에 금빛을 비추어 주었다. 하백은 언덕에서, 반짝이는 물결을 바라보다가 흥분했다.

「이렇게 큰 강은 둘도 없겠지!」

그런데, 등 뒤에서,

「틀립니다.」

라는 소리가 들렸다. 보니, 한 마리의 늙은 거북이였다.

「뭐라고? 황하보다 더 큰 강이 있다는 겐가?」

거북은 먼 동쪽을 가리키며 말했다.

「태양이 떠오르는 곳에 북해라는 바다가 있는데, 세상의 강과 바다가 항상 출입하고 있어, 그 넓이는 황하의 몇배나 되지요.」

「본 적이 없는 것을 나는 믿을 수 없네. 그렇게 큰 바다가 있다는 것은.」

하백이 말하자, 거북은 크게 한숨을 쉬고 유유히 헤엄쳐갔다.

가을이 되어, 연일 내리는 비로 강과 바다는 분류했고, 황하도 몇배나 커졌다. 그것을 본 하백은 소리쳤다.

「장관이다! 황하가 더욱 커졌다!」

그는 문득, 지난 날에 늙은 거북이 했던 말을 생각해 내고, 이 기회에 강을 타고 내려가 북해라는 곳에 가보려고 결심했다. 하백은 강물의 흐름을 따라 강 하구까지 갔다.

그 때, 북해의 신이 나타나 하백에게,

「잘왔다. 북해 관광을 환영한다.」

라고 말하고, 소매를 한번 흔들었다. 물결이 곧 멈추고, 눈 앞에 거울 같은 해면이 나타났다.

그 끝없는 광활함에 하백은 멍해졌다. 「세상에는 황하 이외에도 이렇게 넓은 세상이 있구나!」

하백은 지금까지의 자신이 부끄럽게 느껴졌다.

하백은 말했다.

「나는 지금까지, 북해의 광활함을 들었으나 믿지 않았읍니다. 오늘 여기서 보지 않았다면, 나의 짧은 안목으로 사람들의 웃음거리가 되었겠읍니다.」

북해의 신은 웃으며 말했다.

「우물안 개구리다. 큰 바다를 보지 않으면 견식이 얕은 사람으로 끝나 버려, 도리도 알지 못한다. 너는 지금 그것으로부터 벗어났다.」

### ● 麥秀之嘆(맥수지탄)

의미/ 맥수(麥秀)란 보리가 무성하다는 말로 옛날에 영화가 넘치던 도읍에 보리가 무성해 있는 것을 보고 고국의 멸망을 탄식한 데에서 비롯된 성어이다.

출전/ 〈史記〉 宋微子世家

해설/ 중국 고대의 황금기를 대표하는 것이 요순의 정치(堯舜政治)라면 그 반대인 쇠망기(衰亡期)의 상징이라고도 할 수 있는 것은 걸주의 폭정(桀紂之暴政)이다.

그 주왕(紂王)의 비행에 대해 충심으로 간한 신하들에 대해 공자가 「은(殷)에 삼인(三仁)이 있다.」고 감탄했는데 미자(微子), 기자(箕子), 비간(比干)의 세 사람이 바로 그 주인공들이다.

미자는 주왕의 숙부 뻘로 여러 차례 간언했지만 끝끝내 들어주지 않았으므로 절망 끝에 국외로 망명했고, 기자 역시 간언의 효과가 없자 망명해서 미친 사람처럼 쏘다니다가 마침내는 노예로까지 전락했으며, 왕자 비간은 극간한 나머지 육시 처참을 당했다. 후에 주왕조(周王朝)의 세상이 되어 미자는 은(殷)의 혈통을 보존하는 뜻에서 송(宋)의 국왕으로 봉해졌고 기자도 주무왕(周武王)의 자문에 응해서 정치의 요체를 말하고 후에 조선왕에 봉해졌다.

기자는 주왕의 도읍으로 가던 도중 은의 옛성 근처를 지나게 되었는데 전에는 부귀와 영화가 함께 했던 자리이건만 이제는 폐허가 되어 황폐해진 궁전터에 보리와 벼가 무성해 있는 것을 보고 금석지감에 젖어 맥수지시(麥秀之詩)를 지어 읊었다.

옛 궁궐터에는 보리만이 무성하고(麥秀漸漸兮)
벼와 기장들도 잎이 기름지도다(禾黍油油)
저 교동이(彼狡僮兮)

나의 말을 듣지 않았음이 슬프구나(不興我好兮)

여기에서 망국지탄(亡國之嘆)을 맥수지탄이라 말하게 되었다.

## • 孟母三遷之教(맹모삼천지교)

의미 / 맹자(孟子)의 어머니가 맹자를 교육시키기 위해 세 번 이사를 하였다는 뜻으로 자식의 교육을 위해서는 어떤 어려운 일도 행할 수 있다는 뜻을 말한다.

출전 / 〈後漢書〉 列女傳

해설 / 처음 맹자가 살던 집은 공동묘지 부근이었다. 어린 맹자는 눈만 뜨면 보게 되는, 상여를 메고 가는 상여꾼들의 흉내를 내며 땅을 파고 관을 묻은 다음 둥그렇게 봉분을 짓는 장난을 하며 놀았다.

「여기는 자식을 기를 만한 곳이 못 되는구나.」

이렇게 생각한 맹자의 어머니는 곧 시장 근처로 이사를 했다. 그러자 이번에는 장사꾼들의 장사하는 흉내를 내며 놀았다.

「여기도 역시 자식을 기를 곳이 못 된다.」

맹자의 어머니는 여러 가지로 생각한 끝에 이번에는 학교 근처로 이사를 했다. 그러자 맹자는 학생들이 공부하는 모습과 제사상을 차리는 법, 예의를 갖춰 인사하고 행동하는 광경들을 본대로 흉내내며 노는 것이었다.

「여기가 참으로 자식을 두고 기를 만한 곳이다.」
하고 맹자의 어머니는 그곳에서 자리를 잡고 살았다.

## • 盲人摸象(맹인모상)

의미 / 눈 먼 소경이 코끼리를 만지는 식으로 사물의 일부만을 알면서 함부로 전체에 대한 결론을 내리는 좁은 견해를 말한다.

출전 / 〈涅槃經〉

해설 / 옛날 인도의 한 국왕이 신하들에게 말했다.

「누가 가서 코끼리 한 마리를 끌고 오시오. 그리고 소경들을 불러 제각기 코끼리를 만져 보게 하시오. 그들이 소위 본다는 것은 손으로 만지는 것이니까.」

코끼리가 도착하자 모여든 모든 소경들은 코끼리의 곁으로 다가섰다. 과연 소경들은 손으로 그 큰 코끼리를 조심스럽게 어루만지기 시작했다.

잠시 후 국왕은 코끼리를 만졌던 소경들을 가까이 불러 물었다.

「너희들이 방금 만져본 코끼리는 무엇과 비슷하다고 생각하느냐?」

소경들 중에서 코끼리의 이빨을 만져본 소경이 앞으로 나서며 대답했다.

「국왕 전하께 아뢰옵건대 코끼리의 형상은 굵고 큰 무우와 같습니다.」

코끼리의 귀를 만져본 다른 소경이 말했다.

「코끼리의 형상은 쌀을 까부는 키와 같습니다.」

코끼리의 발을 만져본 세 번째 소경이 말했다.

「아닙니다. 코끼리의 형상은 커다란 절구통과 같습니다.」

코끼리의 등을 만져본 다른 소경이 나섰다.

「제가 보기엔 흡사 평탄한 침대와 같습니다.」

코끼리의 배를 만져본 소경은 이렇게 말했다.

「코끼리의 형상은 둥그스름한 옹기와 같습니다.」

그러자 마지막으로 코끼리의 꼬리를 만져본 소경이 비웃음이 담긴 표정으로 말했다.

「천만의 말씀이옵니다. 모두 틀렸읍니다. 코끼리의 형상은 굵은 밧줄과 꼭 같습니다.」

아뭏든 이들은 설왕설래하면서 각기 자기의 견해가 옳다고 주장했던 것이다.

## • 毛遂自薦(모수자천)

의미 / 모수가 스스로를 천거했다는 뜻으로, 재주를 갖고 있는데도 남이 추천해 주는 사람이 없어 기다리다 못해 스스로 자청해서 나서는 경우를 말한다. 염치불구하고 자기를 내세우는 사람을 비웃어 쓰는 때가 많다.

출전 / 〈史記〉 平原君列傳

해설 / 전국 시대 말기에 조나라가 진나라의 침략을 받아 멸망의 위기에 처하게 되었다. 이때 조나라의 재상인 평원군(平原君)이 초나라로 구원병을 청하러 가게 되었다. 평원군은 식객(食客)을 3천 명이나 거느리고 있는 당대의 어진 공자로 이른바 사군(四君) 중의 한 사람이었다.

그는 초나라로 떠나기에 앞서 함께 떠날 사람 20명을 식객 중에서 고르기로하고 엄격한 심사를 거쳐 19명을 뽑았으나 나머지 한 사람을 뽑기가 힘들었다. 이때 모수(毛遂)라는 사람이 자진해 나서며 평원군에게 청했다.

「저를 함께 데려가 주십시오.」

평원군은 그의 얼굴조차 처음 보는 듯하여 물었다.

「그대는 내 밑에 있은 지 몇 해나 되었소?」

「3년쯤 되었읍니다.」

「무릇 현명한 선비가 세상에 있으면 송곳이 주머니 속에 들어 있는 것과 같아서 자연스럽게 그 끝이 밖으로 나타나게 마련이오. 그런데 3년이나 내 밑에 있는 동안 그대에 대해 이렇다할 얘기를 들은 바가 없으니, 그대는 무리일 것 같소.」

그러자 모수가 말했다.

「그러니 저를 오늘 주머니에 넣어 주십사 하는 겁니다. 저를 일찍 주머니 속에 넣어 주셨더라면 지금쯤은 자루까지 밖으로 내밀어 보였을 것입니다.」

이리하여 모수도 20명 속에 끼어 초나라로 가게 되었다. 그러나 평원군의 끈덕진 설득에도 불구하고 초왕은 진나라가 겁이 나는지라 쉽게 답변을 하지 못했다. 아침 일찍부터 시작한 회담이 낮이 기울도록 진전이 없었다.

이때 단 아래 있던 모수가 위로 올라와서 평원군에게 그 까닭을 물었다.

그러자 초왕이 평원군에게 물었다.

「이는 누구요?」

「저를 수행한 사람입니다.」

「과인이 그대 주인과 이야기를 하고 있는데 무슨 참견인가? 어서 물러가지 못하겠는가?」

하고 초왕이 불쾌하다는 표정으로 꾸짖었다.

이때 모수는 차고 있던 칼자루에 손을 걸친 채 당당하게 앞으로 나아가 말했다.

「대왕께서 신을 꾸짖는 것은 초나라 군사가 많은 것을 믿기 때문입니다. 그러나 지금 대왕과 신과의 거리는 극히 짧습니다. 지금 초나라는 땅이 넓고 군사가 강한데도 두번 세번 진나라에 패해 사기가 땅에 떨어져 있는 실정입니다. 이런 것을 볼 때 조나라와 초나라가 동맹을 맺는 것은 조나라를 위한 것이 아니라 초나라를 위한 것입니다.」

이렇게 해서 결국 초왕은 모수의 용기와 설득에 굴복하여 조나라에 구원병을 보낸다는 맹세를 하게 되었다.

## •矛盾(모순)

의미 / 창과 방패란 말로, 말이나 행동의 앞뒤가 서로 맞지 않는 것을 뜻한다.

출전 / 〈韓非子〉 難一 · 難勢篇

해설 / 전국 시대에 주실(周室)의 위령(威令)이 땅에 떨어져 군웅이 천하에 난립하여 서로 패를 다투고 있는데 어느 도시의 길가에서 방패(盾)와 창(矛)을 땅에 늘어 놓고 파는 사나이가 있었다.

바쁘게 왕래하는 사람을 끌기 위해 여러 가지 물건을 파는 장사치의 외침이 요란했으나 그 소리를 누르는 듯한 이 사나이의 굵은 목소리가 울려퍼졌다.

「자, 모두들 구경하시오. 내가 팔고 있는 방패(盾), 이것은 언뜻 보기에는 보통 방패와 다름없으나 명인이 만들어 낸 것으로 아무리 날카로운 창으로 찔러도 끄떡도 하지 않습니다. 적이 언제 공격해 올는지 모르지 않소. 그때 가서 당황해도 때는 이미 늦으니 하나씩 사시오, 사요.」

이렇게 방패를 선전한 사나이가 이번에는 곁에 놓아 두었던 창을 집어들고 붉은 술이 달린 창날을 햇빛에 번쩍거리며 방패를 선전할 때보다 한층 큰 소리로 떠들었다.

「자아, 여러분, 이 창을 보시라. 눈이 시릴 듯 서릿발이 시퍼런 날, 정말 천하 일품이오. 이 창을 사용하면 제 아무리 튼튼한 방패라도 뚫리고 말지요. 이 창을 이겨낼 방패가 있다면 여러분 중 누구라도 좋으니 가져와 보시오.」

처음부터 말없이 듣고 있던 한 노인이 심하게 기침을 하고 나서며 입을 열었다.

「과연 그대가 가지고 있는 방패와 창은 천하 일품일세. 그런데 내 나이가 많은 탓인지 머리가 나쁜 탓인지 이해할 수 없는 일이 하나 있네. 그대가 자랑하는, 어떤 방패라도 당해내지 못하는 창으로, 어떤 창도 뚫지 못하는 방패를 찌르면 도대체 어느 쪽이 이기는 건가? 그 점을 다시 한번 설명해 보게나.」

사나이는 말문이 콱 막혀 버렸다.

## • 武陵桃源(무릉도원)

의미 / 속세와 완전히 분류가 된 별천지, 곧 이상향(理想鄕)의 의미로 쓰인다.

출전 / 陶淵明 〈桃花源記〉

해설 / 진(晋)나라 태원(太元; 孝武帝) 때 무릉(武陵)에 한 어부가 살고 있었다. 어느 날, 어부는 여느때와 다름없이 작은 배를 타고 고기를 잡으로 산협의 강을 따라 올라갔다.

한참 후에 그는 아주 낯선 곳에 다다랐다. 일대에 넓이가 수백 보나 됨직한 복숭아나무 숲이 펼쳐져 있는데, 감미로운 향기를 풍기며 복사꽃 잎이 휘날리고 있었다.

보기 드문 경관에 어부는 잠시 정신을 잃고 있다가 숲의 저쪽끝이 궁금해져 계속 배를 저어갔다. 그러나 수원(水源) 근처에서 산과 마주쳤다. 그 산에는 굴이 있었는데 굴 속이 어둡지 않았으므로 어부는 배에서 내려 굴 속으로 들어갔다. 처음에는 겨우 사람 하나 지날 정도의 넓이가 한참을 들어가다 보니 환하게 넓어졌다.

부신 눈을 크게 뜨고 앞을 바라보니 넓은 평야가 나타나는데 집들이 정연하게 늘어서 있고, 비옥한 전답이 있으며 갖가지 나무들도 무성하게 자라고 있었다. 닭과 개의 울음소리가 들리고 밭일을 하는 사람이나 왕래하는 사람들은 모두 이국인과 같은 복장을 하였는데, 백발의 노인도 어린이들도 희희낙락 한없이 즐거워 보였다.

멍하니 서 있는 어부를 본 사람들은 놀라며 어디서 왔느냐고 물었다. 어부가 자세하게 대답하자 곧 그를 어느 한 집으로 안내하고 크게 환대했다. 며칠 동안 머무르며 환대를 받고 그곳을 떠나올 때 그들은 다른 사람에게 말하지 말아달라고 부탁하였으나 어부는 돌아오는 길에 다시 찾을 수 있도록 표시를 남겨두었다.

집으로 돌아온 어부는 곧 군의 태수를 찾아가 자기가 경험한 이야기를 했다. 태수도 크게 흥미가 일어나 사람을 동원해 다시 그곳을 찾게 하였으나 돌아올 때 표시해 두었던 것이 전부 없어져 며칠 동안 헤매었지만 다시 찾을 수가 없었다.

### • 巫山之夢(무산지몽)

의미 / 무산에서 꾼 꿈이란 뜻으로, 남녀의 밀회나 정교를 일컫는 고사이다.

출전 / 〈文選〉 宋玉의 高唐賦

해설 / 전국 시대인 초양왕(楚襄王) 때, 양왕이 송옥(宋玉)과 함께 운몽(雲夢)에서 놀고 고당관(高唐館)에 간 적이 있었다. 관(館) 위를 쳐다보니 이상한 구름이 끼고 그것이 뭉게뭉게 피어오르는가 했더니 갖가지 모양으로 변하는 것이었다.

양왕이 송옥에게 물었다.

「저것은 무슨 구름인가?」

조운(朝雲)이라고 합니다.」

송옥은 대답한 뒤 다음과 같은 이야기를 했다.

옛날 선왕이 고당에서 향연을 즐기다가 잠시 누워 낮잠을 잤다. 어렴풋이 잠이 들었을 때 비몽사몽간에 요염하게 단장을 한 여인이 나타났다.

「아니, 대체 누구일까!」

하고 생각하는데 그 여인이 왕의 곁으로 다가와 말했다.

「저는 무산(巫山)에서 사는 여자이온데 고당에 와 보니 당신께서도 이곳에 계시다는 말을 듣고 이렇게 찾아뵙고자 왔습니다. 부디 함께 잠들게 해 주십시오.」

왕은 꿈속에서나마 그 여인과 동침을 하였다. 얼마 후 이별할 때가 되자 그녀는 이런 말을 남긴 다음 어디론가 사라져 버렸다.

「저는 무산 남쪽 험준한 곳에 사는데 아침에는 구름이 되어 산에 걸리고 저녁에는 비가 되어 산을 내려와 아침저녁으로 양대(陽臺) 기슭에 있읍니다….」

이튿날 아침 잠에서 깬 왕이 무산 쪽을 바라보니 꿈속의 선녀가 말한 대로 무산에는 아름다운 빛을 받은 구름이 두둥실 떠 있었다. 왕은 그 선녀를 생각하고 묘를 세워 그것을 「조운묘(朝雲廟)」라고 이름지었다 한다.

## • 無恙(무양)

의미/〈병이 없다, 탈이 없다〉는 뜻으로 평안무사(平安無事)함을 의미하는 성어이다.

출전/〈戰國策〉 齊策

해설/제나라 왕이 조나라 위태후(威太后)에게 사신을 보내어 안부를 묻게 하였다.

위태후는 사신이 올리는 글을 뜯어 보기도 전에 먼저 이렇게 물었다.

「해도 무양한가. 백성도 무양한가. 왕도 무양한가(歲亦無恙耶 民亦無恙耶 王亦無恙耶).」

해가 무양하다는 말은 농사가 순조롭게 잘 되어 가고 있느냐는 뜻이다. 그러자 위태후의 심중을 모른 사신은 임금의 안부부터 묻지 않고 해와 백성에 대해 먼저 묻고 임금의 안부를 나중에 묻는 것은 순서가 바뀐 것이 아니냐고 불평을 말했다. 그러자 태후는,

「풍년이 들고 난 다음이라야 백성은 그 생활을 유지할 수가 있고, 백성이 편안한 뒤라야 임금은 그 지위를 보존할 수가 있소. 그 근본부터 먼저 묻는 것이 어찌 순서가 바뀐 것입니까?」

하고 타일렀다는 것이다.

## • 無用之用(무용지용)

의미 / 아무 쓸모 없이 보이는 것이 경우에 따라서는 어느 것보다 더 유용하게 쓰인다는 뜻이다.

출전 / 〈莊子〉 人間世篇 · 外物篇 · 山木篇

해설 / 인간세편(人間世篇)에 보이는 초나라의 은사(隱士)인 광접여(狂接輿)가 공자에 대해서 비평한 것 중에는 다음과 같은 말이 들어 있다.

「무릇 산의 나무는 쓸모가 있으므로 벌목이 되어 자기 몸에 해를 입는다. 등불은 밝기 때문에 불이 붙여져 자기 몸을 태운다. 육계(肉桂)는 식료가 되고 옻(漆)은 도료가 되므로 벌목도 당하고 꺾이기도 한다. 사람은 다 유용한 용만 알고 무용의 용은 알려고 하지않는다. 참으로 가련한 일이다(人皆知有用之用 而莫知無用之用也)」

## • 無爲而化(무위이화)

의미 / 그대로 두어도저절로 된다는 뜻으로, 아무것도 하지 않아도 저절로 잘 고쳐져 나가고 또 감화된다는 말이다.

출전 / 〈老子〉 59章

해설 / 「천하에 행해서는 안 된다고 정해진 일이 많으면 많을수록 백성은 가난해진다. 백성들에게 편리한 문명의 도구가 풍부하면 풍부할수록 나라는 혼란해진다. 인간은 지혜나 기술이 향상되면 될수록 괴상한 것들이 나타나고 법률이 정밀해지면 해질수록 죄인은 많아진다. 그러므로 성인은 말한다. 내가 하는 것이 없으면 백성은 스스로 화하고 내가 움직이지 않고 가만히 있으면 백성은 스스로 바르게 된다. 내가 일없이 있으면 백성은 저절로 잘 살게 되고 내가 욕심이 없으면 백성은 저절로 소박해진다(我無爲而民自化 我好靜而民自正 我無事而民自富 我無欲而民自樸)」.

또 노자(老子)는 다음과 같은 말도 쓰고 있다.

「도는 언제나 무위이면서도 하지 않는 것이 없다. 일체를 하고 있다(道常無爲而無不爲)」.

## • 墨守(묵수)

의미 / 묵자가 끝까지 성을 지킨다는 말로, 자기 의견이나 주장, 소신 따위를 굽히지 않고 끝까지 지키는 것을 뜻한다.

출전 / 〈墨子〉 公輸篇

해설 / 묵자가 제(齊)나라에서 초(楚)나라로 떠난 지 10일 만에 초나라의 수도인 영(郢)에 도착했다. 왜냐하면 공수반(公輸盤)이 초나라를 위해 운제계(雲梯械; 사다리를 성에 대고 높이 올라가는 기계)를 만들어 송나라를 공격하려고 한다는 소리를 들었기 때문이다. 묵자는 공수반을 방문했다.

「북방에 나를 경멸하는 자가 있어 당신의 힘으로 죽여 주시기를 바랍니다만…」

그러자 공수반이 답변했다.

「나는 의를 생각하는 마음으로 사람을 죽일 수는 없소이다.」

묵자는 공손히 절을 하면서 말했다.

「초나라는 땅이 넓은 데 반해서 사람은 모자랄 정도입니다. 그런데 영지가 부족한 송나라를 공격해도 좋습니까? 더구나 아무 죄도 없는 송나라를 말입니다. 겨우 한 사람을 죽이는 것도 의라고 했는데 송나라의 많은 사람을 죽이는 것은 의라 할 수 없을까요?」

공수반은 묵자에게 공박을 당하자 묵자의 청을 받아들여 초왕에게 안내했다. 묵자는 여기서도 예를 들어 말했다.

「아주 화려하게 꾸민 수레의 주인이 옆에 있는 하찮은 수레를 훔치려고 하거나, 비단옷을 입은 사람이 옆집의 누더기옷을 훔치려고 하거나, 진수성찬을 먹는 사람이 옆집의 술찌꺼기를 훔치려고 든다면, 그것을 어떻게 생각하십니까?」

「그것은 도벽이 있는 사람이겠지.」

「그럼 사방이 5천리나 되고 부족할 것이 없는 초나라가 사방이 5백리밖에 안 되고 식량이 부족하며 장목(長木)도 없는 송나라를 공격한다면 이것과 뭐가 틀리겠읍니까?」

초왕이 이 질문에 궁한 대답을 했다.

「그건 나보다 공수반의 재주를 살려 볼까 해서 그랬지.」

그래서 공수반이 얼마나 머리가 좋은가를 보아야겠다고 생각한 묵자는 초왕 앞에서 아주 기묘한 승부를 하였다. 묵자는 띠를 풀고 성(城)처럼 버티고서 작은 나뭇조각을 방패 대신인 기계로 만들었다. 공수반은 9회에 걸쳐 갖가지 장치를 만들어 공격했으나, 묵자는 9회를 다 굳게 지켰다. 마침내 공수반의 공격 무기는 바닥이 났으나 묵자의 수비에는 아직도 여유가 있었다. 마침내 공수반은 손을 들고 말았다.

묵자는 초왕에게 고했다.

「공수반은 나를 죽이려 했고, 나를 죽이면 송을 공격할 수 있다고 생각했을는지 모르오나 내 제자들은 내가 수비했던 기계를 가지고 송으로 가서 초의 침입을 기다리고 있읍니다. 나를 죽여도 항복시킬 수는 없읍니다.」

묵자가 선수를 치는 바람에 초왕은 결국 송을 공격하지 않겠다고 약속했다. 이렇게 해서 묵자는 미연에 초의 침략을 막았던 것이다.

### • 刎頸之交(문경지교)

의미 / 생사(生死)를 같이 하여 목이 잘려도 한이 없다는 뜻으로 아주 친밀한 교제를 일컫는다.

출전 / 〈史記〉 藺相如列傳

해설 / 인상여(藺相如)는 조혜문왕(趙惠文王)의 총신인 무현(繆賢)의 식객에 지나지 않았으나 화씨의 벽(和氏之璧)을 잘 보존하고 귀국한 공으로 상대부(上大夫)가 되었다. 다시 3년 뒤 진왕(秦王)과 조왕(趙王)이 면지(澠池)에서 회합했을 때 조왕이 수치를 당하는 것을 구해 준 공 때문에 상경(上卿)에 임명되었다.

상여의 지위는 조의 명장인 염파(廉頗)보다도 위가 되었다. 그러자 염파가 분개했다.

「나는 공성야전(攻城野戰)에서 큰 공을 세웠는데, 상여는 말 한마디로 나보다 위가 되었다. 그 녀석은 원래 신분이 천한 놈이다. 그런 놈 밑에 있는다는 것은 수치스럽기 짝이 없다. 이번에 상여를 만나게 되면 반드시 욕을 보여주겠다.」

이 말을 들은 상여는 염파와 만나는 것을 피했다. 상여의 부하 중에는 비위가 거슬려 이렇게 말하는 자도 있었다.

「내가 당신을 모시고 있는 것은 당신의 높은 뜻을 사모했기 때문입니다. 그런데 지금 당신은 염장군을 누구보다도 무서워하고 있습니다. 더구나 당신은 상경의 신분이 아닙니까. 이 이상 참을 수가 없으니 나는 떠나겠습니다.」

상여는 그 부하를 꽉 붙잡고 말했다.

「염장군과 진왕 중 어느 쪽이 더 무서운가?」

「물론 진왕입니다.」

「나는 그런 진왕의 위력에도 두려워하지 않았는데 염장군을 두려워하겠는가. 그러나 생각해 보면 강국인 진이 조를 공격해 오지 않는 것은 염장군과 내가 있기 때문일 것이다. 양호(兩虎)가 서로 싸운다면 그 어느 한쪽은 쓰러지는 법이다. 내가 염장군을 피하는 것은 국가의 위급을 먼저 생각하고, 개인의 원한을 뒤로 하기 때문이다(今兩虎共鬪 其勢不俱生 吾所以爲此者 先國家之急 而後私讐也)」

염파는 이 이야기를 전해 듣고 크게 부끄러워하며 상반신을 벗고 가시막대를 짊으로써 알몸에 그 매를 받겠다는 결의를 나타내고 상여의 집을 찾아갔다.

「정말 미안했읍니다. 천한 집 출신이어서 당신의 관대한 마음을 몰랐었읍니다.」

그는 진심으로 사죄했다. 이후부터 두 사람은 친교를 거듭해서 문경지교를 맺었다고 한다.

## • 聞一知十(문일지십)

의미/ 하나를 알려주면 열을 안다는 뜻으로, 한 부분을 통해 전체를 알 수 있다는 말. 곧 총명함을 일컫는다. 여기서 하나란 시작의 수이며 열이란 끝을 나타내므로 시작을 알면 끝도 알 수 있다는 뜻이 된다.

출전/ 〈論語〉 公冶長篇

해설/ 공자가 자공(子貢)에게 물었다.

「너는 안회(顔回)와 견주어 볼 때 누가 더 낫다고 생각하느냐?」

공자의 제자가 3천 명이나 되었고 후세에 이름을 남긴 제자가 72명이나 되지만 당시 재주로는 자공을 첫째로 꼽고 있었다. 실상 안회는 자공보다 비교도 안 될 만큼 나은 편이었지만, 공자가 말했듯이 그는 그러한 기색을 내보이지 않는 바보 같은 사람이기도 했다.

그래서 공자는 스스로 재주를 자부하고 있는 자공이 안회를 어떻게 생각하고 있는가 궁금하여 물었던 것이다.

자공은 서슴치 않고 이렇게 대답했다.

「사(賜; 자공의 이름)가 어찌 감히 회를 바랄 수 있겠읍니까. 회는 하나를 들으면 열을 알고 사는 하나를 들으면 둘을 알 뿐입니다(賜也何敢望回 回也聞一以知十 賜也聞一以知二)」

공자는 자공의 솔직한 대답에 만족했다. 역시 자공은 자기 자신을 알고 있었다.

## • 門前成市(문전성시)

의미 / 문 앞이 저자를 이룬다. 서도가의 집 앞이 찾아드는 방문객들로 시장처럼 붐빈다는 뜻으로, 세상 인심의 덧없음을 보여주는 말이라 할 수 있겠다.

출전 / 〈漢書〉 孫寶傳 · 鄭崇傳

해설 / 전국시대, 제(齊)에 추기(鄒忌)라는 호남자가 있었다. 어느 날, 추기는 거울을 보고 생각했다.

「나는, 미남자로 유명한 서공(徐公)에는 미치지 못한다.」

그래서, 아내에게 물었다.

「나와 서공과 어느 쪽이 미남자인가?」

아내는 단호하게 대답했다.

「틀림없이 당신 쪽이 더 잘 생겼읍니다.」

아내의 말은 신용할 수 없다고 생각한 추기는 첩에게도 꼭같이 물었다. 첩은,

「물론 당신이 더 잘 생겼읍니다.」

라고 대답했다.

다음날, 친구가 찾아왔기에 추기는 친구에게도 똑 같은 질문을 했다. 추기에게 부탁할 일이 있어서 온 그 친구가 대답했다.

「서공 따위는 자네에게 미치지 못하네. 정말이네!」

친구의 칭찬의 말에도 추기는 납득할 수 없었다. 그 다음날, 서공이 추기의 집을 방문했다. 추기는 서공을 이리저리 자세히 살펴보고, 또 뚫어지도록 서공을 보며 생각했다.

「역시 내 쪽이 떨어진다.」

서공이 돌아간 후에, 추기는 자신과 서공과를 객관적으로 비교해 보려고 거울을 들여다보았다. 보면 볼수록 자신이 서공보다 못 생겼다고 생각되었다.

그날 밤, 그는 생각했다.

「왜 모두 내가 더 잘생겼다고 말하는 걸까?」

곰곰히 생각한 끝에 추기는 깨달았다.

「아내는 나를 사랑하기 때문이고, 첩은 나를 두려워하기 때문이고, 친구는 나에게 부탁할 것이 있어서였다.」
라고.

자신이 이 지경이라면, 왕은 더 많은 아부의 소리에 둘러싸여 있을 것이라고 생각했다. 추기는 위왕(威王)을 알현하여 자신의 체험을 이야기했다. 칭찬하는 말보다, 비판하고 충고하는 말이야말로 들을 가치가 있다고 진언했다.

위왕은 그 말을 옳게 여기어 즉시 공포했다.

「관리와 백성을 막론하고, 나에게 직간(直諫)하는 자에게는 상등(上等)의, 상서(上書)하여 간하는 자에게는 중등(中等)의, 마을에서 비판하는 자에게는 하등(下等)의 상을 준다.」

예상대로, 왕에게 간언하려고 온 자가 줄을 이었기 때문에, 왕궁의 뜰은 저자처럼 사람으로 가득차게 되었다. 물론, 상서도 쇄도하였고, 마을에서도 왕을 비판하는 소리로 떠들썩하게 되었다.

왕은 그들의 비판을 받아들여서 정치를 개혁해 갔다. 수 개월이 지났다. 비판자는 두드러지게 줄어들었고, 1년 후에는 비판하는 자가 없게 되었다. 비판의 씨앗이 없어져 버린 것이다.

위왕은 이런 노력으로 제나라의 힘을 강하게 하였다. 주위의 여러 나라들이 모두 제나라를 존경하여 사자를 파견했다. 역사가는 이것을 논평하여 말했다.

「위왕은 군사를 사용하지 않고 승리를 얻었다.」

### • 門前雀羅(문전작라)

의미 / 작라(雀羅)란 참새를 잡는 그물로 문 앞에 작라를 설치한다는 말은 세도가 몰락하여 새들이 모여들 정도로 사람들의 왕래가 끊어져 한산하다는 것을 나타낸 말이다.

출전 / 〈史記〉 汲·鄭列傳

### • 未亡人(미망인)

의미 / 남편을 따라서 죽었어야 할 아내가 죽지 않고 있다는 뜻으로, 홀로 된 여자가 자기를 낮추어서 하는 말이었으나 지금은 당연하게 쓰이고 있다.

출전 / 〈春秋左氏傳〉 莊公 28年條

해설 / 춘추 시대 노(魯)나라에서는 성공(成公)이 위(位)에 있었는데, 노의 백희(伯姬)가 송공(宋公)에게 시집가게 되어 계문자(季文子)가 백희를 송으로 호위해 갔다.

계문자가 임무를 마치고 노로 돌아와 성공에게 복명했으므로, 성공은 날을 잡아 그를 위해 위로연을 베풀었다. 석상에서 계문자는 〈시경〉의 말을 빌어 주군 성공과 송공을 찬양하고 송의 땅은 좋은 곳으로 틀림없이 백희도 즐겁게 지낼 것이라는 뜻을 노래했다. 이 말을 들은 희의 어머니 목강(穆姜)은 크게 기뻐하며 감사의 말을 잊지 않았다.

「정말 수고가 많으셨읍니다. 당신은 선군(先君) 때부터 충성이 지극하여, 이 미망인(未亡人)까지 잘 돌봐 주셔서 진심으로 감사드립니다.」

그리고 역시 〈시경〉의 녹의(綠衣)의 최후의 장을 만족의 정을 붙여 노래하고, 자기 방으로 돌아갔다.

### • 彌縫(미봉)

의미 / 틔어진 곳을 임시로 얽어맨다는 뜻으로, 임시변통으로 꾸며대어 그 순간만을 모면하고자 하는 것을 말한다.

출전 / 〈春秋左氏傳〉, 〈周桓王傳〉

### • 尾生之信(미생지신)

의미 / 우직한 믿음이란 뜻으로, 쓸데없는 명목에 구애된 나머지 너무 고지식하여 융통성이 전혀 없이 하나만 알고 둘은 모르는 사람을 비유해서 쓴다.

출전 / 〈莊子〉 盜跖篇

해설 / 노(魯)나라에 미생(尾生)이라는 아주 정직한 사람이 있었다. 남하고 약속을 하면 그 약속에 한해서는 꼭 지키고야 마는 그런 인물이었다.

그런데 그 사나이가 어느 다리 밑에서 연인을 만나기로 약속을 하였다.

정확한 시간에 그는 약속 장소로 나갔다. 그러나 아무리 기다려도 여자는 나타나지 않았다. 그러는 동안에 개울물이 불어서 그의 몸은 점점 물에 잠기게 되었다. 곧 키가 넘을 것 같은데도 그는 단념하지 않았다. 결국 물이 머리 위까지 올라와 교각에 매달렸으나 피신하지 않고 끝내 그곳에서 익사해 버리고 말았다고 한다.

# 〔바〕

## • 盤根錯節(반근착절)

의미 / 구부러진 뿌리가 많이 내려 마디가 얽혀 있다는 뜻으로, 세력이 뿌리 깊이 박혀 당파가 잘 단결되어 있어 이를 제거하기가 어려울 때 쓰이는데, 무슨 일을 하다가 곤란할 때 흔히 사용한다.

출전 / 〈後漢書〉 虞詡傳

해설 / 후한의 우후는, 어려서 아버지를 여의고, 할머니가 90세에 돌아가실 때까지 효도를 다했다. 조모가 돌아가신 후 처음으로 세상에 나와, 태위(太尉)인 이수(李修)의 초대에 응하여 관청에서 일하게 되었다.

당시, 경계가 허술한 곳부터 강족(羌族)이 침입하기 시작하여, 병주(幷州)와 양주(涼州) 지방이 동시에 위협을 받고 있었다. 대장군 등즐(鄧騭)은 양면 작전은 곤란하기 때문에 서방은 버려두고 북방을 도와야 한다고 주장했다.

우후는 이 제안에 반대했다.

「앞사람들이 고생해서 개척한 땀을 버릴 이유가 없고, 만약에 서방을 버린다면 장안(長安)이 위험하게 됩니다. 게다가, 서방 사람은 군대에 오래 있었기 때문에 적도 무서워하여 침입하지 않을 것입니다.」

「서방 사람은 잘 방위하고 있을 것이고, 저는 왕실과도 인연이 깊습니다. 서방을 내버려 두면, 백성이 내지(內地)로 이사해 와서 토박이들과 싸움을 일으킬 것이므로 수습하기 어렵습니다.」

등즐은, 이 의견에 반대했기 때문에 불쾌하게 생각하고 우후를 모함하려고 생각했다. 얼마 후, 하남의 조가(朝歌)에서 반란이 일어나 지방관을 죽였다. 그래서, 등즐은 우후를 조가의 현령으로 임명했다.

우후의 친구들은 모두 그의 부임이 위험하다고 말했지만, 우후는,

「이것은 나의 직무다. 나무를 벨 때에도 반근착절에 접하지 않으면 도끼질의 맛을 알수 없지 않은가?」

라고 말하고 태연히 부임했다.

우후는 우선 상급 관청의 태수를 만났다. 태수는, 문인(文人)에 지나지 않는 우후를 어떻게 조가의 현령으로 보냈는가 하고 이상하게 생각하였다. 우후는 그런 태수의 염려 따위는 염두에 두지 않았다.

후에, 우후는 많은 관직을 역임했지만, 탐관 오리와 부정을 지나치게 적발하였기 때문에 귀족과 권력자의 미움을 사서 죄를 세 번, 견책을 아홉 번이나 받았다. 그러나, 우후의 강직한 성격은 그의 전 생애를 통해서 변함이 없었다.

## • 拔本塞源(발본색원)

의미 / 뿌리를 뽑아 근원을 막는다는 뜻으로, 근본적으로 어떤 폐단을 해결하는 것을 말한다.

출전 / 〈春秋左氏傳〉 昭公 9年條

해설 / 「나는 백부(伯父)에게 있어서 마치 옷에 갓이 있고, 나무와 물에 뿌리와 근원이 있고, 백성들에게 집주인이 있어야 하는 것과 같다. 백부가 만일 갓을 찢어 버리고 뿌리를 뽑고 근원을 막으며 집주인을 아주 버린다면 비록 저 오랑캐들이라도 나 한 사람을 우습게 볼 것이다(我在伯父 猶衣之有冠冕 木水之有本源 民人之有 謀主伯父若裂冠毁冕 拔本塞源 專棄謀主 雖戒狄其何有餘一人)」

## ●傍若無人(방약무인)

의미 / 곁에 아무도 없는 것과 같이 남의 입장이나 형편을 전혀 고려하지 않고 언행을 제멋대로 하는 것을 일컫는다.

출전 / 〈史記〉 刺客列傳

해설 / 전국 시대 위(衛)나라에 형가(荊軻)라는 자가 있었다.

선조(先祖)는 제(齊)나라 사람이었으나 그는 위(衛)로 옮겨 살며 경경(慶卿)이라 불렸는데, 문무를 겸비한 사람이었다. 그는 국사에도 마음을 쓰고 있었으므로 위의 원군(元君)에게 정치에 대한 의견을 진언했으나 받아들여지지 않자 그 후로는 유랑생활을 하며 각지에서 현인, 호걸들과 사귀었다. 그때의 이야기로서 다음과 같은 것이 전해진다.

여러 곳을 떠돌아다니던 형가가 어느 때인가 연(燕)나라로 갔다. 거기서 사귄 사람이 개백정과 축(筑)의 명수인 고점리(高漸離)였다. 축은 거문고 비슷한 악기로서 대(竹)로 현을 퉁겨서 소리를 낸다. 이 두 사람과 형가는 하루도 거르지 않고 큰 길로 나가 술로 마셨다. 취기가 돌면 고점리는 축을 퉁기고 형가는 여기에 맞추어 노래하며 함께 즐겼다. 그러다가 감상이 극도에 달하면 울기조차 하였는데 그 모습이 마치 곁에 아무도 없는 것 같았다.

## ●杯盤狼藉(배반낭자)

의미 / 술잔과 안주 접시가 아무렇게나 뒤섞여 있다는 말로 주연(酒宴)이 고비에 오르면 그 자리가 난잡해지는 것을 말한다.

출전 / 〈史記〉 滑稽列傳

해설 / 전국 시대 초기, 제위왕(齊威王) 때였다. 난장이처럼 작은 사나이로 익살을 잘 부리는 순우곤(淳于髡)이란 수다장이가 있었다. 때마침 제(齊)가 초(楚)의 공격을 받게 되어 조(趙)로 원병을 청하게 되었다. 그때 곤이 제의 사신으로 조나라에 가서 10만 정병을 얻는데 성공하자 초는 제의 침공 계획을 포기할 수밖에 없게 되었다. 그리하여 제나라의 후궁에서 축하연이 베풀어졌다.

그 자리에서 제왕은 곤에게 물었다.

「그대는 얼마나 마시면 취하는가?」

「저는 조금 마셔도 취하고 많이 마셔도 취합니다.」

곤은 수수께끼를 좋아하는 제왕에게 애매모호한 대답을 했다. 제왕은 곧 그 설명을 재촉했다.

「조금 마시고 취하는 사람이 어떻게 많은 술을 마신단 말인가, 어서 말해 보게.」

「먼저 대왕에게서 술을 받는데, 제 옆에는 법의 집행관이 있고 뒤에는 재판관이 있다고 가정합시다. 그때 저는 황공해 하며 마시게 되므로 조금만 마셔도 취하게 될 것입니다. 또 제 친척으로 근엄한 손님의 상대를 할 때는 몸을 바르게 하고 마시며 자주 잔을 올리게 되므로 제 양껏 마시지 못하고 취할 것입니다. 그러나 오래 만나지 못했던 친구하고 우연히 만나 환담하면서 마시면 많은 양을 마셔야 취할 것입니다.」

곤의 이야기는 점차 열을 띠기 시작했다.

「만약 어떤 회합이 있어 남녀가 섞여 앉아 술을 마시며 갖가지 놀이를 하면서 손을 잡아도 좋고 물끄러미 쳐다보아도 좋고, 제 곁에 귀고리나 비녀 등이 떨어져 있다면 저는 그만 기뻐서 주는대로 받아 마시고 취기가 돌것입니다. 다시 날이 저물어 주연이 마침내 절정에 이르면 술통을 치우고 남녀는 무릎을 맞대며 신발이 흩어져서 배반낭자(杯盤狼藉)가 되지요. 집안의 등불은 꺼지고 주인이 나를 머물게 하고서 손님은 돌려 보내는데 그러한 때 내 곁에서 얄팍한 비단옷의 가슴팍이 풀어지고 은근한 체취가 풍기면 나는 그만 하늘에라도 오른 듯 술을 있는대로 마실 것입니다.」

이렇듯 술과 여자를 좋아하는 제왕을 기쁘게 해 놓고, 교묘하게 간하는 것이었다.

「술이 극도에 달하면 어지러워지고 즐거움이 극도로 달하면 슬퍼진다고 합니다만, 그렇게 되면 나라가 쇠해집니다.」

그때부터 제왕은 철야의 주연을 그만두고 곤을 제후의 주객으로 삼아 연석에서는 반드시 자기 곁에서 앉게 했다고 한다.

## • 背水之陣(배수지진)

의미 / 물을 등지고 진을 친다는 뜻으로, 목숨을 걸고 어떤 일에 대처하는 경우를 비유하는 말이다. 배수진이라고도 한다.

출전 / 〈史記〉 淮陰侯列傳

해설 / 한고조(韓高祖)가 제위에 오르기 2년 전(기원 전 240년)의 일이다. 한군의 일지대(一支隊)를 이끌고 있던 한신(韓信)은 위(魏)를 격파한 여세를 몰아 조(趙)로 진격했다.

한신의 내습을 안 조왕헐(趙王歇)과 성안군 진여(陳余)는 급히 20만의 군사를 정경(井陘)의 협로 입구에 집결시키고 견고한 방어태세를 마치고 기다리고 있었다. 미리 내보냈던 첩자로부터 광무군 이좌차(李左車)의 한군이 정경의 협로에 들어오기 시작했을 때 단숨에 격멸해야 한다는 진언이 채택되지 않았다는 것을 안 한신은, 정경의 협로를 맹진(猛進)해서 그 출구 10리쯤 되는 곳에서 밤이 될 때까지 휴식을 취한 뒤 한밤중에 다시 진군했다. 먼저 2천 명의 경기병(輕騎兵)을 골라, 각자 붉은 기를 한 자루씩 들게 했다.

「조군의 성채 근처 산에 숨으라. 내일의 전투에서 우리 군은 작전상 패주한다. 조군은 전력을 다해 추격해 올 것이다. 그때 제군은 조의 성채로 들어가 조의 기를 뽑아 버리고 한의 붉은 기를 세우라.」

그런 다음 만여 명의 군사를 정경의 출구에서 진격시켜 하수를 등지고 진을 치게 했다. 끝으로 본대를 협로 맨끝으로 진격시켰다. 조군은 하수를 등지고 진을 치고 있는 한신의 군대를 보고 크게 조소했다. 얼마 후 한신은 대장기를 앞세운 본대를 이끌고 북소리도 우렁차게 진격해 나아갔다. 조군도 성채에서 나와 응전했다. 여러 차례의 각축전을 벌인 끝에 한신은 작전대로 기고(旗鼓)를 버리고 퇴각하여 하수의 진과 합류했다. 사기가 오른 주군은 한신의 수급(首級)을 차지하고자 전군이 추격해 왔다. 따라서 성채는 텅 비게 되고 아무런 저항도 없이 매복했던 군사들이 침입해서 성벽의 기를 바꾸었다. 한편 하수를 등지고 있는 한신의 군대는 분전(奮戰)에 분전을 거듭한 끝에 조의 대군을 격퇴시켰다. 그래서 뒤로 밀린 조군이 성채로 들어가려 하니 한나라의 적기(赤旗)가 휘날리고 있었다. 이리하여 조군은 더욱 혼란에 빠지고 그 틈을 탄 한군이 총 공격을 퍼부어 대패시켰다.

싸움이 끝나고 축연이 벌어졌을 때 부장들은 한신에게 물었다.

「병법에는 산을 등지고 물을 앞에 두고서 싸우라고 했읍니다. 그런데 이번에는 물을 등지고 싸워 마침내 승리를 거두었읍니다. 이것은 대체 어떻게 된 일입니까?」

「이것도 병법의 한 수로 제군들이 미처 깨닫지 못했을 뿐이오. 병서에 자신을 사지(死地)에 몰아넣음으로써 살길을 찾을 수가 있다고 적혀 있지 않소. 그것을 잠시 응용한 것이 이번의 배수진(背水陣)이오. 원래 우리 군은 원정에 원정을 계속하여 보강한 군사들이 대부분이니 이들을 생지에 두었다면 그냥 흩어져 달아나 버렸을 것이오. 그래서 사지에다 몰아넣은 것 뿐이오.」

## • 杯中蛇影(배중사영)

의미 / 잔 속에 비친 뱀의 그림자라는 뜻으로, 아무것도 아닌 일에 의심을 품으면 쓸데없는 걱정을 하게 된다는 일이다.

출전 / 〈晋書〉 樂廣傳

해설 / 진(晋)나라에 악광(樂廣)이란 사람이 있었다. 악광은 집안이 가난하여 혼자서 글을 익혔다고 한다. 무슨 일에든 서두르지 않고 남의 이야기를 귀담아 듣는 성격이었다. 후에 인정을 받아 수재로 지목되어 관(官)에 기용되었으나 역시 성격에는 변함이 없었다. 또 그가 말하는 것을 들은 많은 병사들은 그의 말을 평해서 「수경(水鏡)과 같이 깨끗하고 명료하여 구름이 걷힌 푸른 하늘을 보는 것 같다」고 감탄했다고 한다. 이러한 악광이 하남(河南)의 장관으로 있었을 때의 일이다.

친한 친구가 있었는데 오랫동안 찾아오지 않아 이상히 여긴 광(廣)은 그를 찾아가 까닭을 물어 보았다.

「일전에 찾아뵙고 술대접을 받았을 때의 일입니다. 술을 마시려고 하는데 잔 속에 실뱀이 보이지 않겠읍니까. 기분이 나빴지만 그냥 마셨더니 그 후부터 몸이 나빠졌읍니다.」

이해할 수 없는 일이라고 광은 생각했다. 요전에 마신 곳은 관청의 한 방이었다. 그 곳 벽에는 활이 걸려 있었는데 그 활에는 뱀의 그림이 그려져 있었다. 광은 다시 그 사람을 불러 그전과 같은 곳에서 술을 마셨다. 잔에 술을 붓고 친구에게 물었다.

「잔 속에 또 보입니까?」

「그래요, 전과 같군요.」

「그 뱀은 저 활의 그림자요.」

친구는 의혹이 풀려 병이 나았다고 한다.

## • 百年河清(백년하청)

의미 / 중국의 황하는 물이 항상 누렇게 흐려 있기 때문에 백 년에 한번 물이 맑아질 둥 말 둥 한다는 것으로, 아무리 기다려도 소용이 없다는 뜻으로 쓰인다.

출전 / 〈春秋左氏傳〉 襄公 8年條

**해설** / 정(鄭)나라 주영왕(周靈王) 7년의 일이다. 초나라가 정나라로 쳐들어오자 정의 6경이라고 일컬어진 지도자들이 도성에 모여 회의를 열었는데, 항복을 하자는 측과 진(晋)나라의 구원을 기다려 저항을 해야 한다는 측이 맞서 의견의 일치를 보지 못하고 있었다. 이때 항복을 주장하는 측의 자사(子駟)가 나서며 말했다.

「주나라의 시에 이르길 황하가 맑아지기를 기다린다는 것은 한이 없어 사람의 짧은 목숨으로는 도저히 부족하다. 점쳐서 꾀하는 일이 많으면 새가 그물에 얽힌 듯 갈피를 못 잡는다(周詩有之日 待河之清 人壽幾何 兆云詢多 職競作羅)고 했읍니다. 그러니 우선 급한 대로 항복을 해서 그들의 말을 따르면 그만입니다. 우리는 그들을 맞이할 선물이나 준비해 두고 기다리는 것이 마땅할 듯하옵니다.」

이 말은 어느 세월에 진나라의 구원병이 오길 기다리겠느냐는 뜻으로 황하가 맑기를 기다리는 것과 똑같다는 것을 역설한 것이다.

## • 百聞不如一見(백문불여일견)

의미 / 설명을 백번 듣는 것보다 한번 실제로 보는 것이 좋다는 말이다. 백은 「수가 많다.」의 의미. 「이문(耳聞)은 목견(目見)과 같지 않다.」(귀로 듣는 것은 눈으로 보는 것과 같지 않다.)라고도 한다.

출전 /「한서(漢書)」 조충국전(趙充國傳)

해설 / 전한의 선제(宣帝) 시대, 서북방 이민족 오랑캐가 한의 국경을 침략하여 성을 공격하고, 이 곳을 강탈하였다. 목숨을 걸고 지키려는 관리와 백성을 죽이는 사건이 발생했다.

선제는 군신을 소집하여 대책을 협의한 결과, 토벌군을 파견하기로 결정하고, 그 사령관에 조충국을 임명하였다. 그때 충국의 나이 76세.

노령이지만, 이전에 수십 년이나 국경에서 오랑캐와 싸운 경험이 있다. 선제는 충국에게 물었다.

「어느 정도의 병력이 필요한가?」

충국은 대답했다.

「백 번 듣는 것은 한 번 보는 것과 같지 않읍니다. 그 곳에의 계략을 여기서는 짜기 어렵기 때문에 현지로 가서 알리겠읍니다.」

선제는 동의했다.

군사를 이끌고 현지에 도착한 충국은 사기를 북돋우기 위하여 오랑캐 소부대를 전멸시켰고, 많은 병사를 포로로 잡았다. 부하는 좋은 징조라고 진격을 주장했지만 충은 거기서 멈추었다.

「함부로 진격했다가, 복병이라도 있으면 어떻게 하는가?작은 승리로 흥분해서는 안된다.」 부하는 그의 견식에 감복했다.

충국은 지세와 적의 정세를 정찰하고, 전향한 포로로부터 정보를 입수한 후, 오랑캐를 격파할 면밀한 작전 계획을 세워서 선제에게 알렸다.

이렇게 해서, 그는 순식간에 오랑캐의 소요를 평정했다. 그것은 현지를 알고나서 대책을 세운 착실한 작전의 성과였다.

## • 白眉(백미)

의미 / 원뜻은 흰 눈썹을 지닌 사람으로 여럿 가운데 가장 뛰어난 자를 이르는 말이나 흔히 예술 작품 중에서 뛰어난 것을 지칭 할 때에 쓴다.

출전 / 〈三國志〉 蜀志 馬良傳

해설 / 촉한(蜀漢)의 유비(劉備)는 적벽대전(赤壁大戰) 이후에 군사(軍師)인 제갈량의 계책에 의해 형주(荊州), 양양(襄襄), 남군(南郡)을 얻자 마음이 무척 흡족하였다. 그리하여 군신들은 모아놓고 구원지계(久遠之計)를 묻는데 문득 한 사람이 계책을 올리고자 청(廳)위로 올라왔다. 지난날에 두 번이나 유비를 구하여 준 이적(伊籍)이었다.

유비는 예우를 갖춰 즉시 그에게 자리를 내주고 계책을 물었다. 그러자 이적이 말했다.

「형주의 구원지계를 아시려고 하면 어찌하여 먼저 어진 선비를 찾으시려 하지 않으십니까?」

「어진 선비가 누구요?」

「형양(荊襄) 땅 마량(馬良)의 다섯 형제가 모두들 재명(才名)이 있는데 가장 어진 이는 양눈썹 사이에 흰 털이 난 양(良)으로 자는 계상(季常)이라고 합니다. 향리에서 평판이 자자한데 〈마씨집 오상(五常)이 모두 뛰어나지만 그 중에서도 백미가 있는 마량이 제일 뛰어나다(馬氏五常白眉最良)〉고 하더이다. 공께서는 어찌하여 청하여다 물으시지 않으십니까?」

이에 현덕은 즉시 명하여 그를 청하여 오게 하였다.

## • 百發百中(백발백중)

의미 / 백 번 쏘아 백 번 맞힌다는 것이 본래의 뜻으로 활의 경우에 쓰던 말이었으나, 요즘에는 일이나 계획하고 있던 바가 생각했던 대로 들어맞았을 때 흔히 사용한다.

출전 / 〈史記〉 周紀

해설 / 춘추 시대 초(楚)나라에 활의 명수인 양유기(養由基)라는 사람이 있었는데 그에 대해 〈사기〉에는 이렇게 쓰여 있다.

「초나라에 양유기라는 사람이 있었는데 활을 잘 쏘는 사람이었다. 버드나무 잎을 백 보 떨어진 곳에서 쏘면 백 번 쏘아 백 번을 다 맞히었다(楚有養由基者 善射者也 去柳葉百步而射之 百發而百中之)」.

## • 伯牙絶絃(백아절현)

의미 / 백아가 거문고 줄을 끊어 버렸다는 뜻으로, 서로 마음속 깊은 곳까지 샅샅이 이해하고 있는 친구를 일컫는 말이다.

출전 / 〈列子〉 湯問篇

해설 / 춘추 시대 때 백아(伯牙)라는 거문고의 명수가 있었다.

친구인 종자기(種子期)는 백아가 거문고를 타서 높은 산의 모습을 표현하려고 하면,

「야, 굉장하다. 높이 치솟는 느낌인데, 마치 태산 같구나」

하고 칭찬해 주었으며, 흐르는 물의 기상을 표현하려고 하면,

「정말 좋다. 유유하게 물이 흐르는 느낌인데, 마치 장강이나 황하 같구나.」

하고 기뻐해 주었다.

두 사람은 그만큼 마음이 맞는 친구였다. 그런데 불행하게도 종자기는 병을 얻어 죽고 말았다.

그러자 백아는 그토록 거문고에 정혼을 기울여 일세의 명인으로 일컬어졌음에도 불구하고, 목숨보다도 중요시하던 거문고를 부숴 버리고 줄을 끊어 죽을 때까지 두 번 다시 거문고를 손에 들지 않았다. 그것은 종자기라는 얻기 어려운 친구, 다시 말해서 자기 거문고 소리를 틀림없이 들어 주는 친구를 잃은 비탄에서였다고 한다.

### • 白眼視(백안시)

의미 / 흘겨본다는 말로, 남을 나쁘게 여기거나 우습게 대하는 경우에 쓰는 말이다.

### • 柏舟之操(백주지조)

의미 / 편백나무의 지조란 뜻으로 과부의 굳은 정조, 곧 남편을 잃

은 처가 정절을 지키는 것을 말한다.

출전 / 〈詩經〉鄘風

해설 / 서주(西周) 말기에 들어서자 세상은 이미 음풍(淫風)이 성행하여 올바른 예의의 전통을 전하고 의(義)를 지키는 풍습은 온데간데가 없는 상태였다. 그런 세태 속에서 홀로 정절을 지킨 공강(共姜)이란 여인이 있었다.

공강은 남편의 명복을 빌면서 혼자 조용히 여생을 보내려고 했으나 주위에서 그냥 내버려두지 않았다. 강의 어머니는 무슨 일이 있어도 딸을 재가 시키려고 온갖 노력을 다 기울였다.

어머니는 딸의 앞날을 걱정하며 재혼을 권유했지만 젊은 강으로서는 그런 현실적 득실(得失)을 애정이나 정절과 바꾸려는 처사를 도저히 용납할 수가 없었다. 그래서 스스로의 맹세를 써서 노래한 것이 바로 다음과 같은 시였다.

범연히 뜬 동백나무 배(汎彼柏舟)
큰 강 가운데 있네.(在彼中河)
두 갈래의 더벅머리(髧彼兩髦)
참된 내 배우자(實維我儀)
죽어도 따르오리다.(之死失靡它)
어머니의 은혜는 하늘과도 같지만(母也天只)
어찌하여 내 마음 몰라줄까요.(不諒人只)

## • 病入膏肓(병입고황)

의미 / 고(膏)는 심장 밑에 있는 얇은 뼈, 황(肓)은 그 밑의 횡격막으로 신체의 가장 깊숙한 부분이다. 따라서 병이 깊고 무거워져 회복할 가망이 없음을 말한다. 또 나쁜 버릇이나 습관 등이 고칠 수 없는 지경에 이르렀을 때를 비유해서 쓰기도 한다.

출전/〈春秋左氏傳〉 成公 10年

해설/춘추 시대의 다섯 강국(5패) 중에서도 당시 진(晋)은 첫째가는 강대한 나라였다. 그 진나라의 경공(景公)이 어느 날 아주 큰 유귀(幽鬼)를 꿈에 보았다.

땅에 흐트러진 긴 머리를 끌며 가슴을 두드리고 발을 구르면서 유귀는 외쳤다.

「내 자손을 잘도 죽였구나. 천제(天帝)의 허락이 내렸다. 자아, 오너라.」

유귀는 궁전의 문들을 부수면서 쫓아왔다. 혼비백산한 경공은 방안으로 도망쳐 들어왔으나 그 문 역시 두드려서 부숴 버렸다.

그때 꿈이 깼다.

경공은 병이 들어 나날이 악화되었다. 서쪽에 있는 진(秦)나라에 명의를 부탁하자 진나라에서는 고완(高緩)을 보내겠다고 전해 왔다.

고완이 아직 도착하기 전에 경공은 또 꿈을 꾸었다. 그런데 병이 두 어린이가 되어 의논을 하고 있는 것이었다.

「명의한테 걸리면 죽을 거야. 어디로 도망가지?」

「심장 아래 횡경막 위로 도망치면 아무렇지도 않을 거야.」

의사 고완이 도착하여 진찰을 하고 난 뒤 말했다.

「병은 고칠 수가 없읍니다. 심장 아래 횡경막 위로 들어가 있으므로 아무리 노력을 해도 소용이 없읍니다. 침도 닿지 못하고 약도 통하지 않습니다. 어떻게 할 수가 없읍니다.」

## • 不得要領(부득요령)

의미/「요령을 얻지 못하다」라는 뜻으로, 아주 긴요한 일을 달성시키지 못하는 것을 일컫는 말이다.

출전 / 〈漢書〉 張騫傳

해설 / 한(漢)나라 무렵까지 만리장성 서쪽은 숨겨진 세계였다. 한 무제(漢武帝)때, 흉노가 침략을 일삼았으므로 한은 그것이 큰 걱정거리였다. 그래서 무제(武帝)는 대월지국과 손을 잡고 숙적인 흉노를 협공하기 위해 대월지국으로 갈 사신을 모집했는데 이 결사적인 모험을 맡고 나선 이가 바로 장건(張騫)이라는 낭관(良官)이었다.

장건은 기원 전 139년 흉노 출신인 감부(甘父)라는 자를 안내자로 하여 백여 명의 일행을 이끌고 출발했는데, 농서(隴西)에서 흉노의 영토로 들어선 직후 그들에게 체포되어 선우(單于; 임금을 일컫는 흉노의 말) 앞에 나아가게 되었다.

거기서 그는 10년이 넘게 억류되어 있으면서 흉노의 여인과 결혼하여 아들까지 두었으나 자기의 사명을 항상 잊지 않고 있었다. 그러던 중 그는 기회를 얻어 처자와 수행원을 데리고 탈출에 성공하여 대원국(大宛國)에 도달할 수 있었다.

대원국의 왕은 한과의 물자 교역을 원하고 있었으므로 장건을 위해 안내자를 붙여 대월지국까지 보내 주었다.

그때 대월지국은 왕이 흉노와의 싸움에서 죽은 직후라 태자가 왕위에 올라 있었다. 신왕(新王)은 대하국(大夏國)을 정복하여 그곳에 거주하고 있었는데 땅이 비옥하여 농산물의 생산이 많았으므로 매우 만족스러워 했다. 그래서 흉노에 대한 복수심도 누그러져 갔고, 멀리 떨어져 있는 한과의 국교 같은 것에는 관심조차 보이지 않게 되었다.

그리하여 장건은 끝내 대월지국 왕의 동의를 얻지 못하고, 그 나라에 1년 남짓 머물다가 귀국길에 올랐다.(騫從月氏至大夏 竟不能得月氏要領 留歲餘還)

## • 駙馬(부마)

의미 / 원래 예비로 준비한 말을 뜻했으나 한무제 때 공주의 남편을 부마도위(駙馬都尉)란 관직에 임명한 데서 천자의 사위를 뜻하는 말로 쓰이게 되었다.

출전 / 〈搜神記〉

해설 / 옛날 농서(隴西)에 신도탁(辛道度)이라는 자가 있었다. 지방에 유학했으나 돈이 떨어져 아무것도 먹지 못한 채 옹주(雍州)의 서쪽 5리 지점까지 이르렀다. 비틀거리면서 걷다 보니 앞에 큰 저택이 있고 문에 하녀 같은 여인이 서 있었다. 신도탁이 사정을 이야기하고 음식을 청하자 하녀는 아무 대답도 없이 안으로 들어갔다가 곧 다시 나와 그를 안주인이 있는 방으로 안내했다. 그는 거기서 필요 이상으로 후한 대접을 받았다. 식사가 끝나자 여주인이 말했다.

「저는 진(秦)나라 민왕(閔王)의 딸이었는데 조(曹)나라로 시집갔다가 불행하게도 남편과 헤어져, 그 후 23년 동안 쭉 혼자 이곳에서 지내고 있습니다. 이렇게 우리 집을 찾아 오셨으니 부디 저하고 부부가 되어 주십시오.」

신도탁은 펄쩍 뛰며 거절했으나 여인의 간곡한 청에 못이겨 인연을 맺었다. 그로부터 3일째 되는 날 여자는 슬픈 듯 신도탁에게 말했다.

「언제까지나 당신과 지내고 싶지만 3일 이상은 안 됩니다. 더 이상 지내면 화가 미치게 되므로 이별하지 않으면 안 됩니다만, 이별해 버리면 저의 진심을 보일 수가 없게 되는 것이 슬픕니다. 그러하오니 이것이라도 표적으로 드리고 싶습니다.」

여자는 신도탁에게 금베개를 내주고 하인을 시켜 대문까지 전송하게 했다. 대문을 나선 신도탁이 뒤를 돌아다보니 저택은 흔적도 없이 사라지고 그 자리는 풀이 무성한 들판으로 무덤 하나가 있을 뿐이었다. 그러나 품에 손을 넣어 보니 여자가 준 금베개는 그대로 있었다.

그는 그 베개를 팔아 음식으로 바꾸었다. 그 후 진의 황비가 그 베개를 시장에서 발견하고 출처를 조사하여 신도탁을 찾아내 경위를 알게 되었다. 황비가 믿을 수 없었던지 무덤을 파헤쳐 관을 열어보니 장례 때 넣어준 물건이 고스란히 있었으나 오직 금베개만이 없었다. 황비는 비로소 신도탁의 이야기가 진실이란 것을 알고 사위대접을 하고 부마도위의 벼슬을 내렸으며 금백거마(金帛車馬)를 하사하여 본국으로 돌아가게 했다. 이 일로 해서 사위를 부마라고 하게 된 것이다.

## • 焚書坑儒(분서갱유)

의미 / 책을 불사르고 선비들을 생매장한다는 말로, 흔히 서적이나 인사들을 탄압하는 행위나 독재자들을 뜻한다.

출전 / 〈史記〉 秦始皇本記

## • 不俱戴天之讐(불구대천지수)

의미 / 함께 하늘을 질 수 없는 원수라는 뜻으로, 세상에 함께 살아 있을 수 없는, 즉 둘 중 하나가 죽어야 할 원수를 일컫는다.

출전 / 〈禮記〉 曲禮上

해설 / 어버이의 원수는 함께 하늘을 질 수 없다. 반드시 죽여야 한다. 형제의 원수는 집에 가서 무기를 가져온다는 식의 여유를 가져서는 안된다. 언제나 무기를 휴대하고 있다가 지체없이 죽여야 한다. 친구의 원수는 나라를 같이 하고 살 수 없다. 역시 죽여야 한다.(父之讐弗與共戴天 兄弟之讐 不反兵 交之讐 不同國)

이렇듯 〈주례(周禮)〉에서는 당연한 복수를 한 사람은 죄를 주지 않는다고 했다. 당시에는 이러한 것이 하나의 윤리관으로 인정되고 있었던 모양이다.

## • 不撓不屈(불요불굴)

의미 / 곤란한 상황에 빠져도 굽히지 않는 것. 「불굴불요」라고도 한다.

출전 / 「한서(漢書)」 서전 · 하(叙傳 · 下)

해설 / 전한(前漢)의 성제(成帝) 건시(建始) 3년(기원 전 30년) 가을, 나라의 수도 장안에서는 홍수가 닥쳐온다는 소문에, 무서워서 백성들이 피난하는 큰 혼란이 발생했다.

성제는 신하들을 소집하여 협의했지만, 성제의 장인 대장군 왕봉(王鳳)은 조사도 하지 않고 사실이라고 보고하고, 황족은 한시라도 빨리 배를 타도록 진언했다.

신하들은 모두 왕봉의 의견에 찬성했지만, 제상 왕상(王商)만은,

「헛소문이다.」

라고 반대하여 백성들이 안정을 되찾도록 명했다.

장안의 민심은 점차 안정되었고, 질서도 차차 회복되어 갔다. 조사한 결과, 홍수는 근거없는 소문으로 판명되었다.

성제는 왕상이 다수에 유혹되지 않고 정론을 바로 잡은 것을 칭찬하였고, 왕봉을 불신하였다. 왕봉은 자신의 경솔함을 반성하는 한편, 왕상에게 한을 품었다.

왕봉의 일족인 낭아군의 태수 양유가 정치에 서툴러서 백성에게 큰 고통을 준 일이 있다. 왕상은 양유를 벌해야 한다고 주장했다.

그것에 대해 왕봉은 양유를 변호하여, 그 실정을 잘 처리해서 처벌을 하지 않는 것이 좋겠다고 요청했지만, 왕상은 듣지않고 상서하여 양유를 파면했다.

「한서(漢書)」의 작자 반고(班固)는 그를 이렇게 평했다.

「그 사람됨이 소박하고 성격은 불요불굴했기 때문에, 오히려 다른 사람의 원한을 사게 되었다.」

## •不入虎穴 不得虎子(불입호혈 부득호자)

의미 / 범의 굴에 들어가지 않으면 범의 새끼를 얻을 수 없다는 말로, 큰 결과를 얻기 위해서는 그만큼 큰 위험을 무릅쓰고 행해야 한다는 뜻이다.

출전 / 〈後漢書〉 班超傳

해설 / 전한(前漢)의 역사책인 〈한서〉의 편찬을 시작한 사람은 후한(後漢)의 반표(班彪)였는데, 그의 뜻을 이어받아 완성시킨 것은 장남인 반고(班固)와 딸 반소(班昭)였다. 반표는 변설이 능숙한 인물로 형식에 구애받지 않고 언제나 큰 인물이 되고자 하였다.

그러던 중 반초는 서쪽의 선선(鄯善－樓蘭)에 사자(使者)로 떠나게 되었다. 처음에는 선선왕이 정성껏 후대를 했으나 날이 지남에 따라 숙사(宿舍)에서 묵게 한 후 냉대했다. 이유는 틀림없이 북쪽 흉노에게서 사신이 왔기 때문에 우리들을 적당히 취급하고 있는 것이라고 생각한 반초는, 어느 날 왕의 시종을 불러내어 흉노의 사신이 묵는 곳을 알아냈다.

그날 밤 반초는 부하 36명을 불러모아 술자리를 베풀고 나서 말했다.

「요즘 우리가 냉대를 당하는 것은 여러분도 다 아는 일, 자칫 잘못하면 우리를 흉노에게 넘겨서 포로로 만들 수작이다. 호혈에 들어가지 않으면 호자를 얻지 못한다. 이제 길은 단 하나, 밤을 타서 흉노의 사신을 화공(火攻)해 버리자. 그렇게 하면 선선왕도 혼쭐이 나서 우리들을 무서워 할 것이다.」

부하중에는 반대하는 이도 있었으나 결국은 그의 뜻대로 되어 소기의 성과를 올릴 수 있었다.

## •鵬程萬里(붕정만리)

의미 / 붕(鵬)이란 상상의 큰 새로 붕이 가야할 길은 수만 리라는 뜻인데, 보통 사람으로는 생각도 미치지 않는 원대한 사업이나 계획을 비유하는 말이다.

출전 / 〈莊子〉 逍遙遊篇

해설 / 북해(北海) 끝에 곤(鯤)이란 이름의 고기가 있다. 곤의 크기는 몇천 리인지 모른다. 곤이 변해서 붕(鵬)이란 이름의 새가 된다. 붕의 등도 몇천 리인지 모른다. 이 새가 한 번 날면 그 날개는 하늘 전체를 뒤덮는 구름처럼 여겨지고, 해면이 한꺼번에 뒤집힐 듯한 대풍(大風)이 불면 그 바람을 타고 북해 끝에서 남해 끝까지 날려고 한다. 제해(齊諧)라는 이름의, 이 세상의 불가사의를 잘 아는 사람의 말에 의하면 「붕이 남해로 옮기자면 바닷물에 날갯짓을 3천 리, 회오리바람을 타고 오르기 9만 리, 6개월 동안 계속 난 다음 비로소 그 날개를 쉰다고 한다」라고 씌어 있다.

## ● 髀肉之嘆(비육지탄)

의미 / 무사가 오랫동안 전장에 나가지 않아 말을 탈 기회가 없었으므로 허벅지에 살만 찐다는 뜻으로, 세상에 나와 공명을 떨치지 못함을 스스로 한탄하는 말이다. 즉 자신의 재주나 수완, 역량을 발휘할 기회가 없음을 탄식하는 말이다.

출전 / 〈三國志〉 蜀志

해설 / 한실의 부흥을 외치며 관우, 장비와 도원결의를 하여 일어선 유비는, 힘이 약했기 때문에 조조(曹操)에게 쫓겨 기주(冀州), 여남(汝南) 등지로 전전하다가 끝내는 형주(荊州)의 유표(劉表)에게 몸을 의탁하여 신야(新野)라는 작은 성(城) 하나를 맡아 보고 있었다.

어느 날 유표가 유비를 청했다. 그의 후계자 문제를 상의하기 위해서였다. 상의를 하던 도중에 유비는 자리에서 일어나 측간(側間)으로 갔는데 무심코 넓적다리에 두둑히 오른 살을 보게 되었다. 그러자 자신의 신세가 한스러워 저도 모르게 두 줄기 눈물이 뺨을 타고 내렸다. 그가 다시 자리로 돌아오자 유표가 의아한듯이 쳐다보며 물었다.

「얼굴에 눈물 흔적이 있는데 웬일이오?」

현덕은 가라앉은 목소리로 대답하였다.

「전에는 하루라도 몸이 말안장을 떠나지 않아 넓적다리에 도무지 살이 없더니 이제는 오랫동안 말을 타지 않으니 살이 올랐읍니다 그려. 세월은 덧없이 가건만 이제껏 공업(功業)을 쌓지 못하였으니 이 점이 서러울 뿐입니다.(常時身不離鞍 鞍肉皆消 今不復騎 脾裏肉生 日月如流 老將至 功業不建 是以悲耳)」

## • 牝鷄之晨(빈계지신)

의미 / 암탉이 울어서 새벽을 알린다는 뜻으로 음양의 이치가 바뀌어 집안이 망할 징조를 뜻한다. 곧 아내가 남편을 무시하고 남편의 권리를 빼앗는 것을 비유하는 데 쓰인다. 빈계사신(牝鷄司晨)이라고도 한다.

출전 / 〈書經〉 牧誓篇

해설 / 빈계지신이란 주(周)나라 무왕이 상(商:殷)나라 주왕(紂王)의 죄상을 폭로하는 가운데 나오는 성어인데, 여기서 주왕이 달기의 말만 듣고 국정을 그르친 사실을 열거하고 있다. 이 대목이 〈서경〉의 목서편에는 다음과 같이 되어 있다.

왕이 말하였다.

「옛 사람이 이르되 암탉은 아침에 울지 않는 법이다. 또 암탉이 새벽에 울면 집안이 망한다고 했다(古人有言曰 牝鷄無晨 牝鷄之晨 惟家之索). 그런데 오늘날 상왕(商王)인 수(受)는 여인의 말만을 듣고 있다. 조상의 제사를 전혀 돌보지 않고 한 조상을 모신 백이(伯夷)와 숙제(叔齊) 형제들도 전혀 돌보지 않으며 그들을 임용(任用)하지도 않았다. 다만 방방곡곡에서 많은 죄를 짓고 여기저기서 도망쳐 온 자들을 높이고 기르며 믿고 임용했다. 심지어는 이 자들을 대부(大夫)와 경사(卿士)로 삼아 백성들에게 포악한 일을 저지르게 하여 상(商)나라가 범죄로 인하여 문란해지게 하였다.

이제 나 발(發)은 삼가 하늘의 벌을 대행코자 한다.」

## • 貧者一燈(빈자일등)

의미 / 가난한 사람이 밝힌 등불 하나라는 뜻인데, 이는 가난 속에서 보인 작으마한 성의가 부귀한 사람들의 많은 도움보다도 가치가 있다는 것으로 정성의 소중함을 일컫는 말이다.

출전 / 〈賢愚經〉 貧女難陀品

해설 / 석가 세존(釋迦世尊)께서 사위국(舍衛國)의 어느 정사(精舍)에 기거하고 있을 때의 일이다. 사위국에 난타(難陀)라는 한 가난한 여인이 있었는데 몸을 의지할 곳이 없어 구걸을 해서 연명했다. 그녀는 많은 사람들이 각각 신분에 맞는 공양을 석가와 그 제자들에게 하고 있는 것을 보고 스스로 한탄하며 중얼거렸다.

「전생에 범한 죄 때문에 가난하고 천한 몸으로 태어나 모처럼 고마우신 스님을 뵙게 되었는데 아무 공양도 할 수가 없구나.」

이렇게 한탄하며 열심히 거리를 돌아다니면서 구걸을 한 끝에 겨우 돈 한 푼을 얻게 되었다. 그녀는 그 돈 한 푼을 얻자마자 기름집으로 달려갔다. 기름을 사서 등불을 만들려는 것이었다. 그러나 기름집 주인은 한푼어치의 기름을 팔려고 하지 않았다. 난타는 마음속에 있는 뜻을 다 이야기했다. 그러자 기름집 주인은 딱한 생각에 돈 한 푼을 받고 몇 배나 되는 기름을 주었다. 난타는 기뻐 어쩔 줄을 모르며 등을 하나 만들어 석가가 계신 정사로 달려갔다. 이를 석가에게 바치고 불을 밝혀 불탄 앞에 있는 훌륭한 등불 속에 놓아 두었다. 그런데 이상하게도 난타가 바친 등불만이 새벽까지 홀로 타고 있었다. 일부러 끄려해도 꺼지지를 않았다. 뒤에 석가가 난타의 정성을 알고 그녀를 비구니로 받아들였다고 한다.

### • 氷炭不相容(빙탄불상용)

의미 / 얼음과 불은 성질이 정반대여서 서로 가까이 하지 못한다. 즉 성질이 서로 상반되어 도저히 화합될 수 없음을 뜻하는 말이다.

출전 / 〈史記〉 滑稽傳, 〈楚辭〉 七諫

해설 / 〈초사〉에는 칠간(七諫)이 수록되어 있는데 동방삭이 굴원을 추모하여 지은 것으로 여기에 빙탄불상용이란 어구가 나온다.

인사의 불행을 슬퍼하면서(哀人事之不幸兮)
수명은 천명에 속한 바 함지에 위임한다(屬天命而委之咸池)
몸은 병들어 쾌유되지 않은 채 있고(身被疾而不間)
마음은 들끓어서 뜨거운 물과도 같다(心沸熱其若湯)
얼음과 숯이 서로 같이할 수 없음이여(氷炭不可以相並兮)
내 처음부터 목숨이 길지 못한 것을 알았노라(吾固知乎命之不長)
홀로 고생하다 죽어 낙이 없음이여(哀獨苦死之無樂兮)
내 나이를 다하지 못함을 안타까와 하노라(惜予年不未央)

# 〔사〕

## • 四面楚歌(사면초가)

의미 / 사방에서 초나라 노랫소리가 들린다는 뜻으로, 적에게 완전히 포위당하여 고립 상태에 빠진 것을 의미한다.

출전 / 〈史記〉 項羽本紀

해설 / 초패왕 항우(項羽)는 한왕 유방(劉邦)과 5년 동안에 걸쳐 천하의 패권을 다투었으나 힘과 기세만을 믿은 나머지 범증(范增)과 같은 모장(謀將)까지도 등을 돌렸고 마침내 유방과 천하를 양분하기로 강화를 체결했다. 그러나 장량(張良), 진평(陳平)의 계략에 의해 동(東)으로 돌아가는 도중 해하(垓下)에서 한신(韓信)이 지휘하는 한군(漢軍)에게 포위되고 말았다.

항우는 싸움에 패하여 지칠대로 지쳐 있었다. 그런데 밤이 되자 어디서인지 노랫소리가 들려왔다. 귀를 기울이니 초나라의 노래가 사방에서 들려왔다. 이것은 장량의 계략으로 한군에 항복한 초나라 병사들에게 부르게 했던 것이다. 그러자 초나라 병사들은 전쟁에 시달리던 중 그리운 고향의 노랫소리를 듣자 고향 생각이 간절해서 전의를 잃고 탈주해 갔다. 항우는 노랫소리를 듣고 당황하여 말했다.

「한은 이미 초를 점령했단 말인가? 어찌 이렇게도 많은 초인(楚人)이 있단 말이냐?(漢皆已得楚乎 何是楚人之多也)」

모든것이 끝났다고 생각한 항우는 자리에서 일어나 장막 안으로 들어가서 결별연(訣別宴)을 열었다.

항우의 군중에 우미인(虞美人)이라는 총희(寵姬)가 있었는데 그림자와 같이 언제나 항우의 곁에서 떠나지 않았다. 또 추(騅)라는 준마(駿馬) 오추마가 있어 항우는 언제나 이 말을 타고 다녔다. 항우는 이런 모든 것들을 생각하며 스스로 시를 지어 노래했다.

힘(力)은 산을 뽑고 기(氣)는 세상을 덮는다(力拔山兮氣蓋世)
때는 불리하고 추(騅)는 가지 않는다(時不利兮不逝)
추는 가지 않으니 어찌할 것인가(騅不逝兮可奈何)
우(虞)야 우(虞)야 너는 어찌할 것인가(虞兮虞兮奈若何)

노래를 반복하자 우미인도 이별의 슬픔을 가득 담고 애절하게 따라 불렀다.

한병(漢兵)은 이미 땅을 차지해
사방에 초가(楚歌)의 소리
대왕의 의기도 다 되니
천첩이 어찌 살아 남으리요

기세가 등등했던 항우의 얼굴에 몇 줄기 눈물이 흘러내렸다. 좌우도 다 울어 누구 하나 고개를 드는 자가 없었다. 비분(悲憤)의 기운이 당(堂)에 넘치고 우미인은 항우의 품 속에 기댄채 항우의 보검을 빌어 스스로 자결했다. 그날 밤 겨우 8백여기를 이끌고 탈출한 항우는 이튿날 한군(漢軍)에 돌입, 스스로 제 목을 쳐서 31세의 젊은 나이로 죽었다. 고향이 그리워 일단 오강(烏江)까지 달려가긴 했으나 패군지장으로서 차마 돌아가지 못하고 자결한 것이었다.

## •駟不及舌(사불급설)

의미 / 사(駟)는 네 마리의 말이 끄는 빠른 수레로 곧 아무리 빠른 수레라도 혀에는 미치지 못한다는 뜻으로, 소문이 삽시에 퍼지는 것을 비유한 말이다. 그런가하면 한번 내뱉은 말은 주워 담지 못한다는 뜻도 포함되어 있다.

출전 / 〈論語〉 顔淵篇

해설 / 극자성(棘子成)이란 사람이 자공에게 말했다.

「군자는 바탕만 있으면 그만이지 문(文)이 무엇 때문에 필요하겠읍니까(君子質而昳何以文爲)?」

「안타깝도다! 그대의 말이 군자다우나 사(駟)도 혀를 미치지 못한다. 문이 질과 같고 질이 문과 같다면 호랑이나 표범의 가죽이 개나 양의 가죽과 같단 말인가?(惜乎夫子之說君子也駟不及舌 文猶質也 質猶文也 虎豹之鞟 猶犬羊之鞟)」라고 자공은 그의 경솔한 말을 반박했다.

〈논어〉에서 뿐만 아니라 말을 조심해야 한다는 경계의 말은 예로부터 많이 전해오고 있다.

## •似而非(사이비)

의미 / 겉으로 보기에는 똑같은 것 같으나 실제로는 아주 다른 가짜를 가리키는 말이다.

출전 / 〈孟子〉 盡心章句下

## •獅子吼(사자후)

의미 / 사자의 부르짖음이란 뜻으로 오늘날에는 열변이나 웅변을 토하다는 의미로 많이 쓰이고 있다.

출전 / 〈佛經〉, 蘇東坡의 詩

해설 / 석가모니는 태어나자마자 한 손으로는 하늘을 가리키고 한 손으로는 땅을 가리키며 일곱 걸음을 옮겨놓더니 사방을 둘러 보고 「하늘 위 하늘 아래에 오직 나만이 홀로 높다(天上天下 唯我獨尊)」고 했다는 이야기가 〈전등록(傳燈錄)〉에 나오는데 「석가모니 부처님께서 도솔천(兜率天; 彌勒菩薩)에 태어나 손을 나눠 하늘과 땅을 가리키며 사자후 소리를 질렀다(牟尼佛生兜率天 分手指天地 作獅子吼聲)」고 쓰고 있다.

또 〈유마경(維摩經)〉에는 석가의 설법은 그 위엄있는 것이 마치 사자후와 같다고 하였다.

## •蛇足(사족)

의미 / 뱀의 발이란 뜻으로 하지 않아도 될 일을 공연스레 하는 것 또는 필요 이상의 것을 말한다.

출전 / 〈史記〉 楚世家, 〈戰國策〉 齊策

해설 / 초나라에 어떤 귀족이 있었다. 어느 날 조상에게 제사를 지냈다. 그 의식이 끝나고 나서, 위로하기 위해 부하에게 한 병의 미주(美酒)를 주며 나누어 마시라고 말했다.

부하들은 상의했다. 어떤 사람이 말했다.

「여러 사람이 마시기에는 모자라지만 한사람은 충분히 취할 수 있다. 어떻게 할까? 경쟁으로 뱀을 그리고, 먼저 그리는 사람이 마시는 게 어떨까?」

모두 이 제안에 찬성했다. 제각기 가까운 곳의 나뭇가지를 꺾어 땅바닥에 주저앉아 뱀의 그림을 그리기 시작했다.

그 중에 대단히 빨리 그리는 사람이 있어서 금세 능숙하게 그렸다. 그는 옆에 있는 술병을 잡고 마실 준비를 했다.

그러다가 그는 생각했다. 이것으로는 자신의 기량을 뽐낼 수 없었다. 그래서,

「뱀에 다리까지도 그려 넣을 수 있다.」

고 하며, 술병을 왼손으로 잡고 오른손으로 계속 그렸다.

그런데, 그가 뱀의 다리를 다 그리기 전에 다른 사람이 뱀을 다 그렸다. 그래서, 그로부터 술병을 뺏아 들고, 깜짝 놀란 얼굴을 하고 있는 그에게 유쾌한듯이 말했다.

「원래 뱀에게는 다리가 없는데 자네는 왜 쓸모없는 다리를 덧붙이나? 이 그림은 뱀이라고 할 수 없기 때문에 가장 먼저 그린 사람은 바로 나네.」

그리고, 멍청히 있는 그를 힐끗 보고는 혼자서 맛있게 술을 마셨다. 그 후, 「사족」은 웃음거리가 되었고 쓸데없는 것의 의미로 사용되게 되었다.

## • 四知(사지)

의미 / 넷이 안다. 곧 하늘과 땅 그리고 너와 내가 안다는 의미로 이 세상에 아무도 모르는 비밀은 없다는 뜻이다.

출전 / 〈十八史略〉 楊震傳

해설 / 후한(後漢)의 양진(楊震)은 그의 해박한 지식과 청렴결백함을 인정받아 관서공자(關西公子)라는 칭호를 들었다고 한다.

그가 동래(東萊) 태수로 부임할 때의 일이다. 그는 동래로 가던 도중 창읍(昌邑)이란 곳에서 하룻밤을 묵게 되었다. 이때 창읍 현령인 왕밀(王密)이 그를 찾아왔다. 그는 양진이 형주(荊州) 자사로 있을

때 무재(茂才)로 추천을 했던 사람이었다.

밤이 되자 왕밀은 품 속에서 10금(金)을 꺼내 양진에게 주었다. 양진이 이를 거절하면서 점잖게 타일렀다.

「나는 당신을 정직한 사람으로 생각하고 대해 왔는데 당신은 나를 이렇게 대한단 말인가?」

「지금은 밤중이라 귀신도 모를 것이옵니다.」

양진은 그의 말을 받아 이렇게 나무랐다.

「아무도 모르다니, 하늘이 알고 땅이 알고 그대가 알고 내가 아는데 어째서 아는 사람이 없단 말인가?」

## • 四海兄弟(사해형제)

의미 / 사해(四海)란 곧 온 천하를 뜻하는 말로, 천하의 뭇사람들은 모두 동포요 형제라는 뜻이다.

출전 / 〈論語〉 顔淵篇

해설 / 공자의 제자 중에 사마우(司馬牛)라는 사람이 있었다. 그런데 사마우에게는 환퇴(桓魋)라는 포악무도한 형이 있었다. 환퇴는 공자를 죽이려고 한 적도 있었다. 사마우는 그 사실을 매우 슬퍼하며,

「남에게는 다 형제가 있으나 나만이 형제를 잃고 혼자입니다.」

라고 말했다.

공자의 수제자인 자하(子夏)가 그를 위로하고자 다음과 같이 말했다.

「죽고 사는 것은 하늘에 달렸고 부귀 역시 천운에 의한다는 말을 들었다. 군자는 공경해서 잃지 않고 남에게 공손히 해서 예(禮)가 있으면 사해(四海)가 모두 형제이다. 그러므로 군자라면 형제가 없는 것을 걱정하지 않는다.(死生有命 富貴在天 君子敬而無失 與人恭而有禮 四海之內 皆爲兄弟也 君子何患乎無兄弟也)」

### • 殺身成仁(살신성인)

의미 / 자신의 몸을 희생하여 인(仁)을 이룩한다는 뜻으로, 몸을 바쳐서라도 도리를 행하는 것을 일컫는다.

출전 / 〈論語〉 衛靈公篇

해설 / 공자가 말하였다.

「뜻이 있는 선비와 인자(仁者)는 삶을 구하여 인(仁)을 해치는 일이 없고 몸을 죽여 인을 이루는 일은 있느니라.(志士仁人 無求生以害仁 有殺身以成仁)」

여기서 지사(志士)란 굳은 뜻을 지닌 선비요, 인인(仁人)은 덕을 이룬 사람을 일컫는다. 이치에 따라 마땅히 죽어야하는데 삶을 구하면 곧 그 마음에 편치 못한 것이 있을 것인 즉 이것은 곧 그 마음의 덕을 해치는 것이요, 마땅히 죽을 때에 죽으면 그 마음이 편안하고 덕이 온전할 것이다.

또 정자(程子)는 여기에 대해 이렇게 말하고 있다.

「실질적인 이치를 마음에 얻어서 스스로 분별하는 것이니 실질적인 이치라는 것은 실제로 옳은 것을 보며 실제로 그른 것을 보는 것이다. 옛사람이 몸을 버리고 죽은 자가 만일 실제로 얻은 것을 보지 못하면 어찌 능히 이와 같겠는가? 모름지기 실제로 삶이 의보다 중하지 아니한 것을 보면 삶이 죽는 것보다 편안치 못하다. 그러므로 몸을 죽여서 어진 것을 이루는 것은 다만 한 개의 옳은 것을 이룰 뿐이다.」

결론적으로 지사(志士)나 인자(仁子)의 마음은 항상 인(仁)을 위해서 존재하는 것임을 강조한 말이라고 할 수 있겠다.

### • 三令五申(삼령오신)

의미 / 「세 번 명령하고, 다섯 번 알린다」. 세 번이고 다섯 번이고 자꾸 반복한다는 말로, 「삼령오신」은 몇 번이고 같은 것을 명령하기도 하고 규정하기도 하는 것을 의미한다.

출전 / 「사기(史記)」 손자오기열전(孫子吳起列傳)

해설 / 옛날, 유명한 병법가인 손무(孫武; 병법서(兵法書) 손자병법(孫子兵法)의 저자)라는 사람이 있었다. 병법가 손무의 병법서를 읽은 오왕(吳王)은 감탄하여 손무를 궁전으로 불러 말했다.

「한번 내 시녀들을 훈련시켜 보시지 않겠읍니까?」

「좋습니다.」

오왕은 시녀 80명을 선발하여 손무에게 맡겨 훈련시키게 했다.

손무는 시녀들을 두 패로 나누고 오왕이 총애하는 두 후궁을 각 대장으로 임명하고 말했다.

「앞이라 명령하면 앞 쪽을, 왼쪽이라 하면 왼쪽을, 오른쪽이라 하면 오른쪽을, 뒤라 하면 뒤를 보아라.」

그리고, 손무는 작은 도끼와 큰 도끼의 용도를 설명했다. 도끼는 처형의 도구이다. 손무는 같은 명령을 세 번 명령하고 다섯 번 말하였다.(결국, 몇 번이고 반복하여 말했다.)

손무는 큰 북을 두드리고,

「우!」

하고 호령했다. 그러나, 시녀들은 서로 얼굴을 마주보며 웃을 뿐, 조금도 호령에 따르지 않았다.

이 광경을 본 손무는 자신을 책망하여 말했다.

「호령이 철저하지 않은 것은 지휘관답지 못한 내 책임이다.」

그래서 호령의 내용을 반복하여 설명했다.

그렇게 한 후, 그는 다시 북을 치고,

「좌!」

하고 호령을 붙였다. 그러나, 이번에도 시녀들은, 호령에 따르려고 하다가, 역시 얼굴을 마주 쳐다보며 웃을 뿐이었다.

손무는 이제 자신을 책망하지 않았다.

「이미 호령의 내용은 분명하기 때문에, 이것에 따르지 않는 것은 대장된 자의 책임이다.」
라고 말하고, 각 대장에 임명된 두 후궁을 참수하려고 했다.

오왕은 놀라 소리쳤다.

「두 사람은 모두 내가 총애하는 후궁이오, 두 사람을 잃으면 나는 크게 낙심할 것이오. 장군의 용병력을 잘 알았소. 두 후궁을 살려 주오.」

손무는 오왕을 향해 말했다.

「나는 왕으로부터 장군으로 임명받았읍니다. 군대에서는 장군이 최고 권위자이고, 왕명이라 해도 지휘를 위해서는 듣지 않을 수가 있읍니다.」
라고 왕의 간청을 거부하고, 두 명의 후궁을 참수했다.

그리고 새로운 대장을 선발하여 임명한 후, 다시 호령을 했다. 이번에는 전원이 정연히 훈련에 임했다. 손무의 용병의 재능은 오왕에게 인정받게 되었고, 오나라는 춘추시대의 강국이 되었다.

## • 三十六計走爲上策(삼십육계 주위상책)

의미 / 36가지나 되는 많은 꾀 가운데서 도망치는 것이 제일 좋은 꾀라는 뜻으로, 겁이 많은 자를 놀릴 때 쓰기도 하고 자신 없는 일은 주저할 것 없이 얼른 포기해 버리거나 피해 버리는 게 상책이라는 의미로 쓰이기도 한다.

출전 / 《資治通鑑》 策141卷

해설 / 송나라를 꺾고 제(濟)나라를 세운 고조(高祖) 소도성(蕭道成)은 자손들에게, 자기 손에 비참하게 멸망한 송(宋)나라의 전철을 밟지 말도록 유언을 하고 죽었지만 그럼에도 불구하고 제나라는 겨우 30년 만에 망하고 말았다.

고조의 조카인 명제(明帝) 소란(蕭鸞)은 갖은 음모와 횡포로 황제의 자리를 강탈한 다음 반란과 보복이 두려워 자기를 못마땅하게 여겨 온 형제와 조카들을 두 달 동안에 14명이나 죽였다. 그런 피바다 위에 용상을 차지한 소란은 황제가 된 지 3년 남짓해서 우연히 병을 얻어 자리에 눕게 되었다. 병상에 있던 그는 아직 살아남은 고조 소도성의 혈통을 받은 10명의 왕족들이 마음에 걸렸다. 그래서 그는 후환을 없애기 위해 심복을 시켜 그들 10명을 한꺼번에 없애 버렸다.

이때 건국공신인 왕경칙(王敬則)은 소란이 자기를 없애기 위해 장괴(張壞)를 평동장군(平東將軍)에 임명하여 자기가 태수로 있는 회계(會稽)와 경계를 맞대고 있는 오군(吳郡)으로 파견한 것을 알자 즉시 반기를 들고 일어났다. 겨우 만여 명밖에 안되는 약한 군사였지만 행군 도중 몽둥이와 괭이를 든 농민들이 가담하자 얼마 안 가서 열배 이상으로 불어났다. 회계를 출발한 반란군은 10여 일만에 벌써 무진(武進)을 넘어 흥성(興盛)에 다다랐다. 서울인 건강(建康; 南京)까지는 얼마 남지 않게 된 것이다.

반란군의 침공 소식을 들은 조정은 큰 혼란에 빠져 있었다. 태자인 보권(寶卷)은 정신을 못 차리고 측근을 누대 위로 올려보내 동정을 살피게 하는 것이 전부인 형편이다.

때마침 도성 북쪽에 있는 정로정(征虜亭)에 불이 나서 연기가 올라오자 누대에 가 있던 사람이 달려와서 황급히 보고를 했다.

「반란군이 벌써 정로정까지 쳐들어왔읍니다.」

보권은 어디로 피해야 할지를 몰라 허둥대고만 있을 뿐이었다.

이 소문을 전해 들은 왕경칙은 만족한 듯이 웃으며,

「단공의 서른 여섯 가지 꾀중에는 달아나는 것이 상책이 된다고 했다. 이제 너의 부자도 다만 달아나는 길만이 있을 뿐이리라(檀公三十六策 走爲上策 計汝父子唯有走耳)」하고 말했다는 것이다.

그러나 왕경칙은 흥성을 포위했을 때 관군으로부터 기습을 받아 무기다운 무기를 갖지 못한 농민군이 혼란에 빠짐으로써 패해 죽고 말았다.

## • 三人成虎(삼인성호)

의미 / 세 사람이 똑같이 말하게 되면 존재하지 않은 호랑이도 나타난 줄로 믿게 된다는 것으로, 거짓말이라도 여러 사람이 하면 참말로 믿게 된다는 뜻이다.

출전 / 〈戰國策〉 魏篇

해설 / 전국 시대의 위혜왕(魏惠王) 때, 방총(龐葱)이란 자가 위(魏)의 태자와 함께 조나라의 한단(邯鄲)으로 인질로 가게 되었을 때 방총이 혜왕에게 말했다.

「여기 한 사람이 있어 시장에 호랑이가 나왔다고 하면 왕께서는 그 말을 믿을 수 있겠읍니까?」

「누가 믿겠는가!」

「그럼 두 사람이 똑같이 시장에 호랑이가 나왔다고 하면 믿으시겠읍니까?」

「그것도 의심스럽지!」

「시장에 호랑이가 나온다는 것은 있을 수 없는 일입니다. 그러나 세 사람씩이나 같은 말을 하면 시장에 틀림없이 호랑이가 나온 것이 됩니다(三人言成虎). 저는 지금부터 양(梁)을 떠나 한단으로 갑니다만, 한단은 양에서 시장보다는 훨씬 멉니다. 더구나 제가 떠난 뒤 제 일에 대하여 이러쿵저러쿵 말을 하는 사람이 아마도 세 사람은 훨씬 넘을 것입니다. 대왕께서는 부디 믿지 말아 주시옵소서.」

「안심하라! 나는 내 자신의 눈밖에 믿지 않으니까.」

이렇게 하여 혜왕과 헤어진 방총이 출발하자마자 바로 왕에게 참언하는 자가 나타났다. 그리하여 후일 인질이 풀려 귀국한 것은 태자뿐이었고, 방총은 혜왕의 의심을 받아 영영 위로 돌아오지 못하는 몸이 되고 말았다.

### • 喪家之狗(상가지구)

의미 / 초상집 개, 즉 주인 없는 개란 뜻으로 여위고 몹시 지쳐서 수척한 사람을 비유하여 일컫는다.

출전 / 〈史記〉 孔子世家

해설 / 노정공(魯定公) 14년, 공자는 노나라에서 선정을 펴고 있었으나 왕족인 삼환씨(三桓氏)와 의견 대립이 심해 노나라를 떠나고 말았다. 이리하여 그때부터 공자는 십수년 동안 위(衛), 조(曹), 송(宋), 정(鄭), 채(蔡) 등지를 돌아다니며 자신의 이상을 실현할 수 있는 곳을 찾았다.

공자가 정나라로 갔을 때의 일이다. 제자들과 길이 어긋난 공자는 뾰족한 수가 떠오르지 않자 성곽 동문에 멀거니 서서 제자들이 찾으러 오기를 기다리고 있었다. 그때 그 모습을 본 어느 정나라 사람이 스승을 찾고 있는 제자들을 보자 말했다.

「동문 곁에 서 있는 사람은 이마(額)가 요(堯)와 비슷하고, 목은 고요(皐陶 ; 舜과 禹를 섬기던 賢相)와 같으며, 어깨는 자산(子産 ; 공자보다 좀 앞선 시대의 정나라 賢相)과 옛날 성현이라 불리던 사람들과 아주 비슷합니다. 그러나 허리에서 아래는 우(禹)에 미치지 못하기를 3치, 그 피로하고 지친 꼴은 집 잃은 개와 같았읍니다.」

제자들은 동문으로 달려가 보았다. 역시 공자가 서 있었다. 제자가 정나라 사람이 한 말을 공자에게 전하자 공자는 빙그레 웃으면서 이렇게 말했다.

「생김새에 대한 비평은 꼭 맞는다고는 할 수 없으나, 집 없는 떠돌이 개란 정말로 맞는 말이구나.(形狀未也 如喪家之物 然乎哉 然乎哉)」

### • 桑田碧海(상전벽해)

의미 / 뽕나무밭이 바다로 바뀐다는 말로, 곧 세상이 몰라볼 정도로 바뀐 것을 비유한 말이다.

출전 / 劉廷芝의 〈代悲白髮翁〉

해설 / 옛날, 왕방평(王方平)이라는 선인(仙人)이 채경(蔡經)의 집에 초대되었다. 왕방평의 도착시간이 가까와지자, 그 징조로 북소리, 피리소리, 인마(人馬)의 소리가 하늘로부터 들려왔다.

채경의 집에 온 왕방평의 모습은 머리에 원류관(遠遊冠)을 쓰고, 주의(朱衣)를 입고, 호랑이 머리 장식이 붙은 활통을 걸치고, 다섯 마리의 용이 끄는 마차를 탔는데, 대장군과도 같았다.

채경이 뜰에서 황공하여 마중했다. 왕방평 일행은 기를 뒤집고 내려왔다. 시종 중에 여자는 없었다. 왕방평만이 채경의 부모 형제를 보았다.

드디어, 왕방평은 하늘에 올라서 사자(使者)를 불러, 마고를 부르도록 명했다. 채경의 가족은 마고가 어떤 선인일까 하고 목을 빼고 기다렸다.

곧 사자가 돌아와서 말했다.

「마고는 봉래(蓬萊; 東海의 仙島)에 일이 있어 갔기 때문에, 잠시 후에 올 것입니다.」

잠시 후에 마고가 왔다. 18·9세의 미녀로, 머리를 틀어올렸고, 남겨진 머리는 허리까지 늘어졌다. 그 의복에는 아름다운 무늬가 수 놓여 있었고, 반짝임 때문에 더욱 화려했다.

집에 들어온 마고는 왕방평을 보자 정중하게 인사를 했다. 왕방평도 일어서서 답례했다. 상쾌한 분위기가 실내에 감돌았다.

이윽고, 자리가 정해지자, 왕방평은 가져온 음식을 비교했다. 온통 금쟁반과 옥배였고, 음식이 많고 과일도 많았는데, 그 향기가 코에 스몄다.

마고는 말했다. 「동해가 세 번 뽕나무 밭으로 변하는 것을 보았읍니다. 봉래의 바다도 얕게 되어 땅이 되려 하고 있읍니다.」

흥겨운 이런저런 이야기를 하는 동안에 잔치가 끝났다. 왕방평과 마고는 각각 마차를 타고 승천했다. 북소리 피리소리 등이 울렸으며, 그 장중한 광경은 올 때와 같았다.

## • 塞翁之馬(새옹지마)

의미 / 새옹의 말에 얽힌 이야기에서 나온 것으로 인간만사의 길흉화복(吉凶禍福)은 변화무쌍하며 예측할 수가 없다는 말이다.

출전 / 〈淮南子〉 人間訓

해설 / 옛날 중국 북방의 오랑캐들이 사는 호지(胡地)와의 국경에 점술에 능한 노인이 살고 있었다. 그런데 어느 날 아무 까닭도 없이 노인의 말이 호지로 달아나 버렸다. 사람들은 그 딱한 사정을 위로해 주기 위해 찾아왔다. 그러나 노인은 조금도 걱정하는 빛이 없이 말했다.

「전화위복이란 말이 있지 않습니까. 크게 걱정할 필요는 없겠지요.」

그로부터 몇 달이 지난 어느 날, 도망쳤던 말이 호지의 좋은 말을 벗삼아 함께 돌아왔다. 이번에는 많은 사람들이 축하하러 왔다.

「이게 또 무슨 화근이 될지 모르지요.」

옹은 조금도 반가운 기색을 보이지 않았다.

그런데 말타기를 좋아하는 그의 아들이 호지에서 온 말을 타다가 낙마하여 불구의 몸이 되고 말았다.

그래서 동네 사람들은 또다시 위로를 하러 왔다.

「아닙니다. 이 일이 또 어떤 다행한 일이 될지 모르지요.」

옹은 그야말로 천하 태평이다.

그 후 1년쯤 지나서 호인(胡人)이 쳐들어왔다. 몸이 성한 젊은이들은 모두 전쟁터로 나가 싸우다 거의가 전사했다. 그러나 노인의 아들은 불구자였으므로 무사했다고 한다.

이 새옹지마(塞翁之馬)라는 성어는 새옹득실(塞翁得失), 새옹화복

(塞翁禍福) 또는 인간만사 새옹지마(人間萬事 塞翁之馬)라는 말로도 사용되고 있다.

## • 先發制人(선발제인)

의미 / 본래는, 전쟁에서 상대방을 먼저 제압하는 편이 이기는 것을 말하지만, 나중에는, 먼저 손을 쓰는 편이 이긴다는 의미로 사용되었다.

출전 / 「한서(漢書)」 항적전(項籍傳)

해설 / 진나라 말기의 하상(下相) 사람인 항량(項梁)은 살인의 죄를 범했기 때문에 조카 항우(項羽)를 데리고 남몰래 나라 밖으로 도망하여 오나라로 옮겨갔다.

항량은 재주가 많아서, 그 지역 명사들과 교류를 가지면서 약간의 식객을 두었고, 시간이 있으면 항우에게 병법을 가르쳤다. 두 사람은 함께 오나라에서 대단히 평판이 높았다.

기원 전 209년 진나라에서는 진승과 오광이 농민을 이끌고 봉기를 일으켰다. 여기에 자극받은 일부 지방관들도 함께 진나라 타도의 군사를 일으켜 천하는 소란으로 시끄러워졌다.

회계 군수 은통(殷通)은 전부터 항량과 항우의 명성을 듣고 있었기 때문에, 두 사람을 초대하여, 함께 대사를 의논했다. 결국, 그도 진나라 타도의 군사를 일으키고 싶다는 것이었다. 항량은 말했다.

「지금 강서 각지에서 진나라 타도의 궐기가 보입니다. 진을 토벌하는데 좋은 기회입니다. 그러니, 먼저 하면 다른 사람을 제압할 수 있읍니다.」

항량은 그렇게 말하고 은통에게 군사를 일으킬 것을 급히 주장했다.

은통도 찬성했고, 항량 · 항우와 환초, 세 명이 군사를 이끌기를 바랬다. 항량은 말했다.

「환초는 지금 다른 곳에 도망시켜 놓고, 조카 항우에게 그가 가는 곳을 알아 두었다가 부르러 보냅시다.」

실은 항량은 은통이 우유부단하여 함께 대사를 거행할 상대가 아니라고 보았던 것이다. 그는 항우에게 암시하여 은통을 살해했다. 관리들은 항우의 용맹함을 두려워하여 저절로 그의 지휘하에 들어갔다.

이렇게 해서 항량과 항우는 군사를 모았고, 각 군과 현의 젊은이들을 모집해서 젊은 병사 팔천 인을 얻었다. 항량은 이들을 인솔하여 진나라 타도의 깃발을 세우고 양자강을 건너 북상을 개시했던 것이다.

## • 先入見(선입견)

의미 / 미리 들은 어떤 말로 생각을 정해서 그 외의 어떤 의견도 받아들이지 않는 것. 곧 먼저 들은 이야기가 마음속에 차지하고 있어 나중에 듣는 이야기를 거부하려는 것을 말한다.

출전 / 〈漢書〉 息夫躬傳

해설 / 한(漢)나라 애제(哀帝) 때 식부궁(息夫躬)이라는 아주 말을 잘 하는 자가 있었다. 춘추 전국 시대 소진, 장의처럼 말로써 출세길을 달려온 세객(說客)이라는 것이 있어 왔는데 식부궁도 말하자면 그런 부류의 인물이었다. 그는 애제의 장인 되는 공향후 부안(傳晏)과 동향이자 친구인 관계로 교제 범위가 대단히 넓었다.

어느 날 그는 애제를 만나 특유의 웅변을 토했다. 흉노가 침공해 올 것이 분명함으로 곧 대군을 변방에 배치해야 한다는 것이 그의 주장이었다. 황제는 논리가 맞는 그의 변설에 혹하여 정말 그럴 것같은 생각이 들었다.

그래서 승상 왕가(王嘉)를 불러 상의하였다. 왕가는 그것이 근거

없는 말임을 강조하고 나서 이같이 덧붙였다.

「무릇 정치를 논의하는 사람은 아첨하는 말, 부정하고 음험한 말, 너무 아름다운 변설(辯舌) 등으로 인하여 괴로움을 당하기 쉽습니다. 아첨하는 말은 군왕의 덕을 깨고, 부정하고 음험한 말은 아랫사람들로 하여금 원한을 품게 하며, 아름다운 변설은 쉽게 정도(正道)를 파괴하고, 심히 각박한 주장은 군왕의 은혜를 손상시킵니다. 옛날 진(秦)의 목공(穆公)은 현신인 백리해(百里奚), 건숙(蹇叔)의 주장을 물리치고 욕심에 눈이 어두워져 정(鄭)을 치려 한 까닭에 도리어 효(殽)에서 진군(晋軍)에게 격파되고 말았읍니다. 그래서 뉘우친 목공은 남을 그르치기 쉬운 교언(巧言)의 무리를 되도록 멀리하고 경험 많은 노인의 말을 존중했기 때문에 결과적으로 좋은 군주가 돼 존경을 받았읍니다. 부디 폐하께서는 고래의 교훈에 주목하셔서 거듭 생각하시기 바랍니다. 먼저 들으신 말만이 절대로 옳다고 생각을 고정시키는 일이 없도록 하시옵소서.(唯陛下觀覽古戒 反覆參老 無以先入之詰爲主)」

그러나 애제는 왕가의 충고를 받아들이지 않았는데 그로부터 얼마 지나지 않아 식부궁의 말이 변설에 불과했다는 것을 알게 되었다. 이리하여 식부궁은 옥사(獄死)를 하게 되었다.

### • 先從隗始(선종외시)

의미 / 먼저 나부터 시작하라는 뜻으로, 큰 뜻을 이루려면 우선 하찮은 일에서부터 시작하라는 말이다.

출전 / 〈戰國策〉 燕策

해설 / 전국 시대, 연(燕)이 제(齊)에게 패하여 영토의 태반이 제의 지배 아래 있게 되었다. 당시 왕위에 오른 연의 소왕(昭王)은 힘을 다하여 국위 선양과 실지 회복에 힘쓰고, 특히 인재와 이재(異才)

를 구하는 데 열과 성을 다했다.

어느 날, 소왕이 재상 곽외(郭隗)에게 나라를 일으키는데 충분한 인재는 어떻게 하면 얻을 수 있겠느냐고 물었다. 그러자 곽외는 이렇게 대답했다.

「옛날 어느 군공(君公)이 천금을 내걸고 천리마(千里馬)를 구하려고 했으나, 3 년이 지나도록 천리마는 나타나지 않았읍니다. 그때 한 사람의 연인(涓人; 궁중의 연락이나 청소를 하는 사람)이 자원하고 나섰으므로 천금을 내주며 말을 구해 오라고 했읍니다. 그 사나이는 3개월쯤 걸려 천리마가 있는 곳을 알아냈으나, 아깝게도 그 사나이가 도착하기 전에 말이 죽어 버렸읍니다. 그래서 죽은 말의 뼈를 5백 금에 사가지고 왔다 합니다. 군공은 크게 노하여 '내가 원했던 것은 산 말이다. 죽은 말을 5백 금이나 주며 누가 사오라고 했는가?'하고 호통을 쳤읍니다. 그러자 사나이는 '아닙니다, 잠시 제 말씀을 들어주십시오. 천리마라면 죽었더라면 5백 금으로 샀으니 산 말이라면 얼마나 많은 돈을 줄 것인가, 하고 사람들은 생각할 것입니다. 이제 멀지 않아 반드시 희망하시는 말이 찾아올 것입니다'하고 대답했다고 하는데, 그의 말은 적중해서 1년도 채 지나지 않아 천리마를 끌고 온 자가 세 사람이나 있었다고 합니다. 지금 왕께서 진정한 현재를 구하시는 것이라면 먼저 이 외로부터 시작하십시오. '외 같은 사람도 저렇게 후대를 받고 있는데 하물며 그보다 어진 사람들이야 이를 것이 있겠는가'하고 현인들은 앞을 다투어 찾아올 것입니다.」

이리하여 소왕은 외를 위해 황금대(黃金臺)라는 궁전을 세우고 스승으로 대우했다. 이 사실이 순식간에 제국(諸國)에 전해지자 천하의 현재들은 앞을 다투어 연으로 모여들었다. 조(趙)의 명장 악의(樂毅)가 오고, 음양설의 시조인 추연(鄒衍)이 오고, 대정치가인 극신(劇辛)까지도 찾아 왔다.

## • 先則制人(선즉제인)

의미 / 선수를 치면 남을 제압할 수 있다는 말로, 무슨 일에든지 선수를 쳐서 하면 유리하다는 뜻으로 쓰인다.

출전 / 〈史記〉 項羽本紀

해설 / 진(秦)의 2세 원년(기원 전 209년) 7월 안휘성 대택향(大澤鄕)에서 진의 폭정에 반항하여 봉기한 진승(陳勝), 오광(吳廣)의 농민군은 하남성에서 구6국(舊六國) 의 귀족 등과 합세하여 그 힘이 극에 달하자 거칠것 없이 진(秦)의 수도 함양(咸陽)을 향해 진격하고 있었다.

강동(江東)의 회계군 군수였던 은통(殷通)도 농민군에 호응하고자, 군도(郡都)인 오중(吳中)에서 유력자인 항량(項梁)을 불러 의논했다. 항량은 진군(秦軍)에게 패사한 초(楚)의 명장 항연(項燕)의 아들이었으나, 사람을 죽이고 조카 항우와 함께 오중으로 피신해 와 있었는데 타고난 재주인 병법을 교묘하게 이용하여 부역 등에서 중인을 구사하여 장사인 항우와 함께 오중에서 대접을 받고 있는 막강한 실력자였다.

「이제 강서 지방은 다 반기를 들었는데, 그 형세를 보면 이미 하늘이 진을 멸망시킬 시운이 되었다고 본다. 자고로 선즉제인(先則制人)이고 후즉제어인(後則制於人)이 된다는 말이 있다. 그래서 그대와 환초(桓楚) 두 사람에게 거병의 지휘를 위임하고 싶다.」

은통은 시류(時流)에 따라 초의 귀족이고 병법에도 능통한 실력자인 항량을 이용하려고 했으나 환초가 도망하여 행방불명이었으므로 뜻을 이루지 못했다. 그러자 항량은 그 기회를 이용했다.

「환초가 어디에 숨어 있는지 아무도 모릅니다. 오직 조카 항우만이 알고 있습니다.」

그렇게 말한 뒤 항량은 방에서 나가 항우와 무슨 말인가를 나누고 다시 방으로 들어와 앉았다.

「항우를 불러 환초를 불러오도록 명령을 내려 주십시오.」

「그렇게 하지.」

항량은 항우를 불러들였다. 잠시 후 항량은 항우에게 눈짓을 했다.

항우는 휙 칼을 뽑아 은통의 목을 잘랐다. 「선수를 치면 곧 남을 제압하고, 후수가 되면 남에게 제압을 당한다」는 것을 실제로 행한 것은 은통이 아니라 항량과 항우였다. 그리하여 항량은 스스로 회계 군수가 되어 군서(郡署)를 점령했고, 8천의 정병을 고스란히 손에 넣어 기세등등하게 거병하였다.

## •誠中形外(성중형외)

의미/마음 속에 성실함이 있으면 반드시 외형(外形)으로 나타난다는 뜻으로, 속마음에 들어 있는 것은 숨기려 해도 자연히 밖으로 나타나게 된다는 말이다.

출전/〈大學〉 誠意章

해설/「이른바 그 뜻을 정성스럽게 한다고 하는 것은 스스로를 속이지 않는 것이니 나쁜 냄새를 싫어하는 것과 같이 하며, 좋은 색(色)을 좋아하는 것과 같이 하는 것으로 스스로 마음 편하게 하는 것이다. 그러므로 군자는 반드시 그 홀로 있을 때를 조심한다(所謂誠其意者 毋自欺也 如惡惡臭 如好好色 此之謂自謙 故君子 必愼其獨也). 소인이 한가하게 있을 때엔 착하지 않은 일을 하되 하지 않는 것이 없다가 군자를 보면 싫어하여 그 착하지 않는 것을 가리고 그 착한 것만 나타내려 하니, 사람이 자기를 보는 것이 그 간과 폐를 보듯이 하는데 무엇이 유익하겠는가? 이것이 마음을 정성스럽게 하면 밖에 드러난다고 하는 것이다. 고로 군자는 반드시 그 홀로 있을 때를 조심한다. (小人閒居 爲不善無所不至 見君子而后 厭然揜其不善 而著其善 人之

視己 如見其肺肝然 則何益矣 此謂誠於中 形於外 故君子 必愼其獨也)」

원래는 성어중 형어외(誠於中 形於外)였던 것이 성중형외로 줄어든 것이다.

또 여기에 나오는 「스스로를 속이지 않는다」는 무자기(毋自欺)와 「스스로 마음이 편하다」는 자겸(自謙)과 「홀로 있을 때 조심한다」는 신독(愼獨)이라는 말은 자주 쓰이는 낱말들이다.

## ● 城下之盟(성하지맹)

의미 / 적군이 성 밑까지 쳐들어왔을 때 항복하고 체결하는 굳은 약속으로, 곧 대단히 굴욕적인 강화(講和)나 항복을 말한다.

출전 / 〈春秋左氏傳〉 桓公 12年條

해설 / 기원 전 700년, 초(楚)는 교(絞) 나라를 노리고 공격하여, 대군을 이끌고 국경을 돌파하였다. 교의 성 남쪽 문으로 쇄도하여, 물샐틈없는 진형(陣形)으로, 남쪽 문을 집중 공격했다.

교의 병사들도 성을 잘 지켜서, 문을 굳게 닫고, 공격해 나오지 않았다. 초군은 몇 번이나 총공격을 시도했지만, 그때마다 성벽 위로부터의 빗발 같은 화살을 맞고는 퇴각했다.

공격에 지친 초군의 대장은, 조급하게는 공격할 수 없다고 판단했다. 공격을 중지하고, 군대를 남문 부근에 주둔시켰다. 한편, 사자를 초의 무왕(武王)에게 보내어 전황을 보고하고, 대책에 대한 지시를 기다렸다.

장군은 어려움과 책략을 말하였다.

「교는 약소하기 때문에 계략에는 오래 견디지 못합니다. 그들의 그런 약점을  이용하는 것이 어떻겠읍니까? 이런 방법이라면 이길 수 있읍니다.」

무왕은 동의했고, 그 책략을 채용했다.

다음날 많은 초군의 병사가 나무꾼으로 변장하여, 교의 성 가까이까지 가서 나무를 베고, 땔감을 묶기 시작했다. 오는 사람, 가는 사람, 다발을 묶는 사람, 운반하는 사람, 모두 바쁘게 일하고 있었다.

이 광경을 본 교의 장군은 화가 나서 부하에게, 성으로부터 나가 나무꾼들을 체포하라고 명령했다. 성 밖으로 나간 병사는 곧 30여 명의 나무꾼, 즉, 초군 병사를 포박해 왔다. 교의 장군은 기뻐서 부하 병사에게 상을 주었다.

다음날 아침, 또 다른 초병의 나무꾼이 와서 나무를 베기 시작했다. 포박하면 포상받을 것을 알고 있는 교의 병사는, 명령도 받지 않고, 앞을 다투어 성밖으로 나아가 나무꾼들을 포박하려고 했다.

이 때, 북문 밖에 대기하고 있던, 초군의 복병이, 그 기회를 잡아 성으로 돌입하였다. 순식간에 성을 함락시켰고, 교의 성하에서 교에게 있어서는 굴욕적인 강화를 맺게 하였다.

## • 笑裏藏刀(소리장도)

의미 / 겉으로는 웃음을 띠어 온화하지만, 내심으로는 음험하여 악랄한 것을 의미한다. 「입에 꿀, 배에 칼」과 같은 뜻이다.

출전 / 「구당서(舊唐書)」 이의부전(李義府傳)

해설 / 당 태종 때, 이의부라는 사람이 있었다. 문장이 능하고, 사무(事務)에도 정통했다. 어느 때, 「승화잠(承華箴)」을 써서 태종(太宗)으로부터 40필의 비단을 상으로 받았다.

고종(高宗) 즉위 후, 이의부는 더욱 벼슬이 높아졌다. 고종 즉위 6년 후, 무측천(武則天)을 황후로 하려할 때, 의부는 극력 찬동하여 황제의 신임을 얻었다.

이의부가 겉으로는 온화하고 겸손하여 항상 미소를 잃지 않았지만, 대신들은 모두, 그의 마음 속이 음험하다는 것을 알고 「소중유도(笑中有刀)」라고 소근대고 있었다.

이의부는 자기에게 거역하는 사람을 죄로 다스렸다. 어느 때, 감옥 안의 사형수 중에 미녀가 있었기 때문에 간수에게 명하여 죄를 용서하고, 출옥시켜서 첩으로 삼았다.

대리사(大理寺; 最高檢)의 책임자는 이 사실을 알고 고종에게 상서했다. 때문에, 죄수 여인을 석방한 간수는 죄를 두려워하여 자살했지만, 의부에게는 죄가 미치지 않았다.

어사(御史) 왕의방(王義方)은 이 일이 공정하지 못하다하여, 이의부를 탄핵했다. 고종은 이의부의 죄를 불문에 붙이고 오히려 왕의방을 벌하여 지방으로 좌천시켰다.

쫓아내려 한 왕의방에게 이 의부가,

「부끄러운 줄을 알아라.」

하고 욕하자, 왕의방은,

「어사로서 간신을 제거할 수 없는 것이 부끄럽다.」

고 응대했다.

이의부는 자신에게 아첨하는 자들을 모아 놓고, 일족에게도 재물을 받기를 권했다. 관직을 바라거나 이익을 위해서 이의부의 집에 모이는 자가 점점 늘어갔다.

마침내, 고종도 이의부 일족들이 하는 짓을 보다 못해,

「짐은 지금까지 당신을 대단히 감싸 왔으나, 더 이상 그럴 수 없다.」

라고 반성을 촉구했다.

그러자, 이의부는 화가 나서 물었다.

「누가 그런 일을 고했읍니까?」

이의부가 상대에게 보복하려 한다고 여긴 고종은,

「짐이 그렇게 생각할 뿐이다.」

라고 대답하기에 이르렀다.

그러나, 이의부는 황제의 힐책에 전연 개의하지 않았다. 어느 날,

이의부는 새 인사명부(人事名簿)를 보고, 또 좋은 돈줄이 생겼구나 하고 기뻐하며, 그것을 베껴 놓았다.

집에 돌아온 이의부는 아들에게 명하여, 승진될 것으로 새 인사명부에 기록되어 있는 사람을 부르게 했다.

「너는 출세하고 싶지 않은가?」

라고 말하여, 칠백 관의 돈을 뇌물로 받았다.

며칠 후, 새로운 인사(人事)가 발표 되었다. 이의부에게 뇌물을 준 사람은 승진했지만, 일부 대신들은, 이의부가 인사 비밀을 악용하여 돈을 받고 있다는 것을 알고, 고종에게 상서했다.

「인사의 비밀을 누설하고, 폐하의 은총을 돈으로 팔았읍니다. 백번 죽어 마땅합니다.」

고종도 이번만을 감싸 주지 않고 이의부 부자를 유배시키도록 명했다.

이의부의 수많은 악업은 하급관리로부터 백성에 이르기까지 행해졌으므로, 관민 모두 이의부 부자의 유배 처분을 기뻐하여 손뼉 치지 않는 자가 없었다.

기원 666년, 고종은 천하에 대사면을 발하였다. 이의부는 권토중래의 좋은 기회가 왔다고 기뻐했지만, 유배 중인 자는 도시로 돌아올 수 없다고 전해 듣자 실의에 빠져 병사했다.

도시의 관리들은 이의부가 죽었다는 사실을 알고 안심하였다. 백여 년 후의 시인(詩人) 백거이(白居易; 白藥天)는, 「자네가 보지 못하는 …웃음 속에 칼이 있고…」라고 읊어, 이 말을 유명하게 했다.

## • 小心翼翼(소심익익)

의미 / 세심하게 마음을 쓴다는 뜻이나 오늘날에는 담력이 없는 것을 나타내는 말로 쓰인다.

출전 / 〈詩經〉 大雅篇

해설 / 소심익익은 〈시경〉에 나오는 시로, 이 시는 주선왕(周宣王)이 대부인 중산보(仲山甫)에게 명하여 제(齊)나라 도성을 쌓게 했을 때, 역시 같은 주조(周朝)의 명신 윤길보(尹吉甫)가 그 행사를 빛내기 위해 지어서 보낸 것이라고 한다.

사마천(司馬遷)의 〈사기〉에 의하면 「선왕(宣王)은 그 29년 강씨(姜氏)라는 이민족과 천묘(千畝)에서 싸워, 남방에서 모았던 군을 잃고 말았으므로 태원(太原) 지방에서 가가호호 점검을 하여 새로 군사를 징집하고자 했다. 그러자 중산보가 '덮어놓고 징집해서는 안 됩니다.'하고 간하였으나 왕은 듣지 않았다」라는 기사가 보인다. 이것은 선왕이 만년이 되어 점차 폭군화한 사실의 하나를 일례로 삼아 기록한 것이다. 그만큼 선왕을 모시고 공론을 계속 주장한 중산보에게는 자연히 인망(人望)이 모였으리라. 증민(蒸民)은 주조(周朝)의 정치를 돕기 위해 하늘이 중산보를 낳게 한 것이라 칭송하고 중산보의 덕을 이렇게 노래하고 있다.

중산보의 덕이야말로(仲山甫之德)
부드럽고 아름답고 법도가 있어(柔嘉維則)
위의와 용모가 아름답구나(令儀令色)
만사를 조심하여 처리하고(小心翼翼)
옛날의 가르침을 본받아(古訓是式)
위의를 갖추기에 힘을 썼고(威儀是力)
천자의 어지를 받들어 모셔(天子是若)
어명을 천하에 널리 폈다(明命使賦)

## • 宋襄之仁(송양지인)

/ 송나라 양공(襄公)이 베푼 자애라는 뜻으로, 아무런 이익도 없는 정이나 필요없는 동정을 비유하여 쓴다.

출전 / 〈春秋左氏傳〉

해설 / 춘추 시대 약소국 중의 하나인 송(宋)나라에서 환공이 죽고 태자 자부(玆父)가 즉위했다. 그가 바로 양공(襄公)이다. 양공은 이복형인 목이(目夷)를 재상으로 맞아들였다.

양공 7년 송나라에는 천변지이(天變地異)가 계속되니 그 이듬해 제환공(齊桓公)이 죽었다. 그러자 양공은 환공을 대신해서 패자가 되려는 야심을 품었다. 4년 후(양공 12년) 봄, 영내인 녹상(鹿上)으로 초왕(楚王)을 초청해서 자기가 제후의 맹주가 되는 데 대해 양해를 구했다. 초성왕(楚成王)은 그것을 인정한다고 대답했다.

그러나 재상인 목이가 이의를 제기했다.

「소국에는 소국으로서 갈 길이 있습니다. 맹주가 되려고 하면 반드시 화를 초래하게 될 것입니다.」

양공은 목이의 간언을 무시하고 그해 가을 제후들을 영내인 우(盂)로 불러 회맹했다.

목이는 그 허황한 야망을 한사코 말렸는데 과연 염려한 대로 초왕(楚王)은 회맹석상에서 양공을 잡아놓고 송에 공격을 가해 왔다. 그해 겨울이 되어 제후가 박(亳) 땅에서 즉위했을 때에야 겨우 양공은 석방되었다.

이듬해인 13년 여름, 양공은 초의 속국인 정을 공격했다. 이 일에 대해 목이는 절망했다.

「아아, 이제 송도 끝장이로구나.」

과연 가을이 되자 초(楚)는 정을 도와 송을 공격해 왔다. 양공은 응전 태세를 갖추었다.

「하늘은 이미 오래 전에 우리 상(商; 殷나라를 말함. 송은 그 후예)을 버렸읍니다. 아무리 몸부림을 쳐도 가망이 없읍니다.」

목이가 필사적으로 말렸으나 양왕은 듣지 않았다.

11월, 양왕이 인솔하는 송군은 초군(楚軍)과 홍수(泓水) 근처에서 마주쳤다. 미처 포진(布陣)을 못한 초군이 겨우 도하를 시작했다. 이 광경을 본 목이가 앞으로 나와 말했다.

「적은 우세하고 아군은 열세이니 정면으로 충돌을 하면 전멸을 당하게 됩니다. 적이 강을 건너기 전에 공격을 가해야 합니다.」

그러나 양공은 그 말을 무시했다. 결국 초군은 도하를 끝내고 진형을 정비하기 시작했다. 여기서 다시 목이가 공격을 진언했으나 양공은 좀체로 공격 명령을 내리지 않았다.

결국 적의 임전태세가 완료된 다음 송군은 공격을 가하기 시작했다. 결과는 참패였다. 양공 자신까지 허벅다리에 화살이 꽂혀 부상을 당한 형편이었다.

「도대체 무엇을 하고 있는 거냐!」

양공을 비난하는 소리로 온 나라안이 떠들썩했으나 양공은 뉘우치는 기색이 전혀 없었다.

「적이 전투태세도 갖추지 않은 틈을 노려 공격하는 것은 군자가 취할 길이 아니다. 상대의 진형이 정비되지 않았는데 어찌 진격 명령을 내릴 수가 있겠는가.」

목이는 이런 양공의 생각을 드러내놓고 비판했다.

「싸움이란 이기는 것이 목적인데 어찌 평시의 예의가 적용되겠습니까. 그런 생각이라면 처음부터 싸우지 말고 노예가 돼버리는 게 낫지요.」

그래도 양공은 그 야망을 버리지 못했으나 2년 후 여름, 홍수싸움에서 입은 상처가 원인이 되어 세상을 떠나고 말았다.

## • 首丘初心(수구초심)

의미 / 여우는 구릉(丘陵)에 굴을 파고 사는데 죽을 때는 장소가 어디든간 그 머리를 자기가 살던 구릉 쪽에 둔다. 이것은 곧 그 근본(根本)을 잊지 않기 때문이다. 따라서 이 성어는 그 근본을 잊지 않는 것 또는 고향을 절실히 그리는 향수 등을 일컫게 되었다.

출전 /〈禮記〉檀弓上篇

해설 /「태공(太公)은 영구(營丘)에 봉하여졌는데 계속해서 5 대에 이르기까지 도리어 주(周)의 호경(鎬京)에서 장사지내졌다. 군자께서 이르시길 음악은 그 자연적으로 발생하는 바를 즐기며 예(禮)란 그 근본을 잊어서는 안 되는 것이다. 옛사람의 말에 이르되 여우가 죽을 때에 머리를 자기가 살던 굴 쪽으로 바르게 향하는 것은 인(仁)이라고 하였다. (太公封於營丘 北及五世 皆反葬於周 君子曰 樂樂其所自生 禮不忘其本 古之人有言 曰狐死正丘首仁也)」

여기서 태공(太公)은 태공망(太公望), 즉 문왕과 무왕을 도와서 은나라를 멸하고 주(周)나라를 일으킨 여상(呂尙)을 가리키며, 영구(營丘)란 제(齊)나라에 있던 곳을 말한다.

## • 首鼠兩端(수서양단)

의미 / 구멍에서 머리를 내밀고 나갈까말까 망설이고 있는 쥐라는 말로, 애매한 태도를 가리킨다.

출전 /〈史記〉魏其武安列傳

해설 / 전한(前漢) 제4대 경제(景帝)부터 제5대 무제(武帝)에 걸쳐 위기후(魏其侯) 두영(竇嬰)과 무안후(武安侯) 전분(田蚡)은 세력다툼에 여념이 없었다. 위기후는 제3대 문제(文帝)의 오촌(五寸)이고, 무안후는 경제의 황후 동생으로 한실(漢室)로서는 관계가 깊은 사이였다.

그런데 두영의 배경이던 두태후(竇太后)가 죽고 전분의 배경인 왕태후(王太后)가 오르자 위기후는 차츰 몰락해 갔다. 어느날 무안후는 새 장가를 들고 축하연을 베풀었다. 그 자리에서 무안후는 위기후 쪽의 사람들에 대해 차별대우를 하였다. 그것에 불만을 품은 위기후의 친구인 용장 관부(灌夫)가 술김에 행패를 부리게 되었다.

무안후는 관부를 옥에 가두고 불경죄(不敬罪)라는 명목으로 사형에 처하고 가족까지 몰살시키려 했다. 그러자 위기후가 관부를 두둔하고 무제(武帝)에게 상소를 올림으로써 이 문제는 조신(朝臣)들의 공론에 붙이게 되었다. 이때 어사대부(御史大夫) 한안국(韓安國)이 중립적인 태도로 말했다.

「양쪽 말에 다 일리가 있어 판단하기 곤란합니다. 따라서 폐하의 재단(裁斷)을 바랄 뿐입니다.」

또 동석하고 있던 내리(內吏)인 정(鄭)은 처음에 위기후의 편을 들었으나 형세가 무안후 쪽으로 기울자 뚜렷한 의견을 말하지 않았다.

그래서 무제는 내리를 나무라며 토론을 중단하고 말았다.

무안후는 조정에서 나오자 어사대부를 불러 호통을 쳤다.

「왜 너는 구멍에서 머리만 내밀고 나갈까말까 하며 망설이는 쥐처럼 뚜렷한 의견도 없이 주춤거리고 있느냐?」

어사대부는 그 말에는 답변을 하지 않고 잠시 생각하고 있다가 말했다.

「명안이 있습니다. 우선 재상 자리에서 물러난 후 이렇게 말씀하십시오. '위기후를 나쁘게 말하고, 고집을 세워 폐하께 심려를 끼친 점 진심으로 죄송스럽게 생각하며 삼가 책망을 기다리고 있습니다. 이렇게 부족한 제가 재상 자리에 앉아 있다는 것은 과분한 일입니다. 그러하온즉, 처분만을 기다리겠습니다.' 그렇게 하면 제(帝)는 틀림없이 당신의 겸양을 덕으로 보고 결코 파면시키지는 않을 것입니다. 그러면 위기후는 부끄러움을 못이겨 자살을 하겠지요. 두 분이 서로 욕하고 험담하는 것은 어른답지 못한 짓이라고 생각되지 않으십니까?」

무안후는 결국 어사대부의 꾀에 의해 제의 신임을 얻었다.

이렇게 하여 결국 위기후와 관부는 일족까지 모조리 처형을 당하였다.

## • 漱石枕流(수석침류)

의미 / 돌로 양치질하고 흐르는 물을 베개로 삼는다는 뜻으로, 남에게 지기 싫어하는 마음이 유별남을 비유하는 말로 흔히 쓰인다.

출전 / 〈晋書〉 孫楚傳

해설 / 진(晋)나라 초기 손초(孫楚)라는 이름의 사나이가 있었다. 자는 자형(子荊)이었는데 문재(文才)가 뛰어났다.

당시에는 노장학이 성해서 속세를 피해서 숨을만한 곳을 구하는 경향이 강했고 세속적인 도덕 명분을 경시하여 노장의 천리를 논하는 것이 중시되었다. 이것은 청담(淸談)이라 불리면서 사대부간에 유행되었는데 그 첨단에 완적(阮籍), 혜강(嵇康) 등이 모인 죽림칠현(竹林七賢)이 있었다. 손초도 젊었을 때 그런 풍조를 따라 산림에 은신하려고 했지만 사십이 넘어 석포(石苞) 밑에서 참군(參軍) 노릇을 하며 석포를 위해 오주 손호(吳主孫皓)에게 보내는 투항 권고문 등을 작성했다. 후에 풍익(馮翊)의 태수가 되어 원강(元康) 3년(293년)에 죽었다고 하므로 60세가 되었음직하다.

그 손초가 젊었을 때의 일이다. 속세를 떠나 산림에 은신하기로 결심하고 친구인 왕제에게 있는 그대로를 털어놓았다. 그때, 「돌을 베개삼아 눕고 흐르는 물로 양치질한다(枕石漱流)」라고 해야 할 것을 「돌로 양치질하고 흐르는 물을 베개 삼는다(漱石枕流)」라고 잘못 말해 버렸다.

「흐르는 물을 베개로 벨 수 있는가? 그리고 돌로 어떻게 양치질을 한단 말인가?」

왕제가 그 말을 듣고 반박하자 손초는 재빨리 변명했다.

「흐름을 베개로 한다는 것은 옛날의 은자인 허유(許由)와 같이 쓸데없는 소리를 들었을 때 귀를 씻으려고 하는 것이고, 돌로 양치질한다는 것은 이를 닦으려는 것일세.」

## • 水魚之交(수어지교)

의미 / 물고기는 물이 있어야 살 수 있는 것과 같이 부부나 군신관계의 서로 끊을래야 끊을수 없는 친밀한 사이를 뜻한다. 변하지 않는 깊은 교우 관계에도 이 성어를 쓴다.

출전 / 〈三國志〉 蜀志 諸葛亮傳

해설 / 후한(後漢) 최후의 황제인 헌제(獻帝)를 세워 그 그늘 밑에서 제멋대로 행동을 자행하던 대신 동탁(董卓)이 멸망하자 오(吳)를 본거지로 한 손책(孫策), 손권(孫權)은 주유(周瑜), 노숙(魯肅) 등 지모가 뛰어난 인재를 모아 강동에 세력을 구축해 갔고, 한편 조조(曹操)는 산동(山東)에서 황하 유역을 제압하고 있었다.

그러나 한(漢)의 재흥(再興)을 목표로 군사를 일으킨 유비(劉備)는 비록 관우, 장비, 조운과 같은 천하 제일의 용장을 거느렸으나, 거점으로 할 기반이 없어 종형뻘 되는 형주의 유표(劉表)에게 몸을 의탁하고 있는 형편이었다.

그러던 중 유비는 서서(徐庶)의 권유로 공명을 찾아가 삼고초려(三顧草廬) 끝에 결국 자신의 군사(軍師)로 맞이하게 되었다.

공명의 높은 식견과 원려(遠慮)에 감복한 유비는 스승의 예로써 대하며 침식을 같이 하였다. 당시 37세였던 공명을 이처럼 극진히 우대하자 관우, 장비가 불평을 늘어놓았다.

「공명이 나이도 어리거니와 학식이나 재주도 뛰어나지 않은 것 같은데 형님께선 어찌하여그처럼 후한 대접을 하십니까?」

「내가 공명을 얻은 것은 물고기가 물을 만난 것과 같은 것이니 두 번 다시 거기에 대해 여러 말 하지 말라(孤之有孔明 猶魚之有水願勿復言)」고 하여 유비는 두 동생을 나무랐다고 한다.

## ● 守株待兎(수주대토)

의미 / 그루터기를 지키며 토끼가 나오기만을 기다린다는 뜻으로, 어떤 착각에 사로잡혀 가능성이 없는 일을 고집하는 융통성 없는 처사를 가리키거나 발전이 없는 것을 비유하는 말이다.

출전 / 〈韓非子〉 五蠹篇

해설 / 송(宋)나라에서 있었던 일이다. 한 농부가 하루는 밭을 갈고 있는데 토끼 한마리가 급하게 달리다가 밭 가운데 있는 그루터기에 머리를 들이받고 목이 부러져 죽었다.

토끼를 쉽게 얻은 농부는 그 후부터 농사일을 집어던지고 날마다 밭두둑에 앉아 토끼를 기다렸다. 그러나 토끼는 두번 다시 그곳에 나타나지 않았고, 손질을 하지 않은 농부의 밭은 잡초만 무성하게 자라 버렸다.

## ● 脣亡齒寒(순망치한)

의미 / 입술이 없으면 이가 시리다는 뜻으로, 평소에는 별로 느끼지 못했던 것이 어떤 피해를 입게 되었을 때 여파가 미치는 경우, 즉 한쪽에 지장이 있으면 다른 한쪽도 같은 운명에 처하게 됨을 비유해서 일컫는다.

출전 / 〈春秋左氏傳〉 僖公 5年條

해설 / 춘추시대, 진(晋)의 헌공(獻公)은 괵(虢)이 자주 진의 국경을 침략하자, 화가나서, 군사를 이끌고 나아가 일격에 괵을 섬멸해 버리려고, 중신들과 상의했다.

그러자, 대부 순식(筍息)이 계략을 진언했다.

「괵과, 그 이웃나라 우(虞)와는 입술(脣)과 이(齒)와의 관계이기 때문에, 가장 좋은 방책은, 우에게서 길을 빌려서, 먼저 괵을 무찌르고, 이어서 우를 치는 것입니다.」

그러나, 헌공은, 우가 과연 길을 빌려 줄지 알 수 없었다. 주저하고 있던 순식은 말을 계속했다.

「보석과 좋은 말을 준다면, 탐욕한 우왕(虞王)이 듣지 않을리 없읍니다.」

말과 보석은, 헌공이 대단히 아끼고 사랑하는 것이어서, 공은 망설였다. 순식이 또다시 말했다.

「괵이 무너지면 우는 존립할 수 없으므로 보석과 좋은 말도 잠시 우왕에게 맡겨 놓는 것 뿐입니다.」

순식에게 설득된 헌공은 보석과 아끼는 말을 사자에게 맡겨 출발시켰다. 예물을 본 우왕은 대단히 기뻐하여, 곧 길을 빌려 주기를 승낙하였다. 그러나, 대신(大臣) 궁자기(宮子奇)가 여기에 반대하여 우왕에게 간언했다.

「속된 말로, 입술이 없으면 이가 시립니다. 우와 괵과는 「순치」의 관계여서, 괵이 멸망하면 우도 안전할 수 없읍니다. 절대로 길을 빌려 주어서는 안됩니다. 통촉해 주십시오.」

그러나, 우왕은 듣지 않고, 예물을 받고 진에게 길을 빌려 주었다. 궁자기는 절망하여, 난을 피하기 위해 가족을 데리고 우를 떠났다.

「우는 곧 멸망 할것입니다. 반드시 올해 안에….」

진군(晋軍)은 우를 거쳐, 곧 괵을 공격했다. 괵은 설마 진군이 우로부터 공격해 올 줄은 생각도 못했기 때문에, 손을 쓸 겨를도 없이 진군에게 패하여 멸망해 버렸다.

괵을 공격하여 멸망시킨 진군은, 원래 온 길, 즉, 우나라 땅을 통해 개선길에 올랐다. 우왕은 스스로 성밖까지 나가서 진군을 환영했다. 승리를 축하하기 위해서였다. 진의 대군이 우왕에게로 몰려왔다.

우왕 가까이에는 호위병이 적었다. 그 허술함을 본 진군은, 갑자기 우르르 달려들어, 우왕과 대신들을 포박해 버렸다. 방심하고 있던 우왕은 꼼짝없이 꽁꽁 묶여 버렸다.

진군은 진왕이 보냈던 보석과 말을 찾아냈다. 묶인 몸이 된 우왕은, 궁자기의 「입술이 없으면 이가 시리다.」는 충고를 듣지 않은 것을 후회했지만, 이미 때는 늦은 터였다.

## • 食言(식언)

의미 / 한번 내뱉았던 말을 다시 입속에 넣는다는 뜻으로, 앞서 한 말을 번복하거나 약속을 지키지 않고 거짓말을 하는 경우에 많이 쓰인다.

출전 / 〈書經〉 湯誓, 〈春秋左氏傳〉

해설 / 탕서(湯誓)란 은(殷)나라 탕(湯)임금이 하(夏)나라 걸왕(桀王)을 치기 위해 군사를 일으켰을 때 모든 사람들에게 맹세한 말이다. 그 끝부분에서 병사들의 규율을 강조하여 다음과 같이 선언했다.

「너희들은 나 한 사람을 도와서 하늘이 무도한 걸왕에게 내리는 벌을 대신하기 바란다. 공을 세운 자에게는 반드시 큰 상을 내릴 것이니 너희들은 이 말을 의심하지 말라. 나는 내가 한 말을 다시 삼키지 않는다(爾無不信 朕不食言). 또한 너희들 중 명령을 거역하는 자가 있을 때는 일족을 멸하겠다.」

또 식언이란 말은 〈춘추좌씨전〉에도 몇 곳인가 나온다. 그 중에서 특히 재미있는 것은 애공(哀公) 25년(기원전 470년) 때의 다음과 같은 기록이다.

노나라 애공이 월(越)나라로부터 돌아왔을 때 계강자(季康子)와 맹무백(孟武伯)이란 두 대신이 오오(吾梧)란 곳까지 마중을 나와 그곳에서 축하연을 베풀었다.

술좌석에서 맹무백이 애공의 어자(御者)인 곽중(郭重)을 놀리며 「몸이 꽤 뚱뚱하다」고 하자 애공은 맹무백의 말을 받아 「이 사람은 말을 많이 먹으니까 살이 찔 수밖에 없지」하고 농담을 던졌다.

앞서 곽중은 두 대신이 임금의 험담을 하고 있다고 귀띔해 준 일이 있었다. 그래서 애공이 그 두 대신을 꼬집어서 그런 말을 한 것이다.

## • 識字憂患(식자우환)

의미 / 글자를 아는 것이 오히려 근심의 근원이 된다는 뜻으로, 서투른 지식 때문에 도리어 일을 망치게 되는 경우에 사용한다.

출전 / 〈三國志〉

해설 / 유현덕(劉玄德)이 제갈량(諸葛亮)을 얻기 전에는 서서(徐庶)가 현덕의 군사(軍師)로 있으면서 지략을 도맡아서 짜내다시피 했다.

조조는 자신의 모사(謀士) 정욱의 말에 의해 서서가 효자라는 것을 알고 그의 어머니의 손을 빌어 그를 끌어들이려는 계획을 꾸몄다. 그러나 서서의 어머니인 위부인은 학식이 높고 명필인데다가 의리가 투철한 여자였기 때문에 아들을 불러들이기는 커녕 도리어 자기 걱정은 하지 말고 한 군주를 섬기는데에만 최선을 다하라고 격려하는 형편이었다.

그래서 하는 수 없이 조조는 정욱의 계책대로 서서에게 보내는 위부인의 답장을 가로채 글씨를 모방해서 조조의 도움을 받아 잘 있으니 위나라로 돌아오라는 내용의 편지로 꾸며서 서서에게 보냈다. 편지를 받고 집으로 돌아온 아들을 보자 위부인은 영문을 몰라 어리둥절하였다. 아들의 이야기를 듣고 나서야 비로소 위부인은 조조의 모략에 의한 것임을 깨닫게 되었다.

「여자가 글자를 안다는 것부터가 걱정을 낳게 한 근본 원인이다. (女子識字憂患)」라고 하며 위부인은 자식의 앞길을 망치게 되었음을 한탄하였다.

## ● 食指動(식지동)

의미 / 식지는 식사때만 필요하다고 해서 이름붙여진 집게손가락을 말하며, 즉 음식이나 사물에 대한 욕심이 간절할 때 식지가 저절로 움직인다는 말이다. 구미가 당길 때나 야심을 품는다는 뜻으로 쓰인다.

출전 / 〈春秋左氏傳〉 宣公 4年條

해설 / 어떤 초인(楚人)이 큰 자라를 정(鄭)의 영공(靈公)에게 바쳤다. 바로 그때 공자 송(公子宋)과 공자 가(公子家)도 영공을 뵙기 위해 궁으로 들어가는데 공자 송의 식지(食指)가 저절로 움직였다. 공자 송은 그것을 공자 가에게 보이며 말했다.

「지금까지의 경험에 의하면 식지가 움직일 때마다 꼭 맛있는 음식을 먹게 됐었지.」

궁에 들어갔더니 아니나다를까, 요리사가 큰 자라를 요리하고 있었으므로 두 사람은 서로 마주보며 웃었다. 영공이 의아해하며 웃는 까닭을 묻자 공자 가가 그 연유를 자세히 설명하였다.

「그렇다고는 해도 과인이 주지 않으면 먹지 못할 것이 아닌가?」

영공은 장난기어린 말을 던지고 요리사에게 요리를 사람 숫자보다 한 그릇 모자라게 담도록 시켰다. 그리고는 자라 요리를 먹게 되었을 때 공자 송에게만은 요리를 주지 않았다.

화가 난 공자 송은 모욕을 당한 것을 분하게 생각하고 자라를 삶은 솥으로 달려가서 남은 고기를 건져 먹고 나서,

「이렇게 먹었는데 내 예측이 맞지 않는단 말이오?」

하고는 바로 퇴청하고 말았다.

공자 송의 태도를 불손하다고 여긴 영공은 공자 송을 죽여 버릴 작정을 했다.

한편 공자 송 쪽에서도 다가올 사태를 짐작하고 있었으므로 선수

를 치려는 생각을 하고 있었다. 그래서 공자 가에게 상의를 하였으나 공자 가는 고개를 저으면서 말했다.

「오래된 가축도 죽이려 들면 마음이 아픈 법인데 군주(君主)를 어떻게 그럴 수 있겠는가?」

그러나 공자 송은 포기하지 않고 공자 가를 협박하여 마침내, 그해 여름 영공을 죽이고 말았다.

# 〔아〕

## ●暗中摸索(암중모색)

의미/컴컴한 곳에서 손을 더듬어 찾는다는 말로, 정확하게 모르면서 어림짐작으로 맞힌다는 뜻으로 쓰인다.

출전/〈隋唐佳話〉

해설/당(唐)나라의 허경종(許敬宗)이란 학자는 건망증이 심해서 남의 얼굴을 곧 잊어버리곤 했다. 학자였으므로 학문에 있어서는 기억력이 좋을 텐데도 어찌된 영문인지 세상사에 관해서는 통 아는 바가 없을 뿐 아니라 아는 얼굴을 잊거나 잘못 아는 경우가 많았다.

「저 사나이의 건망증은 대단해!」

많은 사람들이 비웃자 허경종은,

「세상에 알려져 있지 않은 평범한 인간의 얼굴 같은 걸 기억하는 것은 불필요한 노력의 낭비이다.」

하고 큰 소리를 치고 나서 자기가 존경하는 하손(何遜), 유효작(劉孝

綽), 심약(沈約), 사조(謝朓) 등 문단의 대가들을 죽 들고 나서 이런 사람들이라면 암중모색(暗中摸索)을 해도 역시 알 수 있다고 말했다 한다.

### •壓卷(압권)

의미 / 서책 중에서 가장 잘 된 것이나 잘 지은 대목, 시문(詩文)을 이르는 말이었으나, 오늘날에 와서는 가장 뛰어난 부분이나 또는 그런 물건을 일컫게 되었다.

출전 / 未詳

해설 / 옛날 과거를 본 뒤 성적을 채점해서 이름을 발표할 때 최고의 점수로 급제한 사람의 답안은 따로 빼놓았다가 다른 답안 위에 올려놓는 관습이 있었다. 즉 가장 우수한 답안이 다른 모든 답안을 누르는 것이라해서 압권(壓卷)이란 말이 생겨난 것이다.

### •殃及池魚(앙급지어)

의미 / 재앙이 갑자기 아무런 죄도 없는 연못의 고기들에게까지 미친다는 뜻으로, 즉 생각지도 않던 화를 당하게 되는 것을 말한다. 특히 뜻밖에 재해를 당하게 되는 경우에 비유되어 쓰인다.

출전 / 〈呂氏春秋〉 必己篇

해설 / 춘추 시대 송나라 때에 사마환(司馬桓)이란 사람이 소중한 보주(寶珠)를 가지고 있었는데, 죄(罪)를 짓고는 벌을 받기 전에 재빨리 그 보주를 가지고 도망쳐 버렸다. 그런데 환이 보주를 가지고 도망쳤다는 말을 들은 왕은 어떻게든 그것을 손에 넣으려고 마음먹었다. 그래서 사람들을 풀어서 환을 찾아 보주의 출처를 물었다.

환은 아주 냉정하게 대답하였다.

「아아, 그 보주 말입니까? 그건 내가 도망칠 때 연못 속에 던져버렸읍니다.」

어떤 수단을 써서라도 보주를 손에 넣고 싶었던 왕은, 환의 말을 믿고 곧 신하들에게 명령해서 연못 속을 찾아보게 했다. 물이 있는 연못을 아무리 더듬어 보아야 나올 리가 없었다. 결국에는 많은 사람들을 동원하여 연못물을 퍼내게 하였으나 역시 보주는 나오지 않았다. 결국 연못 속에서 평화롭게 살던 물고기들만 죽게 된 것이다.

또 다음과 같은 이야기도 있다.

춘추 전국 시대에 초(楚)나라 왕궁에서 기르고 있던 원숭이가 도망쳤다. 그래서 원숭이를 잡으려고 숲의 나무와 가지를 모두 잘라 버렸다.

또 어느 때 성문에 화재가 나자 옆에 있는 연못에서 물을 퍼와 소화작업을 하였다. 그 덕분에 연못 물이 말라 버려 물고기가 모두 죽어 버렸다고 한다.

## • 羊頭狗肉(양두구육)

의미 / 양의 머리를 걸어놓고 개고기를 판다는 현양두매구육(縣羊頭賣狗肉)이란 말이 줄어진 것으로, 겉보기에는 그럴 듯하고 좋으나 속은 겉만 못할 경우에 흔히 사용한다.

출전 / 〈恒言錄〉, 〈晏子春秋〉

해설 / 춘추 시대의 제영공(齊靈公)은 어여쁜 여자에게 남자의 옷을 입혀놓고 즐기는 변태적 취미를 가지고 있었다. 궁중의 이같은 풍습은 곧 민간에까지 퍼져 그것이 곧 유행으로 변해 제나라에는 남장을 하는 여자들이 날로 늘어가고 있었다.

이 사실을 알게 된 영공은 천한 것들이 임금의 흉내를 낸다고 해서 이를 금하라는 영을 내렸다. 그러나 좀체로 그런 풍조(風潮)가 없어지지를 않았다.

이상하게 생각한 영공은 안자에게 물었다. 그러나 안자는 이렇게 대답했다.

「궁중에서는 여자에게 남장을 하게 허락하시면서 백성들만 못하도록 금지하고 계십니다. 이것은 쇠머리를 문에 걸어놓고 안에서는 말고기를 파는 것과 같습니다. 임금께서는 궁중부터 단속을 하셔야 합니다. 그러시면 밖에서는 감히 남장하는 여자가 없게 될 것입니다.」

영공은 곧 궁중에서도 남장을 금했다. 그랬더니 과연 한 달이 채 못 되어서 제나라 전체에 남장한 여자가 없게 되었다는 이야기이다.

또 〈안자춘추〉에는 쇠머리를 문에 걸어놓고 말고기를 판다고 나와 있다.

## • 梁上君子(양상군자)

의미 / 대들보 위의 군자라는 뜻으로, 도둑을 일컫는 말이나 천장의 쥐를 말할 때도 쓴다.

출전 / 〈後漢書〉 陳寔傳

해설 / 후한의 진식은 청렴결백, 품행방정하며, 학문에 뛰어나서 정무에도 정통했기 때문에 사람들로부터 존경받았다. 어느 날 밤, 그는 잠을 자다가 들보 위에서 나는 소리를 들었다. 보니, 도둑이 숨어 있었다.

진식은, 항상 아들과 손자의 교육에 엄격했다. 그는 집안에 숨어든 도둑을 즉시 교육에 이용하려고, 밤중임에도 불구하고 아들과 손자를 불렀다. 무슨 일인가 하고, 모두 그의 방에 모였다.

불안한 듯한 아들과 손자에게 진식은 엄숙하게 말했다.

「인간은 스스로 노력하지 않으면 안 된다. 그렇지 않으면, 지금 들보 위에 숨어 있는 군자처럼 된다.」

들보 위에서 듣고 있던 도둑은, 이 말에 깜짝 놀라, 당황하여 뛰어 내려와 진식의 앞에 무릎을 꿇고 용서를 빌었다. 이후에는 절대 도둑질을 하지 않고 참된 인간이 될 것을 맹세했다.

진식은 도둑을 훈계한 후에 방면해 주었다.

## • 良藥苦口(양약고구)

의미/좋은 약은 입에 쓰지만 병에는 잘 듣는다는 말로, 충언(忠言)은 귀에 거슬리나 행실에는 많은 도움을 준다는 의미로 쓰인다.

출전/〈史記〉 留侯世家

해설/한(漢) 원년(기원 전 26년) 유방이 진의 수도였던 함양(咸陽)으로 들어갔을 때의 일이다.

주색을 즐겨했던 유방은 장대한 진의 아방궁으로 들어가자 화려한 장막, 수많은 재보, 거기다 수천 명에 이르는 궁녀에 현옥되어 그곳을 떠나고 싶지 않았다.

이런 유방의 심중을 눈치 챈 번쾌가 유방에게 간언했다.

「이 궁전에서 나가셔야 합니다.」

그러나 유방은 듣지 않았다. 그것을 안 참모인 장량(張良)은 궁전을 보인 것을 후회하며 유방에게로 갔다.

「애당초 진(秦)이 도리에 어긋나는 짓만 해서 민심이 떠났기 때문에 주군께서 쉽게 진의 영지를 점령할 수가 있었던 것입니다. 천하를 위해서 적을 제거했다면 검소한 생활을 해야 명목이 섭니다. 그런데 진의 땅으로 들어오자마자 환락에 젖는다면 그야말로 저 호화로왔던 하(夏)의 걸왕과 다름없이 잔혹한 짓을 따르는 결과가 되고 맙니다. 〈충언은 귀에 거슬리나 행실에는 이가 되고, 좋은 약이 입에 쓰나 병에는 잘 듣는다(忠言逆耳利於行 良藥苦口利於病)〉는 말을 상기하시고 부디 번쾌의 말을 들으십시오.」

충언을 받아들인 유방은 진의 창고를 봉인하고 다시 패상으로 돌아갔으므로 인망이 오른 것은 말할 나위도 없다.

본시 유방은 농민 출신이었다. 그런데 같은 농민 출신인 진승(陳勝)과 같이 실패를 하지 않은 것은 부하가 유능했기 때문이기도 하고, 부하들이 존경해서 따르는 인품을 갖추었기 때문이기도 하다.

## •漁父之利(어부지리)

의미 / 도요새와 조개가 서로 싸우다가 둘 다 어부에게 잡히고 마는 것과 같이 두 사람이 이해관계로 한 치의 양보도 없이 다투는 동안에 아무런 관련도 없는 제3자가 이득을 보게 되는 것을 말한다.

출전 / 〈戰國策〉

해설 / 전국시대. 진(秦)은 여러나라를 쳐서 천하를 제압하려고 꾀했다. 그 때, 조(趙)와 연(燕)의 사이에 마찰이 일어나, 조는 연을 공격하려 하였다. 연의 소대(蘇代)라는 사람이 조로 가서 혜왕(惠王)에게 말했다.

소대는 직접화법으로 혜왕에게 말하지 않고, 하나의 사건을 인용했다. 그것은, 그가 조에 오는 도중에 이수(易水)를 건널 때에 본 하나의 광경이었다.

커다란 대합이 모래밭에서 입을 벌리고 일광욕을 하고 있었다. 그곳에 날아온 도요새가, 좋은 모이라고 생각하고, 그 살을 쪼았다. 큰 대합은 당황하여 입을 다물고 도요새의 부리를 꽉 물었다.

둘 다 양보하지 않고 사력을 다해 싸우고 있을 때, 길을 지나가던 늙은 어부가 이것을 보고 대단히 기뻐하며, 즉시 둘 다 잡아 가지고 돌아갔다. 이야기를 마치고, 소대는 강경하게 말하였다.

「지금 조는 연을 치려 하고 있읍니다만, 두 나라의 힘은 비슷하기 때문에, 양국 모두 국력을 손실할 뿐입니다. 제가 두려워하는 것은 진(秦)입니다.」

「진은 틀림없이 어부처럼, 앉아서 이익을 얻게 되겠지요. 생각을 바꾸어 주십시오.」

혜왕은 소대의 말을 이해하고서, 연에 대한 군사행동을 중지시켰다.

### •掩耳盜鈴(엄이도령)

의미 / 귀를 막고 방울을 훔친다는 뜻으로, 자기에게 들리지 않으면 남에게도 들리지 않는 줄 아는 어리석은 행동을 일컫는다.

출전 / 〈呂氏春秋〉 不苟論의 自知篇

해설 / 진(晋)나라 육조판서의 한 사람인 범씨(范氏)는 다른 네 사람에 의해 중행씨(中行氏)와 함께 망하게 되었다.

이 범씨가 망하게 되자 그 기회를 틈타 범씨 집 종을 훔친자가 있었다. 그러나 종을 지고 가기에는 너무 무거웠기 때문에 이를 깨뜨려서 여러 차례에 나누어 옮길 생각으로 망치로 종을 내리쳤다. 그러나 꽝! 하는 요란한 소리가 났고, 도둑은 그 소리 때문에 잡히게 될지도 모른다는 두려운 생각이 든 나머지 얼른 손으로 자신의 귀를 막았다는 얘기이다.

〈여씨춘추〉에는 이 이야기를 한 다음 전국 시대에 명군(名君)의 하나였던 위문후(魏文侯)의 이야기를 다음과 같이 들어 바른말하는 신하를 소중히 여겨야 한다는 비유로 쓰고 있다.

위문후가 신하들과의 주석에서 자신에 대한 견해를 기탄없이 들려달라고 한 적이 있었다. 그러자 대신들은 한결같이 임금의 좋은 점만을 들어 침이 마르도록 칭송했다. 그러나 임좌(任座)의 차례가 되자 그는 임금의 약점을 꼬집으며 이렇게 말했다.

「임금께서는 중산(中山)을 멸한 뒤에 아우를 그곳에 봉하지 않으시고 태자를 그곳에 봉하셨읍니다. 그러므로 도를 어긴 임금인 줄로 아뢰옵니다.」

그 말을 들은 문후가 정색을 하며 노여운 기색을 보이자 임좌는 문후를 경멸하는 듯한 표정을 짓고 급히 밖으로 나가 버렸다.

그러자 다음 차례인 적황(翟黃)이 이렇게 말했다.

「우리 임금님은 어진 임금입니다. 옛말에 임금이 어질어야 신하가 바른 말을 할 수 있다 했읍니다. 그런데 조금 전 임좌가 바른말 하는 것을 보니 임금께서 어진 것을 알 수 있읍니다.」

이 말을 들은 문후는 곧 자신의 태도를 반성하고 급히 임좌를 부르게 한 다음 몸소 뜰 아래까지 내려가 그를 맞이한 후 상좌(上座)에 앉게 했다 한다.

## • 逆鱗(역린)

의미 / 용의 턱 아래에 거꾸로 난 비늘을 말하는데, 군주의 노여움을 비유하여 일컫는다.

출전 / 〈韓非子〉 說難篇

해설 / 용(龍)은 불가사의한 힘을 가지고 있는 상상상(想傷上)의 동물이다. 봉(鳳), 인(麟), 귀(龜)와 함께 사령(四靈)으로 일컫기도 한다. 비늘이 있는 것의 으뜸으로 능히 구름을 일으키고 비를 부른다고 한다.

〈한비자〉의 세난편(說難篇)에 보면 이 용을 들어 군주의 노여움을 비유하고 있다.

「용은 순한 짐승이다. 길들이면 타고 다닐 수도 있을 정도이다. 그러나 그 턱 밑에 지름이 한 자쯤 되는 거꾸로 붙은 비늘, 역린(逆鱗)이 하나 있다. 만약 이것에 손을 대는 자가 있으면 용은 반드시 그 사람을 죽이고 만다. 군주에게도 그 역린이 있다.」

### •連理枝(연리지)

의미/서로 다른 나무의 가지와 가지가 맞닿아서 서로 결이 통하게 되는 것으로, 보통 효(孝)에 결부시켜 이야기하였으나 지금은 부부간의 깊은 애정을 비유하여 흔히 쓴다.

출전/〈後漢書〉 蔡邕傳

해설/후한말의 문인 채옹(蔡邕)은 경전의 문자 통일을 꾀했던 학자로 태학문(太學門) 밖에 비를 세운 것으로 알려졌지만 효자로서도 유명하다.

그의 어머니는 병이 들어서 만년에는 줄곧 병석에 누워 있었다. 옹은 병간호에 정신을 쏟느라 3년 동안 옷을 벗고 편안하게 잠을 잔 적이 없었다. 또 어머니의 병이 악화되자 백일 동안은 잠자리에도 들지 않았다 한다. 그처럼 정성스런 간호에도 불구하고 어머니가 돌아가시자 그는 무덤 곁에 초막을 짓고 거기서 복상을 하며 예법에 따라 그대로 실행했다.

그 후 옹의 방 앞에 두 그루의 나무가 자라났는데 커가면서 서로 붙더니 나중에는 나무결까지 하나가 되고 말았다. 세상 사람들은 그것을 기이하게 여겨 옹의 효도가 이 진기한 현상을 가져왔다고 믿었다.

여기서는 연리(連理)를 효와 결부시켜 말하고 있으나, 후에는 오히려 송(宋)나라 강왕(康王)의 포학에 굴하지 않았던 한빙(韓憑)과 그의 처 하씨(何氏)의 이야기로 부부애를 비유하는 말로 쓰이게 되었다.

백거이(白居易)의 장한가(長恨歌)에 현종황제와 양귀비가 서로 맹세한 말에서 그 예를 찾을 수 있다.

「하늘에 있어서는 원컨대 비익(比翼)의 새가 되고, 땅에 있어서는 원컨대 연리의 가지가 되겠다.」

「비익의 새」는 날개가 하나밖에 없는 새로 두 마리가 나란히 합쳐져야 비로소 날 수가 있다고 한다.

### • 緣木求魚(연목구어)

의미 / 나무에서 물고기를 잡으려 한다는 뜻으로, 이루어질 수가 없는 일을 억지로 하려는 것을 일컫는다.

출전 / 〈孟子〉 梁惠王篇上

해설 / 제(齊)나라의 선왕(宣王)이 춘추 시대의 패자였던 제의 환공(桓公)과 진(晋)의 문공(文公)의 패업을 듣고 싶어하자 맹자가 물었다.

「왕께서는 전쟁을 일으켜 병사와 신하들을 잃고 이웃나라의 제후와 원한을 맺는 것이 좋습니까?」

「아닙니다. 누군들 그것을 좋다고 하겠읍니까. 장차 대망을 이루기 위한 것이외다.」

「왕의 그 대망이란 것이 무엇인지 말씀해 주십시오.」

왕이 웃기만할 뿐 말하지 않자 맹자가 말했다.

「살진 것과 달콤한 것이 입에 족하지 못하며, 가볍고 따뜻한 옷이 몸에 족하지 못합니까? 아니면 아름다운 색이 눈에 보이는 것이 족하지 못하고 풍악소리가 귀에 들림이 족하지 못하며 총애하는 사람을 부리는 데 족하지 못해서입니까? 이런 것들은 모두 충분할 터인데 왕께서는 어찌 이런 것들 때문에 그러하십니까?」

「아닙니다. 내가 그런 것을 구하고자 하는 게 아닙니다.」

맹자가 다시 말했다.

「그렇다면 왕께서 크게 하고자 하시는 바를 이미 다 알겠읍니다. 영토를 확장하여 진(秦)이나 초(楚)같은 대국이 인사를 드리러 오게 하고, 중국 전토를 지배해서 사방의 오랑캐들을 그런 무력적인 방법으로 거느리려고 하시는 것이지요. 허나 그것은 마치 나무에 올라가 물고기를 얻고자 하는 것과 같습니다.(然則王之所大欲 可知已 欲辟土地朝秦楚 莅中國而撫四夷也 以若所爲 求若所欲 猶緣木而求魚也)」

왕이 정색을 하며 물었다.

「그토록 무리란 말입니까?」

「예, 나무에 올라가 물고기를 잡으려는 것보다 더 무리입니다. 나무에서 물고기를 잡으려는 것은 비록 물고기를 잡지 못하더라도 못잡는 것으로 끝나는 것입니다. 그러나 왕과 같은 방법으로 대망을 달성하려고 하시면 심신(心身)을 다하되 결국은 백성을 잃고 나라를 파(破)하는 대재난이 닥칠 뿐 좋은 결과는 오지 않습니다.」

하고 맹자는 대답하였다.

## ● 曳尾塗中(예미도중)

의미 / 꼬리를 진흙 속에 끌고 다닌다는 뜻으로, 부귀가 있을지언정 속박받는 생활보다는 차라리 가난하지만 자유롭게 사는 편이 낫다는 것을 비유해서 쓰는 말이다.

출전 / 〈莊子〉 秋水篇 · 列禦寇篇

해설 / 장자가 복수(濮水) 가에서 낚시질을 하고 있을 때 초나라 왕이 두 대신을 보내어 장자를 청했다.

「선생님께 나라의 정치를 맡기고 싶습니다.」

장자는 낚싯대를 잡은 채 돌아보지도 않고 말했다.

「들리는 말에 의하면 초나라에는 신귀(神龜)라는 3천 년 묵은 죽은 거북을 왕이 비단 상자에 넣어 묘당(廟堂) 안에 간직하고 있다더군요. 그 거북이 살았을 때 죽어서 그와같이 소중하게 여기는 뼈가 되기를 원했겠소, 아니면 그보다 살아서 꼬리를 진흙 속에 끌고 다니기를 바랐겠소? (寧其死爲留骨而貴乎 寧其生而曳尾塗中乎)」

「그야 물론 살아서 진흙 속에 꼬리를 끌고 다니기를 바랐겠지요.」

「그렇다면 그 청을 거두어 주시오. 나는 진흙 속에 꼬리를 끌겠으니.」

이와 똑같은 형태의 똑같은 뜻을 가진 이야기가 〈장자〉의 열어 구편에도 나온다.

어느 임금이 장자를 초빙했다. 장자는 사신에게 이렇게 말했다.

「당신들은 제사에 쓰는 소를 보았겠지요. 비단옷을 입히고 맛있는 여물을 먹이지만 태묘(太廟)에 들어가게 되었을 때 그 소가 외로운 송아지가 되기를 바란다 한들 무슨 소용이 있겠소.」

〈사기〉에는 장자의 이 두 이야기를 하나로 묶어 초위왕(楚威王)이 사신을 보내 장자를 초빙했을 때 장자는 제사에 쓰이는 소를 더러운 도랑에서 자유롭게 놀고 있는 돼지새끼에 비유하여, 몇 해 부귀를 누리다가 권력투쟁의 제물이 되는 것보다는 차라리 평민의 몸으로 평생을 아무 탈 없이 보내고 싶다면서 거절한 것으로 기록하고 있다.

## • 五里霧中(오리무중)

의미 / 오리(五里)나 이어지는 짙은 안개 속에서는 방향을 분간하기 어렵다는 뜻으로, 그 행방이나 단서를 찾기가 어려운 경우와 마음을 어떻게 정하면 좋을지 몰라 갈팡질팡할 때 흔히 쓰인다.

출전 / 〈後漢書〉 張楷傳

해설 / 장해(張楷)는 後漢의 중기 사람으로, 《春秋》나 《尙書》에 통한 뛰어난 학자였다. 제자들도 많고 학자나 귀족들 중 그와의 교제를 바라는 사람이 많았지만, 벼슬길에 나아가는 것을 싫어하여 산중에 은거해 버렸다.

장해의 아버지인 장패(張霸)도 학자로 기골이 장대하며, 한때는 안

제(安帝)에 벼슬하여 시중(侍中)을 지냈다. 당시는 외척의 세력이 강하여 이미 무너진 화제(和帝)의 황후의 오빠인 등질(鄧騭)이 정치의 실권을 장악하고 있었다.

그 등질이 장패의 명성을 듣고 교제를 구한 일이 있었으나, 장패는 대답을 하지 않았다. 장해는 이와같은 아버지의 기개를 이어받고 있었다.

장해가 산중에 은거한 뒤에, 새로 즉위한 순제(順帝)는 이렇게 칭찬했다.

「장해는 덕행에 있어서는 원헌(原憲—孔子의 제자)을 사모하고, 절개에 있어서는 백이(伯夷)와 숙제(叔齊)를 목표로 했으며, 고귀한 것을 가벼이 알고 빈천을 즐겨 산속에 은거하고 있지만, 그 고결한 뜻은 확실히 무리를 뛰어나고 있다.」

순제가 그에게 하남(河南)의 長官으로 조서(詔書)를 내려 벼슬하기를 설득했지만, 장해는 병을 이유로 벼슬하지 않았다.

장해는 성격이 도술을 좋아하여, 능히 5십리의 안개를 일으킬 수가 있었다. 그때에 관서(關書) 사람인 배우(裵優)가 또한 능히 3십리의 안개를 일으킬 수가 있었다. 그러나 그는 장해에는 미치지 못한다고 생각하고 제자로 들어가 배우기를 바랐지만, 장해는 모습을 숨겨서 그를 보려고 하지 않았다. 〈張楷 性好道術 能作五里霧. 時關書人裵優亦能爲三里霧 自以不如楷從學之. 楷避不肯見.〉

그 뒤에 배우는 안개를 일으켜 악한 일을 하다가 체포되자 장해로부터 그 재주를 배웠다고 진술했다. 그리하여 장해도 감옥에 투옥되었지만, 이윽고 근거가 없다는 것을 알아 석방되어, 일흔 살의 장수를 누렸다고 한다.

## • 五十步百步(오십보백보)

의미 / 오십 보를 도망친 자나 백 보를 도망친 자나 모두 본질적으로 같다. 즉 행동의 차이는 있지만 결과는 같다고 하는 뜻에 사용되며 요즈음에 와서는 거기서 거기라는 뜻으로 쓰이는 말이다.

출전 / 〈孟子〉 梁惠王篇

해설 / 전국시대, 위나라는 한과 조의 공격을 받았지만, 위의 분할을 둘러싸고 두나라 사이에서 의견의 불일치 때문에 공격이 중단되어서, 위는 겨우 나라를 지킬 수 있었다.

그러한 위의 왕위에 대해 혜왕은, 국력의 충실과 민생의 안정을 위해 노력했다. 가령, 하내(河內)에 재해가 있을 때, 백성을 하동(河東)으로 옮기기도 하고 식량을 나르기도 했다.

국력이 회복되었다고 본 혜왕은 대외 발전과 제후와의 패권 싸움을 생각하여, 기원 전 368년, 우선, 숙적인 한과 조를 공격하고 승리하여 지난날의 패전에 대한 원수를 갚았다.

한때의 승리로 눈이 어두워진 혜왕은, 그 후 해마다 제, 진, 초와 싸웠지만, 기원 전 361년, 진과의 싸움에서는 대패하여 장군까지 포로가 되었다.

전쟁은 위의 국력을 소모시켰다. 많은 논과 밭은 사람이 부족하여 황폐해지고, 백성은 식량부족으로 괴로와했으며, 왕에 대한 원성이 점점 높아졌다.

어느 날, 맹자가 위에 왔다. 유명한 유학자로 각국을 돌고, 식견도 높다는 것을 알고 있는 혜왕은, 사람을 보내 왕궁으로 맹자를 초대하여 가르침을 받았다.

왕이 물었다.

「나는 다른 나라의 왕보다도 더 많이 정치에 마음을 쓰고 있는데, 이웃나라의 백성은 줄지않고 위의 백성은 늘지 않습니다. 이것은 어째서입니까?」

맹자는 미소 지었다.

「전쟁터에서 50보 도망간 사람이 백보 도망간 사람을 비교해 웃는다면?」

「두 사람 모두 도망갔으니, 다름이 없기 때문에 웃을 자격이 없습니다.」

「그 이치대로, 위의 백성이 증가하는 것을 바랄 수 없습니다. 위와 다른 나라와의 정치는 비슷해서, 모두 백성을 사랑하는 길이 아닙니다.」

「그렇다면, 어찌하면 백성을 늘릴 수 있습니까?」

「어렵지 않습니다. 백성을 사랑하고, 백성의 힘과 자원의 소모를 줄이고, 생활을 보장해 준다면 될 것입니다.」

이렇게 말하고, 맹자는 그 광경을 그려서 보여 주었다.

「입을 것과 먹을 것이 넉넉하고, 가혹한 노역이 없고, 노약자가 보호받는다면, 모두 왕의 백성이 되기를 바라겠지요.」

## • 吳越同舟(오월동주)

의미 / 원수지간인 오(吳)와 월(越)나라 사람이 같은 배에 타고 있다는 말로, 아무리 원수지간이라도 한 배에 탄 이상 목적지에 도달할 때까지는 서로 운명을 같이하고 협력하게 된다는 뜻이다. 흔히 사이가 좋지 못한 사람이 한자리에 동석하게 되는 경우에 많이 쓴다.

출전 / 〈孫子兵法〉 九地篇

해설 / 〈손자〉는 중국의 유명한 병법서로 춘추 시대 오(吳)나라의 손무(孫武)가 쓴 것이다. 제11편 구지(九地)에 보면 다음과 같은 문장이 나온다.

「오나라 사람과 월나라 사람은 서로 미워한다. 그러나 그들이 같은 배를 타고 가다가 바람을 만나게 되면 서로 돕기를 좌우의 손이 함께 협력하듯 한다.(夫吳人與越人相惡也 當其同舟而濟遇風 其相求也 如左右手)」

이해 관계를 같이하는 사람은 서로 아는 사람이건 모르는 사이이건 간에 자연히 서로 돕게 된다는 뜻을 지닌 말로서, 동주상구(同舟相求), 동주제강(同舟濟江) 등이 오월동주와 같이 쓰이고 있다.

## • 吳下阿蒙(오하아몽)

의미 / 전문은 비부오하아몽(非復吳下阿蒙)으로, 오(吳)에 있을 때의 몽이 아니라는 뜻으로 한참 만나 보지 못한 사이에 놀랄 만큼 발전을 보인 사람을 말하나, 오하아몽은 반대로 옛 그대로 있어 조금도 진보되지 않은 자나 학문이 보잘것없는 인물을 가리킨다.

출전 / 〈三國志〉 江表傳

해설 / 위(魏), 오(吳), 촉한(蜀漢)이 정립해서 싸우고 있던 삼국시대의 어느 날, 오왕 손권은 신하들에게 이와 같이 말했다.

「학문이란 자기 스스로가 개척해 나가야 한다. 저 여몽(呂蒙)은 처음에 아무런 학문도 없었다. 나는 그에게 배울 것을 권했다. 한번 시작하자 여몽은 끊임없이 계속했다. 그러는 동안 노숙(魯肅)이 몽과 의논을 해 보았다. 그런데 노숙이 당해낼 수 없을이 만큼 박식하였다. 노숙은 기뻐하여 몽의 등을 쓰다듬으며 말했다고 한다. '그대가 무략에 뛰어난 줄은 잘 알고 있으나 이렇게 학식마저 넓으니 이젠 오에 있을 때의 몽하고는 아주 딴판이로구나(非復吳下阿蒙)' 그러자 아몽은 '대저 선비란 헤어져 3일이 지나면 다음에 만날 때 눈을 부비고 보아야 한다. 나날이 진보되는 것이다(士別三日 即更刮目相待)'하고 의기양양하게 말했다 한다.」

아몽(阿蒙)의 아(阿)는 애칭이다. 젊어서부터 그를 알고 있던 노숙은 여몽을 이렇게 불렀던 것이다. 이것을 출전으로 하여 비부오하아몽(非復吳下阿蒙)이란 말이 학문이 진보되었을 때, 또는 명목을 일신했을 경우를 나타내는 데 쓰이게 되었고, 반대로 오하아몽(吳下阿蒙)은 오에 있을 때의 몽이라는 뜻 그대로 진보가 없음을 나타내는 말이 되었다.

## • 烏合之衆(오합지중)

의미 / 까마귀가 모인 것같이 전혀 질서가 잡혀 있지 않아 통일성과 규칙이 없는 군중을 일컫는다. 곧 어중이 떠중이의 모임을 가리킨다. 오합지졸(烏合之卒)과 같은 뜻이다.

출전 / 〈後漢書〉 耿弇傳

해설 / 〈烏合之衆〉이란 말은 《史記》의 역생(酈生) · 육가(陸賈) 열전(列傳)과 깊은 관계가 있다. 즉 역생 · 육가열전에 의하면, 한나라의 고조가 아직 패공(沛公)이었던 시절에, 항우(項羽)와 함께 서쪽으로 진군하여 진나라를 공략하려고 했을 때, 진류(陳留)의 교외에 군대를 진군시킨 일이 있다. 이때 역이기(酈食其)라는 설객이,

「당신이 까마귀떼의 무리를 규합하여, 어수선한 군대를 모을지라도 만명에는 차지 않을 것입니다. 이것으로 곧 강한 진나라를 공격하려 하는 것은, 소위 호랑이의 입을 더듬는 격입니다. 대저 진류(陳留)는 천하의 요충지대로, 사통오달(四通五達)의 교외입니다. 게다가 그 성에는 또 많은 곡식이 쌓여 있읍니다. 나는 그 현령(縣令)과 친한 사이입니다. 청컨대 사자를 보내어 항복하도록 하십시오.(足下起糾合之衆 收散亂之兵 不滿萬人. 欲以徑人強秦 此所謂探虎口者也. 夫陳留天下之衝 四通五達之郊也 今其城又多積粟. 臣善其令. 請得使之 令下足下.)」

라고 패공에게 설득시켰던 것이다. 〈烏合之衆〉이란 여기저기에서 모

여든 훈련이 되지 않은 군대의 모임을 말하는 것이다.

그러나 〈烏合之衆〉이라고 명기(明記)되어 있는 책은 《後漢書》이다. 경엄전(耿弇傳)에 의하면, 경엄이 군대를 이끌고 용감히 유수(劉秀-後漢의 光武帝)에게로 항복하러 달려가는 도중에, 군대 안에 왕랑(王郎: 漢의 成帝의 太子를 사칭하여 군대를 일으킨 사람)이야말로 한나라의 정통파라고 믿는 사람이 있어, 유수의 휘하가 되는 것은 잘못이라고 주장했다. 그러자 경엄은 그 사람을 꾸짖었는데, 그 질책 중에서 이렇게 말하고 있다.

「우리가 돌격 기병대를 일으켜, 烏合之衆을 치는 것은, 썩은 고목을 꺾고 썩은 것을 깎음과 같을 뿐이다.(發突騎以轔烏合之衆 如摧枯折腐耳)」

또 《비동전(邳彤傳)》에는 비동의 말로 이렇게 말하고 있다.

점치는 사람인 왕랑(王郎)은 거짓으로 태자의 이름을 사칭하여 세력을 확대하며, 돌아다녀 烏合之衆을 모아, 드디어 **연**나라와 **조**나라의 땅을 진동시켰다.(卜者王郎 假名因勢 驅集烏合之衆 遂震燕趙之地.)

## • 屋上架屋(옥상가옥)

의미 / 지붕 위에 또 지붕을 얹는다는 말로, 공연한 헛수고를 하거나 필요없는 일을 계속해서 하는 짓을 가리키는 말이다.

출전 / 〈世說新語〉 文學篇

해설 / 동진(東晋)의 유중초(庾仲初)가 수도 건강(建康)의 아름다움을 묘사한 〈양도부(揚都賦)〉라는 시를 지었을 때, 그는 먼저 이 글을 친척인 세도 재상 유양(庾亮)에게 보냈다.

그랬더니 유양은 친척간의 정리를 생각해서 과장된 평을 해 주었다.

「그의 양도부는 좌태충(左太沖)이 지은 삼도부(三都賦)와 비교해도 조금도 손색이 없다.」

그러자 사람들은 서로 다투어 유중초의 이 시를 베껴서 벽에 붙여놓고 감상하느라 장안의 종이값이 오를 정도였다.

그러나 이와 같은 경박한 풍조에 대해 태부(太傅)로 있는 사안석(謝安石)은 이렇게 나무랐다.

「뭐야! 저 시는 마치 지붕 밑에 또 지붕을 만든 것 같구나(不得爾此是屋上架屋耳). 똑같은 소리를 반복한 데 지나지 않아. 저런 것을 가지고 잘 되었다고 떠들어대는 작자들의 심사를 모르겠군.」

결국 남의 것을 모방해서 만든 서투른 문장이란 뜻이다.

이로부터 한참 뒤인 남북조 시대에 북제(北齊)의 안지추(顔之推)라는 학자가 자손을 위해 써둔 안씨가훈(顔氏家訓)이란 책의 서문에는 다음과 같이 적혀 있다.

「위진(魏晋) 이래로 씌어진 모든 책은 이른바 내용이 중복되고 서로 남의 흉내만을 내고 있어 그야말로 지붕 밑에 지붕을 만들고 평상 위에 평상을 만든 것과도 같다.(魏晋已來 所著諸子 理重重復 遲相摸斅 猶屋下架屋 牀上施牀爾)」

이상과 같이 원전에는 지붕 밑에 지붕을 만든다는 옥하가옥(屋下架屋)으로 나와 있으나 현대에 이르러서 옥상가옥으로 쓰이고 있다.

## • 玉石混淆(옥석혼효)

의미 / 옥과 돌이 어지럽게 뒤섞여 있다는 뜻으로, 좋은 것과 나쁜 것이 뒤섞여 있어서 어느 것이 좋고 어느 것이 나쁜 것인지를 분간하기 어려울 때에 사용하는 말이다.

출전 / 〈抱朴子〉 外篇 尙博篇

해설 / 〈포박자〉는 진(晋)의 갈홍(葛洪)이 지은 책으로 내외편(內外篇) 70권으로 되어 있다. 그 중 외편에 다음과 같이 나와 있다.

「〈시경〉이니 〈서경〉이니 하는 정경(正經; 經典)이 도의(道義)의 대해(大海)라면 〈제자백가〉의 서(書)는 그것을 더하고 깊게 하는 강의 흐름이며, 방법은 다를지라도 역시 덕(德)을 위주로 하는 점에서는 변함이 없다. 옛사람들은 재능을 얻기 어려움을 개탄하고 곤산지옥(崑山之玉)이 아니라고 해서 야광주(夜光珠)를 버리거나 성인의 글이 아니라고 해서 수양에 도움이 되는 말을 버리거나 하지는 않았었다. 그런데 한(漢), 위(魏) 이래 가어(嘉語)가 많이 나와 있는데도 그것의 가치판단을 할 수 있는 성인이 나타나지 않고, 견식이 좁은 패거리들은 좁은 안목에만 사로잡혀 자의의 해석에만 신경을 쓰되 기이한 점을 가볍게 여겨 불필요한 것으로 간주한다. 또한 도(道)가 좁아서 볼 만한 것이 못 된다든가 너무 넓고도 깊어서 사람들의 사고를 어지럽게 하는 것이라고 말한다. 진애(塵埃)도 쌓이면 태산이 되고 많은 색(色)이 모여서 눈이 부실 정도의 아름다움을 이루는 것도 모르는 것이다. 천박한 시부(詩賦)를 감상하는가 하면 의의 깊은 자서(子書; 諸者의 書)를 가볍게 여겨 유익한 금언을 깔보기도 하고, 실이 없고 공허한 것을 그럴 듯하게 생각한다. 참됨과 거짓이 반대가 되고 옥과 돌이 뒤섞인다는 것으로 아악도 속악과 같이 보고 아름다운 옷이나 누더기 옷을 똑같은 것으로 생각하고 있다(眞僞顚倒 玉石混淆 同廣樂於桑同 鈞龍章於卉服). 그러면서도 모두들 태평스럽게 지내고 있는 것은 참으로 한탄스럽기 짝이 없다.」

## • 温故而知新(온고이지신)

의미 / 옛것을 익혀서 새 것을 안다는 말인즉 옛것을 익힘으로서 그것을 통하여 새로운 지식과 도리를 발견하게 된다는 뜻이다.

출전 / 〈論語〉 爲政篇

해설 / 공자께서 말씀하셨다.

「옛것을 익혀 새로운 것을 알면, 가히 이로써 스승이 될 수 있다. (子曰 温故而知新 可以爲師矣.)」

〈温故而知新〉이라는 말은 《中庸》에도 나오거니와, 한나라의 정현(鄭玄)은 그 《中庸》에 나오는 글에 주를 달아, 〈温은 읽어서 익힌다는 뜻이다. 처음 배운 것을 익힌 뒤에, 때로 반복하여 익히는 것을 말하여 温故라고 한다〉고 되어 있다.

물론 《論語》의 옛날 주에서 〈温은 찾는다. 옛것을 찾는 것이다〉라고 함에 따라 〈옛것을 찾아〉라고 읽어도 된다. 그리고 〈知新〉은 〈새 것을 안다〉라는 뜻이 된다. 따라서 과거의 역사적 사실에 대한 인식과, 오늘날의 새로운 사태에 대한 인식은 함께 필요 불가결한 사실이다. 오늘날의 사실을 알고 옛것을 모르는 것을 소경이라고 말한다. 〈温故而知新〉하여 가히 써 스승이 될 수 있다. 옛것과 오늘날의 것을 알지 못한다면, 어찌 스승이라 할 수 있겠는가?

## •臥薪嘗膽(와신상담)

의미 / 섶에 누워서 쓸개를 맛본다는 뜻으로, 복수심을 가슴속 깊이 간직하고 언제나 그것을 생각하며 고난을 참고 견디어 심신을 단련함을 비유한 말이다.

출전 / 〈十八史略〉, 〈史記〉 越世家

해설 / 춘추 말기. 오와 월 양국이 승패를 다투어 부초(夫椒)에서 격돌했다.

승리한 오군은 월의 궁까지 쳐들어가, 월왕 구천(勾踐)을 잡았다.

오왕 부차(夫差)는, 제패를 실현하기 위해서는 도량의 넓은 점을 보여 줄 필요가 있다고 생각했다. 그래서, 구천을 죽이지 않고, 데리고 돌아와 궁안의 마구간지기를 시켰다.

어느 날, 부차는 큰 병에 걸렸다. 구천은 정성껏 간호했다. 부차는, 이것을 그의 충성심의 증거라고 생각하여, 구천을 용서하여 월나라로 돌려보냈다.

돌아온 구천은 수치를 씻기 위해, 스스로 고통 속에서 자신을 연마시키려고, 매일 장작나무 위에서 자고, 방 가운데에 쓴 간을 매달았다.

그리고, 아침 저녁 이것을 바라보았다. 게다가 식사 전에도 이것을 핥으며, 자신에게 질문했다.

「너는 씻을 수 없는 패전의 굴욕을 잊고 있진 않겠지?」

또한, 솔선수범해서 식산흥업(殖産興業), 부국강병(富國強兵)에 힘쓴 결과, 나라는 부유해지고 군대는 강해졌다. 그래서, 오나라로 출병할 뜻을 나타내니 대신들이 반대했다.

시기상조라고 했다. 드디어, 오왕 부차가 제(齊)를 칠려고 출병했다. 이때를 기다리던 구천은, 스스로 대군을 이끌고, 수륙양면으로 오나라로 진격했다.

부차는 당황하여 돌아가려 했지만, 복수의 일념에 불타는 월군의 적이 못되었다. 월군은 쉽사리 오의 수도로 돌입하여 부차의 훌륭한 궁전을 불태웠다.

부차는 구천에게 타협을 요구했다. 구천은 자신의 병력이 아직 오나라를 완전히 정복하기에는 부족하다고 생각하여, 이 제의에 응했다.

그로부터 4년 후, 구천은 다시 한번 오나라로 출병하여, 압도적인 힘을 가지고 오군을 섬멸했다. 부차는 또다시 타협을 제안했지만, 이번에는 구천이 엄하게 거부했다.

오나라를 섬멸한 구천은, 승승장구 중원(中原)에 북진하여, 제후를 서주(徐州)에 모이게 하여, 춘추 말기의 패권자가 되었다.

## •蝸牛角上之爭(와우각상지쟁)

의미 / 달팽이 뿔 위에서의 싸움이란 뜻으로, 즉 아무런 이득도 없는 보잘것없는 행동을 취하려는 어리석은 자들을 두고 하는 말이다.

출전 / 〈莊子〉 則陽篇

해설 / 양혜왕(梁惠王)은 제(齊)나라의 위왕(威王)과 서로 침략하지 않기로 맹약을 맺었는데 위왕이 배반했으므로, 노해서 은밀히 자객을 보내어 위왕을 암살하려고 꾀했다.

혜왕의 신하인 공손연(公孫衍)은 그 계획을 알자, 당당히 군대를 일으켜 제나라를 공격해야 한다고 주장했다. 그러나 또 한 사람의 신하인 계자(季子)는 군대를 일으켜서 백성들을 괴롭히지 말아야 한다고 상소했다. 혜왕이 당황하고 있을 때 재상인 혜시(惠施)가 대진인(戴晋人)이라는 사람을 왕과 만나게 하여 말하게 했다.

대진인이 말했다.

「소위 달팽이라는 것이 있는데, 임금은 아시나이까?」

「물론 알지.」

「달팽이의 왼쪽 뿔에는 촉씨(觸氏)라는 자가, 오른쪽 뿔에는 만씨(蠻氏)라는 자가 나라를 세우고 있나이다. 언젠가 서로 땅을 뺏으려고 싸워서, 죽은 자가 수만이나 되고, 도망가는 적을 추격하여 15일 만에 돌아왔나이다.」

「아아, 그것은 터무니없는 말이로다.」

「신이 청컨대 임금을 위하여 현실에 비유하여 보겠나이다. 임금께서 생각하시기에 우주의 사방과 끝이 있나이까?」

「끝이 없는 줄로 안다.」

「그렇다면 마음을 그 끝없는 우주에 놀게 하는 사람에게는 실제로 왕래할 수 있는 나라가 있는 것도 없는 것도 같나이다.」

「그러하다.」

「그 나라들 가운데 위나라가 있고, 위나라 가운데 **양**이라는 도읍이 있고, **양**의 가운데 왕이 있으니, 우주의 무궁에 비한다면, 왕과 만씨와 사이에 다름이 있나이까?」

「다름이 없다.」

대진인이 물러가자, 혜왕은 정신이 나간 사람처럼 하고 있었다.

이 에피소우드에서 〈蝸角之爭〉이란 말이 나오게 되었다. 〈蝸牛角上之爭〉이란 말도 그러하거니와, 이 말을 취한 백거이(白居易)는 시 〈대주(對酒)〉에서 이렇게 노래하고 있다.

달팽이 뿔 위에서 무슨 일을 다투었는가?(蝸牛角上爭何事)
석화의 빛 가운데 이 몸을 의지한다.(石火光中奇此身)

## • 完璧(완벽)

의미/흠이 없는 구슬 또는 구슬을 온전히 보전한다는 뜻으로, 티끌만큼의 결점도 없는 완전한 상태나 빌려온 물건을 온전히 되돌리는 것을 나타내는 말이다.

출전/〈史記〉藺相如列傳

해설/전국 시대 조(趙)나라의 혜문왕(惠文王)은 당시 천하 제일가는 보물로 알려져 있던 화씨벽(和氏璧)을 우연히 손에 넣게 되었다. 이 소문을 전해 들은 진나라의 소양왕(昭陽王)은 어떻게 해서든 화씨벽을 손에 넣고 싶었다. 그래서 사신을 보내어 진나라의 15개 성과 화씨벽을 맞바꾸자고 청해 왔다. 조나라로서는 지극히 난처한 문제로, 진나라의 속셈은 뻔했다. 구슬을 먼저 받아 쥐고는 성은 주지 않을 작정으로서, 그렇다고 이를 거절하면 거절한다고 트집을 잡아 싸움을 걸어 올 것이 분명했다.

이럴 수도 저럴 수도 없자 혜문왕은 중신들을 모아 의논하였다. 이

때 환자령(宦者令)이 그의 식객으로 있는 인상여(藺相如)를 추천했다. 혜문왕은 곧바로 인상여를 불러들여 대책을 물었다.

「조나라가 거절하면 책임은 조나라에 있고 진나라가 속이면 책임은 진나라에 있읍니다. 이를 승낙하여 책임을 진나라에 지우는 것이 옳을 줄 아옵니다.」

「그럼 어떤 사람을 사신으로 보내면 좋을꼬?」

「마땅한 사람이 없으면 신이 구슬을 가지고 가겠읍니다. 성이 조나라로 들어오면 구슬을 진나라에 두고 올 것이며, 성이 들어오지 않으면 신은 구슬을 온전히 하여 돌아오겠읍니다.」

이리하여 상여는 화씨벽을 가지고 진나라로 가게 되었다. 소양왕은 구슬을 보고 크게 기뻐하며 좌우 시신들과 후궁의 미인들에게까지 돌려가며 구경을 시켰다. 그러면서도 진왕은 교환조건으로 내건15개 성에 대해서는 도무지 내색하지 않았다. 그러자 인상여는 왕 앞으로 나아가 말했다.

「그 구슬에는 한 군데 작은 티가 있읍니다. 신이 그것을 보여 드리겠읍니다.」

이렇게 하여 구슬을 받아든 인상여는 기둥을 의지하고 서서 왕에게 말했다.

「조나라에서는 진나라를 의심하고 구슬을 주지 않으려 했읍니다. 그런 것을 신이 굳이 진나라 같은 대국이 신의를 지키지 않을 리 없다고 말하여 구슬을 가져오게 된 것입니다. 구슬을 보내기에 앞서 우리 임금께선 닷새를 재계했는데 그것은 대국을 존경하는 뜻에서였읍니다. 그런데 대왕께선 신을 진나라 신하와 같이 대하여 모든 예절이 정중하지 못했을 뿐만 아니라 구슬을 받아 미인에게까지 주어 구경을 시키며 신을 희롱하셨읍니다. 신이 생각하기에 대왕께선 조나라에 성을 주실 생각이 없으신 것 같습니다. 그러므로 신은 다시 구슬을 가져가겠읍니다. 대왕께서 굳이 구슬을 강요하신다면 신은 머리를 이 구슬과 함께 기둥에 부딪치고 말 것입니다.」

인상여는 구슬을 들어 기둥을 향해 던질 기세를 취했다. 구슬이 깨어질까 겁이 난 소양왕은 급히 자신의 경솔했음을 사과하고 담당관을 불러 지도를 가리키며 15개 성을 조나라에 넘겨주라고 지시했다. 그러나 모두가 연극이란 것을 알고 있는 인상여는 이렇게 말했다.

「대왕께서도 우리 임금과 같이 닷새 동안을 목욕 재계한 다음 의식을 갖추어 천하의 보물을 받도록 하십시오. 그렇지 않으면 신은 감히 구슬을 올리지 못하겠읍니다.」

이리하여 진왕이 닷새를 기다리는 동안 인상여는 구슬을 심복 부하에게 주어 조나라로 보내 버렸다. 감쪽같이 속은 진왕은 인상여를 죽이려고 하였으나 점점 나쁜 소문만 퍼질 것 같아 후히 대접해 돌려보내고 말았다. 이리하여 인상여는 일약 대신의 지위에 오르게 되고 **뒤이어 조나라의 재상이 되었다.**

## ● 燎原之火(요원지화)

의미 / 요원의 불길, 즉 걷잡을 수 없이 번져 가는 벌판의 불을 말하는 것으로, 어떤 일이 무서운 기세로 확대되어 가고 있는 형세를 가리킨다. 또 세력이 대단하여 막을 수 없는 경우에도 많이 쓰인다.

출전 / 〈書經〉 盤庚

해설 / 은(殷)나라 탕(湯)왕의 10세손인 반경(盤庚)이 황하의 수해를 피하기 위해 수도를 옮기면서 미리 관직에 있는 사람들을 타이르기 위해 쓴 글인 반경 상편에 있는 말이다.

「너희들은 어찌 내게 알리지도 않고 서로 어울려 뜬소문을 퍼뜨리면서 민중들을 공포 속에 몰아넣고 있느냐! 벌판에 불이 나게 되면 가까이 다가갈 수도 없는데 어떻게 그 불을 끌 수 있겠느냐?(若火之燎于原 不可嚮邇 其猶可撲滅) 곧 너희들이 스스로 불안을 만들어 낸 것이므로 나에게 허물이 있는 것이 아니다.」

## •龍頭蛇尾(용두사미)

의미/용의 머리에 뱀의 꼬리란 말로, 처음 시작은 아주 그럴 듯하지만 끝부분에 가서는 제대로 완결짓지 못하고 흐지부지하는 경우를 가리킨다.

출전/〈碧巖集〉

해설/진존자는 목주(睦州) 사람으로 그곳에 있는 용흥사(龍興寺)란 절에서 살았다. 그러나 뒷날 절에서 나와 각지로 돌아다니며 짚신을 삼아서 길 가는 나그네들이 주워 신도록 길바닥에 던져놓았다고 한다.

진존자가 늙었을 때의 일이다.

어느 중을 만나 서로 말을 주고받는데 갑자기 상대가,

「에잇!」

하고 호령을 하는 것이었다. 그래서,

「허허, 이거 야단맞았군.」

하고 상대를 바라보자 그 중은 또다시,

「에잇!」

하고 꾸중을 하는 것이었다. 그 중의 재치있는 태도와 말재간은 제법 도를 닦은 도승처럼 보였다. 그러나 진존자는

「이 중이 얼른 보기엔 그럴 듯하게 보이기는 한데 역시 참으로 도를 깨우치지는 못한 것 같다. 모르긴 해도 한갓 용의 머리에 뱀의 꼬리이기 쉬울 것 같다(似則似 是則未是 只恐龍頭蛇尾)」

고 생각했다.

그래서 중에게 물었다.

「그대는 에잇! 에잇! 하며 호령하는 위세는 좋은데 세 번 네 번 에잇 소리를 외친 뒤에는 무엇으로 어떻게 그 마무리를 지을 생각인가?」

그러자 중은 그만 자기 속셈이 드러난 것을 알고 뱀의 꼬리를 내보

이고 말았다 한다.

## • 愚公移山(우공이산)

의미 / 우공이 산을 옮긴다는 말로, 남이 보기엔 이룰 수 없는 일처럼 보이지만 한 가지 일을 끝까지 밀고 나가면 언젠가는 목적을 달성할 수 있다는 뜻을 지닌 성어이다.

출전 / 〈列子〉 湯問篇

해설 / 태행산(太行山)과 왕옥산(王屋山)은 사방 7백 리, 높이 1만 길이나 되며, 원래는 기주(冀州)의 남쪽, 하양(河陽)의 북쪽에 있었다.

북산(北山)의 우공(愚公)이란 사람은 나이 이미 90에 가까운 노인으로 이 두 산에 이웃하며 살고 있었는데, 산이 북쪽을 막아 왕래가 불편하므로 온 집안 사람을 불러모아 놓고 이렇게 의논을 했다.

「나는 너희들과 있는 힘을 다해서 험한 산을 깎아 평지로 만들고 예주(豫州)의 남쪽까지 한길을 닦으며, 또 한수(漢水)의 남쪽까지 갈 수 있도록 하고 싶은데 어떻게들 생각하느냐?」

일동은 일제히 찬성한다는 뜻을 표명했으나 그의 아내만이 의아하게 생각하여 물었다.

「당신의 힘으로는 작은 언덕도 파헤치지 못할 것인데 태행이나 왕옥 같은 큰 산을 어떻게 처리하겠소? 게다가 파낸 흙이나 돌은 어디에다 처치할 생각인가요?」

「그것은 동해가 있다는 발해(渤海)의 구석이나, 동북쪽에 있다는 은토(隱土)의 북쪽에 던져 버리지요.」

그리하여 우공은 아들과 손자를 이끌고 산을 무너뜨리기 시작했다. 그들은 셋이서 일에 착수했는데, 돌을 깨고 흙을 파서, 그것을 키나 삼태기로 발해의 구석으로 운반하였다. 우공의 이웃집에 경성씨(京城

氏)의 과부가 있었는데, 유복자가 있어 겨우 이를 갈 나이였는데도 달려가 이 일을 돕게 하였다. 그들은 추위와 더위의 기후가 바뀌어야 겨우 한 번 돌아오는 형편이었다.

그런데 하곡(河曲)의 지수(智叟)는 그것을 보고 웃으면서 말렸다.

「당신의 바보스러움에는 정말이지 질렸군요. 늙은 나이의 쇠잔한 힘을 가지고는 산의 나무 한 그루도 무너뜨리기 어렵거늘, 산의 흙과 돌을 어떻게 하겠다는 것입니까?」

그러나 북산에 사는 우공은 한숨을 쉬면서 말했다.

「당신과 같이 좁은 소견의 사람은 어쩔 수가 없읍니다. 당신의 지혜는 저 과부의 어린 아들만도 못하군요. 내가 죽는다 할지라도 아이들은 남으며, 그 아이들에게 손자가 생기고, 손자는 또 어린애를 낳고, 그 손자는 또 어린애를 낳고, 자자손손이 끝나는 일이 없을 것이오. 그러므로 반드시 편편해질 것이오.」

하북의 지수는 대답할 말이 없어 입을 다물어버렸다.

양손에 뱀을 가진 신이 이 말을 듣고, 산을 무너뜨리는 일이 언제까지나 계속될 것을 두려워하여, 천제(天帝)에게 호소했다. 그러자 천제는 우공의 진심에 감동하여 , 과아씨(夸娥氏)의 두 아들에게 명령하여, 태형산과 왕옥산의 두 산을 업어다가, 하나는 삭북(朔北) 동쪽에 놓고, 또 하나는 옹주(雍州) 남쪽으로 옮겼다. 이로부터 기주의 남쪽과 한수의 남쪽에 걸쳐 있던 높은 산이 없어지게 되었다.

## • 運籌帷幄(운주유악)

의미 / 운주(運籌)란 산가지를 놀린다는 뜻이요, 유악(帷幄)이란 장막 속을 가리키는 말로, 즉 가만히 들어앉아서 계획을 꾸민다는 뜻이다.

출전 / 〈史記〉 高祖本紀, 〈漢書〉 高帝紀

해설 / 천하를 통일한 고조가 어느 날 낙양(洛陽) 남궁(南宮)에서 잔치를 베푼 자리에서 이렇게 말했다.

「경들은 숨김없이 말하라, 내가 천하를 얻은 까닭과 항우가 천하를 잃은 까닭이 무엇인가를?」

그러자 고기(高起)와 왕릉(王陵)이 대답했다.

「…폐하께선 성을 치고 공략하게 되면 공을 세운 사람에게 그 땅을 주어 천하 사람들과 이익을 함께 하셨읍니다. 그러나 항우는 의심과 질투가 많아 싸움에 이겨도 성을 주지 않고 땅을 얻어도 나눠주는 일이 없읍니다. 이것이 폐하께서 천하를 얻고 항우가 천하를 잃은 이유인 줄 아옵니다.」

고조는 고개를 저으면서 말했다.

「경은 하나만 알고 둘은 모르는도다. 대체로 산가지를 장막 안에서 움직여 천리 밖에 승리를 얻게 하는 것은 내가 자방(子房)만 못하고 (夫運籌策帷帳之中 決勝於千里之外 吾不如子房), 나라를 편안히 하고 백성을 어루만져 주며 군대의 보급을 끊어지지 않게 하는 것은 내가 소하(蕭何)만 못하며, 백만의 군사를 거느리고 싸우면 반드시 이기고 치면 반드시 빼앗는 것은 내가 한신(韓信)만 못하다. 이 세 사람은 모두 뛰어난 인걸들인데 나는 그들을 제대로 쓸 수가 있었다. 이것이 바로 내가 천하를 차지할 수 있었던 이유이다. 그러나 항우는 범증(范增) 한 사람이 있을 뿐이었는데 그 하나마저도 제대로 쓰지 못했다. 이것이 항우가 나에게 패한 이유이다.」

이상이 사기(史記)의 〈고조본기〉에 실린 내용으로 〈한서〉에 나와 있는 것과는 글자가 몇 자 틀릴 뿐으로 의미는 똑같다.

〈사기〉에는 「운주책유장지중(運籌策帷帳之中) 결승어천리지외(決勝於千里之外)」라고 되어 있는데 한서에는 주책(籌策)이 주(籌)로 유장(帷帳)이 유악(帷幄)으로 되어 있고 천리(千里) 위의 어(於)가 생략되어 있다.

## •遠交近攻(원교근공)

의미 / 먼 나라와는 친교를 맺고 가까운 나라를 침략하는 정책을 말한다.

출전 / 〈戰國策〉 秦下 昭襄王, 〈史記〉 范雎 · 蔡澤列傳

해설 / 위(魏)나라의 책사(策士) 범수(范雎)는 타국과 내통하고 있다는 참언으로 하마터면 목숨을 잃을 뻔했으나, 동정자 정안평(鄭安平)의 도움으로 진(秦)의 사신 왕계(王稽)를 따라 진도(秦都) 함양(咸陽)으로 들어갔다. 그러나 「진왕의 나라는 누란(累卵)보다 더 위태로운 상태이다」라고 말해 왕의 환심을 사지 못하여 그 뛰어난 변설을 휘두를 기회가 없었다.

소양왕(昭襄王) 36년(기원 전 271년) 기다리고 기다리던 기회가 찾아들었다. 당시 진에서는 소양왕의 어머니 선태후(宣太后)의 동생인 양후(穰侯)가 재상 자리를 차지하고 강력한 세력을 가지고 있었다. 그 세력을 믿고 제(齊)를 침공해서 자기 영토인 도(陶)의 땅을 확장시키려고 꾀했던 것이다. 이 사실을 안 범수는 왕에게 왕계를 통해 문서를 제출하고 배알을 청했다.

「인주(仁主)는 사랑하는 바를 상주고, 미워하는 바를 벌합니다. 명주(明主)는 이와는 달리 상은 반드시 유공(有功)에게 가하고, 형은 반드시 유죄일 때 내립니다.」

이와같이 시작된 일문(一文)은 다행히도 왕의 마음에 들었다. 추천자인 왕계에게까지 칭찬하는 말을 할 정도였다. 또 왕은 인견한 후부터는 겸손하고 삼가면서 가르침을 청하는 것이었다.

이렇게 하여 범수는 왕에게 간했다.

「한(韓), 위(魏) 두 나라를 지나 저 강한 제(齊)를 치는 것은 득책이 아닙니다. 약간의 군사로는 제가 눈도 깜짝하지 않을 것이고, 그렇다고 대군을 출동시키는 것은 진으로서 좋지 않습니다. 가급적 자국의 병력을 절약하고, 한과 위의 병력을 전면적으로 동원하려는 것이 왕의 생각이나, 동맹국을 신용할 수 없다는 것을 알면서도 남의 나라를 지나서 공략한다면 어떻게 되겠읍니까? 제의 민왕(湣王)이 악의(樂毅)에서 패한 원인은 멀리 떨어져 있는 초(楚)를 쳤기 때문에 동맹국의 부담이 지나치게 무거워져서 이반해 버렸기 때문입니다. 그래서 천하의 웃음거리가 되고 말았읍니다. 득을 본 것은 바로 옆에 있는 한과 위로, 말하자면 적군에게 군사를 빌려주고 도둑에게 식량을 내준 것과 같은 것, 지금 왕께서 취해야 할 방법으로는 먼 나라와는 서로 사귀고 가까운 나라를 치는, 즉 원교근공(遠交近攻)책이 제일입니다. 한 치의 땅을 얻으면 왕의 촌토이고, 한 자의 땅을 얻으면 왕의 한 자의 땅이 아닙니까. 이해득실이 이토록 뚜렷한데 멀리 치는 것은 잘못이 아닐까요?」

이로부터 범수는 진의 객경(客卿)이 되고, 다시 재상에 임명된 다음 응후(應侯)로 봉해져 군사 관계의 일을 도맡게 되었다.

그리하여 이후 원교근공책은 진의 국시로서 마침내 천하를 통일하는 데 지도 원리의 역할을 다하게 되었다.

## • 月下氷人(월하빙인)

의미 / 월하노(月下老)와 빙상인(氷上人)이란 말을 합친 약어로, 결혼 중매를 하는 사람을 가리킨다.

출전 / 〈續幽怪錄〉, 〈晋書〉 藝術傳

해설 / 장안(長安) 교외의 두릉(杜陵) 사람인 위고(韋固)가 여행하는 도중에 송성(宋城)의 남쪽 마을에 머물렀을 때, 어떤 사람이 혼담을 가져와 다음날 동틀 무렵에, 마을의 서쪽에 있는 용흥사(龍興寺) 문앞에서 상의하기로 했다. 일찍 두 부모를 잃고, 아내를 맞이하고자 여기저기 혼처를 구하였으나, 인연이 없었다. 그는 다음날 아침 먼동이 트기 전에 절로 갔다.

가 보니 상대방은 아직 와 있지 않고, 한 노인이 돌계단에 앉아 달빛을 의지하여 책을 읽고 있었다. 그 책을 얼핏 보니, 범자(梵字)까지 알고 있는 박학(博學)한 그조차도 보지 못한 글자였기 때문에,

「그것은 무슨 책입니까?」

하고 묻자, 노인이 웃으면서 말했다.

「이것은 속세의 책은 아니라구.」

「그러면 그 책은 어떤 책인가요?」

「명계(冥界)의 책이지」

「그러면 당신은 명계의 사람입니까? 그 책이 어떻게 여기에……」

「우리들 명계의 사람들은 모두 세상 사람들을 관리하고 있지. 그러므로 이 세상에 나오지 않으면 안된다구. 지금 시간에 밖에 나와 걸어다니고 있는 사람들의 절반은 우리들 명계의 사람이라구. 단지 분간할 수 없을 뿐이라구.」

「그러면 당신의 하는 일은?」

「내가 하는 일은 이 세상 사람들을 장가보내고 시집보내는 일이지.」

「그러면 마침 잘 되었군요. 실은 나는 이제부터 여기에서 어떤 아가씨와 혼담을 상의하려 하고 있는데, 그것이 잘 될까요?」

「아니, 글렀어. 당신의 아내는 지금 세 살이라구. 열일곱 살이 되면, 당신에게 시집올 거야.」

「그 주머니 속에 있는 것은 무엇이지요?」

「빨간 끈이야. 부부의 발을 묶기 위한 것이지. 사람이 태어나면 빨리 이끈으로 묶어 놓는 거라구. 그러면 설사 상대방이 원수이건 신분이 다르건, 혹은 몇 백리 몇 천리를 떨어져 있어도 도망칠 수가 없다구. 당신도 먼젓번 사람과 묶여 있기 때문에, 다른 처녀를 바라면 무리라구.」

「그러면 나의 아내는?」

「이 마을 북쪽에서 야채를 팔고 있는 진(陳)이라는 할머니의 딸이

지.」

「만나 볼 수가 있을까요?」

「언제나 할머니가 안고 시장에 나와 있다구. 따라오라구, 가르쳐 주지.」

그러는 동안에 밤이 밝았지만 약속한 상대방은 오지 않았다. 노인이 주머니를 둘러메고 걸었기 때문에, 당황하여 따라가니, 노인은 가난한 옷차림의 할머니에게 안겨 있는 세 살짜리 여자아이를 가리켰다.

「저것이 당신의 아내라구.」

「저 아이를 죽여버리고 싶군요.」

뜻밖의 말을 하자,

「죽일 수 없을 거야. 저 아가씨는 복을 받아서 아들 덕분에 영지(領地)까지 받도록 되어 있다구.」

노인은 이렇게 말하고는 갑자기 사라져 버렸다.

「도깨비 같은 것, 누가 저런 거지의 딸을 데려올 줄 아나?」

그는 비수를 풀어 하인에게 건네 주며 명령했다.

「저 아가씨를 죽이고 오면 1만 냥을 주겠다.」

「네, 알았읍니다.」

다음날 비수를 소매에 감춘 하인은 채소시장이 혼잡한 틈을 타서 아가씨를 찔렀다.

가슴을 찌르려고 했지만, 빗나가서 미간을 찔렀다.

그로부터 14년 뒤에, 위고는 상주(相州)의 관리가 되었다. 얼마 후에 그는 다시 장관에 추천되었고, 군(郡)의 태수의 딸에게 장가갔다. 색시는 16, 7세의 아름다운 얼굴이었지만, 언제나 한 장의 꽃모양의 종이를 미간에 붙이고 있어, 목욕할 때에도 종이를 떼지 않았다. 1년이 넘자 갑자기 옛날 일을 생각해내고 물어 보았더니, 아내는 울먹이며 얘기했다.

「저는 실은 장관의 양녀입니다. 아버지는 송성(宋城)의 현지사를 하고 있을 때 돌아가고, 그 뒤에 어머니와 오빠가 죽어 진(陳)이라는 할머니에게서 자라났읍니다. 할머니는 야채장사를 하여 저를 길러 주셨지만, 세살 때 시장에서 폭한의 습격을 받아, 그때 상처가 남아 있기 때문에 이렇게 감추고 있는 것입니다.」

「그 할머니가 애꾸눈이 아니었던가?」

「그랬읍니다. 그런데 그것을 어떻게……?」

「당신을 찌른 것은 바로 나라구.」

그는 옛날 일을 소상히 밝히면서, 이후로 점점 사이좋게 지내는 도중, 한 아들이 태어났다. 아들은 뒤에 안문군(雁門郡)의 장관이 되어, 어머니는 태원군태부인(太原郡太夫人)이라는 칭호를 조정에서 받았다.

그리고 이 이야기를 들은 송성(宋城)의 현지사는 그 마을을 〈定婚店〉이라고 이름을 붙였다.

## • 柳暗花明(유암화명)

의미 / 본래는, 버드나무는 어두컴컴하고 꽃은 밝게 핀다는 봄의 아름다운 경치를 말하는 것이다. 후에는, 발전의 여지가 없어 보이는 상황에서 재기와 희망이 트이는 것을 가리키게 되었다.

출전 / 육유시(陸游詩)「유산서촌(遊山西村)」

해설 / 육유는 남송(南宋)의 유명한 애국시인으로, 침략해 온 금(金) 나라에 대한 저항을 주장하여, 평화파로부터 배척되어, 융홍(隆興; 江西省)의 통판(通判)이라는 직위를 그만 두게 되었다.

육유는 비분해 하지 않고 여장을 갖추어, 오랫동안 살던 융홍을 떠나 산음(山陰: 浙江省)으로 돌아가다가, 도중에 임천(臨川; 江西省)에서 옛 친구 이호(李浩)를 방문했다.

이호가 정강지부(靖江知府)의 사령(辭令)으로 막 임명된 터이라 육유는 크게 격려했다. 그러나, 반면에 자신은 다시 출사할 기회가 있을지도 의심스러워서 마음이 무거웠다.

한 달에 걸친 긴 여행 끝에 육유는 고향에 도착했다. 고향 산천은 물과 초목이 싹텄고, 집 주위에도 많은 꽃이 피어 풍경이 아름다운 곳이었다.

처음에 육유는 독서에 빠져서 날을 보냈으나, 그 후 근처를 산보하였다. 시골이었기 때문에 독서하는 사람은 없고 친구는 모두 농민이었다.

4월 어느 날, 마을에서 봄의 축제가 행해져, 북과 피리소리가 울리기 시작했다. 육유는 흥에 취해 20리 떨어진 서산(西山)으로 나갔다.

산길은 점점 험해지고 인가도 보이지 않게 되었다. 산길 오르기를 그만두자, 산길이 끊어지고 길도 막혀 앞으로 나아갈 수도 없게 되었다.

그러나, 축제를 보고 싶은 마음에 육유는 길도 아닌 곳으로 더욱 나아갔다. 그래서, 어느 산모퉁이를 돌자, 갑자기 시야가 펼쳐져 십여 가구의 인가가 도원경처럼 보였다.

마을 사람들은 이 낯모르는 손님을 기쁘게 맞아들였고, 술과 음식을 내서 잘 대접했다. 너무나도 기쁜 육유는, 시간을 내서 꼭 다시 한 번 더 오겠다고 약속했다.

집에 돌아온 육유는 「유산서촌(遊山西村)」이라는 유명한 칠언율시(七言律詩)를 만들었다. 그 제2연의 「산중수부의무로 유암화명우일촌(山重水復疑無路 柳暗花明又一村)」은 그 당시의 감명을 읊은 것이다.

## • 有備無患(유비무환)

의미 / 미리 준비가 갖추어져 있으면 전혀 뒷걱정이 없다는 뜻의 말이다.

출전 / 〈書經〉 說命, 〈春秋左氏傳〉

해설 / 열명은 은나라 고종(高宗)이 부열(傅說)이란 어진 재상을 얻게 되는 경위와 그로 하여금 어진 정사에 대한 의견을 말하게 하고 이를 실천하게 하는 내용을 기록한 글인데, 「유비무환」이란 말은 그가 고종 임금에게 올린 말 가운데 들어 있다. 이 말이 들어 있는 첫 부분을 소개하면 다음과 같다.

「생각이 옳으면 이를 행동으로 옮기되 그 옮기는 것을 시기에 맞게 하십시오(慮善以動 動惟厥時). 스스로 그것이 옳다는 생각을 가지고 있으면 그 옳은 것을 잃게 되고 스스로 그 능한 것을 자랑하게 되면 그 공을 잃게 됩니다(有其善 喪厥善 矜其能喪厥切). 오직 모든 일은 다 그 갖춘 것이 있는 법이니 갖춘 것이 있어야만 근심이 없게 될 것입니다(惟事事乃其有備 有備無患).」

또 〈춘추좌씨전〉에 보면 다음과 같은 이야기가 있다.

어느 해 정나라가 출병하여 송나라를 침략하자 송나라에서는 나라의 위급함을 진나라에 알리고 구원을 청했다. 진의 도승은 즉시 노(魯)·제(齊)·조(曹)나라 등 12개국에 이 사실을 알려 연합군을 편성하여 위강의 통솔하에 정나라 도성을 둘러싸고는 송나라에 대한 침략에의 야욕을 버리라고 으름장을 놓았다.

그러자 정나라는 속수무책이었으므로 송·진·제 등 12개국과 불가침의 화해조약을 맺고 말았다. 초나라는 정나라가 북방으로 기울어진 것을 보고는 매우 못마땅히 여겨 군대를 풀어 정나라를 침공했다. 초나라 군대가 강대함을 안 정나라는 도저히 저항할 수가 없게 되자 할수없이 초나라와도 맹약을 체결했다.

정나라의 이러한 태도에 대해 북방 12개국의 불만은 이만저만이 아니었다. 그리하여 북방 12개국에서는 또 연합군을 파견하여 정나라를 쳤다. 이번에도 힘이 부친 정나라는 화친을 청했고 진이 응해 주자 그에 대한 감사의 뜻으로 수많은 값진 보물과 어여쁜 가희(歌姬)들을 선물로 보내 왔다. 도승은 이들을 위강에게 보내어 전시에서의 고달픔을 일시나마 달래어 주고자 하였으나 위강은 완강히 거부하면서 이렇게 말했다.

「편안히 지낼 때에는 항상 위태로움을 생각하여야 하고 위태로움을 생각하게 되면 항상 준비가 있어야 하며 충분한 준비가 되어 있으면 근심과 재난이 없을 것입니다.(居安思危 思則有備 有備則無患)」

이 말을 들은 도공은 그의 넓은 식견에 새삼 탄복하여 가희들을 다시 모두 정나라로 돌려보냈다고 한다.

## • 流言蜚語(유언비어)

의미 / 비(蜚)는 비(飛)의 의미. 말한 사람도 없는데 전해지는 소문. 또는 근거없는 소문. 또는 사람을 중상모략하기 위해서 조작한 말을 의미한다.

출전 /「사기(史記)」위기무안후열전(魏其武安侯列傳)

해설 / 전한의 경제(景帝) 시대. 도태후의 조카인 대장군 도영은 오초칠국(吳楚七國)의 난을 평정한 공으로 위기후에 봉해지게 되었다. 대신들도 존경했고 많은 인물이 그를 본보기로 삼았다.

그 때, 왕황후의 동생 전분(田蚡)은 신분이 낮은 출신으로, 당시에는 하급 시종이었지만, 도영의 권세를 보고, 그의 마음에 들려고 술을 선물하기도 했다.

그 후, 전분은 누이가 황후가 된 덕분에 점차로 황제의 마음에 들어 태중대부가 되었다. 기원 전 141년, 경제(景帝)가 병으로 죽고 무제(武帝)가 즉위하자, 그는 무안후(武安侯)에 봉해지게 되었다.

기원 전 135년, 도태우가 세상을 떠나자 도영은 배경을 잃어 점점 위신이 떨어지게 되었지만, 전분은 황제가 백부였기 때문에 승상에 취임하고 권세도 나날이 더했다.

게다가, 도영에게로 모였던 사람들은, 이번에는 전분의 저택으로 갔지만, 장군 권부(灌夫)만은 도영을 떠나지 않았다. 두 사람은 함께 술을 마시고 마음을 항상 터놓았다.

기원 전 133년 봄, 연왕 유희의 딸과 전분이 결혼하여, 왕태후는 왕실과 제후에게 축하하러 가도록 명령했다. 도영은 불만이었지만, 권부와 함께 전분의 저택으로 갔다.

전분의 저택에서는 왕후 귀족이 모여 대단히 떠들썩했다. 술에 취하여 득의만면한 전분이 손님에게 술잔을 들자, 대신들도 곧 엎드려 답례했다.

이윽고, 도영이 술잔을 들자, 몇 명의 친구 이외에는 모르는 척하여 답례하지 않았다. 도영을 경멸하는 이 행위를 본 권부는 화를 참을 수 없었다.

권부는 일어서서 전분을 향해 술잔을 권했지만, 전분은 곁눈질을 하며,

「나는 이제 마시지 않는다.」

하고 거절했다. 권부는 냉소하며,

「그렇게 말하지 말고, 받으시오.」

하고 말했지만, 전분은 듣지 않았다.

권부는 다음으로 임여후 권현에게 잔을 올렸지만, 그도 옆 사람과 이야기 하며 받지 않았다. 참을 수 없게 된 권부는 마침내 소리를 질러 권현의 무례를 책망했다.

자리는 흥이 깨어지고, 손님들은 모두 서둘러 일어나서 돌아가 버렸다. 도영도 권부를 달래서 밖으로 나가려고 했지만, 전분은 호위병으로 하여금 권부를 포박시켰다.

집에 돌아온 도영은 목숨을 걸고라도 권부를 구하려고 결심했지만, 도영의 처는,

「권부 장군은 훌륭한 왕태후에게 무례를 범했읍니다.」

라고 말하면서 반대했다.

도영은 듣지 않고 무제에게 상서했다.

「권부의 실례는 취한 상태에서 행한 것인데, 승상은 사적인 원한으로 권부를 포박해 버렸읍니다.」

무제는 다음날 조정에서 심판하도록 했다.

다음 날, 무제 앞의 심판에서 도영과 전분은 자신들의 말을 양보하지 않았고, 대신들의 의견도 둘로 나뉘어졌다. 뜻을 분명히 하지 않는 사람도 많았기 때문에 황제는 화가 났다.

이것이 왕태후의 귀에 들어갔다. 태후는 화가 나서 황제에게 말했다.

「모두 내 동생을 모략한다. 내가 죽으면 그를 풀어줄 것인가?」

어머니가 화가 난 것을 본 무제는, 도영을 탄핵시키고, 권부를 변호한 것은 주군을 속인 죄라고 하여 도영을 포박하여 하옥시켰다.

한편, 권부 일족을 참형하기로 결정했다. 일이 급하게 되자 도영은 조카에게,

「특별한 경우에는 황제를 알현하는 권리를 경제로부터 받았기 때문에 배알을…」

하고 상서시켰다.

이것을 받은 조정에서는, 그 유서를 보지도 않고, 법상(法相)은 왕태후의 의향에 따라 도영을 「유서위조죄」로 사형하기로 했다.

기원 전 132년 10월, 권부 일족의 처형을 전해들은 도영은 비분으로 단식하여 자살하려 하였지만, 다음 해 여름에는 사면이 있을 것이라는 소식을 듣고 단념하였다.

때마침, 「도영은 옥중에서 황제를 욕하고 있다.」는 유언비어가 장안에 떠돌았다. 이것을 들은 무제는 격노하여, 그해 말, 도영을 사형시켰다.

## • 殷鑑不遠(은감불원)

의미 / 멸망의 선례는 멀지 않다는 말로, 은(殷)나라 사람은 전대의

하(夏)나라가 망한 것을 거울삼아 경계하라는 뜻이다. 즉 이전의 실패를 자신의 거울로 삼아 주의하라는 말이다.

출전/〈詩經〉 大雅 蕩篇

해설/ 하(夏)나라가 걸왕(桀王)의 포학과 방탕으로 인해 망하고 탕왕(湯王)에 의해 새로 세워진 은(殷)나라도 약 6백 년 동안 지속되다가 28대 왕인 주왕(紂王) 때에 망하게 되었다.

은의 주왕은 유소(有蘇)를 치고 얻게 된 그곳의 미녀 달기(妲己)에게 빠져 주지육림(酒池肉林)의 놀이에 정신이 없었다. 또 왕에게 참언을 하는 자는 포락지형(炮烙之刑)에 처하는 등 음락과 포학을 자행했다.

이때 삼공(三公)중의 한 사람인 서백(西伯; 뒤에 주나라 문왕이 됨)이 주에게 간하는 말이라 하여 〈시경〉에 다음과 같은 시가 나와 있다.

문왕이 탄식하며 말하길(文王曰咨)
슬프다! 너 은상아(咨如殷商)
사람이 또한 말이 있다(人亦有言)
넘어지고 쓰러진 것을 일으켜 보니(顚沛之揭)
가지와 잎은 피해가 없어도(枝葉未有害)
뿌리는 본래 먼저 끊어진다고(本實先撥)
은나라의 거울은 멀지 않다(不殷鑒遠)
하후의 세상에 그것은 있다(在夏后之世)

나무가 넘어질 때 가지와 잎은 비록 그대로 있다 해도 뿌리는 벌써 끊어지고 없다는 것은, 나라의 형태는 아직 있어도 나라의 뿌리인 조정의 기강은 이미 무너졌음을 말한다.

이 시는 주(周)나라 10대 왕인 여왕(厲王)의 포악함을 한탄한 소목공(召穆公)이 여왕에게 간할 목적으로 자기가 하고 싶은 말을 문왕이 주왕에게 한 말로 꾸며서 지은 시라고 한다.

### • 應接不暇(응접불가)

의미/아름다운 경치나 산이 계속 눈앞에 나타나 응접(應接), 즉 인사할 틈도 없다는 뜻으로, 좋은 일 좋지 않은 일이 꼬리를 물고 계속되어 생각할 여유가 없을 만큼 몹시 바쁜 것을 가리키는 말이다.

출전/〈世說新話〉

해설/진(晋)나라 사람으로 중서령까지 되고 특히 풍아(風雅)한 취미와 글씨로 유명한 왕자경(王子敬)이 지금의 회계(會稽)를 지나던 도중(道中)의 아름다움을 이렇게 말했다고 한다.

「산음(山陰)의 길은 희한하다. 치솟은 산이나 계류가 계속 눈앞에 나타난다. 그것이 차례로 번쩍거리며 나타날 때에는 하나하나 응접할 틈도 없을 정도이다. 모든 산의 단풍이 들고 하늘이 높은 가을이나, 고요하고 쓸쓸한 겨울에 지나다 보면 모든 생각을 다 잊게 된다.」

왕자경이 응접할 겨를이 없었던 것은 지나치게 되는 아름다운 경치에 대해서였으나 이 말은 점차 달리 쓰이게 되었다. 인간 세상에서 응접에 겨를이 없는 일이란 지극히 많았던 것이다. 전국시대의 사람들은 끊임없는 전란에 고생을 하였으며 그로 인해 쓰라린 일이 꼬리를 물고 일어났던 것이다. 그래서 좋은 일이나 궂은 일이 계속 일어나 생각할 틈이 없음을 비유하게 되었다.

### • 疑心生暗鬼(의심생암귀)

의미/의심(疑心)은 암귀(暗鬼)를 낳게 한다는 말로 선입관(先入觀)은 간혹 판단의 정확성을 흐리게 한다는 뜻이다. 즉 잘못된 선입관으로 인해 충고한 사람을 도리어 의심한다는 말이다.

출전/〈列子〉說符篇, 〈韓非子〉說難篇

해설/어떤 사람이 가지고 있던 도끼를 잃어버렸다. 누군가가 훔쳐간 것이 아닌가 하고 생각하니, 암만해도 옆집 아들이 수상했다. 자기를 만나기만 하면 슬금슬금 도망치려는 듯한 태도인데다 안색이나 말투도 어딘가 겁을 먹고 있는 듯했다. 그래서 이 사람은 도끼를 훔친 것은 틀림없이 그놈이라고 생각하게 되었다. 그런데 어느날 산에서 땅을 파헤치다가 도끼를 찾게 되었다. 자기가 나무를 하러 왔다가 놓아두고는 잊어버렸던 것이다. 도끼를 가지고 집으로 돌아오다 다시 옆집 아들을 만났는데 이제는 일거일동이 전혀 수상해 보이지 않았다.

또 하나 이런 이야기가 있다.

어떤 사람의 뜰에 있는 오동나무가 말라죽었다. 그러자 옆집 노인이 충고해 주었다.

「말라죽은 오동나무는 재수가 없다네.」

그 사람은 노인의 충고에 따라 오동나무를 잘라 버렸다. 그것을 보고 노인이 땔감으로 쓰게 나무를 달라고 하였다. 그러자 그 사람은 노발대발하며 말했다.

「그럼 영감님은 자기 집 땔감으로 쓰기 위해 나를 속여 나무를 자르게 했구료. 같은 이웃에 살면서 그런 음흉한 짓을 한단 말이요?」

친절한 충고가 상대의 의심암귀에 의해 얼토당토 않은 혐의의 씨가 된 셈이다. 〈한비자〉의 세난편(說難篇)에 이와 비슷한 이야기가 나와 있다.

송나라 때, 어느 부자집 담장이 오랜 장마로 인해 무너졌다. 아들이 그것을 보고 말했다.

「빨리 수리해 놓지 않으면 도둑이 들지도 모릅니다.」

그때 옆집 노인도 같은 충고를 했다. 그런데 그날 밤 과연 도둑이 들어 물건을 훔쳐갔다. 이 부자집에서는 아들에게는 선견지명이 있다고 칭찬하며 옆집 노인이 수상하다고 의심을 했다고 한다.

## • 以心傳心(이심전심)

의미 / 마음에서 마음으로 전한다는 뜻으로, 어떤 말이나 글을 사용하지 않고 마음과 마음으로써 뜻을 깨닫게 한다는 말이다.

출전 / 〈傳燈錄〉, 〈五燈會元〉

해설 / 송나라의 중 도언(道彥)이 석가모니 이후의 조사(祖師)들의 법맥(法脈)을 계통지어 놓고서, 많은 법어(法語)들을 기록한 《전등록(傳燈錄)》에, 〈부처님이 돌아가신 뒤에 법을 가섭(迦葉)에게 붙여, 마음으로써 마음에 전한다.(佛滅後 附法於迦葉 以心傳心)〉**라고** 있다.

즉 석가모니께서는 가섭존자(迦葉尊者—摩訶迦葉)에게 불교의 진리를 전하였거니와, 그것은 〈以心傳心〉으로 이루어졌다는 것이다. 무대는 영산(靈山)의 집회장소로, 그 집회에 대하여 같은 송나라의 중인 보제(普濟)의 〈오등회원(五燈會元)〉에는 다음과 같이 기록되어 있다.

어느때 석가세존께서는 영산에 제자들을 모아놓고 설교를 하셨다. 그때 석가께서는 연꽃을 손에 드시고, 손가락으로 쥐면서 제자들에게 보이셨다. 다른 제자들은 그 뜻을 몰라 잠잠히 있었지만, 가섭존자만은 그 뜻을 깨닫고 빙그레 미소했다. 즉 석가께서 연꽃을 쥐심에 대하여 가섭존자가 미소하여, 여기에서 〈염화미소(拈華微笑)〉가 성립된 것이다. 그리하여 석가께서는 가섭존자를 인정하시고 이렇게 말씀하셨다.

「내게는 정법안장(正法眼藏—사람이 본래 갖추고 있는 마음의 묘한 덕)과, 열반묘심(涅槃妙心—번뇌와 미망에서 벗어나 진리를 깨닫는 마음)과, 실상무상(實相無相—생멸계를 떠난 불변의 진리)과, 미묘법문(微妙法門—진리를 깨닫는 마음)과, 불립문자(不立文字)와 교외별전(教外別傳—다같이 경전이나 언어 등에 의하지 않고 以心傳心으로 전한다는 뜻)이 있다. 나는 이것을 가섭존자에게 부탁한다.」

## • 李下不整冠(이하부정관)

의미/ 오얏나무 밑에서 갓을 고쳐 쓰면 도둑으로 몰리기 쉽다는 말로, 남에게 의심받을 만한 일은 아예 하지 말라는 뜻이다.

출전/〈烈女傳〉

해설/ 전국시대, 주열왕(周烈王) 6년(기원 전 370년) 제(齊)는 위왕(威王)이 왕위에 있었으나 국정은 영신(佞臣)인 주파호(周破胡)가 손아귀에 넣고 있었다.

파호는 현사, 유능한 인재를 시기하여 현명한 선비는 비방하고, 오히려 아대부(阿大夫) 같은 간신을 칭찬하곤 했다.

위왕의 후궁 중에 우희(虞姬)라는 여자가 있어 파호의 행동을 보다 못해 왕에게 호소했다.

「파호는 속이 검은 사람입니다. 등용하시면 안 됩니다. 제에는 북곽선생(北郭先生)이라는 현명하고 덕행이 높은 분이 계십니다. 그런 분을 등용하시는 게 좋을 것입니다.」

그런데 이 말이 파호의 귀에 들어가고 말았다. 파호는 우희를 눈에 가시로 여겨 모함하고자 우희와 북곽선생의 사이가 수상하다고 떠들어댔다. 그래서 왕은 9층이나 되는 누각 위에 우희를 감금하고 관원에게 조사를 시켰다. 관원은 파호에게 매수당해 있었으므로 있는 일 없는 일을 꾸며대어 우희를 모함하려고 했다. 그러나 왕은 그 조사 방법이 수상했음을 알고, 우희를 불러 사실여부를 물었다.

「저는 10여년 동안 진심으로 왕을 위해 힘을 다했읍니다만 지금 이렇게 간사한 자의 모함에 걸리고 말았읍니다. 제가 결백하다는 것은 명백합니다. 만약 제게 죄가 있다고 하면 그것은 과전불납리(瓜田不納履)하고 이하부정관(李下不整冠)하라는 의심받을 일을 피하지 않았던 점과 9층 탑에 감금되었어도 누구 한 사람 저를 위해 변명해 주는 사람이 없었다는 점 뿐입니다. 설사 죽음을 내리신다 해도 저는 이 이상 더 변명할 생각은 없읍니다. 그러나 꼭 한 가지만은 들어주십시오. 지금 군신들은 모두 나쁜 짓을 일삼고 있으며, 그 중에서도 파호가 가장 심합니다. 왕께서는 국정을 파호에게 일임하고 계시나 이래서는 나라의 장래가 극히 위험합니다.」

우희가 진심으로 이렇게 충언하자 위왕은 깨닫는 바가 있었다. 그래서 즉묵대부(即墨大夫)를 만호(萬戶)로 봉하고, 영신인 아대부와 주파호를 팽살(烹殺)시켜 내정을 바로잡았으므로 제(齊)는 크게 안정이 되었다.

「과전불납리 이하부정관(瓜田不納履 李下不整冠)」이란 말은 오이가 익은 밭에서 신발을 바꾸어 신으면 마치 오이를 도둑질하는 것같이 보이고, 오얏이 익은 나무 밑에서 손을 들어 관을 고치면 마치 오얏을 따는 것같이 보이므로, 그렇듯 남에게 의심을 살 짓은 삼가라는 뜻이다.

## • 一刻千金(일각천금)

의미 / 짧은 시간이라도 천금의 값어치가 있을 정도로 귀중하다는 뜻이나, 원래는 바쁜 시간을 의미한 것이 아니라 즐겁고 한가로운 시간을 나타냈다.

출전 / 蘇東坡의 〈春夜行〉

해설 / 송(宋)나라 소동파(蘇東坡)의 유명한 시 가운데 춘야행(春夜行)이라는 것이 있다.

봄날 달밤의 한때는 천금의 값어치가 있네(春宵一刻直千金)
꽃에는 맑은 향기가 있고, 달은 희미하게 흐려져 있다(花有清香月有陰)
노래 부르고 피리 불던 누대도 소리 없이 적적하네(歌管樓臺聲寂

寂)
그네가 걸려 있는 안뜰은 밤만 깊어가누나(鞦韆院落夜沈沈)

이「일각천금(一刻千金)」과 비슷한 문구에「일자천금(一字千金)」이 있다. 글자 한 자에 천금의 값어치가 있을 만큼 훌륭한 시문이란 뜻으로 쓰인다.

또「일확천금(一攫千金)」은 한번에 거대한 이익을 본다는 뜻으로, 이 말과 비슷한 것에「일척천금(一擲千金)」이 있다.

## • 一擧兩得(일거양득)

의미 / 한 가지 일로써 두 가지 이득을 얻는 것을 말한다. 일전쌍조(一箭雙鳥), 일석이조(一石二鳥)와도 뜻이 통하는 말이다.

출전 / 〈春秋後語〉, 〈戰國策〉 楚策

해설 / 서진(西晋)의 무제(武帝)에게 벼슬한 속석(束晳)은 속관(屬官)에서 올라가 좌저작랑(佐著作郞)이 되어, 《晋書》와 《帝紀十志》를 엮어 박사가 된 박학한 선비이다. 당시에 발견된 죽간(竹簡)을 보고, 그는 漢나라 명제(明帝)의 현절릉책문(顯節陵策文)이라고 단언했다. 조사해 본 결과, 사실이었기 때문에 모두 그의 박식함에 놀랐다고 한다.

그가 좌저작랑(佐著作郞)이 되기 전의 상소문 속에서, 하북(河北)의 돈구군(頓丘郡) 일대에 들어와 사는 사람들을 다시 서쪽의 개척민으로서 이주시킬 계획을 진술한 일이 있다.

「그 10년의 세역면제(稅役免除)를 내려, 중천(重遷—두 번 이주시킴)의 정을 위로한다면, 한 번에 두가지 이득을 얻게 되어, 밖으로 실질적이고 안으로 너그러우며, 궁한 사람들에게 일을 더하여 넓혀서, 서쪽 교외의 밭을 열어, 이 또한 농사의 큰 이익이 된다.」

〈一擧兩得〉은 여기에서 나온 말로, 〈한 가지 일을 하여 두 가지 이득을 거두는 것〉을 말한다.

전한(前漢)의 유향(劉向)이 엮은 《戰國策》 秦策에는 〈一擧兩附〉라고 있고, 같은 楚策에는 〈一擧兩獲〉이라고 있으며, 《魏志》 장홍전(臧洪傳)에는 〈一擧兩得〉이라고 되어 있으나, 뜻은 같은 것이다. 우리나라에는 〈一石二鳥〉란 말이 있거니와, 이것은 〈北史〉의 〈일전쌍주(一箭雙鵰)-한 화살로 두 마리의 독수리를 쏜다〉에서 나온 말이다.

## • 一網打盡(일망타진)

의미 / 한 가지 일을 구실로 여러 명을 함정에 빠지게 만든 후 한꺼번에 모조리 잡아 버린다는 뜻이다.

출전 / 〈宋史〉 仁宗紀

해설 / 5대가 혼란한 뒤에 성립된 송나라는 태조인 조광윤(趙匡胤)의 유언에 따라 문관통치를 국시(國是)로 했다. 그러나 건국으로부터 60여년 만에 즉위한 제4대 인종(仁宗)은 나라를 다스리는 40년 동안에 태조 이후로 힘을 들여온 과거에 의하여, 정계에 등장한 우수한 인재를 배출시킨 것으로 유명하며, 인종시대 후반의 연호 경력(慶曆)을 따서 〈경력의 다스림〉이라고 불려지며, 당나라 태종(太宗)의 〈정관(貞觀)의 다스림〉과 아울러 일컬어지고 있다.

더구나 〈경력의 다스림〉이라고 불려지는 태평성대가 출현하기에 이르기 까지에는, 조정내에서 문관들의 격렬한 대립이 있었다. 구식의 조정인 신하와 혁신적인 관료들의 대립이었다. 당시 인종의 총애는 상미인(尙美人)으로 옮겨져 있었거니와, 어느날 인종의 옆에 있던 상미인이 황후를 모욕했다. 화가 난 황후가 상미인의 뺨을 손으로 때리려고 했을 때, 인종이 가로 막고 들어왔기 때문에 황후의 손은 인종의 목을 때리고 말았다.

화가 난 인종은 곧 황후폐지의 의지를 굳히고, 재상인 여이간(呂夷簡)에게 도모했던 바, 여이간은 인종의 뜻을 받아들이기 위하여 이에 동의하여, 황후의 폐지는 결정되었다. 간관(諫官)인 범중엄(范仲淹) 등 10명은 황후에게 잘못이 없다고 하여 폐지에 반대하였지만, 여이간에 의하여 좌천되었다. 여이간은 그들이 도당을 짜서 공손치 못함을 자행하는 자들이라고 마음에 결정을 했던 것이다.

천성(天聖) 7년에서 경력(慶歷) 3년까지, 전후 12년에 걸쳐 재상직에 있던 여이간이 은퇴하자, 인종은 같은 궁정정치가인 하송(夏竦)을 추밀사(樞密使)에 임명하고, 추밀부사(樞密副使)에는 혁신파의 한기(韓琦)와 참정지사(參政知事)에 범중엄을 임명했다. 그러자 새로 임관하였을 뿐인 간관 구양수(歐陽脩) 등으로부터 곧 이의가 나왔다.

「하송은 안무사(安撫使)로서 서하(西夏) 경략에 겁내고, 겸하여 성격이 간사하여 거짓을 품고 있나이다.」

인종은 이 말을 듣고 하송을 파면시키고, 청렴강직으로써 소문이나 있는 두연(杜衍)을 기용했다. 혁신파의 관리들은 이 인사를 환영하여 맞이했다. 그 중에서도 국자감(國子監) 직강(直講)인 석개(石介)는, 〈이것은 큰 성사(盛事)로다. 성사를 이룩하는 것이야말로 나의 역할이다〉라고 말했다.

범중엄은 한기(韓琦)와 함께 서쪽 변방의 위수지(衛戍地)에서 도읍으로 돌아오는 도중에 이 말을 듣고,

「이것은 재앙의 씨앗이다. 아마도 괴귀배(怪鬼輩—하송)로 인하여 재앙이 생길 것이다.」

라고 탄식했다. 과연 하송은 두연 등에게 〈당인(黨人)〉이라고 공격했다. 이에 반대하여 간신(諫臣)인 구양수가 상소했다.

「신이 듣건대 붕당(朋黨)의 설은 옛날부터 있어, 오직 임금이 그

군자와 소인을 판단하는 것을 바랄 뿐입니다. 대개 군자와 군자와는 도를 함께 함으로써 벗을 이루고, 소인과 소인과는 이득을 함께 함으로써 벗을 이루나이다. 이것은 자연의 이치입니다.」
라고 써나간 것이 유명한 〈붕당론(朋黨論)〉이다. 이리하여 하송은 일단 들어갔지만, 범중엄과 두연 등 당인(黨人)들이 황제의 폐위를 도모하고 있다는, 터무니 없는 사건을 날조하여 그들을 함정에 빠뜨리려 했다. 인종은 상대도 하지 않았지만, 두연은 뜻밖에도 반당인파(反黨人派)로 몰려 함정에 빠졌다.

사건인즉 두연의 사위로 진주원(進奏院)의 감독으로 근무하는 소순흠(蘇舜欽)이라는 자가 반고지(反故紙)를 판 돈(국고금)으로 신을 제사지내고, 관청의 손님들을 초대하고 기녀를 불러 성대한 주연을 베풀었다는 것이다. 하송파의 어사중승(御史中丞)인 왕공진(王拱辰)은 곧 그를 탄핵하여, 소순흠의 일당을 모조리 하옥시키고,

「나는 한 그물로 한 사람도 남기지 않고 모조리 제거했다(吾一網打去盡矣.)」
며 기뻐했다고 한다.

〈一網打盡〉이란 말은 여기에서 나온 말로, 두연은 이 사건으로 말미암아 불과 70여일 만에 사직해야 했고, 당인(黨人)들도 이어서 벼슬에서 쫓겨났다.

## • 日暮塗遠(일모도원)

의미/ 해는 지고 길은 멀다는 뜻, 즉 뜻하는 바는 큰데 너무 늦어서 쉽게 달성할 수 없다는 것을 비유한 말이다.

출전/ 〈史記〉 伍子胥列傳

해설/ 오왕(吳王) 요(僚) 5년 초(楚)에서 오자서(伍子胥)가 도

망쳐와 오왕 요와 공자광(公子光)을 뵈었다.

오자서의 아버지 오사(伍奢)는 초의 평왕(平王)의 태자 건(建)의 태부(太傅; 황자의 양육관, 삼공의 하나)였다. 평왕 2년, 마찬가지로 소부(小傅)인 비무기(費無忌)가 태자를 위해 진(秦)에서 데리고 온 여자를 평왕(平王)에게 권하고 태자에게서 떠나 왕에게 아첨하여 총임을 얻었으나, 태자의 보복이 두려워 참언했다. 그래서 왕은 태자를 초의 동북 국경인 성부(城父)의 수비관으로 보냈다.

비무기는 태자를 변경 지방으로 쫓아 보낸 다음에도 마음이 놓이지 않자 태자가 제후와 손을 잡고 왕에게 반기를 들고 있다고 말했다. 왕은 그 말을 믿고 태부인 오사를 불러 엄하게 문책했으나, 오사는 도리어 왕이 참적(讒賊)의 말을 듣고 골육인 태자를 가볍게 보는 것을 간힐했다. 그래도 비무기는 오사의 두 아들이 권유했다고 다시 왕에게 참언했다. 왕은 두 아들을 붙잡기 위해 알렸다.

「오면 네 아비를 용서하고, 오지 않으면 네 아비를 죽이겠다.」

그래서 형 오상은 아버지와 함께 죽고자 잡히고 오자서는 아버지의 원수를 갚으려고 도망쳤다. 때는 평왕 7년, 오상은 아버지와 함께 살해되고, 송으로 도망쳐 간 오자서는 태자 건과 함께 정(鄭)을 거쳐 오(吳)로 온 것이다.

오왕 요와 공자 광을 뵌 오자서는 공자 광이 왕위를 은근히 탐내며 자객을 구하고 있는 것을 알고, 전제(專諸)라는 자객을 발견해서 이를 공자 광에게 천거하고 자신은 농삿일을 하면서 공자광이 목적을 달성하기만 기다렸다.

오왕 요 12년(기원 전 512년), 초평왕이 죽고 비무기가 평왕에게 권한 진녀(秦女)의 몸에서 출생한 진(軫; 昭王)이 왕위에 올랐다. 당연히 비무기는 전횡(專橫)을 극했는데 1년도 못 되어 내분이 일어나 살해당했다. 오자서(伍子胥)는 그렇게 하여 노리던 원수 두 사람을 계속 잃었으나 초로 쳐들어가 아버지와 형의 원수를 갚겠다는 결심은 조금도 변하지 않았다.

한편 비무기가 살해되던 해, 오왕 요는 초의 내분을 틈타 단숨에 이를 치고자 대군을 초로 진격시켰다. 그 틈에 공자 광은 전제(專諸)를 시켜 오왕 요를 암살하고 스스로 왕위에 올랐다. 그가 바로 오왕 합려(闔廬)이다.

그로부터 오자서는 손무(孫武)와 함께 합려를 도와 여러 차례 초로 진격했는데,마침내 합려왕 9년(기원 전 506년) 초의 수도인 영(郢)을 함락시켰다. 오자서는 아버지와 형의 원수를 갚으려고 소왕(昭王)을 찾았으나 소왕은 이미 운(鄖)으로 도망친 뒤라 목적을 달성하지 못한 채 평왕의 무덤을 파고 그 시체에 3백 대의 매질을 하여 원한을 풀었다.

오자서와 친교가 있던 신포서(申包胥)는 이때 산중에 피해 있었으나 사람을 통해 오자서의 보복이 너무나도 심한 것을 책망하고 그 행위를 천륜에 어긋난 일이라고 전하였다. 그에 대하여 오자서는 이렇게 대답했다.

「지금 해는 지고 길은 멀다. 그래서 나는 도행(倒行)해서 이것을 역시(逆施)할 뿐이다.」

즉 자기는 나이들고 늙었으나 할 일이 많으므로 이치를 따라서 행할 겨를이 없다고 한 것이다.

## • 一葉落 天下知秋(일엽락 천하지추)

의미/잎 하나가 떨어지는 것을 보고 온 천하가 가을임을 안다는 뜻으로, 즉 작은 현상만을 보고 큰 근본도 알 수 있어야 한다는 의미이다. 일엽지추(一葉之秋)라고도 한다.

출전/〈淮南子〉 說山訓

해설/「남비 속에서 요리되고 있는 고기 맛을 보려고 남비 속의 고기를 전부 먹어볼 필요는 없다. 그 한 조각만 먹어보아도 남비속의 고기 맛을 전부 알 수가 있다. 또 습기가 차지 않는 깃털과 습기가 잘 차는 숯을 저울에 달아 공기가 건조한지 습기가 차 있는지를 알 수도 있다. 이런 것은 작은 것을 가지고 큰 것을 밝히는 것이다. 또, 오동나무잎이 하나 떨어지는 것을 보면 가을이 깊어져 이 해가 저물어 감을 알고, 독 안의 물이 얼어 있는 것을 보면 온 세상이 추워진 것을 알 수 있다. 이것은 가까운 것을 보고 먼 것을 알아내는 이치이다.」

또 이자경(李子卿)의 〈추충부(秋虫賦)〉에는 「잎이 하나 떨어지니 천지가 가을이다(一葉落天地秋)」라고 나와 있으며, 〈문록(文錄)〉에는 당인(唐人)의 시로서 「산의 중이 육갑을 헤아릴 줄 몰라도 잎 하나가 떨어지면 천하가 가을인 것을 안다(山僧不解數甲子 一葉落天下知秋)」는 구절이 있다.

## • 一以貫之(일이관지)

의미 / 하나로 줄줄이 꿰었다는 말로서 처음부터 끝까지 변함이 없다는 의미로 쓰이기도 하고, 일사천리로 조금도 막힘 없이 밀고 나감을 뜻하기도 하는데 보통 일관(一貫)으로 줄여서 쓰인다.

출전 / 〈論語〉 里仁篇 · 衛靈公篇

해설 / 공자께서 말씀하셨다.

「사(賜)야, 너는 내가 많이 배우고 그것을 다 기억하는 사람이라고 생각하는가?」

자공(子貢)이 대답했다.

「그러하나이다. 그렇지 않나이까?」

공자께서 말씀하셨다.

「아니다. 나는 단지 한 가지 일로 만사를 관철하려고 하는 것뿐이다.」

이것이 소위(一貫之道)이거니와, 여기에서는 그 일관지도가 무엇을 가리키는지는 언명되지 않고 있다. 공자 자신으로서는 명백한 것이 있다 할지라도, 제자들은 그것을 이해할 수 없었던 것이다.

이 말을 정확히 납득할 수 있었던 것은, 애제자의 한 사람인 증자(曾子)였을 뿐으로, 그 증거는 이인편(里仁篇)에 나타나 있다.

공자께서 말씀하셨다.

「삼(參)아, 나의 도는 하나로써 관철되어 있다.」

증자가 말씀드렸다.

「네, 알고 있습니다.」

공자께서 나가시자, 제자들이 물었다.

「무엇을 말씀하신 것인가?」

증자가 말했다.

「선생님의 도는 성실하고 용서할 뿐이시다.」

충(忠)이란 中과 心의 합자(合字)로, 자기의 마음속으로 성의를 다하는 〈충실〉의 뜻이며, 서(恕)란 如와 心의 합자로, 다른 사람의 마음을 자기의 마음과 같이 생각하는 일이다.

더구나 공자께서 모처럼 〈한 가지 道〉라고 말한 데 대하여, 〈忠〉과 〈恕〉라고 말한 것은 대답이 둘이 된다. 그리하여 〈一貫之道〉란 공자께서 평소에 가장 첫째로 역설하신 〈仁〉에서 벗어나지 않으며, 성의를 다한다는 것과 상대방을 용서한다는 것은, 바로 인을 달성하는 길이라고 해석할 수 있다.

## • 一字千金(일자천금)

의미 / 글자 한 자에 천금의 가치가 있다는 뜻으로, 특히 빼어나게 훌륭한 문장에 비유되어 쓰인다.

출전 / 〈史記〉 呂不韋傳

해설 / 춘추 전국 시대에 이른바 사군(四君)이라 하여 제(齊)나라의 맹상군(孟嘗君), 위(魏)나라의 신릉군(信陵君), 조(趙)나라의 평원군(平原君), 초(楚)나라의 춘신군(春信君)이 경쟁이나 하듯 천하의 인재들을 자기 문하로 끌어들이고 있었다.

그 무렵 진(秦)의 상국(相國; 국무총리)이 되어 어린 왕 정, 즉 시황제를 조종하여 위세를 떨치고 있던 여불위는 자신이 그들 사군(四君)만 못한 것을 부끄럽게 생각하고 권력과 돈을 배경으로 천하의 뭇 인재들을 불러 모았다. 그리하여 각처에서 모여든 자의 수가 3천에 달했다.

그 당시는 제자백가(諸子百家)의 저서가 널리 세상에 전파되던 시기였다. 여불위는 여기에 자극을 받아 자기도 뭔가 세상에 남기고 싶은 마음이 일었다. 그래서 식객들에게 그들이 그 동안 알고 듣고 본 것을 기록하게 하여 이것들을 한데 모아 정리한 결과 팔람(八覽), 육론(六論), 십이기(十二紀) 등 20만 자가 넘는 방대한 책이 되었다. 고금천하의 모든 지식이 다 망라되어 있다고 생각한 여불위는 자기 성을 따서 〈여씨춘추(呂氏春秋)〉라고 이름을 붙였다. 그는 이것을 진나라 수도 함양(咸陽)성 시문(市門)앞에 진열해 두고 그 위에 천금(千金)을 걸어놓은 다음 방을 써서 붙였다.

「능히 한 글자라도 보태거나 뺄 수 있는 사람이 있으면 천금을 주겠다. (有能增損一字者豫千金)」

이것은 사실 유능한 식객을 끌어들이기 위한 방법이었다.

## • 一敗塗地(일패도지)

의미 / 한번 패하여 간(肝)과 뇌(腦)가 땅에 뒹군다는 것으로, 여지없이 패하여 다시 일어날 수 없게 됨을 일컫는 말이다.

출전 / 〈史記〉 高祖本紀

해설 / 패(沛)의 사람 유방(劉邦)에게는 수많은 길조가 있으며, 또 대인물의 품격이 있었으므로 인망도 높았다. 그 무렵에 진나라 시황제(始皇帝)는 〈동남쪽에 천자의 기운이 있다〉고 말하여, 동쪽으로 노닐어 이를 억압하려 했다. 유방은 자기의 일이 아닌가 하고 두려워서 산속으로 도망쳤다. 패의 많은 젊은이들이 유방을 따라갔다.

이윽고 시황제가 죽고 2세인 황제가 즉위하자, 진승(陳勝)이 반란을 일으켜서 파죽지세(破竹之勢)로 진나라 군대를 격파하고, 진(陳)나라를 점령하여 스스로 왕이 되어 국호를 장초(張楚)라고 정하여, 여러 방면에서 군현(郡縣)의 장관을 죽이자, 이에 응하는 자가 속출했다. 패의 현령은 이 형세를 보고 두려워서, 죽임을 당하기 전에 현민을 따라서 진승에게 응하려고 생각하여, 부하인 소하(蕭何)와 조삼(曹參)에게 상의하자, 이렇게 말했다.

「**진**나라의 관리이신 당신이 지금 **진**나라를 배반하여, 패의 젊은이들을 이끌어 진승에게 응하려 하시지만, 그들은 듣지 않을 것입니다. 현 밖으로 도망하여 있는 사람들이 많이 있으므로, 그들을 불러 모으는 것이 좋을 것입니다. 수백명은 모일 것이므로, 그들로 현의 사람들을 위협하신다면 따르지 않는 사람들이 없을 것입니다.」

현령은 현의 관리인 번쾌(樊噲)를 보내어 유방을 불렀다. 유방은 수백명의 세력을 이끌고 패로 돌아왔다. 그러나 현령은 번쾌를 맞이하러 나오는 도중 생각이 바뀌어 유방과 같은 명성이 있는 사람을 몸가까이에 두면, 지위를 빼앗겨 버리지나 않을까  근심이 되어, 굳게 성문을 닫고 들어오지 못하게 하고, 이 계책을 말한 소하와 조삼을 죽이려 했다.

두 사람은 성을 도망쳐 나가 유방에게 몸을 의지했다. 유방은 두 사람의 이야기를 듣자, 패의 부로(父老)에게 편지를 천에 써서, 화살에 묶어 성 안으로 쏘게 하였다.

「천하는 이미 오래 전부터 **진**나라를 괴롭히고 있다. 지금 부로(父

老)들은 현령을 위하여 성을 지키고 있거니와, 제후들은 계속 군대를 일으키고 있기 때문에, 머지않아 패는 함락될 것이다. 그러므로 지금 당장 패의 백성들이 힘을 합쳐서 현령을 죽이고, 젊은이들 중에서 쓸 만한 사람을 골라 통솔시켜서, 제후에게 응하게 한다면 집안도 안전할 수 있겠지만, 그렇지 않으면 부자가 함께 죽임을 당하게 되어, 어떻게 할 수도 없을 것이다.」

이 편지를 읽은 부로(父老)들은 자제들을 이끌고 패의 현령들을 죽이고, 유방을 맞아들여 현령을 삼으려 했다. 유방은 거절하며 말했다.

「천하는 정히 혼란되어 제후들은 일거에 일어나고 있다. 이때에 그럴만한 인물을 장수로 삼지 않는다면, 일패하여 땅에 묻히게 될 것이다. 나는 나의 몸의 안전을 생각하여 이런 말을 하는 것이 아니다. 나의 능력이 부족하여 그대들의 부형이나 자제들의 생명을 안전히 할 수 없음을 두려워하는 것이다. 이것은 몹시 중요한 일이다. 제발 다시 사람을 골라 훌륭한 인물을 선택해 주기 바라는 바이다.」

그러나 소하도 조삼도 모두 문관으로, 내 몸이 소중하며, 일이 실패했을 때에는 진나라에게 한 집안이 모두 죽임을 당할 것을 두려워하여, 모두 유방에게 양보했다. 부로(父老)들도 유방에게는 이미 길조가 있으며, 아무리 점을 쳐 보아도 유방 이상으로 길괘(吉卦)가 나온 사람이 없다고 권장했기 때문에 재삼 거절했지만, 끝내 허락하지 않을 수가 없었다. 그래서 유방은 일어나서 패공(沛公)이 된 것이다.

# 〔자〕

## • 自暴自棋(자포자기)

의미 / 스스로 자신을 학대하고 자신을 내던지는 것으로, 즉 몸가짐이나 행동을 아무렇게나 되는 대로 자신을 돌보지 않음을 일컫는다.

출전 / 〈孟子〉 離婁篇上

해설 / 「자포(自暴; 스스로 해친다)하는 자와는 함께 말할 수가 없다. 자기(自棄)하는 자하고는 함께 행동할 수가 없다. 예를 들면 예의 도덕을 비방하는 것을 자포라 한다. 한편 도덕의 가치는 인정하면서, 인(仁)이나 의(義) 같은 것은 자기로서는 도저히 손에 닿지 못하는 것이라고 하는 것을 자기라고 한다. 사람의 본성은 원래 선(善)이다. 그래서 사람에 따라 도덕의 근본이념인 인은 평화스러운 가정 같은 것이고, 올바른 도리인 의는 사람으로서의 정도(正道)이다. 평화로운 가정을 거들떠보지 않아 거기서 살려고 하지 않고, 올바른 길을 버리고 행하려 하지 아니하니 참으로 슬픈 일이다.」

맹자의 말대로 하면 말을 함부로 하는 것이 자포이며 행동을 되는 대로 하는 것이 자기이다. 곧 말을 함부로 하는 것은 어질고 바른 것을 멀리하는 적극적인 태도이고, 행동을 **되는대로 하는 것은 희망을** 잃은 소극적인 태도라고 볼 수 있다.

## • 前車之覆轍 後車之戒(전거기복철 후거지계)

의미/ 앞 수레가 지나간 바퀴 자국은 뒤에 오는 수레의 좋은 경계가 된다는 뜻으로, 맨 처음에 좋은 본보기를 보여야 뒤에 따르는 사람도 옳게 행하게 된다는 말이다.

출전/〈漢書〉 賈誼傳, 〈設苑〉 善設

해설/ 가의(賈誼)는 낙양(洛陽) 출신으로 한나라 문제(文帝)에게 벼슬한 명신이었다. 그는 대단한 수재로 18세 때에는 시를 잘 외워 글을 짓는 것으로 군내(郡內)에 이름이 알려져 있었다.

그 때문에 천거하는 사람이 있어, 문제는 가의를 불러서 박사(博士)로 삼았다. 그 때에 가의는 20여세로 박사들 중에서 최연소자였지만, 그의 재능은 다른 박사들을 압도하여, 문제의 마음에 들어 1년 안쪽에 태중대부(太中大夫)로 승진하였다.

그 뒤에 한때 문제에게 소홀히 여겨져 장사왕(長沙王) 오차(吳差)의 태부(太傅)로 좌천되었다가, 1년여만에 소환되어 잠시 양(梁)나라 회왕(懷王)의 태부로 임명되었다. 양나라 회왕은 문제의 막내아들로 왕에게 총애를 받고, 또 책을 좋아했기 때문에, 가의가 그 태부에 임명되었다. 그로부터 수년 뒤에 회왕은 말에서 떨어져 갑자기 죽었다. 가의는 태부이면서 아무데도 갈 수 없어 슬픔에 젖어 울고 있다가, 그도 이윽고 33세로 죽었다.

가의가 양나라 회왕의 태부였을 때, 흉노족이 자주 변경을 침입하고 또 회남왕(淮南王)과 제북왕(濟北王)이 모반하여 죽임을 당하는 사건이 있어 천하는 시끄러웠기 때문에, 가의는 자주 상소하여 정사에 대한 의견을 말하였는데, 그 가운데 다음과 같은 귀절이 있다.

속담에 말하기를, 〈관리가 되어 직무를 익히지 못할 때에는, 마음을 다하여 지난 예를 조사해 보라〉는 말이 있으며, 또 〈앞의 수레가 엎어지는 것은 뒤의 수레에 경계가 된다〉고 일러지고 있습니다. 대저 하(夏)·은(殷)·주(周)의 삼대는 오래도록 번영하고 있었거니와, 그 이유는 지난 일을 검토하여 알고 있었기 때문입니다. 그런데도 그 번영을 배워서 얻지 못하는 사람은 성인의 지혜에 따르지 않는 사람입니다. 또 진(秦)나라는 몹시 빨리 멸망하였거니와, 어떻게 하여 멸망했는지는 수레바퀴의 자죽을 보면 알 수가 있습니다. 그런데도 그 수레바퀴의 자죽을 피하지 않는다면, 뒤에서 오는 수레는 곧 엎어질 것입니다. 대저 국가의 존망(存亡)과 다스림과 혼란의 열쇠는 바로 여기에 있는 것입니다.

**문제는** 충신들의 진언을 받아들여 한(漢)나라 번영의 기초를 다졌거니와, 〈前車覆 後車戒〉라는 말은 先人들의 실수나 잘못이 후세 사람들에게는 경계가 된다는 뜻이다.

## • 戰戰兢兢(전전긍긍)

의미 / 전전(戰戰)은 겁을 먹고 벌벌 떠는 모양, 긍긍(兢兢)은 조심해 몸을 움츠리는 모습으로, 즉 어떤 위기감에 절박해진 심정을 나타내는 경우에 쓰인다.

출전 / 〈詩經〉 小雅小旻篇, 〈論語〉

해설 / 이 시는 서주(西周) 말엽에 모신(謀臣)에 의한 고법(古法)을 무시한 정치가 자행됨을 한탄한 것으로, 전전긍긍이란 말은 최후의 일절에서 나온다.

맨손으로 호랑이를 잡을 수 없고(不敢暴虎)
걸어서는 황하를 건널 수 없네(不敢馮河)
사람들이 그 한 가지는 알고 있으나(人知其一)
다른 건 아무것도 모르고 있네(莫知其他)

생각하면 언제나 벌벌 떨면서(戰戰兢兢)
깊고 깊은 못 가에 임하는 심정(如臨深淵)
엷디엷은 살얼음 위를 걷는 듯하네(如履薄氷)

주자(朱子)는 왕이 간사한 계교에 속아서 단호하게 선(善)을 행하지 못했기 때문에 대부(大夫)가 이런 시를 지었다고 하였다. 이시로부터 전전긍긍이란 말이 나왔고 포호빙하(暴虎馮河), 여림심연(如臨深淵), 여리박빙(如履薄氷)이란 말도 자주 쓰이게 되었다. 또 이 대목은 〈논어〉의 태백편(泰伯篇)에도 나와 있다.

증자가 임종시에 제자들을 불러놓고 이렇게 말했다.

「나의 발을 펴고 내 손을 펴 보아라. 시경에 이르기를 '두려워하고 근심함이 깊은 못 가에 임하여 있는 듯하고 살얼음을 밟는 듯하다' 하였거늘 지금에서야 나는 마음을 놓겠구나.(啓予足啓予手詩云 戰戰兢兢 如臨深淵 如履薄氷 而今而後 吾知免夫 小子)」

증자는 공자의 제자 중에서도 가장 효성이 지극한 사람이었다. 효경(孝經)의 첫머리에 「몸뚱이와 털과 피부는 부모에게서 받은 것이므로 감히 상하지 않게 하는 것이 효도의 첫걸음이요, 몸을 세우고 도를 행하여 이름을 후세에 빛나게 함으로써 부모를 나타나게 하는 것이 효도의 마지막이다」라고 하였던바, 효성이 지극한 증자로서는 몸을 훼손하지 않기 위해 그 동안 두려워하고 근심함이 살얼음판을 밟는 듯하였는데, 이제 죽게 되니 그런 굴레에서 벗어나게 되었다고 말한 것이다.

## ● 輾轉反側(전전반측)

의미 / 밤새도록 이리저리 뒤척이며 잠을 이루지 못함을 표현한 말로, 원래는 미인을 사모하여 잠을 이루지 못하는 경우에 쓰였으나 오늘날에는 어떤 근심과 걱정으로 잠을 이루지 못하는 경우에 많이 쓰고 있다.

출전 / 〈詩經〉 周南의 關雎

해설 / 〈시경〉의 국풍편(國風篇) 첫머리를 장식하는 「關關雎鳩」에 있는 말로서, 이 시는 먼저 강의 모래톱에서 울고 있는 저구라는 물새를 노래한다. 그 새는 관관(關關)하며 우는데 아름답고 조용한 자태는 요조한 처녀를 생각케 한다. 좋은 배우자로서 남자가 찾는 처녀는 저 물새와 같이 그윽하고 아름답다고 한다. 그리고 시는 다음과 같이 계속된다.

올망졸망 마름풀 따려고(參差荇菜)
이리저리 찾는다(左右流之)
아리따운 아가씨(窈窕淑女)
자나깨나 그리며(寤寐求之)
구해도 얻을 수 없어(求之不得)
자나깨나 그 생각 뿐(寤寐思服)
끝없는 이 마음(悠哉悠哉)
잠 못이뤄 뒤척이네(輾轉反側)

물가에 마름풀이 길고 짧게 올망졸망 나 있다. 그것을 이리저리 찾아다니며 딴다. 이처럼 정숙한 아가씨를 찾을 수 없을까. 자나깨나 그리다가 찾을 수 없어 그 근심에 잠을 이루지 못한 채 뒤척이기만 한다는 것으로, 여성을 사모하는 연가이다.

## • 井中之蛙(정중지와)

의미 / 우물 안의 개구리란 말로, 소견이 좁아 하나만 알고 둘은 모르는 사람을 일컫는다.

출전 / 〈莊子〉 秋水篇

해설 / 황하의 신(神)인 하백이 흐름을 따라 처음으로 바다에 나와, 북해에까지 가서 동해를 바라보면서, 그 끝이 없는 넓음에 놀라서 북해의 신인 약(若)에게 말했다. 그러자 북해의 신인 약(若)이 이렇게 말했다.

「우물 안에서 살고 있는 개구리에게 바다를 얘기해도 알지 못하는 것은, 그들이 좁은 장소에서 살고 있기 때문이며, 여름 벌레에게 얼음을 말해도 알지 못하는 것은, 그들이 여름만을 굳게 믿고 있기 때문이다. 식견이 좁은 사람에게는 도(道)를 말해도 알지 못하거니와, 그것은 그들이 상식의 가르침에 구속되어 있기 때문이다. 그러나 당신은 지금 좁은 개울에서 나와 큰 바다를 바라보고, 자기의 추함을 알았기 때문에, 이제 큰 진리에 대하여 말할 수 있을 것이다.」

이것은 《莊子》 추수편(秋水篇)에 실려 있는 첫머리의 에피소우드로, 하백(河伯)과 북해의 신인 약(若)과의 문답은 계속된다.

이 문답을 통하여 장자는 도의 높고 큼과, 대소귀천(大小貴賤)은 정하여진 것이 아니니, 대소귀천(大小貴賤)의 구별을 잊고서 도에 따라야 한다고 주장하고 있다.

〈井中之蛙, 不知大海〉는 〈우물 가운데 있는 개구리는 바다를 말해도 알지 못한다〉라는 뜻으로, 중국에서는 〈井蛙〉라고 말하며, 또 〈井底蛙〉라고 말하기도 한다.

## • 糟糠之妻(조강지처)

의미 / 지게미와 쌀겨로 끼니를 이어가며 고생을 같이 해온 아내란 뜻으로, 곤궁할 때부터 간고(艱苦)를 함께 겪은 본처(本妻)를 흔히 일컫는다.

출전 / 〈後漢書〉 宋弘傳

해설 / 후한(後漢)의 광무제(光武帝)에게 벼슬한 송홍(宋弘)은, 정중하고 후덕하며 정직한 것으로 알려진 사람으로, 건무(建武) 2년에는 승진하여 대사공(大司空)이 되었다.

당시에 광무제의 누나인 호양공주(湖陽公主)가 미망인이 되었다. 광무제는 여가가 있으면 누나를 위로하였지만, 그때마다 조정의 신하들을 서로 논평하여, 누나가 누구에 대하여 호의를 품고 있는가를 은근히 살폈다. 그러자 어느때 공주가 말했다.

「송공의 의연하고 덕을 갖춘 풍모는 여러 신하들이 미치지 못합니다.」

그래서 광무제는 누나에게 약속했다.

「잘 알았읍니다. 제게 맡겨 두십시오.」

그 뒤에 송홍이 용무가 있어 광무제의 부름을 받았을 때, 광무제는 좋은 기회가 왔다고 누나를 병풍 뒤에 앉혀 놓고, 송홍과의 주고 받는 말을 은근히 듣게 했다. 용건을 마치자 광무제는 아무 생각도 없이 송홍에게 물었다.

「흔히 귀해지면 친구를 바꾸고, 부유해지면 아내를 바꾼다(높은 지위에 있으면 천하던 때의 친구를 버리고, 상당한 지위에 있는 사람들과 교제하고, 부유해지면 가난할 때의 아내를 버리고 상당한 집안에서 아내를 맞이한다)고 하거니와, 이것은 인정에 어울리는 것이 아니겠는가?」

그러자 송홍은 잘라서 대답했다.

「아닙니다. 저는 변천할 때의 사귐은 잊지 말아야 하고, 조강지처는 당에서 내려오지 않는다고 듣고 있읍니다. 그리고 이것이 진실이라고 생각하고 있읍니다.」

이 말을 들은 광무제는 돌아보며,

「잘 되지 않는군요.」

하고 은근히 누나에게 알렸다고 한다.

물론 송홍에게는 〈糟糠之妻〉가 있어, 송홍은 이를 존중한 것이며, 광무제도 그 〈糟糠之妻〉를 억지로 내쫓고서 누나의 희망을 채워 줄 수는 없었던 것이다.

〈糟〉는 술지게미를 뜻하고, 〈糠〉은 쌀겨를 뜻하며, 몹시 거친 음식을 말한다. 〈糟糠之妻〉는 그와 같이 거친 음식을 나누어 먹고 온갖 고생을 함께 한 아내라는 뜻이다. 〈不下堂〉이란 말은 몹시 소중하여 버리지 못하고, 집에서 나가지 못하게 한다는 뜻이다.

## • 朝聞道 夕死可矣(조문도 석사가의)

의미 / 아침에 천하가 올바른 정도(正道)로 행해지고 있다는 말을 들으면 저녁에 죽어도 좋다는 뜻으로, 오늘날에는 사람이 참된 이치를 깨달으면 당장 죽어도 한이 없다는 뜻으로 쓰이며, 짧은 인생을 가치있게 살아야 한다는 의미 깊은 말이다.

출전 / 〈論語〉 里仁篇

해설 / 제나라 경공(景公)이 정치의 요체(要諦)를 묻자, 공자는 다음과 같이 대답했다.

「임금은 임금다와야 하고 신하는 신하다와야 하며, 아비는 아비다와야 하고 자식은 자식다와야 한다.(君君臣臣 父父子子)」

임금은 인애와 위엄으로써 신하를 대하고 신하는 임금에게 충절을 다하며, 아비는 자애와 위엄으로써 자식을 대하고 자식은 어버이에게 효를 다한다. 공자는 이것을 도(道), 즉 인간의 의지를 초월한 하늘의 가르침이라 생각하고 있었다. 서주(西周; 기원 전 1122~771년)의 씨족제 봉건사회를 천여(天與)의 이상적 사회로 생각하고 있었기 때문이다.

서주 사회에서는 개인이 집에 속하고 집의 주권은 가부장에게 있다. 가부장은 가족 전원을 이끌고 핏줄을 같이 하는 다른 집안의 가

부장들과 함께 씨족에 속하며, 씨족의 주권은 족장(族長; 그 씨족의 시조 직계가 되는 집의 가부장)에게 있다. 족장은 씨족 전원을 이끌고 다른 씨족의 족장과 함께 제후(諸侯; 그 도시국가의 주권을 가지는 씨족의 족장)에 신종하며 제후는 자신에게 신종하는 전족장을 이끌고 천자(天子; 제후에게 토지와 그 토지의 통치권을 준 씨족의 족장)에 신종한다. 족장-가부장-개인이라는 종족 관계를 유지하기 위하여 요청되는 것이 「효(孝)」라는 도덕이고, 천자-제후-족장이라는 신종 관계를 유지하기 위하여 요청되는 것이 「충(忠)」이라는 도덕이다.

그런데 서주 말기가 되자 노동의 생산력 증대로 말미암아 천자와 제후간에 힘의 균형이 깨어졌고 동주(東周; 기원 전 770~249년)에 이르자 이미 천자로서의 지배권이 사실상 상실되고 말았다. 제후는 또 신종하는 족장에게 토지를 주고 있었으므로 이윽고 똑같은 현상이 생겨나 춘추 시대(기원전 722~481년)가 되자 제후와 유력 족장 간의 힘의 균형도 깨어져 곧잘 유력 족장들이 제후의 시역(弑逆)과 폐립하거나 그 통치권을 관리하는 일도 생기게 되었다. 이런 힘 관계의 불균형은 족장-가부장 사이, 가부장-개인 사이에도 나타나 공자가 태어난 춘추 말기에는 천자-제후-족장-가부장-개인이라는 권력의 피라밋 구성이 극단의 난맥에 빠져 버려, 일체가 힘에 의해 지배되고 동시에 인간이 개인 의식을 자각하여 극도로 이기적이 되어 있었다.

유일자로서 「하늘」을 믿고 주조(周朝)의 천자 권위는 하늘이 부여한 것이라 생각하고 있던 공자가 사회에 평화와 질서를 바랐을 때, 서주(西周)의 고제(古制)를 쫓고 그 도덕을 동경한 것은 자연적인 일이다.

공자의 조국인 노(魯)에서는 삼환씨(三桓氏)라는 유력한 세 씨족이 주군을 국외로 추방하여 객사를 시켰고, 인접국 제(齊)에서는 유력한 귀족인 최씨(崔氏)가 자기 첩과 간통한 주군을 죽였는가 하면, 그 첩의 소생을 후계자로 삼으려다가 정실에서 태어난 아들의 손에 살해되었다. 또 공자가 오래 체재하고 있던 위(衛)라는 나라에서는 군주가 남색에 탐닉하고 있었기 때문에 정실에게 정인(情人)을 허락했고, 이것을 수치로 생각한 태자는 어머니를 죽이려고 하다가 그 사실이 탄로나자 타국으로 망명했다.

더구나 이 태자는 남색을 즐기는 아버지의 후계자가 된 자기 아들에게서 그 지위를 빼앗고자 다투고, 이 난으로 공자의 애제자인 자로(子路)가 죽었다.

서주의 질서있는 사회를 회복시키고 싶다—이와 같은 비원(悲願)에 불탄 공자는 조국인 노에서도 노력했거니와 중원을 유랑하며 가는 곳마다 제후에게 설득했다. 그러나 씨족이란 질곡(桎梏)에서 해방된 개인이나 권력을 잡은 경(卿)이나 대부(大父)나 사(士)라는 신하들이 이것을 막지 않을 리가 없었다.

「아침에 천하에 도(道)가 행해지고 있다는 말을 듣는다면 저녁에 죽어도 좋다(朝聞道夕死可矣)」라는 말은 이런 난세를 겪은 노공자(老孔子)의 입에서 무심코 새어나온 한탄이었다.

## • 朝三暮四(조삼모사)

의미 / 아침에는 세 개, 저녁에는 네 개라는 말. 즉 어리석은 자를 우롱하는 말로 사술(詐術)로써 남을 속이는 것을 뜻한다.

출전 / 〈列子〉 黃帝篇, 〈莊子〉 齊物論

해설 / 전국시대, 송나라에 조공이라는 사람이 원숭이를 매우 좋아해서 많은 원숭이를 키우고 있었다. 조공과 원숭이는 서로 마음이 통하여 매우 친하게 되었다.

원숭이 먹이를 많이 확보하기 위해 조공은 집안 식구들의 음식을 절약했지만, 얼마 안 가 궁핍하게 되어서 원숭이 먹이를 줄여야겠다고 생각했다.

그러나, 원숭이가 화를 낼 것을 두려워하여,

「도토리를 아침에는 셋 주고 저녁에는 넷을 주면 어떤가? 충분한가?」

하고 말을 꺼내자 원숭이들은 화를 냈다.

조공은 당황하여 고쳐 말했다.

「그러면 이렇게 하지. 아침에는 넷, 저녁에는 셋으로 정정하지. 이렇게 하면 좋겠는가? 충분하지?」

아침의 양이 하나 늘어나는 것을 듣자 원숭이들은 기뻐하여 모두 땅에 엎드려 감사의 뜻을 표했다. 이 고사로부터 「조삼모사」는 사람을 착각하게 하여 속인다는 의미가 되었다.

## • 助 長(조장)

의미 / 도와서 성장시킨다는 뜻으로 쓰이나 급히 크게 하고자 무리하게 힘을 가하면 도리어 모든 것을 해치게 된다는 뜻도 지니고 있다.

출전 / 〈孟子〉 公孫丑上篇

해설 / 맹자는 말했다. 〈호연지기를 기르기 위하여는 반드시 부단한 노력과 정진이 필요하거니와, 그 노력에 대한 결과를 미리 내다본다거나, 미리 기대하는 것은 바람직하지 못한 일이다. 또 마음에 그 목적을 잊어서는 안되거니와, 빨리 효과를 올리기 위하여 조장하는 일은 하지 말아야 한다.〉

그러면 그 〈助長〉이란 어떤 것인가? 맹자는 송나라 사람의 에피소우드를 예로 들고 있다.

송나라 사람 중에 자기가 심은 곡식의 싹이 빨리 자라지 않음을 안타까이 생각하여, 그 싹을 뽑아올린 사람이 있었다. 그는 피곤해 돌아가서 자기 집안 식구들에게 〈오늘은 지쳤구나. 나는 싹이 빨리 자라도록 도와 주었다〉고 말하였다. 그의 아들이 달려가서 보니 싹들은 다 말라 있었다.

송나라는 하남성(河南省)의 남쪽에 있던 나라로, 주(周)나라 무왕(武王)이 은(殷)나라를 멸망한 뒤에, 은나라 왕족의 하나인 미자(微子)를 여기에 봉하여 조상의 제사를 이어나가게 한 나라로, 하(夏)나라 왕조의 자손을 봉했던 기(杞)나라와 함께, 주(周)나라 사람으로 보면 패전국, 다시 말해 유민(遺民)의 나라로서 수치로 생각되어 온 관계도 있어, 춘추전국시대의 옛날 문헌에서는, 그 나라 사람들을 어리석은 사람으로 취급한 이야기가 많다.

결국 〈助長〉이란 〈도와서 자라게 한다〉는 뜻으로, 무리하게 곡식의 싹을 뽑아 빨리 자라게 하려는 것처럼 쓸데없는 일일 뿐만 아니라 도리어 손해를 불러들이는 어리석은 행위를 뜻한다.

그래서 맹자는 이 이야기를 예로 든 뒤에, 다시 이렇게 말하고 있다.

천하에는 싹을 도와서 자라게 하지 않는 사람은 적다. 아무 이익이 없다고 하여 내버려 두는 사람은 김매지 않는 자이고, 무리하게 자라도록 도와 주는 사람은 싹을 뽑아 올리는 자이니, 이는 무익할 뿐 아니라 도리어 그것을 해치는 것이다.(天下之不助苗長者寡矣. 以爲無益而舍之者 不耘苗者也 助之長者 揠苗者也. 非徒無益 而又害之.)

위의 이야기의 송나라 사람과 같이, 세상에는 호연지기를 기르려고 하여, 〈도와서 억지로 자라나게 하는〉 따위의 어리석은 행동을 범하지 않는 사람은 도리어 적다. 물론 호연지기를 기르는 것이 이익이 없는 일이라고 하여, 버리고서 돌아보지 않는 것은, 비유해서 말하면 곡식의 싹을 내버려 두어 잡초를 뽑아 주지 않는 것과 같으며, 물론 좋은 일이 아니지만, 무리하게 호연지기를 기르려고 하여 〈도와서 억지로 자라나게 하는〉 어리석은 행동을 범하는 사람은, 곡식의 싹을 말라죽게 하는 사람과 같아서, 이득이 없을 뿐 아니라, 도리어 손해가 된다는 말이다.

### • 左袒(좌단)

의미 / 왼쪽 어깨의 옷을 벗어붙인다는 뜻으로, 남에게 편들어 동의함을 나타낼 때 쓰는 말이다.

출전 / 〈史記〉 呂后本紀

해설 / 한고조 유방(劉邦)이 죽은 후, 황후였던 여태후(呂太后)가 천하의 권력을 쥐면서 여씨 일족의 천하가 되었다. 이런 상황을 유씨 일족이나 고조의 유신들—주발(周勃), 진평(陳平), 관영(灌嬰)들은 좋지 않게 생각하고 있었으나 어떻게 손을 댈 수가 없었다.

그런데 기원 전 180년 3월, 여태후는 병이 들어 7월에는 자리에서 일어날 수도 없으리 만큼 중태에 빠졌다. 그녀는 병석에서도 일족의 장래를 걱정하여 조왕(趙王)인 여록(呂祿), 여왕인 여산(呂産)을 상장군에 임명하고 북군은 여록에게, 남군은 여산에게 장악시켰다. 그리고 두 사람을 머리맡으로 불렀다.

「고조가 천하를 정하셨을 때 그 중신들과 더불어 유씨가 아닌 자가 왕이 되거든 함께 이를 치라고 맹약하셨다. 그런데 지금 그대들이 그러하듯 여씨는 각기 왕후에 봉해져 있다. 유씨 일족이나 고조의 유신들은 이것이 불만이다. 내가 죽으면 그들은 아마도 변사(變事)를 일으킬 것이다. 그러니 그대들은 반드시 병권을 장악하고 궁중을 지키는 데 전념하라. 그러기 위해서는 내 장례식에도 참석할 필요가 없다.」

이렇게 일러 놓고 여태후는 죽었다. 그러자 그때까지 주색에 빠져 있는 듯 보이던 우승상 진평은 곧 본래의 모습으로 돌아가 태위인 주발과 손을 잡고 여씨 타도의 모의를 꾀했다. 마침 곡주후(曲周侯) 역상(酈商)의 아들인 역기(酈寄)가 여록과 친했는데 이것을 이용, 두 사람은 역기를 앞세워 여록을 설득시켰다.

「여태후는 돌아가시고 황제는 아직 어립니다. 이때 제왕(諸王)은 각기 봉지(封地)를 단단히 통치하여 황실의 번병(藩屛)으로서의 실을 올리는 것이 급선무입니다. 물론, 현명한 당신은 조(趙)로 돌아가야겠다고 생각하시면서도 북군의 상장군으로서의 임무를 아울러 생각하셔 주저하시고 계실 것입니다. 황제께서는 태위주발에게 북군을 맡기시고 당신이 조로 돌아가실 것을 희망하고 계십니다. 그러니 안심하시고 귀국하시는 것이 어떻습니까?」

여록은 어리석게도 이 말을 듣고 상장군의 인수(印綬)를 반납하여 북군을 주발에게 넘겨 버렸다. 주발은 북군 병사들을 모아놓고 고했다.

「한실(漢室)은 원래 유씨를 종(宗)으로 하고 있다. 그런데 감히 여씨는 유씨를 누르고 실권을 잡고 있다. 이것은 한실의 불행이며 또한 천하의 통분사이다. 이제 상장군은 유씨에게 충성을 바쳐 성상에게 천하를 돌리려고 생각한다. 장병 제군! 여씨를 섬기려고 하는 자는 우단(右袒)하라. 상장군과 같이 유씨에게 충성을 다하려는 자는 좌단(左袒)하라.」

이 말을 듣자 전군은 한 사람 남기지 않고 다 좌단하여 유씨에게 충성을 바칠 것을 맹세했다.

한편 여산도 주허후(朱虛侯) 장(章)에게 주살되어 천하는 다시 유씨에게로 돌아왔다.

## •酒池肉林(주지육림)

의미/술로 못을 만들고 고기로 숲을 이루게 했다는 뜻으로, 호화스런 생활과 계속되는 진수성찬의 술잔치, 즉 사치하고 음란함을 비유한 말이다.

출전 / 〈十八史略〉

해설 / 폭군의 대명사로서 걸왕(桀王)과 주왕(紂王)을 일컫는다. 그러나 《史記》 하본기(夏本紀)에는 걸왕(桀王)에 대한 기록은 극히 적다.

황제인 발(發)이 죽고 그의 아들인 이계(履癸)가 즉위했다. 이것이 걸왕이다. 황제인 걸왕 때에는 공갑(孔甲-걸왕의 증조부) 이후로, 많은 제후들이 반란을 일으켰지만, 걸왕은 덕을 닦지 않고서 백관을 탄압하고 살상했다. 백관으로는 견디기 어렵다는 풍토가 생겨났다. 온당치 못한 형세를 살핀 걸왕은, 그래서 탕(湯)을 불러들여 하대(夏臺)에 수감시켰다. 이윽고 석방되자, 탕은 덕을 닦았기 때문에 제후들은 모두 탕에게 돌아가 굴복했다.

그래서 탕은 드디어 군대를 이끌고 하(夏)나라의 걸왕을 공격했다. 걸왕은 명조(鳴條)로 도망하였지만, 이윽고 쫓겨나 죽었다. 그 때 걸왕은 사람에게 이렇게 말했다.

「나는 탕을 하대에서 죽여버리지 않았기 때문에, 이런 일을 당하여 유감이다.」

이상이 《史記》 은본기(殷本紀)의 걸왕에 관한 부분이다. 이에 비교하면 〈殷本紀〉의 주왕(紂王)에 관한 기록은 훨씬 자세하여, 여기에 그 전문을 소개하기로 하겠다.

주왕은 무능한 사람은 아니었다. 그뿐만이 아니라 입이 팔정(八丁)이고 손도 팔정이며 이해력은 민첩하고, 팔의 힘이 사람들보다 뛰어나 손으로 맹수를 쳐서 쓰러뜨리고, 지혜의 힘은 간하는 말을 물리침에 족하고, 그의 능변은 자기의 비행을 꾸밀 수 있었다.

그러므로 신하들에게 그의 능력을 뽐내어, 명성이 천하에 널리 퍼져 있는 것을 자만하여, 아무도 자기에게 미치는 자가 없다고 생각하고 있었다. 이렇게 되자 여기에 뒤따르는 것은 술과 여자가 된다는 것은 당연하다.

술을 좋아하여 술망나니가 되고, 또 여자를 좋아하여 달기(妲己)를 사랑하여, 달기가 하는 말은 무엇이나 들어 주었다. 그리고 사연(師涓)이라는 음악인에게 새로운 난잡한 음곡인 〈북리의 춤〉과 〈비비의 음악〉을 만들게 했다.

또 엄청난 세금을 거두어서 녹대(鹿臺)에 돈을 쳐넣고, 다시 거교(鉅橋)에는 곡식을 채우고, 개나 말이나 진기한 물건을 점점 모아 궁궐에 가득 채우고, 더구나 모래언덕의 동산이나 이궁(離宮)을 넓혀, 많은 야수나 새를 잡아 그곳에 길렀다.

또 신과 조상의 혼령을 경시하고, 많은 총애하는 신하나 미녀들을 모래언덕으로 불러모아 놀았다. 즉 술로 연못을 만들고 고기를 늘어뜨려 숲을 만들고, 남녀들을 발가벗겨 그 사이에서 쫓는 경주를 시키고, 밤낮을 통하여 잔치를 베풀었다.

백성들은 원망하고 제후들 중 반란을 일으키는 사람도 나왔다. 그래서 주왕은 형벌을 무겁게 하여, 구리기둥에 기름을 바르고 그것을 숯불에 달구어, 그 매끈매끈한 기둥을 건너게 하여, 몹시 괴롭힌 끝에 불태워 죽이는 〈포락(炮烙)의 형벌〉을 만들었다.

## • 竹馬之友(죽마지우)

의미 / 어릴 때 대나무로 만든 말을 타며 함께 놀던 친구라는 뜻으로, 어릴 때부터의 친한 벗을 일컫는 말이다.

출전 / 〈世說新話〉 品藻篇, 〈晋書〉 殷浩傳

해설 / 진(晋)의 은호(殷浩)는 자(字)가 심원(深源)으로 격식과 도량이 넓어 젊어서부터 평판이 높았다. 숙부인 융(融)과 더불어 〈노자〉와 〈역(易)〉에 밝았다.

언젠가 어떤 사람이 호(浩)에게 물었다.

「관리가 되려고 할 때 꿈에 관(棺)을 보며, 재물을 손에 넣으려고 할 때 꿈에 더러운 것을 보는 것은 무슨 까닭인가요?」

「관리란 원래가 썩어서 구린내가 나는 거라네. 그래서 관리가 되려는 사람은 죽은 사람의 모습을 꿈꾸며, 돈은 원래 쓰레기와 같은 것이어서 돈이 생길 때는 더러운 것을 꿈에 보게 되는 거라네.」

세상 사람들은 명언이라고 칭찬했다.

은호는 누가 뭐라고 권해도 관도(官途)에 오르지 않고 10년 동안 조상 대대의 무덤가에서 지냈으나 공신(功臣)을 계속 잃어버린 간문제(簡文帝)의 간절한 부탁을 거절하다 못해 마침내 건무장군(建武將軍) 양주자사(揚州刺史)가 되었다. 당시 환온(桓温)이 촉(蜀)을 평정하고 돌아와 한창 기세가 대단한 때였으므로 간문제는 내외에 명성이 있는 은호를 수하에 두어 자기 한 팔로써 환온에 대항시키고자 했던 것이다. 이런 까닭으로 두 사람은 서로 의심을 품은 눈으로 보게 되었다. 그래서 왕희지(王羲之)가 두 사람을 화해시키려고 했으나 호는 응하지 않았다.

그 무렵 후조(後趙)의 왕인 석계룡(石季龍)이 죽어 호족 사이에 소란이 일어나고 있었으므로 진(晋)에서는 이 기회에 중원을 회복하고자 은호를 중원장군 겸 양(揚)·예(豫)·서(徐)·연(兗)·청(青) 5주의 총대장에 임명했다. 호는 중원을 평정하는 것은 내 임무라며 출발하였으나 요양(姚襄)에게 무참히 패하고 말았다. 그러자 그것을 구실로 삼은 환온이 호의 죄를 열거해서 상서(上書)를 올리니, 마침내 서인으로 강등되어 동양(東陽)의 신안현으로 귀양가게 되었다.

은호가 귀양간 다음, 환온은 사람들에게 이렇게 말했다.

「나는 어릴 때 은호와 함께 죽마(竹馬)를 타고 놀았는데, 내가 죽마를 버리면 호가 언제나 그것을 가졌다. 그러므로 내 밑에서 노는 것이 당연하다.」

그 후 환온이 상서령을 삼고자 호에게 편지를 보냈다. 호는 기꺼이 승낙하는 답장을 써서 보냈는데 잘못이 없도록 수십 번이나 넣었다

꺼냈다 하는 바람에 그만 편지를 넣지 않은 빈봉투만 보냈다. 환온은 벌컥 화를 내고 그 후로는 아주 관계를 끊고 말았다고 한다.

그래서 호는 영화(永和) 12년 유배처에서 죽고 말았다.

여기에서 죽마지우란 말이 나왔다. 죽마란 대나무를 잘라 만든 말로 어린이들의 유희에 쓰는 것이었다.

## •衆口難防(중구난방)

의미 / 많은 사람들의 입을 막기는 어렵다는 뜻으로 많은 사람들이 마구 떠들어대는 소리는 감당하기 어렵다. 그러므로 행동을 조심해야 한다는 뜻이다.

출전 / 〈十八史略〉

해설 / 〈십팔사략〉에 보면 소공(召公)이 주여왕(周厲王)의 언론탄압 정책을 간하여 이렇게 말하였다.

「백성들의 입을 막는 것은 개천을 막는 것보다 더한 것입니다(防民之口 甚於防川). 개천이 막혔다가 터지면 많은 사람들이 상하게 됩니다. 백성들도 역시 마찬가지 입니다. 그러므로 개천을 다스리는 사람은 물이 흘러가도록 하고, 백성을 다스리는 사람은 백성들이 생각하는 바를 말로 할 수 있게 해야 합니다.」

그러나 여왕은 소공의 말을 듣지 않고 함구령(緘口令)을 계속 밀고 나갔다. 그로 인해 여왕은 폭동을 만나 달아난 곳에서 평생을 갇혀 사는 결과를 초래했다.

이 말을 인용하여 쓴 이는 춘추 시대 송나라 사마(司馬) 화원(華元)이다. 그가 성을 쌓는 일을 독려하기 위해 나와 있을 때 군중들은 그가 적국의 포로가 되었다가 돌아온 것을 비웃으며 노래를 불렀다.

그러나 마음이 너그러운 그는 군중들을 꾸짖는 일이 없이,

「무릇 사람들의 입은 막기 어렵다(衆口難防).」

라고 하며 나타나지 않았다.

그의 그러한 태도가 사람들에게 좋은 반응을 일으켜 그 후부터 백성들의 존경을 받게 되었다는 것이다.

## • 指鹿爲馬(지록위마)

의미 / 사슴을 보고 말이라고 우긴다는 뜻으로 위압으로 남을 짓눌러 바보로 만들거나 그릇된 일을 가지고 속여서 남을 죄에 빠뜨리는 것을 의미한다.

출전 / 〈史記〉 秦始皇本紀, 〈十八史略〉

해설 / 진나라 시황제(始皇帝)의 37년 7월에, 시황제는 순행(巡幸)하는 도중에 사구(沙丘)의 평대(平臺)에서 죽었다. 그는 북쪽 변방을 지키고 있던 장자인 부소(扶蘇)에게 보낸 편지에서, 〈급히 도읍인 함양(咸陽)으로 돌아가 장례를 행하라〉라는 조서(詔書)를 남기고 있었다.

그러나 이 조서는 환관인 조고(趙高)의 손에 들어갔다. 그로서는 야심을 실현할 수 있는 좋은 기회였다. 그는 오직 홀로 순행을 따라온 시황제의 아들 호해(胡亥)를 설복하고, 승상인 이사(李斯)를 협박하여, 시황제의 시체를 숨긴 채로 도읍으로 돌아오자, 거짓 조서를 꾸며 부소에게 죽음을 내리고, 호해(胡亥)를 제위에 즉위하게 했다. 이것이 2세(二世) 황제이다.

조고는 점차로 2세 황제를 정치에서 멀리하고, 방해자인 이사를 죽음으로 몰아넣고, 스스로 중승상(中丞相)이 되어 권력을 마음대로 휘둘렀다. 그러나 조고의 야심은 그칠 줄 몰랐다. 조고 자신이 2세 황제를 대신하려고 도모하기에 이르렀던 것이다.

조고는 모반을 일으키려고 생각했지만, 여러 신하들이 따라 주지 않을 것을 두려워하여, 이에 먼저 시험을 해 보려고, 사슴을 가지고

2세 황제에게 드리면서 말했다.

「이것은 말입니다.」

2세 황제는 웃으면서 말했다.

「승상이 잘못 본 것이오. 사슴을 가리켜 말이라고 하오?」
하며 좌우에 있는 중신들에게 물었다. 좌우에 있던 사람 중 어떤 자는 입을 다문 채 말하지 않고, 어떤 사람은 말이라고 말하여 조고에게 아첨하여 따르고, 어떤 사람은 사슴이라고 말하였다. 조고는 사슴이라고 말한 모든 사람들을 법으로 다스려 죄에 빠지게 했다. 그러자 뒤에 여러 신하들은 모두 조고를 두려워하게 되었다.

그러나 이 무렵에는 반란이 전국에서 불타오르고 있었다. 이것을 수습할 수 없는 도적으로서 2세를 속여 온 조고도, 진실을 숨기기 어려운 상황이 되어 있었다. 조고는 책임을 하문할 것이 두려워 2세를 죽이고, 부소의 아들인 자영(子嬰)을 세워 진(秦)나라 왕으로 삼았지만 결국 조고는 이 자영에게 죽임을 당하게 된다.

# 〔차〕

## • 創業易守成難(창업이수성난)

의미 / 업(業)을 이룩하기는 쉬우나 이를 지키기는 어렵다는 뜻으로, 일을 시작하기는 쉬우나 이룩된 일을 지켜 나가기는 어렵다는 말이다.

출전 / 〈唐書〉 房玄齡傳

해설 / 7세기로부터 10세기 초엽에 걸쳐 전후 290년 동안, 중국대륙에 군림한 당(唐)나라 제국을 세운 것은 고조(高祖) 이연(李淵)이었지만, 그 건국의 정체의 기초를 확고하게 하는데 실질적으로 작용한 것은, 이연의 둘째 아들 이세민(李世民—뒤의 唐太宗)이라고 말할 수 있다.

태종(太宗) 이세민은 수(隋)나라 말기의 혼란기에, 태원유수(太原留守)로서 임지인 진양(晋陽)에서 인망을 모으고 있던 아버지 이연을 재촉하여 의병을 일으키게 하여, 돌궐(突厥)의 병력을 빌어서, 형인 이건성(李建成)과 동생인 이원길(李元吉)과 함께 관중(關中)으로 밀고 들어가 양제(煬帝)가 없는 제국을 계승했다. 때는 618년이고, 이세민의 나이 21살 때였다.

당(唐)나라 조정의 창립과 함께 진왕(秦王)에 봉해져, 상서령(尙書令)이 된 그는 그로부터 7년 동안, 스스로 군대를 이끌고 각지로 출동하여, 당(唐)나라 조정에 따르려 하지 않던 군벌(軍閥)을 계속하여 평정하여, 장군으로서도 무리에서 뛰어난 역량을 보였다. 이와같이 하여 무덕(武德) 8년에는 중서령(中書令)을 겸임한 재상으로서 국정을 마구 휘두르게 되었거니와, 한편으로는 이것이 도리어 동복(同腹)의 형제인 황태자 이건성과 제(齊)나라 왕 이원길의 질투를 불러들이게 되었다.

이건성과 이원길 등에 의한 이세민의 독살미수사건과, 고조에 대한 참소사건 등이 거듭된 무덕(武德) 9년 6월 4일에, 장안성(長安城)의 북문인 현무문(玄武門)에서, 양쪽은 각각 군대를 이끌고 격돌하여, 이세민은 이건성과 이원길 형제를 베어 죽였다.

이것이 소위 〈현무문의 변〉으로, 다음날 이세민은 황태자로 세워지고, 8월에는 아버지 고조로부터 왕위를 물려받아 즉위했다. 이세민이 29세 때의 일이다.

다음 해에 연호를 정관(貞觀)으로 고치고부터, 즉위한지 23년만에 죽을 때까지, 태종은 널리 인재들을 모아서 적재적소에 두고, 내치(內治)를 충실히 하고 영토확대에 힘써, 〈정관의 다스림〉이라고 칭찬

받는 성대(盛代)를 만들어냈다.

당(唐)나라의 중종(中宗)으로부터 현종(玄宗)시대에 걸쳐, 오긍(吳兢)이 편찬한 《정관정요(貞觀政要)》는, 이 태종의 위업을 도운 명신들과 태종과의 정치문답을 집대성(集大成)한 것으로, 제왕의 학문으로서 다시 없는 교과서로서, 중국의 역대 황제들이 애독한 것이다.

이 《貞觀政要》 제1권 제1편에 〈君道〉에 대하여 정관 10년에, 다음과 같은 문답이 실려 있다.

태종이 시신(侍臣)에게 물었다.

「제왕인 사람의 사업은, 초창(草創–나라를 세우는 일)과 수성(守成–세운 나라를 지켜 나가는 일)과 어느 것이 더 어려운가?」

상서좌복야(尙書左僕射 –부재상)인 방현령(房玄齡)이 대답했다.

「국가를 세우기 위하여는, 군웅(群雄)이 늘어선 난세에 있어서, 무수한 적을 격파하지 않으면 안됩니다. 이렇게 보면 초창(草創)의 쪽이 어려운 일인 것 같습니다.」

그러자 위증(魏徵)이 말했다.

「제왕이 즉위할 때는 반드시 전의 조정의 세력이 쇠퇴하여 천하가 어지러운 때요, 그 어두운 군주를 쓰러뜨리는 것이므로, 백성들은 기뻐서 추대하여 천하는 새로운 천자의 것이 됩니다. 하늘이 주신 것이고 백성들이 나아가서 주는 것이므로, 결코 어려운 일이라고는 말할 수 없읍니다. 그러나 일단 천하를 손에 넣어버리면, 아무래도 마음이 교만해져서 정사를 보는 것도 게을러지게 됩니다. 이래가지고는 안정을 구하나 그 천자를 추대한 백성들은 안정을 얻지 못하여, 언제까지나 부역의 괴로움을 당해야 하는 것입니다. 백성들이 피폐(疲弊)해 있어도 쓸데없는 공사 등이 계속됩니다. 국운이 쇠퇴하는 것은 항상 여기에서 일어나게 됩니다. 이와같이 보면 수성(守成)의 쪽이 어려운 일이라고 하겠읍니다.」

태종이 말했다.

「방현령은 옛날 나를 따라 천하를 평정하는 사업에 참가하여, 어렵고 쓴 맛을 낱낱이 맛보아, 목숨의 갈림길을 몇 번이나 되풀이해 왔다. 그리하여 초창(草創)을 어려운 일이라고 본 것이리라. 위증은 나와 함께 우리 제국을 안정하려 노력하고 있기 때문에, 교만하고 게으른 마음이 일어나면, 반드시 국가가 위기에 빠지게 되는 것을 걱정하고 있다. 그래서 수성(守成)을 어려운 일이라고 본 것이리라. 초창(草創)의 어려운 일은 이제는 이미 과거의 일이 되었다. 지금 이후로는 그대들과 함께 마음으로 수성(守成)의 어려운 일을 당하여 삼가하기를 바랄 뿐이다.」

방헌령은 태종이 진(秦)나라 왕이었을 무렵부터 태종의 한 쪽 팔 노릇을 하며 활약한 사람이다. 한편 위증은 태종의 형이 되는 사람으로, 일찌기 황태자였던 이건성에 벼슬하여, 〈현무문의 변〉 때에는 태종의 암살을 이건민에게 진언한 사람이었다.

그러나 태종은 그의 재능과 강직함을 사랑하여, 그를 간의대부(諫議大夫－천자의 측근에 있어 정치의 득실을 간하는 관리)로 발탁했다. 이 사사로운 원한에 구애되지 않는 태종의 기량(器量)이, 〈정관의 다스림〉을 초래한 한가지 원인이라고 말할 수 있다.

## • 天高馬肥(천고마비)

의미 / 하늘은 높고 말은 살찐다는 뜻으로, 가을이 좋은 계절임을 나타낼 때 흔히 쓰는 말이나 원래는 옛날 중국에서 흉노족의 침입을 경계하고자 나온 말이다.

출전 / 杜審言의 〈五言排律〉

해설 / 옛날 중국은 가끔 흉노(匈奴)라는 북방 민족이 변경을 침범하고 혹은 본토까지 침략해 왔으므로 역대 왕조가 방전(防戰)에 늘

상 골치를 썩이고 있었다.

이 흉노는 주(周)에서 진(秦), 한(漢), 육조(六朝)에 걸쳐 약 2천 년 동안 중국의 고뇌의 씨가 된 표한(剽悍)한 민족이다.

흉노는 승마와 기사(騎射)를 잘하여 언제나 집단을 이루어 바람과 같이 인마를 살상하고 재물을 노략질해 갔다.

흉노의 주거는 중국 본토의 북쪽에 펼쳐지는 광대한 초원으로 방목과 수렵이 생업이었다.

봄에서 여름에 걸쳐 푸른 초원에서 풀을 먹은 말은 가을에는 토실토실하게 살찐다. 이윽고 풀이 마르고 초원에는 매서운 한기를 수반한 겨울이 찾아든다.

그러면 겨울의 식량을 찾아 흉노들은 삭풍의 바람을 타고 따뜻한 남쪽 본토로 밀려 내려왔다. 그리고는 살찐 말을 타고 잘 정비된 궁시를 메고 몰려와 노략질을 해 갔다. 그러므로 가을이 되면 북방에 사는 사람들은 겁을 먹었다.

「또 저 흉노가 습격해 온다. 방전 준비는 됐는가?」

변경을 경계하는 병사들은 성채로 들어가 활줄을 갈아 매고, 활촉과 칼을 갈고, 보초 감시를 한층 강화시켰다. 말발굽 소리가 밀물같이 들이닥칠 날이 멀지 않았기 때문이다.

두보(杜甫)의 조부인 두심언(杜審言)은 흉노족을 막기 위해 변방으로 떠나는 친구 소미도(蘇味道)에게 한 편의 오언배율(五言排律)을 보냈다.

눈이 고요히 별지듯 흩날리는데(雪浄妖星落)
가을하늘이 드높으니 변방의 말은 살이 찌누나(秋高塞馬肥)
우리 장군이 안장에 걸터앉아 칼을 휘두르는 곳(據鞍雄劍動)
그대는 승전보나 격문을 쓰기 위해 붓대를 놀릴 것이다(搖筆羽書飛)

여기서 새마(塞馬)는 한군측 요새의 말을 가리키고 있다.

## • 千慮一失(천려일실)

의미 / 천 번의 생각에 한 번의 실수란 뜻으로, 아무리 지혜가 있는 사람이라도 여러 가지 생각을 하다 보면 한두 가지는 미처 생각하지 못해 실수를 범하는 수가 있다는 말이다.

출전 / 〈史記〉 淮陰侯列傳

해설 / 회음후 한신(韓信)이 조나라를 치게 되었을 때, 광무군(廣武君) 이좌거(李左車)는 성안군(城安君)에게 3만의 군대를 자기에게 보내주면 한신이 오게 될 좁은 길목을 끊겠다고 요구했다. 그러나 성안군은 이좌거의 말을 듣지 않고 한신의 군대가 오기만을 기다리고 있다가 크게 패하여 죽고 말았다.

이좌거의 말대로 했으면 한신은 감히 조나라를 칠 엄두조차 낼 수 없었을 것이나 한신은 미리 첩자를 보내 이좌거의 계획이 뜻대로 이루어지지 않은 것을 알자 비로소 안심하고 군대를 전진시켰던 것이다.

한신은 조나라를 쳐서 이기자 장병들에게 영을 내려 광무군 이좌거를 죽이지 말고 산 채로 잡아 오는 사람에게는 천금의 상을 줄 것을 약속했다. 그리하여 이좌거가 묶여 한신 앞으로 끌려오자, 한신은 손수 그를 풀어 상좌에 앉게 하고는 스승으로 받들었다.

이때 한신이 그가 사양하는 것도 불구하고 굳이, 앞으로 어떻게 하면 좋겠는가 자문을 구했다.

「듣자하니, 지혜로운 사람이 천 번 생각하면 반드시 한 번은 잃는 일이 있고 어리석은 사람이 천 번 생각하면 반드시 한 번은 얻는 것이 있다고 했읍니다. 그러기에 말하기를 미친 사람의 말도 성인이 택한다고 했읍니다. 생각하건대 내 꾀가 반드시 쓸 수 있는 것이 못되겠지만 다만 어리석은 충성을 다할 뿐입니다.(臣聞智者千慮 心有一失 愚者千慮 必有一得 故曰 狂夫之言 聖人擇焉 顧恐臣計 未必足用 願效

愚忠)」

이좌거는 한신으로 하여금 연나라와 제나라를 칠 생각을 하지 말고 장병들을 쉬게 하라고 권했다. 결국 한신은 이좌거의 도움으로 나중에 크게 성공을 하게 되었다.

이 성어와 같은 뜻의 것으로 천려일득(千慮一得)이란 말이 있다. 아무리 우둔한 사람일지라도 여러 번 생각하다 보면 한 번쯤은 얻는 것이 있다는 뜻이다.

## • 千里眼(천리안)

의미 / 천리를 내다보는 눈이란 뜻으로, 먼 곳에서 일어나는 일도 잘 알아내는 것을 말한다.

출전 / 〈魏書〉 楊逸傳

해설 / 북위(北魏) 말엽의 장제(莊帝) 때에, 광주(光州)의 장관으로서 임지에 부임한 양일(楊逸)은 당시에 29세였다. 명문인 양가(楊家) 출신의 귀공자였음에도 불구하고, 그는 조금도 교만하지 않고, 민심의 안정에 마음을 써서 문자 그대로 침식을 잊을 정도였다. 병사들이 출정할 때에는, 비바람을 가리지 않고, 설사 눈이 내리는 가운데에서도 반드시 전송을 나갔다.

이와같이 백성들을 사랑하는 한편, 법을 지키기를 엄정(嚴正)히 하였으므로, 지역의 안은 잘 다스려져 죄를 범하는 자도 없었다. 당시는 계속되는 흉년으로 수많은 굶어죽는 사람들이 나왔으므로, 그는 국가의 창고를 열어 백성들에게 식량을 배급하려 했다. 담임인 관리는 당연히 죄를 두려워하여 반대했지만, 양일은,

「나라의 기본은 백성들이고, 백성들은 먹지 않으면 살아가지 못한다. 백성들이 굶주리고 있는데, 군주된 사람이 배불리 먹고 있는다는 것은 좋은 일인가? 만일 이것이 안 된다면, 내가 달게 죄를 받도록

하자.」
하고 밀어제치고 창고를 열어, 양곡을 굶주린 백성들에게 베풀어 준 다음, 이와같은 사실을 임금에게 상소했다. 조정에서는 당연히 반대하는 사람들도 있었지만, 장제는 광주의 관청 문앞에는 죽으로 연명하는 백성들이 몇만이나 있다는 소식을 듣고, 오히려 그의 긴급조치를 가상하게 생각했다.

그는 스스로 이와같이 백성들을 사랑하고 있었기 때문에, 부하 관리가 법을 무시하고 백성들에게 피해를 입히는 것을 극단적으로 싫어하여, 관리의 위법행위를 감시하는 사람들을 각지에 배치함과 동시에 병사나 하급관리가 지방으로 떠날 경우에는, 반드시 자기들의 식량을 가져가게 하였다. 그들이 지방으로 가자, 개중에는 식사를 내겠다고 하는 사람도 있었지만, 그들은 이구동성으로,

「양장관은 천리의 앞을 내다보는 눈(千里眼)을 가지고 계시다. 아무래도 장관의 눈을 속일 수는 없다.」
하고 사퇴하여, 설사 외부에서 볼 수 없도록 방안을 어둡게 해 놓고 있어도, 한 걸음도 들어가려 하지를 않았다.

양일은 정사를 함에 있어 백성들을 사랑하고 더구나 부호의 교활함을 미워하여, 널리 귀와 눈을 두었다. 그 병사와 관리를 아래 읍에 보낼 때에는, 모두가 스스로 식량을 가져가게 하여, 백성들 중 그들을 위하여 식사를 차려놓는 자가 있어도, 비록 어두운 방에 있다 할지라도 마침내 나아가지 않고 모두 말했다. 〈楊使君에게는 千里眼이 있다. 어찌 이를 속일 수 있겠는가?〉

이만큼 치적(治績)을 올린 그였지만, 그때에 조정을 마음대로 하고, 황제의 자리를 엿보고 있던 이주(爾朱) 일족에게 미움을 받아, 임지에서 죽임을 당했다. 그때 그의 나이 불과 32세였다.

광주에서는 상하가 모두 이를 슬퍼하여, 1개월에 걸쳐 주성(州城)

은 물론이고 변두리 시골에서도, 사람들이 모여 제단을 설치하고 향화(香花)를 바쳤다고 한다.

### •天衣無縫(천의무봉)

의미/ 하늘의 직녀가 입은 옷은 바느질 자국이 없다는 뜻으로 완전무결한 것을 가리키는데, 시문(詩文) 등이 매우 자연스러워 꾸밈이 없음을 비유하는데 쓰인다.

출전/ 〈靈怪錄〉

해설/ 더위가 한창 기승을 부리는 한여름, 곽한(郭翰)이란 사나이가 더위를 피해 뜰로 나와서 서늘한 바람을 쏘이며 낮잠을 자고 있는데 하늘 한모퉁이에서 무엇인가가 훨훨 내려왔다.

「아니 도대체 무엇일까?」

점점 가까이 오는 것을 보니 아름다운 여자였다. 곽한은 넋을 잃고 바라보다가 물었다.

「당신은 대체 누구요?」

여자가 대답하였다.

「저는 하늘에서 내려온 직녀(織女)입니다」

곽한이 곁으로 다가가 보니 아주 가볍고 부드러운 처녀의 옷에는 어디를 보아도 꿰맨 바느질 자국이 없었다. 옷을 만드는 데 가위질도 하지 않고 바느질도 하지 않았다면 천을 짤 때 그 천이 옷 모양 그대로 짜지지 않으면 안된다. 곽한은 고개를 갸웃거리며 옷에 바느질 자국이 없는 까닭을 물었다.

처녀는 당연하다는 듯 이렇게 대답했다.

「저희들이 입는 천의(天衣)란 원래 바늘이나 실을 쓰지 않습니다.」

## • 千載一遇(천재일우)

의미 / 천년 만에 한 번 만나게 되는 것으로 평생을 두고 한 번 있을 듯 말 듯한 좀처럼 만나기 어려운 좋은 기회를 일컫는 말이다.

출전 / 袁宏의 〈三國名臣序贊〉

해설 / 원굉이 삼국 시절의 건국공신 20명을 골라 그들 한 사람 한 사람의 행장을 칭찬하는 찬(贊)을 짓고 거기에 서문을 붙인 것이 〈삼국명신서찬〉이다. 그는 이 서문에서, 「백낙을 만나지 못하면 천년을 가도 천리마 하나 생겨나지 않는다(夫未遇伯樂 則千載無一騎)」고 말하여 훌륭한 임금과 신하가 서로 만나기 어려운 것을 비유한 다음 계속해서, 「무릇 만년에 한 번 기회가 온다는 것은 사람이 살고 있는 세상의 공통된 원칙이요, 천년에 한 번 만나게 된다는 것은 어진 사람과 지혜로운 사람이 용케 만나는 것이다. 이런 기회를 만나면 그 누가 기뻐하지 않으며 이를 놓치면 그 누가 한탄하지 않겠는가(夫萬歲一期 有生之通塗 千載一遇賢智之嘉會)」라고 했다.

## • 鐵面皮(철면피)

의미 / 쇠로 낯가죽을 하였다는 말로 얼굴색 하나 변하지 않고 아무한테나 아첨을 일삼는 파렴치한 인간을 가리킨다.

출전 / 〈北夢瑣言〉

해설 / 진사(進士)인 왕광원(王光遠)은 권력자들에게 가까이하기 위하여 계속 인사를 돌아다녀, 매를 맞고 문앞에서 쫓겨나는 일을 당하는 굴욕에 있어서도, 오히려 그만두려 하지 않았다. 그래서 당시 사람들은 이렇게 말했다.

「광원의 얼굴가죽은 열 장을 겹친 무쇠의 갑옷과 같다.」

얼굴이 두텁고 부끄러움을 모르는 (厚顔無恥)한 것, 뻔뻔스러운 것이 〈鐵面皮〉의 어원(語源)이 된 이 일화는, 송(宋)나라의 손광헌(孫光憲)이 지은 《북몽쇄언(北夢瑣言)》에 실려 있다. 이 책은 당(唐)나라와 오대(五代)와 송(宋)나라의 잡스러운 일을 기록한 것이다.

〈鐵面皮〉는 또 〈鐵面〉이라고도 말하거니와, 〈鐵面〉을 사용할 경우는 오히려 긍정적인 평가로 쓰여지는 일이 많다. 공평강직(公平剛直)하여 〈鐵面〉을 쓴 것처럼, 권세를 두려워하지 않고, 사사로운 정에 좌우되지 않는 사람에 대하여 주어지는 찬사이다.

송나라의 조선의(趙善宜)는 선교랑(宣教郎)에 임명되어 숭안현(崇安縣)의 지사가 되었는데, 현정(縣政)을 보살핌에 있어 법률을 지나치게 엄격하게 지켰기 때문에, 사람들은 그를 〈趙鐵面〉이라고 불렀다.(《福建通志宋》)

송나라의 조변(趙抃)은 전중시어사(殿中侍御史－관리들의 불법행위를 적발하는 검찰관)가 되자, 권력자이거나 천자의 마음에 드는 사람이거나 용서없이 적발했기 때문에, 도읍에서는 그를 〈鐵面御史〉라고 불렀다.(《宋史》 趙抃傳)

이와같이 〈鐵面〉은 권위자에게 굴하지 않는 강직한 성격을 비유로 말하는 것이다. 여기에는 〈鐵面皮〉 즉 〈얼굴이 두텁고 부끄러움을 모르는 사람〉이란 뜻은 포함되지 않는다.

## • 掣肘(철주)

의미 / 팔을 잡아당긴다는 말로 남의 팔꿈치를 제약해서 그 움직임을 속박하는 것 , 곧 남의 자유를 제약하거나 남의 일을 방해한다는 뜻을 지니고 있다.

출전 / 〈孔子家語〉, 〈呂氏春秋〉

해설 / 공자(孔子)의 제자로 복자천(宓子賤)이란 사람이 있었는데 그가 노애공(魯哀公) 때 단부(亶父)란 지방의 장관으로 부임하게 되었다.

복자천은 노공이 나중에 간신배들의 참언에 동요되어 자기가 하는 일에 간섭하게 될 것을 저해하여 노공의 측근에 있는 관리 두 사람을 데리고 단보로 떠났다. 임지에 도착하여 그곳 관리들이 인사를 드리러 왔을 때 복자천은 데리고 온 두 사람에게 인사를 드리러 온 사람들의 이름을 쓰도록 명령했다.

그런데 두 사람이 붓을 들고 글씨를 쓰기 시작하자 복자천은 곁에서 있다가 자꾸만 두 사람의 팔꿈치를 툭툭 치는 것이었다(宓子賤 從彦時掣搖其肘). 다 된 서류는 당연히 글자 획이 구부러지거나 흐트러져 엉망이 되어 있었다. 그 서류를 받아든 복자천은 글씨가 엉망이라고 두 사람을 질책했다. 그래서 크게 분개한 두 사람은 곧 복자천에게 사임을 청했다. 그러자 복자천은 태연히 이렇게 대답했다.

「그대들의 글씨는 형편없네. 이래서는 쓸모가 없으니 가고 싶거든 어서들 돌아가게.」

단부를 떠나 돌아온 두 사람은 그 길로 노공을 찾아뵙고 이렇게 보고했다.

「복장관 밑에서는 일은 커녕 서역(書役)도 못하겠읍니다.」

노공이 이상히 생각하고 그 까닭을 물었다.

「복장관께서 갑자기 저희들에게 글씨 쓸 것을 명령했읍니다만 곁에서 팔꿈치를 누르기도 하고 툭툭 치기도 해서 글씨를 마음대로 쓸 수가 없었읍니다. 그러면서도 너희들의 글씨는 엉망이라 어쩔 수가 없다고 마구 야단을 치시니, 같이 있던 관리들도 다들 웃고 있었읍니다. 이런 꼴로서야 어찌 같이 일을 하겠읍니까. 그래서 돌아왔읍니다.」

이 말을 들은 노공은 탄식을 하며 말했다.

「그것은 나의 불명을 복자천이 간하려고 한 행동일 것이다. 아마도 나는 복자천의 정치 방법을 어지럽게 하여, 뜻대로 시정을 시키지 않았던 적이 누차 있었던 모양이다. 이걸 몰랐다면 큰 잘못을 저지를 뻔했다.」

이리하여 노공은 자기가 신뢰하는 측근을 단부로 보내어 복자천에게 이렇게 전하게 했다.

「지금부터 단부의 땅은 과인의 소유가 아니라 경의 소유로다. 단부에서 할 일은 그대의 뜻대로 해보라. 5년 후에 그 보고를 받겠다.」

복자천은 삼가 그것을 승낙하고 자기 생각대로 시정에 노력할 수가 있었다. 그 결과 단부의 백성들이 살기좋게 되었다는 소문이 공자의 귀에도 들려왔다.

그 후 3년이 지나 공자는 무마기(巫馬期)라는 제자에게 누더기 옷으로 변장을 시키고 단부로 가서 얼마나 덕화(德化)가 되었는가를 살피게 했다.

무마기가 단부에 도착하여 보니 밤에 고기를 잡는 자가 있었다. 그런데 애써 잡은 고기를 다시 강에 놓아주고 있는 것이었다. 이상하게 생각한 무(巫)는 그 어부에게 물었다.

「고기잡이를 하면서 애써 잡은 고기를 왜 다시 놓아주는 겁니까?」

어부는 태연하게 대답했다.

「복자천님께서 작은 고기를 잡아 버리면 모두를 위해 좋지 않다고 하셨기 때문에 작은 것이 걸리면 놓아준답니다.」

무마기는 더 이상 볼 것이 없다고 생각하고 그 길로 돌아와 공자에게 다음과 같이 보고했다.

「자천의 덕은 단부의 구석구석까지 다 미치고 있었읍니다. 백성들은 아무도 보는 사람이 없는 어둠 속에서도 마치 무서운 법령이 옆에서 지켜보는 것처럼 행동을 조심하고 있었읍니다.」

### • 鐵中錚錚(철중쟁쟁)

의미 / 쇠 중에서도 쟁쟁하게 울리는 것이라는 뜻으로, 같은 종류 가운데서도 특히 뛰어난 것을 일컫는 말이다.

출전 / 〈後漢書〉 劉盆子傳

해설 / 후한(後漢)의 광무제가 천하를 통일하는 과정에서 가장 큰 강적은 적미(赤眉)의 일당이었다. 적미란 왕망(王莽) 시대에 생긴 농민들의 반란군인바 처음에는 번숭(樊崇)을 두목으로 하여 낭야(琅耶)에서 일어나 봉안(逢安), 서선(徐宣), 사록(謝祿) 등이 거느리는 군대가 합류해 옴에 따라 산동성(山東省)을 중심으로 광대한 지역에서 위세를 떨쳤다. 그들은 신성한 색(色)으로 여겨지던 붉은 빛깔로 눈썹을 물들여서 자기네의 표를 삼았기 때문에 적미라는 호칭이 생긴 것이었다. 또 그들이 단결한 밑바탕에는 한실(漢室)의 일원인 성양경왕(城陽景王)의 사당에 대한 종교적 숭배의 감정이 있어서 성양경왕과 가까운 혈연인 유분자(劉分子)를 옹립하여 황제로 받들고 있었다. 유분자가 제위에 올랐을 때는 겨우 15세로 군중(軍中)에서 소(牛)를 기르고 있었는데, 여럿이 예배하는 것을 보고 두려운 나머지 울 것 같은 표정이었다고 한다. 적미는 그 후 차츰 서진(西進)하여 마침내는 장안(長安)에 침입한 데 이어 왕망을 쓰러뜨리고 경시제(更始帝) 유현(劉玄)을 멸망시켰다.

광무제는 이런 적미의 막강한 세력과 대결하여 적잖이 고전을 했으나 동방으로 이동하는 그들을 하남(河南)에서 포착하여 총공격을 가함으로써 그들의 항복을 받을 수가 있었다.

적미가 항복한 다음날 아침 광무제는 낙수가에 군대를 도열시켜 열병식을 거행하고 유분자 등에게도 참관시켰다. 그리고 유분자에게 말했다.

「그대는 자기가 죽을 죄를 지었다는 걸 알고 있는가?」

「잘 알고 있읍니다만 폐하께서 불쌍히 여기시어 용서해 주시기만을 바랄 뿐입니다.」

이번에는 번숭, 서선을 돌아보면서 말했다.

「항복한 데 대해 후회는 없느냐? 다시 한번 그대들에게 나와 대결할 기회를 주어도 무방하다. 나는 항복을 강요할 생각은 없도다.」

그러자 그들은 고개를 푹 숙이고 말했다.

「저희들은 장안을 나올 때부터 폐하께 귀순할 생각이었읍니다. 지금 항복하고 나니 마치 호구(虎口)를 벗어나 자모(慈母)의 품으로 돌아온 듯한 기분이 듭니다.」

광무제는 웃으면서 말했다.

「그대들을 쇠에 비유한다면 좀더 견고한 쇠로서, 범인 속에 놓고 보면 얼마쯤 두드러진 사람들임에 틀림없도다.(卿所謂鐵中錚錚傭中佼佼者也)」

## • 清談(청담)

의미 / 속세를 버리고 산림에 은거하며 노장 철학을 논하던 일을 말하는데, 명예와 이권을 떠난 청아한 얘기를 뜻한다.

출전 / 〈後漢書〉, 〈十八史略〉

해설 / 세상에서 말하는 죽림칠현(竹林七賢)이란 대나무밭에 모인 7명의 현인들로, 위진(魏晋) 시대에 살았으며 그 기교방달(奇矯放達)한 언동으로 세평의 중심이 되었던 한때의 명사들, 산도(山濤; 字는 巨源), 완적(阮籍; 字는 嗣宗), 혜강(嵇康; 字는 伯叔), 완함(阮咸; 字는 仲容), 유령(劉伶; 字는 伯倫), 상수(尙秀; 字는 子期), 왕융(王戎; 字는 濬仲)의 일곱 사람을 말한다.

그들은 그 시대의 어지러운 정치사회의 변천을 목격하고 정치적 권력자와 그에 추종하는 세속적 관료사인들의 치사하기 이를데 없는 생활태도에 불만을 품는 한편 기만적인 유교적 명교예절(名教禮節)의 속박을 혐오하여 더욱더 기교방달한 언동을 감행, 음주에의 도취와 속세를 초월한 노장사상의 심취에 몸을 맡겼던 것이다.

「죽림칠현」이라 불리는 것은 그들이 소란스런 세정과는 달리 서로 손을 잡고 죽림에서 놀며 술에 만취되어서는 「청담(清談)」에 정신이 없었기 때문이라고 한다. 그러나 그 집단적 행동이 그 죽림이 있던 장소도 당시의 수도 낙양 근교라고 할 뿐, 확실한 것은 모른다. 우리들은 오직 죽림이란 말에서 세속의 티끌을 초탈한 청고표일(清高飄逸)한 분위기를 상징적으로 느끼게 된다.

「청담」이란 청신기경(清新奇警)의 담, 즉 세속의 명리, 희비를 초월한 고매한 정신의 자유세계를 주제로 한 청신기교(清新奇嬌)한 노장 철학을 논하는 것으로, 산림에 숨어 살면서 오탁된 정치 세계를 멀리하고 철학을 논하며 명교 도덕에 저항한 것이다.

술독에 빠지도록 술을 마시고 보잘것없는 속물인 내방자를 「백안시」한 완적, 돼지와 함께 큰 독의 술을 독째로 마신 완함, 술냄새를 풍기며 알몸으로 누워 있다가 찾아오는 사람에게, 「나로서는 천지가 내 집, 이 쓰러져 가는 집은 내 잠방이에 지나지 않는다. 그대는 뭣 때문에 남의 잠방이 속으로 들어오는가」라고 소리 친 유령 등은 이른바 이런 청담을 하던 대표적인 사람들이다.

## • 青雲之志(청운지지)

의미 / 청운(青雲)이란 푸른 구름을 말하는데, 푸른 구름은 잘 볼 수 없는 귀한 구름으로 신선이 있는 곳이나 천자가 될 사람이 있는 곳에는 푸른 구름과 오색 구름이 떠 있었다고 한다. 그래서 청운에 뜻을 둔다 하면 남보다 훌륭하게 출세할 뜻을 가지고 있다는 말이다.

출전 / 張九齡의 〈朝鏡見白髮〉

해설 / 장구령은 당(唐)나라 현종(玄宗) 때 조정의 재상을 벼슬하여, 이림보(李林甫―玄宗)의 참언이 있어 하야한 사람으로, 강직한 충신이었다고 일러지고 있다. 이 시는 재상직에서 사퇴한 때의 감회를 읊은 것이다. 〈옛날에는 청운의 뜻을 품고 대신이 되어, 나라를 위하여 마음을 다했는데, 뜻과 같지 않아 백발의 해가 되어 쓰러지게 되었다. 나는 지금 밝은 거울을 향하여 백발을 본다. 거울속의 그림자와 이를 향한 자기는 서로 가련하거니와 이 탄식을 도대체 누가 알아 주겠는가?〉 이상과 같은 뜻이다.

현재 우리들은, 보통이 아닌 큰 뜻, 입신출세에 대한 야망을 〈청운의 뜻〉이라고 말한다. 그러나 원래는 그렇지는 않은 것 같아서, 〈青雲〉이라는 말은 옛날《史記》의 백이열전(伯夷列傳)에도 나오며, 다음과 같이 쓰여지고 있다.

> 항간의 사람들은 행실을 닦아 이름 세우기를 바라는 사람들을 청운의 선비라고 붙이는 것이 아니니, 어찌 능히 후세에 베풀 수 있으랴!(閭巷之人 欲砥行立名者 非附青雲之士 惡能施于後世哉.)

〈항간에서 생활하는 평민들이, 자기의 품행을 닦아 이름을 후세에 남기려고 생각해도, 청운의 선비의 힘을 빌리지 않는다면, 이름을 후세에 남길 수는 없다〉라는 뜻이다.

《史記》에서는 백이(伯夷)와 숙제(叔齊)와 같은 절개가 높은 인격자라도 공자라는 성인이 있어, 그들의 절개를 후세에 전하여 주었기 때문에 이름이 후세에 남겨진 것으로, 얼마나 많은 뛰어난 인물들이 세상에 알려지지 않고 역사에서 지워져 버리는가를 한탄하고 있는 것이다.

따라서 청운의 선비라는 것은 공자와 같은 성인을 가리키며, 고위고관의 사람들이 아니다.

현재 우리들은 〈青雲〉을 《史記》의 위와 같은 사용방법을 떠나서, 오직 입신출세하고, 부귀영화를 누리고, 고위고관 등을 뜻하는 말로밖에 쓰지않는다. 더구나 중요한 위치에 나아가 크게 나라를 위하여 마음을 다하려는 뜻, 혹은 크게 행동하려는 마음이 부가된 것이 아니고, 장구령의 경우처럼 아마도 그런 기분이었을 것이다.

더구나 왕발(王勃)은 〈등왕각서(滕王閣序)〉에서 〈늙음을 당하면 더욱 씩씩해야 한다. 어찌 흰 머리의 마음을 알랴! 궁하여지면 또한 더욱 굳어져야 한다. 청운에 뜻은 떨어지지 않는다-老當益壯 寧知白首之心. 窮且益堅 不墜青雲之志〉라고 썼다. 이것도 위의 시와 같은 뜻이다.

왕발은 등왕각을 찾아온 뒤에, 교지(交趾)의 영(令)에게 사로잡혀 있는 아버지를 찾아가려고 바다를 건너다가, 도중에 물에 빠져 죽었다. 그의 나이 불과 26, 7세였다.

## • 青天白日(청천백일)

의미 / 맑게 갠 하늘에서 밝게 비치는 해라는 뜻으로, 훌륭한 인물은 세상 사람들이 다 알아본다는 의미였으나 지금은 아무런 잘못도 없이 결백한 것, 또는 무죄를 가리키는 말로 쓰인다.

출전 / 韓愈의 〈與崔群書〉

해설 / 양자강 남쪽의 선성(宣城)으로 부임한 친구에게 어서 돌아와 주었으면 좋겠다고 호소한 글로, 그는 세상에서 최군에 대해 이러니저러니 말이 많음을 전한 다음 그런 사람들에게 자신이 대답한 말을 다음과 같이 기록하고 있다.

「봉황과 지초(芝草)는 누구나 그것이 상서로운 조짐임을 알고 있고 청천백일(青天白日)은 노예라도 그 청명함을 알고 있읍니다(青天白日 奴隷示其知清明). 이를 음식에 비유컨대 먼 지방에서 생산되는 진기한 음식에 있어서는 좋아하는 사람도 있고 그렇지 않은 사람도 있읍니다. 그러나 도량(稻粱)과 회자(膾炙)에 이르러서야 어찌 좋아하지 않는 자가 있겠읍니까?」

여기서 한유가 청천백일을 비유로 하여 말하고자 한 것은 최군의 인품이 청명하다는 것이 아니라 그같이 훌륭한 인물은 누구든지 알아본다는 뜻이다.

## • 青天霹靂(청천벽력)

의미 / 맑게 갠 하늘의 난데없는 벼락이란 뜻으로 전혀 예상조차 할 수 없었던 뜻밖의 재난이나 변고 같은 것을 비유해서 쓰는 말이다.

출전 / 陸游의 〈九月四日鷄未鳴起作〉

해설 / 이 말은 남송의 대시인 육유(陸游)의 오언고시(五言古詩) 《9월4일 닭이 아직 울지 않는데 일어나 지음(九月四日鷄未鳴起作)》 라는 시에서 나온 말이다.

방옹(放翁)은 병으로 가을을 지내고, 홀연히 일어나 술취한 먹으로 짓는다.(放翁病過秋 忽起作醉墨)
정히 오래 구멍에 머무른 용과 같이, 푸른 하늘에 벽력을 날린다.(正如久蟄龍 青天飛霹靂)
비록 기괴하게 떨어졌다고 말들을 하지만, 오랜 동안 침묵하며 참고 견디어 온 것이다.(雖云墜怪奇 要勝常憫默)
하루 아침에 이 늙은이 죽으면, 천금으로 구해도 얻지 못한다.(一朝此翁死 千金求不得)

방옹(放翁)이란 육유가 52세 이후로 즐겨 자신을 칭한 호이다. 세상이 자기를 방렬(放埒)이라고 빈정대는 것에 대하여 비꼼의 표현을 의도한 호인 것같다. 북송(北宋)의 끝무렵에 태어나, 남송(南宋)의 어려운 정국(북쪽의 금(金)의 압력으로 끊임없이 괴롭힘을 당함) 속에서, 공적으로나 사적으로나 혜택을 받는 것이 없는 생애를, 강력하게 그러나 유유자적하며 살아온 이 시인은, 때로는 나라를 근심하는 지극한 정을 불태우는 장수와 같기도 했고, 또 때로는 성미가 까다로운 고독한 늙은이였다.

음력 9월은 가을이 끝남에 가깝다. 여름에서 가을까지 병상에 누워 지낸 방옹(放翁)은, 어느날 아침에 닭보다 일찍 눈을 뜨고 병을 이기는 기분으로 일어났다. 취묵(醉默)은 술에취한 감흥을 타고 붓을 타고 붓을 옮기는 것을 말하거니와, 여기에서는 오랜 병으로 몸이 부들부들 떨리는 것을 유머러스하게 표현한 것이다.

부들부들 떨면서 오래간만에 붓을 잡고서, 놀라운 세력으로 쓰기 시작하는 것이다. 〈정히 오래 칩거한 용과 같이〉의 구칩룡(久蟄龍)은 오래도록 구멍에 파묻혀 있던 용이란 뜻이다. 용은 구멍에서 나와 하늘로 올라간다. 용이 하늘로 올라갈 때는 하늘이 진동하는 격렬한 천둥과 번개를 동반한다.

자기는 그 용이며, 기세에 맡기어 쓰는 그 모습은 번쩍번쩍 빛나는 번개와 같다고 했다.

〈청천벽력〉은 한편으로는 붓을 움직이는 형세의 놀라움을, 또 한편으로는 병든 사람의 갑작스러운 행동을 표현했다고 해석된다. 이 말은 경묘하고 솔직하고 유머러스한 표현이 아주 훌륭하며, 얼굴이 창백해지는 것 같은 갑작스런 번개와 천둥은 결코 아니다.

앞 귀절을 이어받아 시는 더욱 경묘하게 전개되어, 자신에 대한 이 글에는 약간 기괴한 흥취가 있다. 그러나 딱하게 생각하여 가만히 지나쳐 내려가면, 어떻게 존재를 계속할 수는 있을 것이다. 더구나 자기가 죽게 된다면, 천금으로 구해도 얻을 수는 없을 것이다. 표면으로는 어디까지나 경묘하고 유머러스하지만, 역시 **늘그막**의 적막을 노래한 시이다.

## • 青出於藍(청출어람)

의미 / 쪽이라는 풀에서 나온 푸른색이 쪽보다 더 푸르다는 말로, 열심히 학문에 정진하면 스승보다 뛰어날 수 있다는 뜻이다. 즉 스승보다 나은 제자를 일컫는 말이다.

출전 / 〈荀子〉 勸學篇

해설 / 「학문이란 잠시도 쉬어서는 안 된다. 푸른색은 쪽에서 나오지만 쪽보다 더 푸르고 얼음은 물이 만들지만 물보다 더 차다.(學不可以已 青出於藍而青於藍 氷水爲之而寒於水)」

학문에 뜻을 둔 사람은 잠시도 게을리해서는 안 된다. 그 예로 쪽이란 풀에 사람의 노력이 가해짐으로 해서 그 쪽 자체보다도 더 깨끗하고 진한 푸른 색깔을 낼 수 있다. 얼음은 물이 얼어서 되지만 물에서 얼음이 되는 과정을 거치기 때문에 물보다 더 차가운 성질의 것이 된다. 그러므로 스승에게서 배우기는 하지만 그것을 더욱 열심히 익히고 행함으로써 스승보다 더 훌륭한 사람이 될 수 있으며, 더 깊고 높은 학문과 덕을 갖게 된다는 뜻이다.

출람(出藍)이니 출람지예(出藍之譽)니 하는 것도 여기서 나온 말로, 청출어람과 같은 뜻으로 많이 쓰인다.

## • 焦眉之急(초미지급)

의미 / 눈썹이 타게 될 만큼 위급한 상태란 뜻으로, 그대로 방치할 수 없는 매우 다급한 일이나 경우를 비유한 말이다.

출전 / 〈五燈會元〉

해설 / 금릉(金陵) 장산(蔣山)의 법천불혜선사(法泉佛慧禪師)가 만년에 칙명(勅命)으로 대상국지해선사(大相國智海禪寺)의 주지로 임명되었을 때 중들을 보고 물었다.

「주지로 가는 것이 옳겠는가, 이곳 장산에 머물러 있는 것이 옳겠는가?」

선사는 계속 도(道)를 닦을 것인가, 황명(皇命)을 받들어 출세의 길을 달려야 할 것인가 하고 망설인 것이다. 그러나 이 물음에 아무도 대답하는 사람이 없었다.

그러자 선사는 붓을 들어 명리(名利)를 초탈한 경지를 게(偈)로 쓴 다음 앉은 채 그대로 세상을 떠났다고 한다.

이 법천불혜선사가 수주(隨州)에 있을 때 고곳의 중들로부터 여러 가지 질문을 받고 대답한 말 가운데 이런 것이 있다.

「어느 것이 가장 급박한 글귀가 될 수 있읍니까?(如何是急切一句)」

「불이 눈섭을 태우는 것이다.(火焼眉毛)」

### • 寸鐵殺人(촌철살인)

의미 / 단 한 치밖에 되지 않는 쇠로 사람을 죽인다는 뜻으로 문장, 의논 등에서 많은 말을 쓰지 않고 간단한 한 마디 말과 글로써 상대방의 급소를 찔러 당황하게 만들거나 감동을 시키는 경우를 가리키는 말이다.

출전 / 〈鶴林玉露〉

해설 / 〈寸鐵이 사람을 죽인다〉라는 말의 근본이 된 것은, 남송(南宋)의 나대경(羅大經)이 지은 《학림옥로(鶴林玉露)》에 나오는 〈寸鐵殺人〉이다. 나대경은 주자(朱子)의 제자중 한 사람으로 보경(寶慶) 2년에 진사가 되었다.

〈鶴林玉露〉는 그가 날마다 손님이 오면 주고받는 청담(淸談)을 시동에게 기록케 한 것으로, 천(天)·지(地)·인(人)의 3부로 되어 있으며 싯귀와 시어의 해석으로부터 일화와 전설에 이르기까지 내용은 다양하며, 그 지부(地部) 7권에 〈殺人手段〉이란 항목이 있어, 다음과 같이 기록되어 있다.

종고(宗杲)가 선(禪)을 논하여 말했다.

비유하면 한 수레의 병기를 싣고서, 하나를 희롱하여 마치면, 또 다른 하나를 꺼내 가지고 와서 희롱함과 같지만, 이것이 곧 사람을 죽이는 수단은 아니다. 나는 곧 단지 촌철이 있으므로, 문득 사람을 죽일 수 있다.(宗杲論禪曰 譬如人載一車兵器 弄了一件 又取出

一件來弄 便不是殺人手段. 我則只有寸鐵 便可殺人.)

종고인 대혜선사(大慧禪師)는 북송(北宋)의 임제종(臨濟宗)의 선승(禪僧)으로 공공의 사명은 끝까지 주체적인 큰 의심을 일으키는 데 있고, 큰 의심의 근본에는 크게 깨달음이 있다는 〈간화선(看話禪)〉을 대성한 사람이다. 〈학림옥로〉에서 인용한 그의 위의 말은, 아마도 그의 어록(語錄) 《정법안장(正法眼藏)》에서 인용한 것이리라.

보통사람들은 사람을 죽이려 하면 수레에 병기를 가득 실어 가지고 와서, 차례차례로 그것을 꺼내어 휘두르곤 하지만, 그런 것으로는 사람을 죽이지는 못한다. 나는 단지 촌철(寸鐵)만으로 사람을 죽일 수가 있다.

이것은 그가 선의 요체(要諦)를 갈파한 말이므로, 살인이라고 하지만 물론 칼날로 상처를 입히는 것을 뜻한 것이 아니라, 자기의 마음 속의 속된 생각을 끊어버리기 위하여 성급하게 이것저것 대답을 해 오겠지만, 정신의 집중이 부족하기 때문에 모두 날것들 뿐이다. 그와 같은 칼로는 몇 천 몇 만 개나 되는 깨달음의 경지에 이르지 못한다. 모든 일에 대하여 온 몸과 온 영혼을 기울여 다할 때, 충격적으로 번득이는 것, 이것이야말로 큰 깨달음인 것이다.

## •秋風扇(추풍선)

의미 / 가을철의 부채라는 뜻으로 제철이 지나서 쓸모없게 된 물건을 비유한 말인데, 남자의 사랑을 잃은 여자에 비유되어 많이 쓰인다.

출전 / 〈怨行歌〉

해설 / 한(漢)나라 성제(成帝)의 홍가 3년의 어느 날, 후궁인 증성사(增成舍)는 여느 때와는 다른 황망함을 보이고 있었다. 이곳의 주인인 반첩여(班婕妤)가 허황후(許皇后)와 공모하여 총애를 받고 있는 사람들을 저주하고 황제에 대해 불손한 언사를 했다는 혐의로 잡혀 가고 있는 것이었다.

소문에 의하면 조비연(趙飛燕) 자매가 이 두 사람을 황제에게 참주했다고 한다. 조자매란 얼마 전에 궁비로 채용된 데 불과했지만 그 경신세요(輕身細腰)가 황제의 눈에 들어 후궁에 들어오고, 곧이어 언니는 첩여, 동생은 소의(昭儀)의 지위를 하사받으며 후궁의 총애를 한몸에 모아 그 정도가 전대미문이라 일컬어지고 있었다.

사실을 규명했으나 원죄라는 것이 밝혀졌다. 그러나 불쌍하게도 허황후는 건시(建始), 하평(河平) 연간에 총애를 뽐냈던 것이 화근이 되어 폐위되고 미인이란 지위로 떨어지고 말았다. 그렇게 되자 반첩여는 황제에게 아뢰었다.

「생사에는 명이 있고, 부귀는 하늘에 있다고 들었읍니다. 행실을 바르게 하여도 아직 복이 없는데 사악한 짓을 한들 무슨 소용이 있겠읍니까. 하늘이 이 신하로서 바라서는 안 될 소원을 아셨다 하더라도 받아들이지 않을 것입니까. 모르고 계신다면 아무리 바라고 바라도 무익한 일이 아니겠읍니까.」

황제는 반첩여의 성실에 감동되어 그녀를 용시하고 또다시 백근의 황금을 하사했다. 그리하여 다시 중성사로 돌아오긴 했으나 이미 총애를 잃은 몸이었다. 이번에는 다행히 용서를 받기는 했으나 어떻게 저 조비연 자매를 그냥 둘 수 있겠는가. 고조황제의 애첩 척희(戚姬)는 고조황제의 비 여태후에게 두 눈이 뽑히고 혀가 잘린 다음 수족까지 절단당하지 않았던가. 무서운 것은 여자의 질투이다. 현량정숙한 반첩여는 어찌했으면 좋을지를 몰랐다. 이 질투가 소용돌이치는 후궁에서 도망칠 방법은 없을까 하고 고뇌했다.

장신궁(長信宮)에 계신 황태후인 왕씨(王氏)에게 부탁드려 보자. 황태후께서는 내가 옛날 첩여가 되었을 때 나의 겸손함을 칭찬하시고 그 후 언제나 다정하게 대해 주셨다. 이젠 그분에게 의지할 수밖에 없다. 이렇게 생각하자 반첩여는 일각의 지체도 하지 않고 곧 장신궁으로 가서 황태후를 모시게 해달라고 자원을 했다.

장신궁에서는 평온한 날이 흘렀다. 왕씨의 말벗을 해주는 것외에는 방에 틀어박혀 시서를 읽고 악기를 벗삼아 지냈다. 그러나 간혹 날아가는 새의 모습이 수면에 비치듯, 예전에 증성사에서 보내던 생활의 추억이 마음속에 오가는 수도 없지 않았다.

새로 찢는 제나라의 흰 비단
깨끗하기가 서리나 눈 같구나
이리저리 잘라서 만든 합환선(合歡扇)
둥글기가 명월과 같구나
그대의 품 속으로 드나들면서
움직여 미풍을 일으킨다
언제고 두려운 가을이 되어
찬바람이 더위를 쫓으니
장 속으로 버림을 받아
은정이 중도에서 끊어질까 싶네(怨歌行)

옛날 나를 위해 베풀어졌던 소유궁(宵遊宮) 놀이 그 얼마나 즐거웠던가. 흰 비단옷에 장식한 노리개가 촉대의 불을 받아 빛나는 속에서 황제의 다정한 눈길은 내 온몸에서 언제나 떠나지를 않았다. 그무렵 나는 제요(帝堯)의 딸인 아황(娥皇), 여영(女英)이나 주문왕(周文王)의 어머니 태임(太任)이나 무왕(武王)의 어머니 태사(太姒)와 같은 부덕이 높은 사람이 되기를 바라고 있었다. 그러나 슬프게도 차례차례 태어난 두 황자(皇子)는 젖도 떨어지기 전에 저세상으로 떠나 버리고 말았다. 천명이란 어쩔 수 없다 치더라도 이것이 황제와 떨어지게 된 원인이 아니었을까. 그 후부터 황제는 반첩여에게서 조비연 자매에게로 총애를 옮기셨다. 찾아주시지 않아 옥계(玉階)에는 이끼가 끼고 뜰에는 잡초가 푸르름을 더해 갔다. 침상에 엎드리면 황제의 신을 꾸민 장식이 눈에 선하고, 어전 쪽으로 눈을 돌리며 그 얼마나 눈물지었던가. 생각하면 인생만큼 덧없는 것은 없고 은애만큼 쉬이 옮겨지는 것도 없다.

세월은 장신궁에도 흘러 수화(綏和) 2년(기원 전 7년) 성제가 돌아간 뒤 바로 반첩여도 40세 남짓한 생애를 끝냈다. 「추풍선(秋風扇)」이란 말이 사나이의 사랑을 잃은 여자에게 비유되어 쓰이는 것도 앞에서 보인 「원가행(怨歌行)」에서 비롯되었다.

## • 痴人說夢(치인설몽)

의미 / 어리석은 사람이 꿈이야기를 한다는 것으로, 종잡을 수 없이 아무렇게나 지껄이는 것을 일컫는다.

출전 / 〈冷齊夜話〉

해설 / 남송(南宋)의 석혜홍(釋惠洪)이 지은 《냉재야화(冷齊夜話)》의 9권에 다음과 같은 이야기가 실려 있다.

당(唐)나라 시대에 서역(西域)의 고승(高僧)인 승가(僧伽)가, 용삭 연간(龍朔年間)에 양자강과 회하(淮河)에 끼인 지금의 안휘성(安徽省) 근처를 여행하고 있을 때의 일이다.

기행(奇行)을 많이 하는 사람이 있었기 때문에, 어떤 사람이 물었다.

「당신의 성이 무엇인가(何姓)?」

「성은 하씨다(姓何).」

「어느 나라 사람인가(何國人)?」

「하국 사람이다(何國人).」

뒤에 당나라의 문인 이옹(李邕)이 승가를 위하여 비문을 썼을 때, 승가가 희롱한 것을 모르고, 그의 전기에 〈대사(大師)의 성은 하씨(何氏)이고, 하국(何國)사람이다〉라고 썼다. 이야말로 소위 〈어리석은 사람을 향하여 꿈을 설명한 것〉이다. 이옹은 승가가 농담삼아 한 대답을 진실로 받아들이는 어리석음을 범했던 것이다.

승가(僧伽)는 용삭(龍朔) 연간에 양자강과 회하(淮河) 사이를 유람했다. 그 행동이 몹시 이상하였다. 그래서 묻는 사람이 있어 말했다.

「그대의 성은 무엇인가(何姓)?」

「성은 하씨다(姓何).」

「어떤 나라 사람인가(何國人)?」

「하국 사람이다(何國人).」

당나라 이옹(李邕)이 비석을 만들 때, 그 말을 깨닫지 못하고서, 이에 전하여 쓰기를, 〈대사의 성은 하(何)이고, 하국(何國)사람이다.〉 이것은 바로 소위 어리석은 사람을 상대하여 꿈을 풀이해 준 것일 뿐이다. 이옹은 드디어 꿈으로써 진실되어, 진짜로 어리석음을 끊었다.

# 〔타〕

## • 他山之石(타산지석)

의미 / 다른 산에서 나온 돌을 가지고 옥을 갈 수 있다는 뜻으로, 돌을 소인(小人), 옥을 군자(君子)에 비유하여 군자도 소인의 행동을 보고 수양과 학덕을 쌓을 수 있다는 수양을 위한 명언이다.

출전 / 〈詩經〉 小雅 鶴鳴

해설 / 이 시는 선왕이 초야에 있는 현자를 구하여 타산지석(他山之石)으로 삼도록 하기 위해 지었다는 작품이다.

학이 깊은 산 못에서 울어(鶴鳴于九皐)

그 소리는 멀리 들에까지 울린다(聲聞于野)

물고기는 연못 깊이 숨어 산다지만(漁潛在淵)

때로는 연못 가에 나와 놀기도 한다(或在于渚)
즐거운 저기 저 동산 위에는(樂彼之園)
의지하고 쉴 한 그루의 향목은 있어도(爰有樹檀)
나무 밑엔 낙엽만 흩어져서 그리 안 되고(其下維蘀)
다른 산의 조약돌이라지만(他山之石)
숫돌로 쓴다면 제법이다(可以爲錯)

학이 깊은 산 못에서 울어도(鶴鳴于九皐)
그 소리는 하늘까지 울려퍼진다(聲聞于天)
물가에 나와 노는 물고기라도(漁在于渚)
때로는 연못 깊이 숨기도 한다(或潛在淵)
즐거운 저기 저 동산 위에는(樂彼之園)
의지하고 쉴 한 그루의 향목은 있어도(爰有樹檀)
그 밑에 나쁜 나무만 있어 그렇게 안 된다(其下維穀)
다른 산의 몹쓸 돌이라지만(他山之石)
구슬은 그것으로 갈아서 빛이 난다(可以攻玉)

## • 泰山北斗(태산북두)

의미 / 태산과 북두처럼 사람들이 우러러보는 그런 존재란 뜻으로 저마다 걷는 길에서 사람들에게 존경받고 있는 자를 가리키며, 특히 학문 분야에서의 권위자나 제일인자를 지칭하는 경우가 많다.

출전 / 〈唐書〉 韓愈傳

해설 / 한유(韓愈)는 당(唐)나라의 문학가였고, 또 사상가이며 정치가이기도 했다. 그는 시인으로서도 뛰어났지만, 문장가로서 더욱 유명했다. 문장가로서의 한유는 소위 〈당송팔대가(唐宋八大家)〉의 첫머리에 놓여 있거니와 그 문장상의 공적은 산문의 문체를 개혁한 일이며, 이 점에서 그의 이름은 중국문학사에 찬연히 빛나고 있다.

**육조**시대(六朝時代)로부터 당나라에 걸친 산문은 사륙변려체(四六騈儷體)로, 운률에 여러 가지 제약이 있어 오로지 기교로 내달려 꾸밈으로 이루어진 문장이어서, 화려한 표현에 비해서는 내용이 빈약했다. 한유는 이 결함을 고쳐 소위 〈古文〉을 부활시켰다. 즉 한(漢)나라 이전의 자유로운 문어체의 문장을 부활시켰던 것이다.

그것은 한유가 죽은 뒤 중화민국에 이르기까지 천여년 동안, 중국의 산문체의 주류를 이루어 왔다. 그러나 한유는 또 노장(老莊)과 불교를 배척하고 유교를 높이 올린 것으로도 유명하다.

그 한유에 대하여, 《唐書》의 한유전(韓愈傳)의 찬(贊)에는, 정원(貞元)과 원화(元和) 연간에 그가 육경(六經—易經 · 詩經 · 書經 · 春秋 · 禮記 · 樂經)의 문장으로써 여러 학자들의 스승이 되어 노장과 불교를 배척하고 유교를 높이 드날린 것을 이렇게 서술하고 있다.

> 한유가 죽은 뒤에도 그의 학문은 크게 행하여져, 학자들은 그를 태산과 북두와 같이 숭앙했다.(自愈没 其言大行 學者仰之 如泰山北斗云.)

태산은 산동성(山東省)에 있는 유명한 산으로, 예로부터 오악(五嶽)의 하나로 우러러왔다. 북두(北斗)는 곧 북극성(北極星)으로, 이 또한 별들 중에서 중심적인 존재로서 우러러 왔다. 이 두 가지를 합친 것이 〈泰山北斗〉로, 다같이 사람들이 항상 우러러보는 것으로, 사람들이 숭앙해 높이는 것으로 비유되고 있다. 이것을 줄인 것이 〈泰斗〉로, 뒤에는 제일인자라든가 권위자를 뜻하는 것으로 쓰여지게 되었다.

## • 泰山鴻毛(태산홍모)

의미 / 태산은 산동성에 있으며, 예부터 중국 오악(五岳)의 제1위로서 한국에서의 백두산처럼, 중국인에게 가장 중요한 산이다. 홍모는 기러기의 깃털을 뜻하며 「태산홍모」라는 것은 매우 중요하고 중대한 물건과 경미하고 작은 물건과의 대비에 사용되고 있다.

출전 / 「문선(文選)」 사마천(司馬遷)

해설 / 중국 고대의 위대한 역사학자, 문학자, 사상가인 사마천은, 전한시대의 태사령 사마담(司馬談)의 아들로, 소년시절에 아버지를 따라서 수도인 장안(長安)으로 이사했다.

사마천은 성장하여 각지의 명산과 큰 강, 천하의 명승고적을 방문하였다. 길을 따라서 각지의 인정과 풍속을 시찰하고 전설과 민화를 채집했다.

기원 전 110년, 아버지 사마담은 중병에 걸려, 사마천에게 태사령의 자리를 계승하도록 의뢰했다. 그리고 역사서를 다시 쓰도록 말하였고, 사마천은 그 완성을 약속했다.

태사령이 된 사마천은 매일 아침 일찍부터 밤 늦게까지 궁정안에 소장되어 있는 대단히 많은 목간(木簡), 연서(絹書)를 정비하고, 사서(史書)정리와 고증에 힘썼다.

이렇게 4, 5년이 지나서 장서의 정리와 고증이 일단락되었을 때, 그는 돌아가신 아버지의 유지를 계승하여 「사기(史記)」를 쓰고 싶은 생각이 들었다.

기원 전 99년, 한의 명장 이광의 손자 이릉이 이끈 군사는 압도적인 흉노적과 싸워서 패하고, 무제는 화가 났으며 대신들도 이릉을 비난하였다.

그 중에서 사마천만은, 용감하게 싸운 이릉을 격려하고 변호했다. 무제는 기분이 상하여 사마천을 궁형(고환을 제거하는 극형)에 처했다.

그 후, 무제는 그의 재능을 아까와하여 석방시켜서 중서령에 임명했다. 사마천은 염원인 「사기」완성을 위해, 굴욕과 박해와 조소를 참았다.

형을 받은 후, 그는 친구 임안에게 편지를 썼다. 그 편지에서 자신의 수난에 관해 언급하여, 지금 혼탁한 세상에서 죽지 않고 살아 있는 것은 「사기」완성을 위해서라고 썼다.

## • 推敲(퇴고)

의미 / 문장을 다듬고 고친다는 뜻으로 비슷한 말이라도 어느 것이 더 적절한가를 여러 번 생각하고 살피는 것을 말한다.

출전 / 〈劉賓客嘉話錄〉 野客叢書

해설 / 당나라 때의 시인 가도(賈島)가 장안(長安)으로 과거를 보러갈 때이다. 어느 날 나귀를 타고 길을 가는데 문득 옛날에 있었던 일이 생각나며 시상(詩想)이 떠올랐다.

인가가 드문 곳에 한가한 집이 있어서(閑居少隣竝)
풀에 묻힌 길이 거친 정원과 통하고 있네(草徑入荒園)
새는 연못가 나무에 자고(鳥宿池邊樹)
중은 달 아래 문을 두드린다(僧敲月下門)

이 시에서 마지막 절인 「중은 달 아래 문을 두드린다」에서 두드린다(敲)보다 민다(推)고 하는 것이 어떨까 하는 생각이 들었던 것이다. 그래서 그는 이 두 글자를 놓고 어느 것이 좋을지 혼자 곰곰이 생각에 잠기게 되었다.

나귀를 탄 채 두 글자를 놓고 「밀었다(推) 두드렸다(敲)」하면서 가던 도중 귀인(貴人)의 행차와 부딪히고 말았다. 행차는 공교롭게도 경조윤(京兆尹) 한유(韓愈)의 행차였다.

행차 길을 침범한 혐의로 한유 앞으로 끌려나온 그는 사실대로 이야기를 했다. 그러자 한유는 노여워하는 기색도 없이 말을 멈추고 한

참 생각하고 있다가 「역시 민다는 퇴(推)보다는 두드린다는 고(敲)가 좋겠군」하며 가도와 나란히 행차를 계속했다. 그뒤부터 두 사람은 문학적인 친구가 되었다고 한다. 이때부터 퇴고라는 말을 사용하게 되었다.

## 〔파〕

### • 破鏡(파경)

의미 / 깨진 거울이란 뜻으로, 둥글던 거울이 깨짐으로써 한쪽이 떨어져 없어지거나 금이 가서 옛날처럼 온전한 모습과 밝은 거울의 역할을 할 수 없거나 부부 사이의 금슬이 좋지 않아 이별하게 되는 경우를 가리키는 말이다.

출전 / 〈太平廣記〉

해설 / 서기 589년 정월에, 남조(南朝)의 최후의 왕인 조진(朝陳)이 멸망했을 때, 태자사인(太子舍人－시종)인 서덕언(徐德言)은 간신히 살아남을 수가 있었지만, 그의 아내가 조(隋)나라 병사에게 사로잡혀 가서 생이별이 되고 말았다.

그의 아내는 남조(南朝)의 마지막 황제가 된 진(陳)나라의 진숙보(陳叔寶)의 누님으로, 낙창공주(樂昌公主)에 봉해져 있었다. 멸망하는 그날까지 술과 여자에게 빠져 있던 황제의 궁중에는, 수많은 미인들이 있었지만, 그녀는 그 여자들 가운데서도 문재(文才)와 얼굴 모습이 가장 뛰어난 존재였다.

나라가 망하고 보니, 여자들은 점령군의 거친 남자들에게 짓밟힘을 당하고, 얼굴이 아름다운 여자들은 사로잡혀 장교들의 희롱물이 되고, 황녀와 왕비들은 도읍으로 보내져서 권력자들의 규방에 제공되었다. 그것은 나라가 망한 여자들에게 있어, 어느 세상에서나 피할 수 없는 숙명이었다.

서덕언은 수(隋)나라 대군이 양자강 북쪽 기슭에 도착했을 때, 만일의 경우를 생각하여 아내를 불렀다.

「이곳은 언제 적군이 공격해올지 예측할 수 없는 접전지역이오. 당신의 미모와 재주로 보건대, 일단 나라가 멸망하면 당신은 반드시 적군의 그럴듯한 자의 진으로 보내어질 것이며 그렇게 되면 살아서 두 번 다시 만나지 못할 것이오. 그러나 인연이 있어 다시 만날 기회가 있을지도 모르오. 그 때를 위하여……」

그는 옆에 있던 한 장의 거울을 둘로 깨뜨려서 그 한쪽을 아내에게 건네주었다.

「이것을 소중히 가지고 있어 주오. 그리고 정월 보름날에 도읍의 시장에서 팔아 주오. 정월 보름날에는 반드시 그래야 해. 만일 살아남을 수 있다면, 나는 그날에는 반드시 도읍으로 찾아갈 것이오.」

두 사람은 깨어진 거울의 조각을, 각각 품안에 깊이 감추었다.

이윽고 나라가 멸망하자, 그녀는 얘기했던대로 도읍으로 보내어져서, 수(隋)나라 문제(文帝)인 양견(楊堅)의 한 팔 노릇을 한 건국 제일의 공신으로서 절대적인 권력을 휘두르고 있던 월국공(越國公) 양소(楊素)의 별관으로 보내어졌다. 강남(江南)의 물에서 자란 아름다운 모습과 고도(高度)의 문명사회에서 기른 교양이 넘치는 그녀는, 반평생을 싸움터에서 보낸 양소의 마음을 곧 사로잡았지만, 그녀의 마음은 남편이 주었던 거울의 한쪽에서 떠난 일이 없었다.

한편 서덕언은 아비규환(阿鼻叫喚)의 거리에서 탈출하자, 거지노릇을 하면서 1년이 걸려서 도읍인 장안으로 올라갔다. 약속한 정월 보름날에 시장으로 가 보니, 깨어져 반쪽만 있는 거울을 들어올리고, 소리를 지르며 파는 사나이가 있었다.

「이 거울은 단지 십 금이다. 누가 사지 않겠는가?」

단돈 한 푼이라도 살 사람이 없는 반쪽의 거울을 누가 십 금을 내고 살것인가? 통행인들은 웃으면서 지나갔다.

「그것을 나에게 파오.」

소리를 지른 서덕언은 자기가 임시로 머무는 곳으로 사나이를 데리고 가서, 거울에 얽힌 내력을 얘기하고, 자기가 몸에 지니고 있던 한 쪽의 거울을 내놓았다. 두 조각으로 난 거울은 완전히 하나가 되었다. 그 한쪽 거울의 표면에 시를 한 수 써서 그 사나이에게 가지고 돌아가게 했다.

거울과 사람이 함께 가버리더니, 거울은 돌아왔건만 사람은 돌아오지 않는구나.
항아(恒娥)의 그림자는 다시 없고, 공연히 밝은 달빛만을 머무르게 하는구나.

사나이가 전해 준 거울을 본 서덕언의 아내는, 이후로 울기만 하고 있을 뿐 식사도 하지 않게 되었다. 이 사실을 안 양소는 두 사람의 굳은 애정에 마음이 이끌려, 곧 서덕언을 불러들여, 그녀를 그에게 돌려주고 고향인 강남으로 돌아가게 했다.

《태평광기(太平廣記)》 166권에 〈본사시(本事詩)〉에서 다시 기록한 양소의 이야기이다.《太平廣記》는 이것을 양소의 의협심을 비유한 얘기로서 의기(義氣)의 항목에 분류하고 있지만, 일반적으로 서덕언 부부의 재회를 말하는 아름다운 이야기로 알려져 있다.

## ● 破瓜之年(파과지년)

의미 / 여자의 나이 16세를 말하는데 첫 경도(經度)가 있게 되는 나이란 의미도 있다. 또 남자의 64세를 가리키기도 한다.

출전 / 孫綽의 〈情人碧玉歌〉

해설 / 푸른 구슬 참외를 깰 때에(碧玉破瓜時)

님은 사랑을 못견디어 넘어져 뒹굴었네(郎爲情顚倒)
님에게 감격하여 부끄러워 붉히지도 않고(感君不羞赧)
몸을 돌려 님의 품에 안겼네(廻身就郎抱)

이 시에 나오는 파과시(破瓜時)는 처녀를 바치던 때라고도 풀이될 수 있고 또 사랑을 알게 된 열 여섯의 나이로도 풀이될 수 있다. 또 전도(顚倒)란 말은 전란도봉(顚鸞倒鳳)의 뜻으로 남녀가 함께 정(情)을 나누는 것을 말한다.

과(瓜)란 글자를 쪼개 보면 팔(八)이 둘이 된다. 그래서 여자를 참외에 비유하고, 또 그것을 깨면 여덟이 둘이 되므로 「파과지년」이 여자의 나이 열 여섯을 가리키게 된 것이다.

또한 남자의 나이 예순 넷을 가리켜 파과라고 말하는데 그것은 8을 서로 곱하면 예순 넷이 되기 때문이다.

## • 破竹之勢(파죽지세)

의미 / 대나무를 쪼개는 듯한 기세, 즉 강한 기세를 늦추지 않고 계속해서 거침없이 밀고 들어가는 형세를 말한다.

출전 / 〈晋書〉 杜豫傳

해설 / 두예(222~284년)는 서진의 무제(사마염)를 섬기는 무장이었고, 동시에 저명한 학자였다. 278년, 진남대장군이 되어 양양의 수비를 맡았다.

당시, 세 나라가 함께 맞서고 있었는데, 이미 촉은 멸망했고, 위는 사마염에게 빼앗겨 진(서진)이 되어 있었다. 두예는 남은 오의 토벌의 상서로서 무제에게 진언했다.

그 상서를 받아든 무제는 혼자서 결정하지 않고, 대신(大臣) 장화(張華)와 상의했다. 장화는 두예의 상서를 보았다. 그 형세에 대한 분석은 참으로 날카롭고 적절했다.

장화는 무제에게 아뢰었다.

「폐하는 용감하신 장수입니다. 온 나라 안은 풍부하고 병사는 강합니다만, 오왕은 난폭하여 나라가 혼란합니다. 확실히 오를 토벌하기에 좋은 기회입니다.」

이 진언에 무제도 오를 토벌할 결심을 굳혔다. 그러나, 몇 사람의 중신은 이것이 무모하다고 충고했다. 무제는 심하게 꾸짖어서 중신의 의견을 묵살했다.

기원 279년, 무제는 오나라 토벌을 위해 병력을 점점 늘렸다. 총세력 20여 만, 여섯 길로 나누어 오를 향해 진격했다. 두예도 용감하게 정도에 올랐다.

이듬 해, 두예가 지휘하는 군대는 강릉을 점령하고 오나라 장수 오연을 무찔렀다. 완강, 상강 이남의 모든 성에서는 그 무서운 세력에 눌려 모두 항복했다.

두예는 군사회의를 열어 작전을 짰다. 어떤 무장은,

「오나라는 큰 나라이고, 해전에서는 우리가 불리합니다. 겨울까지 기다립시다.」

하고 공격 연기를 주장했다.

두예는, 「지금 진군의 위세가 크게 뻗쳐 있어, 그 힘이 파죽과 같다. 이 기세대로라면 불가능은 없다」

라고 이것을 배척했다.

## • 敗軍之將 不語兵(패군지장 불어병)

의미 / 싸움에 진 장수는 방법을 말하지 않는다는 뜻으로, 실패를 한 자는 그 일에 대하여 구구히 변명을 하지 않는다는 말이다.

출전 / 〈史記〉 淮陰侯列傳

해설 / 한신(韓信)이 배수지진(背水之陣)을 치고 조군(趙軍)을 대파했을 때(기원전 204년)의 일이다. 위(魏)에서 조(趙)로 향한 한신의 걱정거리는 정경(井陘)의 협도(狹道)였었다. 무슨 일이 있더라도 뚫고 지나가야 할 통로이기는 했으나 너무나도 좁아서 대부대의 행진에는 불편했다. 대열이 길어져 병력이 분산되었을 때, 조군에게 공격을 당하면 한신의 지략을 가지고서도 막을 도리가 없었던 것이다. 더구나 조에는 광무군 이좌거(李左車)라는 우수한 전략가가 있었는데 그가 이 협도에 착안하지 않을 리가 없었다. 사실 광무군은 한신의 부대가 이 협도에 들어섰을 때, 일거에 격멸하도록 성안군 진여(陳余)에게 진언했다. 그런데 유학을 즐겨 정의의 싸움을 외치고 있던 성안군은 광무군의 진언을 듣지 않았다.

그리하여 무사히 정경의 협도를 돌파한 한신은 아주 쉽게 조군을 격파시킬 수가 있었으나, 이 싸움에서 한신은 광무군을 죽이지 말고 생포하라는 명령을 전군에 내렸다. 싸움이 끝나고 광무군이 한신 앞에 끌려나왔을 때, 한신은 그를 예우하면서 말했다.

「앞으로 북쪽 연(燕)을 치고 다시 동쪽의 제를 치고자 생각하는데, 어떻게 하면 성공할 수가 있겠읍니까?」

「패군지장(敗軍之將)은 용(勇)을 말하지 말 것이며 망국지대부(亡國之大夫)는 존(存; 나라를 보존하는 길)을 꾀하지 말라는 말을 들은 바 있읍니다. 지금 나는 싸움에 패하여 당신의 포로가 되어 있는 몸입니다. 어찌 대사를 꾀할 자격이 있겠읍니까?」

「아니, 그건 겸손의 말씀입니다. 나는 백리혜(百里傒)라는 현인이 우(虞)에 있었으나 우가 망하여 진으로 가자 진은 제후의 패자가 되었다는 말을 들은 바 있읍니다. 우에 있었을 때의 백리혜는 우자(愚者)였고 진으로 가자 비로소 지자가 된 것은 아닙니다. 우는 그를 등용하지 않고 진은 그의 계모를 들었다는 차이밖에 없읍니다. 성안군(成安君)이 만약 당신의 계모를 따랐다면 지금쯤은 내가 당신의 포로가 되었을 것입니다. 다행인지 불행인지 당신의 계략이 실행되지 않았기 때문에 이렇듯 나는 당신에게 가르침을 청할 기회를 얻은 것입니다. 나는 진심으로 당신의 가르침을 따를 각오입니다. 부디 겸손해하지 마시고 높으신 의견을 피력해 주십시오.」

한신의 열의에 광무군은 마침내 연과 제를 토벌하는 술책을 말했다. 그 술책에 따라 이윽고 한신은 연과 제를 멸망시켰다.

## • 平地風波(평지풍파)

의미 / 고요한 땅에 바람과 물결을 일으킨다는 뜻으로, 공연한 일을 만들어서 뜻밖에 분쟁을 일으키거나 사태를 어렵고 시끄럽게 만드는 경우를 가르키는 말이다.

출전 / 劉禹錫의 〈竹枝詞〉

해설 / 당(唐)의 시인 유우석(劉禹錫)의 죽지사(竹枝詞) 9수(首) 중의 하나에 이런 것이 있다.

구당의 시끄러운 열 두 여울(瞿塘嘈嘈十二灘)
사람들은 말하네, 길이 예부터 어렵다고(人言道路古來難)
못내 안타까와 하노라 인심이 물만도 못하여(長恨人心不如水)
생각이 부족하여 평지에 풍파를 일으키는 것을(等閑平地起波瀾)

이 시는 파촉(巴蜀) 일대의 민요인바, 그 가사가 저속했으므로 유우석이 그 곡조에 맞추어 다시 새롭게 가사를 쓴 것이라고 전한다.

촉(蜀)으로 가는 도중에는 파동(巴東)의 삼협(三峽)이라 일컬어지는 험난한 곳이 있어서 나그네는 여기를 배로 거슬러 올라가야 한다. 그 삼협의 하나인 구당협(瞿堂峽)에는 열 두 군데 여울물이 있어서 그 처절한 물소리가 간담을 서늘케 한다. 그리하여 이 길은 예로부터 험난하다고 일컬어져 왔다. 그러나 이 물보다 더 무서운 것은 사람들의 마음이어서 공연히 평지에 풍파를 일으켜 세상을 시끄럽게 만들고 있다는 것이 이 시의 내용이다.

## ●炮烙之刑(포락지형)

의미 / 기름을 칠한 구리기둥을 숯불 위에 놓고 죄인으로 하여금 건너가게 하여 미끄러져 떨어지면 숯불에 타 죽게 되는 형벌로, 잔인하고 가혹한 형벌의 대명사가 되어 있다.

출전 / 〈史記〉 殷本紀

해설 / 은(殷)나라 주왕(紂王)은 유소씨(有蘇氏)의 나라를 정벌하여 얻은 달기(妲己)라는 요염한 여자에게 마음이 사로잡히게 되었다. 그러자 곧 그녀의 말은 그대로 주왕의 정령(政令)이 되었다. 그러니 정치는 달기의 마음을 사기 위한 도구가 되었고 그 결과 주왕은 달기와의 음락을 유지하기 위해 새로운 세법(稅法)을 계속 제정했다. 거교(鋸橋)의 창고는 징수한 미속으로 가득 차고 훌륭한 견마(犬馬), 진기한 보물류는 속속 궁중으로 모여들었다. 그렇지 않아도 광대한 사구(沙丘)의 이궁(離宮)은 더욱 더 확대되고 수많은 조수(鳥獸)가 그 안에 놓아 길러졌다. 이런 상황 속에서 주지육림의 음락이 펼쳐진 것이다. 당연히 중세에 허덕이는 백성들로부터는 원성이 높았고, 그것을 배경으로 반기를 드는 제후도 생기게 되었다.

그러자 주왕은 형벌을 가중시켜 새로운 「포락지형(炮烙之刑)」을 제정했다. 이 궁 뜰에 구리기둥이 가로놓이고, 비방자들이 그 앞으로 끌려나와 기둥을 건너가라는 명령을 받았다. 그런데 이 기둥에는 기름이 칠해져 있어 미끄러워서 도저히 건너갈 수가 없었다. 기둥에서 미끄러지면 아래에 놓이 숯불로 떨어져 타죽었다.

주왕과 달기는 이 광경을 보고 박장대소를 하며 즐거워했다고 한다.

## • 蒲柳之質(포류지질)

의미 / 갯버들과 같은 성질이란 뜻으로, 갯버들처럼 연약한 체질을 일컫는 말이다.

출전 / 〈世說新語〉 言語篇

해설 / 〈蒲柳〉란 물가에 서 있는 버드나무란 뜻이다.

이 물가에 가냘프게 돋아난 잎이 떨어지는 떨기나무는, 소나무와 잣나무 등의, 보기에도 늠름한 상록(常綠)이 키 큰 나무와 비교하면, 다른 나무보다 일찍 잎이 떨어져버리는 갯버들과 같은 허약체질(虛弱體質) 혹은 나이보다 일찍 머리가 희는 약한 체질을 뜻하는 것으로, 〈蒲柳之質〉이라는 표현을 쓴 것은 동진(東晋)의 고열지(顧悅之)이다.

고열지는 간문제(簡文帝)와 같은 나이였음에도 불구하고, 먼저 머리가 하얗게 되었기 때문에, 간문제가,

「그대의 머리는 왜 나보다 먼저 희어졌는가?」

하고 묻자, 그는 대답했다.

「갯버들 성질의 사람은 가을을 앞두고 잎이 떨어지거니와, 소나무와 잣나무의 성질의 사람은 겨울의 서리를 맞아도 점점 잎이 무성하는 것과 같습니다.(顧悅之簡文同年 而髮蚤白. 簡文曰 卿何以先白. 對曰 蒲柳之姿 望秋而落 松柏之質 經霜彌茂.)《世說新語》言語編 저는 어차피 몸이 약해서 폐하의 장건(壯健)하심에는 미치지 못하겠나이다.」

《論語》의 자한편(子罕篇)에도,

해가 추워져서야, 그런 뒤에 소나무와 잣나무가 비로소 시들음을 알겠다.(歲寒然後 知松柏之後彫也)

날씨가 추워진 뒤에야, 비로소 소나무와 잣나무의 잎이 번성함을 알 수 있다는 것이다. 사람의 진가는 위급하고 어려운 처지를 당해야

비로소 알 수 있다는 뜻으로 한 귀절을 맺었거니와, 청담(淸談)이 유행하던 때이므로 묘한 사람이라는 평판이 났을 것이다.

진서(晋書)의 고열지전(顧悅之傳)에 의하면, 그는 젊은 무렵부터 정의파(正義派)로, 권세에 아부하는 일 없이 곧은 말을 했다고 한다. 벼슬은 상서우승(尙書右丞)으로 끝났다. 체질은 비록 〈갯버들의 모습〉이었는지 모르지만, 그가 타고난 성질은 〈소나무와 잣나무의 성질〉이었음에 틀림이 없다.

그의 아들도 또한 그림 그리는 재주와 기행(奇行)으로써 〈개지(愷之)의 三絶〉이라고 일러지며, 그가 바로 후세에 문인화(文人畵)의 조상이 된 고개지(顧愷之)였다.

## • 暴虎馮河(포호빙하)

의미 / 맨주먹으로 범을 잡고 걸어서 강을 건넌다는 뜻으로, 어떤 계획이나 준비 없이 그저 만용(蠻勇)만을 믿고 마구 행동하는 것을 가리킨다.

출전 / 〈詩經〉 小雅 小旻篇, 〈論語〉 述而篇

해설 / 〈시경〉의 소아(小雅) 소민편(小旻篇)에 나오는데, 이 시는 악정(惡政)을 개탄해서 지은 시이다. 포호빙하와 같은 엄청나게 무모한 짓은 하지 않지만 눈앞의 이해에만 정신이 팔려 앞으로 어떤 결과가 온다는 것을 생각지 못하는 위정자의 안타까운 태도를 읊었다.

맨손으로 호랑이를 잡을 수 없고(不敢暴虎)
걸어서는 황하를 건널 수 없네(不敢馮河)
사람은 그 하나만을 알고(人知其一)
그 밖의 것은 알지 못한다(莫知莫他)

또 〈논어〉의 술이편(述而篇)을 보면 다음과 같은 내용이 들어 있다.

어느 날 공자가 안회(顔回)의 덕을 크게 칭찬하였다. 옆에서 듣고 있던 자로(子路)는 안회만을 칭찬하는 것이 불만이었다. 그래서 용기와 결단성이 있기로 알려진 자로서 전쟁은 자기만큼 해낼 사람이 없으리라고 자부하고 공자에게 물었다.

「선생님께서 삼군(三軍)을 움직여 전쟁을 하게 된다면 누구와 함께 행동하시겠읍니까?」

공자는 자로의 그 같은 기분은 잘 알고 있었으나 경솔한 태도를 꾸짖었다.

「맨손으로 범을 잡고, 걸어서 황하를 건너다가 당하는 무모한 죽음에 후회가 없는 사람과 나는 함께 하지 않을 것이다. 일을 하는 데 있어서 반드시 두려운 생각을 갖고 꾀를 써서 일을 성공시키는 사람과 함께 할 것이다.(暴虎馮河 死而無悔者 吾不與也 必也臨事而懼 好謀而成者也)」

이렇듯 공자는 모든 일은 용기만으로 되는 것이 아니고, 용기 이전에 신중한 검토와 그에 대한 대책이 앞서야 한다는 것을 자로에게 타일렀다. 그러나 자로는 결국 그 〈포호빙하〉하는 성질을 이기지 못하여 뒷날 난(亂)에 휩쓸려 목숨을 잃고 말았다.

## •豹死留皮 人死留名(표사유피 인사유명)

의미 / 표범은 죽어서 가죽을 남기고 사람은 죽어서 이름을 남긴다는 뜻으로 짐승도 가죽을 남겨 세상에 이익을 주는데 하물며 사람은 더욱 더 훌륭한 일을 해 좋은 이름을 남겨야 한다는 성어이다.

출전 / 〈五代史〉 王彦章傳

해설 / 구양수(歐陽修)는 그의 《신오대사(新五代史)》의 〈열전(列

傳)〉 제 20을 〈사절전(死節傳)〉에 해당시켜,

어(語)에 말하기를, 세상이 어지러워지면 충신을 안다(《老子》 제 18장에, 국가가 혼란하면 충신이 있다라고 보인다). 과연 그러하다. 오대(五代)에 즈음하여 인재가 없다고 하지 말아야 한다. 나는 절개가 온전한 선비를 세 사람 얻었다. 이에 사절전(死節傳)을 짓는다.

라고 기록했다. 그리고 후량(後梁)의 왕언장(王彦章)과 후당(後唐)의 배약(裵約)과 남당(南唐)의 유인섬(劉仁贍) 등 세 사람의 전기를 써서 남겼다. 이들은 모두가 배신의 무리가 속출했던 오대(五代)의 난리 사이에 살았던 인물들로 절개를 바친 무장들이다.

이 세 사람 중에서도, 구양수가 가장 높이 평가하고 있는 것은 왕언장으로, 그를 위하여 별도로 《왕언장화상지기(王彦章畵像之記)》를 쓰고 있는 정도이다.

왕언장은 일개 병졸로서 출발하여, 후량의 태조 주전충(朱全忠)의 밑에서 장군이 되어, 후당의 장종(莊宗)을 마구 괴롭혔다.

그는 유례가 없을 만큼 용기와 힘의 소유자로, 맨발로 가시밭길을 백 걸음이나 걸을 수 있으며, 철창을 옆에 끼고 말을 몰아 적진으로 들어갈 때는 마치 날개가 달린 것과 같아, 그가 향하는 곳에는 적군이 없는 형편으로, 병사들로부터 〈王철창〉이라고 불려지고 있었다.

후량이 멸망했을 때, 충의(忠義)와 강직한 그는 끝임금인 주진(朱鎭)의 측근인 간신 때문에, 불과 오백기(五百騎)의 약한 병졸로 수도의 방위를 여지없이 쳐부수고 중상을 입어 사로잡혔다. 후당의 왕 장존은 그의 무용을 아끼어 한 목숨을 살려 자기의 휘하에 보태려 했지만, 그는,

「신은 폐하와 혈전하기를 20여년에, 지금 군대에 패하여 힘이 다했읍니다. 죽지 않고서 무엇을 기대하리오. 또한 신은 양(梁)나라의 은혜를 받아, 죽지 않으면 보답할 길이 없나이다. 어찌 아침에 양(梁)나라를 섬기고 저녁에 진(晋)나라를 섬길 수 있으리오. 살아서 무슨 면목이 있어 천하의 사람들을 보리오.」

하고 거부하고, 죽음의 길을 택했다.

그는 타고난 무인으로 글을 알지 못했기 때문에, 책을 읽는 사람이 전고(典故)를 인용한 것을 항간에 전했다. 속담으로 대신하였거니와, 그가 입버릇처럼 말하고 있던 것은,

「표범은 죽어서 가죽을 남기고, 사람은 죽어서 이름을 남긴다.」

라는 속담이었다.

언장은 무인으로서 글을 알지 못하였다. 항상 속담을 사람들에게 일러 말하기를, 〈표범은 죽어서 가죽을 남기고 사람은 죽어서 이름을 남긴다〉고 했다.〈彥章武人不知書. 常爲俚語謂人曰 豹死留皮 人死留名.〉

우리나라에서는 일반적으로 표(豹)를 호(虎)로 바꾸어, 〈호랑이는 죽어서 가죽을 남기고, 사람은 죽어서 이름을 남긴다〉, 혹은 〈사람은 죽어서 이름을 남기고, 호랑이는 죽어서 가죽을 남긴다〉라고 말하는 편이 많다.

## • 風聲鶴唳(풍성학려)

의미 / 바람소리와 학의 울음소리란 뜻으로, 아무것도 아닌 소리에 공연히 놀라 겁을 먹는다는 말이다.

출전 / 〈晋書〉 謝玄傳

해설 / 동진(東晋) 효무제(孝武帝)의 태원(太元) 8년 진제(秦帝) 부견(苻堅)은 스스로 병 60만, 기마 27만의 대군을 이끌고 장안을 떠나 밀물같이 진(晋)으로 육박해 들어갔다.

진(秦)은 현상(賢相) 왕맹(王猛)을 기용함으로써 급속히 발전하여 제일의 강국으로 부상하였다. 그 왕맹이 죽으면서 「진(晋)만은 건드리지 말아달라」는 유언을 남겼는데, 부견이 진을 공격한 것은 그 후 8년이 지나서였다.

진(晋)은 재상 사안(謝安)의 동생 사석(謝石)을 정토대도독(征討大都督)으로 삼고, 조카인 사현(謝玄)을 선봉도독으로 삼아 8만의 군제로써 진(秦)의 대군을 맞이했다.

먼저 현(玄)의 참모 유뇌지(劉牢之)는 정병 5천을 이끌고 낙간(洛澗)에서 진(秦)의 선봉을 격파하고 장수의 목을 베었다. 그러자 사현 등도 더욱 용감하게 전진했다.

부견(苻堅)이 수양(壽陽)의 성에 올라 진군(晋軍)을 바라보니 진영이 질서정연했다. 무심코 팔공산(八公山) 쪽으로 눈을 돌리니 산은 진군으로 가득 차 있었다. 깜짝 놀라 다시 보니 그것은 풀과 나무였다. 순간 그는 불안을 느꼈다.

진군(秦軍)이 비수(淝水) 언덕에 진을 치고 있어 진군(晋軍)은 건널 수가 없었다. 사현은 군사를 보내어 진(秦)의 진지를 조금 후방으로 퇴각시켜 진군(晋軍)을 건너게 한 뒤 승부를 결정하자고 청했다. 부견은 「우리 군을 약간 뒤로 물러서게 했다가 적이 반쯤 건넜을 때 격멸해 버리리라」고 생각하고 제의를 수락했다.

그러나 진(秦)의 군세는 뒤로 물러서라는 신호를 받자 계속 퇴각하여 이제 정지시킬 수도 어찌할 수도 없게 되어 버렸다. 그러자 사현의 군대가 강을 건너 추격해 들어와 진군(秦軍)을 궤란 상태에 빠뜨리고 말았다. 진병(秦兵)들은 앞선 자를 밀어젖히고 자기가 먼저 도망치고자 밀고 밀리면서 자기편끼리 밟고 밟히고 하여 죽는 자가 부지기수였다. 잔뜩 겁을 먹은 진(秦)의 병사들은 바람소리와 학의 울음소리를 듣기만 해도 진군(晋軍)이 추격해 오는 것으로 잘못 알고 그저 도망갈 뿐이었다.

## • 匹夫之勇(필부지용)

의미 / 필부(匹夫)란 소인배와 같은 의미로 좁은 소견을 가지고 어떤 계획이나 방법도 없이 혈기만을 믿고 마구 날뛰는 자를 말한다.

출전 / 〈孟子〉 梁惠王下, 〈史記〉 淮陰侯列傳

해설 / 《孟子》 양혜왕편(梁惠王篇) 下에서, 맹자와 제선왕(齊宣王)과의 대화는 왕도정치(王道政治)를 설명하는 맹자와 부국강병(富國強兵)을 생각하는 선왕(宣王)과의 사고방식의 차이가 드러나 있어서 재미있다.

제선왕(齊宣王)이 물어 보았다.

「이웃나라와 사귀는 데 방법이 있나이까?」

맹자께서 대답하셨다.

「있읍니다. 오직 인자(仁者)라야 능히 큰 나라로써 작은 나라를 섬길 수 있읍니다. 그러므로 은(殷)나라 탕왕(湯王)이 갈(葛)나라를 섬기고, 주문왕(周文王)이 곤이(昆夷)를 섬겼읍니다. 그리고 오직 지혜 있는 왕이라야 작은 나라로써 큰 나라를 섬길 수 있읍니다. 주태왕(周太王)이 훈육을 섬기고, 조왕(趙王) 구천(勾踐)이 오(吳)나라를 섬겼읍니다. 큰 나라로써 작은 나라를 섬기는 것은 하늘의 도를 즐기는 것이요, 작은 나라로써 큰 나라를 섬기는 것은 하늘의 도를 두려워하는 것이니, 하늘의 도를 즐기는 사람은 천하를 편안케 하고, 하늘의 도를 두려워하는 사람은 자기 나라를 편안케 하나이다. 시경에도 이르기를 〈하늘의 위엄을 두려워하여 길이 나라를 편안케 하도다〉라고 있나이다.」

「크기도 하여라, 선생의 말씀이여! 그런데 과인에게는 한 가지 병이 있으니, 과인은 용기를 좋아하나이다.」

「왕께서는 제발 작은 용기를 좋아하시는 일이 없도록 하소서. 칼자루를 어루만지고 노려보면서, 〈제가 어찌 감히 나를 당해낼 것이냐?〉 하신다면, 이는 필부(匹夫)의 용기입니다. 이는 곧 한 사람을 대적함이니, 왕께서는 제발 용기를 크게 부리소서.」

# 〔하〕

## • 邯鄲之夢(한단지몽)

의미 / 한단이란 지방에서 꾼 꿈이란 뜻으로, 인생과 영화의 덧없음을 비유하는 말이다.

출전 / 沈既濟의 〈枕中記〉

해설 / 다음은 당(唐)나라 심기제의 소설 〈침중기〉의 줄거리이다.

당나라 현종(玄宗) 때의 일이다. 여옹(呂翁)이란 도사가 한단(邯鄲)이란 곳의 객사(客舍)에서 쉬고 있을 때 초라한 옷차림을 한 노생(盧生)이라는 젊은이가 다가와서 고생을 면치 못하는 자신의 처지에 대해 하소연을 늘어놓았다.

그러다가 노생은 졸음이 와 여옹으로부터 베개를 빌어서 잤는데, 그 베개는 도기(陶器)로 만든 것으로 양 끝에 구멍이 뚫려 있었다. 잠들고 있는 동안에 그 구멍이 점점 커졌으므로 노생이 들어가 보니 그곳에는 대궐 같은 집이 있었다. 그 집에서 노생은 청하 최씨의 딸과 결혼을 하고 진사 시험에 합격하여 관리가 되었으며, 계속 출세하여 마침내 경조윤(京兆尹)이 되고 또 오랑캐를 토벌하여 어사대부(御史大夫) 겸 이부시랑(吏部侍郞)이 되었다.

이렇듯 그의 지위가 인신(人臣)의 극을 누리고 있을 때 그가 변방의 장수들과 결탁하여 모반을 꾀하고 있다는 터무니없는 참소가 들어와 포박을 당하자 그는 장탄식을 하며 처자(妻子)에게 말했다.

「내 고향 산동(山東)의 집에는 약간의 전답이 있었다. 농사만 짓고 살았더라면 그것으로 추위와 굶주림은 면할 수 있었을 터인데 무엇 때문에 애써서 녹(祿)을 구했단 말인가? 그것 때문에 지금 이 꼴이 되어 버렸으니 그 옛날 누더기옷을 입고 한단의 길을 걷던 일이 생각난다. 그때가 그리우나 이젠 어떻게 할 수도 없는 처지이니……」

노생은 칼을 들어 자결하려고 했으나 아내가 말리는 바람에 뜻을 이루지 못하고 기주(驥州)로 귀양을 가게 되었다.

수년 후 천자는 노생이 누명을 쓰고 있음을 알고 노생을 불러 중서령(中書令)에 임명했으며, 연국공(燕國公)에 봉하여 그 은총과 믿음이 대단하였다. 그의 다섯 아들은 모두 고관(高官)이 되고 천하의 이름 있는 집안과 결혼을 하여 십여 명의 손자를 두었으며, 만년에 그는 무척 행복한 생활을 영위하였다. 그러나 점차 건강이 쇠약해져 마침내 죽고 말았다.

이윽고 노생은 크게 하품을 하며 잠에서 깨어났다. 그 모든 것은 한낱 헛된 꿈이었다.

여옹은 그런 그에게 웃음을 보이며 말했다.

「인생이란 다 그런 거라네.」

노생은 잠시 묵묵히 있다가 이어 여옹에게 감사하며 말했다.

「영욕(榮辱)도 빈부(貧富)도 죽음도 모두 경험했읍니다. 이것은 선생께서 제 욕심을 막아주신 것이라 생각되는군요. 잘 알았읍니다.」

여옹에게 공손히 절을 하고 노생은 한단의 길을 걸어갔다.

## • 邯鄲之步(한단지보)

의미 / 조나라의 서울인 한단의 걸음걸이를 배운다는 뜻으로, 자기 본분을 잊고 공연히 남의 흉내를 내다 보면 두 가지 모두 제대로 할 수 없어 이것도 저것도 아닌 것이 되고 만다는 말이다.

출전 / 〈莊子〉 秋水篇

해설 / 조의 도읍 한단의 사람은 걸음걸이가 경쾌하고 우아하다고 전해들은 연(燕)의 도읍 수릉(壽陵)의 어떤 소년이, 그 걸음걸이를 배우려고, 천리길을 멀다 하지 않고 일부러 한단까지 갔다.

산을 넘고 강을 건너 한단에 도착한 소년은, 하루종일 길 모퉁이에 서서, 한단 사람들의 걷는 모습을 지켜보고, 무언가 그 특징을 잡아, 흉내를 내려고 노력했지만 좀처럼 잘 되지 않았다.

그래서, 소년은 생각했다.「이것은 지금까지의 나의 걸음걸이가 머리 속에 있기 때문이다. 이것을 없애지 않는 한, 새로운 걸음걸이는 배울 수 없다.」그래서 소년은 종래의 걸음 방법을 완전히 잊으려고 했다.

그 이후, 소년은 대단한 노력을 기울여서, 자기 본래의 걸음걸이를 버리고 새로운 걸음걸이를 습득하려고 밤낮없이 고심했다. 다리를 내미는 법, 손을 흔드는 법, 몸 매무시 등등. 그렇지만, 걸음걸이가 의연하게 되지 않았다.

그리하여, 소년은 한단 사람들의 걸음걸이를 배우기를 단념하고 고향으로 돌아오게 되었다. 그러나 그때, 그는 이전의 걸음걸이도 할 수가 없었기 때문에, 걱정하며 망설였다. 그는 기어서 돌아올 수밖에 없었다.

## • 偕老同穴(해로동혈)

의미 / 살아서는 같이 늙고 죽어서는 한 무덤에 묻힌다는 뜻으로, 생사를 같이하는 부부의 사랑의 맹세를 가리키는 말이다.

출전 / 〈詩經〉

해설 / 이 말의 〈해로〉는 《詩經》의 패풍(邶風)의 〈북을 침(擊鼓)〉과 용풍(鄘風)의 〈君子偕老〉와 위풍(衛風)의 〈백성(氓)〉에서 나온 것이며, 〈同穴〉은 왕풍(王風)의 〈大車〉라는 시에서 나온 것이다.

〈북을 침(擊鼓)〉이란, 출정한 병사가 고향으로 돌아올 희망도 없이, 고향의 아내를 생각하고 한탄하는 형식의 5절로 이루어진 일종의 싸움을 싫어하는 시이거니와, 그 제 1절에서 이렇게 말하고 있다.

죽음과 삶과 만남과 헤어짐을, 그대와 함께 언약하였도다.(死生契闊 與子成說)
그대의 손을 잡고서, 그대와 함께 늙으리로다.(執子之手 與子偕老)

〈계활(契闊)〉이란 말은 만남과 헤어진다는 뜻으로, 〈사생계활(死生契闊)〉이란 말은 죽거나 살거나 만나고 헤어진다는 뜻이다. 죽거나 살거나 함께 있자고 서로 맹세하는 말이다. 그대의 손을 잡고 늙을 때까지 함께 생활하겠다고 서로 맹세하는 것이다.

용풍(鄘風)의 〈군자해로(君子偕老)〉는 3절로 이루어진 시로, 그 제 1절에서 이렇게 말하고 있다.

군자와 늙도록 함께 하니, 쪽찌고 여섯 구슬 박은 비녀 꽂았으며,(君子偕老 副笄六珈)
얌전히 걸음걷고, 산과 같고 강과 같아서,(委委佗佗 如山如河)
부인의 예복이 이에 어울리거늘,(象服是宜)
그대의 정숙하지 못함은, 이에 어떻게 된 일이오?(子之不淑 云如之何)

위풍(衛風)의 〈백성(氓)〉은 행상으로 온 여자가 경박한 사나이를 따라가 그의 아내가 되거니와, 고생을 한 끝에 버림을 받은 여인의 탄식을 노래한, 6절로 이루어진 시로, 교훈으로서 불려지는 노동가이다. 그 마지막 절에서 이렇게 말하고 있다.

그대와 더불어 늙고자 하였더니, 늙어서 나로 하여금 원망케 하도

다.(及爾偕老 老使我怨)
기수에도 언덕이 있고, 진펄에도 반수(泮水)가 있도다.(淇則有岸 隰則有泮)
총각으로 즐길 때엔 말하고 웃는 것이 부드럽더니,(總角之宴 言笑晏晏)
믿음으로 맹세할 때에야, 그 반대로 바뀔 줄은 생각 못했도다.(信誓旦旦 不思其反)
다시 반대로 생각지 않는다면, 또한 이미 끝장이로다.(反是不思 亦已焉哉)

왕풍(王風)의 〈큰 수레(大車)〉에는 여러 가지 해석이 있지만, 이것은 대부(大夫)가 수레를 타고 가는 것을 옛 애인이 보고 부른 노래이다.

살아서 곧 집이 다르나, 죽어서는 곧 한 구덩이를 같이 하리라.(穀則異室 死則同穴)
나를 미덥지 않다고 말한다면, 밝은 해를 두고 맹세하리라.(謂予不信 有如皦日)

《詩經》의 이 네 시의 처음 셋에서 〈해로〉를 따고, 뒤의 하나에서 〈동혈〉을 따서 숙어로 만든 것이 〈偕老同穴〉이다. 네 시가 어느 것이나 〈偕老同穴〉의 즐거움을 노래한 것이 아니라, 그 이룰 수 없는 한탄을 노래한 것이라고 생각하면, 〈偕老同穴〉이란 말을, 단지 사이가 좋은 부부로만 해석하는 것은 옳지 않을지도 모른다.

## • 螢雪之功(형설지공)

의미 / 눈빛과 반딧불의 힘을 빌어 공부하여서 얻은 공이란 뜻으로,

가난과 어려운 역경을 딛고 일어서서 고학(孤學)한 성과를 말한다.

출전 / 李瀚의 〈蒙求〉

해설 / 손강(孫康)은 집이 가난해서 기름 살 돈이 없었다. 그래서 그는 항상 눈빛(雪光)으로 글을 읽었다. 그는 젊었을 때부터 청렴결백하여 친구를 사귀어도 무턱대고 사귀는 일이 없었으므로 훗날에는 어사대부(御史大夫)라는 벼슬에까지 올랐다.

진(晋)나라의 차윤(車胤) 또한 집이 가난해서 기름을 구할 수가 없었다. 여름이면 비단 주머니에 수십 마리의 반디를 잡아서 그 빛으로 밤을 새우며 글을 읽었다. 그래서 마침내 이부상서(吏部尙書)에까지 올랐다.

이런 이야기로 인해 고학하는 것을 「형설」이니 「형설지공」이니 말하고, 공부하는 서재를 반딧불 창에 눈으로 된 책상이란 뜻의 「형창설안(螢窓雪案)」이라고 한다.

## • 狐假虎威(호가호위)

의미 / 여우가 호랑이의 위엄을 빌어 제 위엄으로 삼는다는 말로, 실력이나 능력이 없는 사람이 남의 권세를 빌어 위세를 부리는 것을 비유한 말이다.

출전 / 〈戰國策〉 楚策

해설 / 위(魏)나라 출신인 강을(江乙)이란 변사가 초선왕(楚宣王) 밑에서 벼슬을 하게 되었다. 그런데 초나라에는 삼려(三閭)라고 불리는 세 세도가가 모든 실권을 쥐고 있었다.

이 시기는 그 중 하나인 소해휼(昭奚恤)이란 사람이 정권(政權)과 군권(軍權)을 모두 쥐고 있었는데 강을은 소해휼을 넘어뜨리기 위해 기회만 있으면 그를 모함했다.

하루는 초선왕이 여러 신하들이 있는 자리에서 이렇게 물었다.

「초나라 북쪽에 있는 모든 나라들이 소해휼을 퍽 두려워하고 있다는데 그 말이 사실인가?」

그러자 강을이 일어나서 대답했다.

「호랑이는 모든 짐승을 찾아서 잡아먹습니다. 한번은 여우를 붙잡았는데 여우가 호랑이를 보고 이렇게 말했읍니다. '그대는 감히 나를 잡아먹지 못하리라. 옥황상제께서 나를 백수(百獸)의 왕으로 만들었다. 만일 그대가 나를 잡아먹으면 이것은 하늘의 뜻을 거역하는 것이 된다. 만일 내 말이 믿어지지 않거든 내가 그대를 위해 앞장서서 갈 터이니 그대는 내 뒤를 따라오며 보라. 나를 보고 감히 달아나지 않는 짐승은 한 마리도 없을 것이다.' 그러자 호랑이는 과연 그렇겠다 싶어 여우를 앞세우고 같이 가게 되었읍니다. 그런데 정말 모든 짐승들은 그들을 보기가 무섭게 달아났읍니다. 호랑이는 여우가 무서워서 달아나는 줄로만 알았읍니다. 하나 사실은 여우 뒤에 있는 호랑이가 무서워 도망쳤던 것입니다. 만사는 다 비슷합니다. 북쪽 나라들이 어찌 소해휼 따위를 두려워하겠읍니까? 지금 대왕께서는 천리나 되는 땅과 완전무장을 한 백만 명의 군대를 소해휼 한 사람에게만 완전히 맡겨두고 계십니다. 그러므로 사실은 대왕의 무장한 군대를 무서워하고 있는 것입니다. 마치 모든 짐승들이 여우 뒤에 있는 호랑이를 무서워하듯 말입니다.」

재미있고도 묘한 비유였다. 소해휼은 왕을 등에 업고 왕 이상의 위세를 부리는 여우 같은 약은 놈이 되고, 선왕은 자기가 어떤 위치에 있는가를 자각하지 못한 채 소해휼이 훌륭해서 모든 제후들이 초나라를 두려워하는 줄로 알고 있는 어리석은 호랑이가 되고 만 셈이었다.

## • 浩然之氣(호연지기)

의미 / 호연(浩然)은 넓고 큰 모양을 일컫는 말로, 호연지기란 천지간에 가득찬 크고 넓은 정기(正氣), 곧 무엇에도 구애를 받지 않는 떳떳하고도 유연한 기운이라고 할 수 있다.

출전 / 〈孟子〉 公孫丑章句上

해설 / 이 말은 맹자와 그의 제자 공손추(公孫丑)와의 문답 가운데 나오는 것이다. 〈호연〉이란 넓고 풍부한 것을 형용한 말로, 따라서 〈浩然之氣〉란 아무런 사물에도 구애됨이 없이 넓고 풍부한 마음, 좀 더 어렵게 표현하면 꺾이지 않고 흔들림이 없는 도덕적인 용기를 가리키는 말이다.

《孟子》 공손추편(公孫丑篇)에 실려 있는 맹자와 공손추의 문답은 몹시 길며, 더구나 맹자는 이 글 가운데서 〈浩然之氣〉에 대한 것뿐만 아니라, 이와 관련된 〈마음이 동요되지 않음(不動心)〉과 〈말을 알아들음(知言)—사람의 말의 옳고 간사함과 선악을 꿰뚫어 보는 총명함〉 등의 문제에 대하여도 말하고 있다.

우선 〈마음이 동요되지 않음(不動心)〉에 대하여, 맹자께서는 〈나는 40세가 되면서부터 마음이 동요되지 않았다〉고 말씀하고 계시며, 공손추가 〈만일 그러시다며 선생님은 옛날 위(衛)나라의 맹분(孟賁)보다 훨씬 용감하십니다〉라고 말하자, 〈그것은 어려운 일이 아니다. 고자(告子—孟子와 같은 시대 사람)도 나보다 먼저 마음이 동요되지 않았다〉고 대답하셨다. 이어서 공손추가 〈마음이 동요되지 않게 하는데 방법이 있나이까?〉하고 여쭈어 보자, 맹자께서는 〈있다〉고 대답하시고, 예로써 용기가 있는 사람으로 평판이 높은 북궁유(北宮黝)와 맹시사(孟施舍) 등이 마음이 동요되지 않음을 수양한 방법에 대하여 말씀하시고, 당시 공자가 제자 증자(曾子)에게 한 말을 인용하여 진정한 용기를 설명하셨다.

「스스로 반성해서 옳지 못하면, 비록 낡은 옷을 걸친 천인(賤人)에게도 두려워하지 않을 수 없거니와, 스스로 반성하여 내가 옳다면, 나는 가서 그들과 대적하겠다.」

그리고는 덧붙여 설명하셨다.

「그러므로 맹시사가 용기를 지킨 것은, 증자가 용기를 지킨 것만 못하다.」

이어서 공손추가, 〈선생님께서는 특히 어느것에 뛰어나십니까?〉하고 묻자, 맹자께서는 〈나는 남의 말을 잘 알며, 나는 내 호연지기를 잘 기르고 있다〉고 말씀하셨다. 공손추가 〈무엇을 호연지기라 하나이까?〉하고 묻자, 맹자께서 다음과 같이 대답하셨다.

「말로 설명하기는 어렵다. 그 기운은 몹시 크고 몹시 굳센 것으로, 그것을 곧게 길러서 해되게 하지 않는다면, 하늘과 땅 사이에 가득차게 된다. 그 기운이 됨은 정의와 도에 맞는 것으로 이 기운이 없으면 굶주리게 된다. 이 기운은 안에 있는 옳음이 모여서 생겨나는 것으로, 밖에서 옳음이 들어와 취해지는 것이 아니다. 행동하여 마음에 만족스럽지 못한 것이 있으면, 곧 굶주리게 되는 것이다. 敢問夫子 惡乎長. 曰 我知言 我善養吾浩然之氣. 敢問何謂浩然之氣. 曰 難言也. 其爲氣也 至大至剛 以直養而無害 則塞乎天地之間. 其爲氣也 配義與道 無是餒也. 是集義之所生者 非義襲而取之也 行有不慊於心 則餒矣.」

## • 胡蝶之夢(호접지몽)

의미 / 나비가 되어서 훨훨 날아다니는 꿈 속에서 장주(莊周)가 나비인지 나비가 장주인지 구별을 못 하였다는 뜻으로, 피아(彼我)의 구별을 잊는 것이나 물아일체(物我一體)의 경지를 비유하는 데 쓰이며 때때로 인생의 무상함을 비유하여 말하기도 한다.

출전 / 〈莊子〉 齊物篇

해설 / 「언제였는지 장주(莊周)는 꿈 속에서 나비가 되었다. 훨훨 나는 것이 분명히 나비였다. 즐겁고 스스로의 뜻대로라 장주인 줄을 알지 못했다. 그러다가 조금 뒤에 문득 깨어 보니 분명히 장주였다.

장주가 꿈에 나비가 된 것인지 나비가 꿈에 장주가 된 것인지를 알지 못하겠다. 장주와 나비는 반드시 구분이 있을 것이니 이를 사물의 변화라고 한다.(昔者 莊周夢爲胡蝶 栩栩然胡蝶也 自喩適志與 不知周也 俄然覺則蘧蘧然周也 不知周之夢爲胡蝶與 胡蝶之 夢爲周與 周與胡蝶則必有分矣 此之謂物化)」

이것은 유명한 장주의 호접몽(蝴蝶夢)이다. 속인(俗人)은 꿈과 현실과 나와 나비를 구분하지만, 참된 도를 터득하면 피차의 구별이 없고 모든 것이 하나로 통한다. 따라서 시(是)와 비(非), 가(可)와 불가(不可), 아름다움과 추함, 크고 작음, 길고 짧음 등의 모든 가치의 대립이 하나로 보이게 되면 꿈도 현실이요 인간도 나비로 물화(物化)되는 것이다. 이런 경지에서라야만 참다운 우주의 신비, 실존의 진리, 참된 도를 터득할 수 있다는 뜻이다.

## • 好好先生(호호선생)

의미 / 어떤 일에 대해서나 「좋다. 좋다. 괜찮다. 괜찮다.」라고 말하는 사람. 시비(是非)를 분명히 하지 않고, 누구에게도 냉담하지 않은 사람을 일컫는 말로, 「예스 맨」적인 사람을 뜻한다.

출전 / 명(明), 풍몽룡(馮夢龍) 「고금담개(古今談概)」

해설 / 후한 말기. 영천에 사마휘(司馬徽)라는 사람이 있었다. 사람의 재능을 알아보는 능력이 뛰어나서, 형주에 살고 있을 때 촉(蜀)의 유비에게 제갈공명과 방통을 추천했다. 모두 당대 일류의 인물이었다.

다만, 그 당시는 어두운 세상으로 정치투쟁도 복잡했기 때문에, 그는 겉으로는 바보로 가장하여, 누가 무엇을 말해도 항상 「좋다」고 대답했다.

어느 날, 그는 길에서 잘 아는 사람과 만났다. 그 사람이 그에게 「건강하십니까?」하고 묻자, 「좋다」고 했다. 또 옛친구가 아들의 죽음을 알렸을 때도 역시 「좋다」고 했다.

그의 아내는 너무 심하다고 그를 책망했다.

「사람들은 당신이 덕이 있는 사람이라고 생각하고 믿기 때문에 무슨 말이라도 다 합니다. 자식을 잃어서 애절한 사람에게 '좋다'는 무슨 말입니까?」

사마휘는 조금도 흥분하지 않고 천천히 아내에게 대답했다.

「좋다. 당신의 지금의 말도 대단히 좋다.」

이 말을 들은 아내는 대단히 화가 났지만, 웃을 수밖에 없었다.

## ● 紅一點(홍일점)

의미 / 푸른 잎 가운데 한 송이의 붉은 꽃이라는 뜻으로 여럿 속에서 오직 하나 이채를 띠는 것으로, 주로 남자들 사이에 끼어 있는 단 한 사람의 여성을 가리킨다.

출전 / 王安石의 〈石榴詩〉

해설 / 송대(宋代)의 유명한 정치가이자 문학가였던 왕안석의 석류시(石榴詩)에 다음과 같은 구절이 있다.

모두가 푸른빛 일색인 가운데 단 하나의 붉은빛(萬綠叢中紅一點)
사람들의 마음에 봄의 정취를 일으키는 데는 꼭 그것이 많을 필요는 없으리(動人春色不須多)

가득한 녹색 속에 홀로 붉게 핀 한 송이 석류꽃의 아름다움이 춘색(春色) 제일이라고 칭찬하고 있다.

또 임재시화(壬齋詩話)에는 다음과 같은 말이 있다.

「청주의 추관(推官)인 유부(劉俘)가 일찌기 말하길 '시를 생각하는 데 있어서 그 자리 위에 만일 일점홍(一點紅)이 있으면 한 말 정도의 작은 그릇이라도 천의 종(鍾)과 같이 뚜렷하게 두드러질 것이다.(淸州推官劉俘嘗云 今詩座上若有一點紅 斗筲之器成千鍾)」

## • 和光同塵(화광동진)

의미 / 빛을 부드럽게 하여 더러움과 함께한다는 뜻, 즉 자신이 가지고 있는 지혜와 덕을 감추어 밖으로 드러내지 않으며 여러 사람들과 어울려 참된 자신을 보여준다는 말이다.

출전 / 〈老子〉 第4章, 第56章

해설 / 화광(和光)이란 빛을 늦추는 일이고, 동진(同塵)이란 속세의 티끌에 같이 한다는 뜻으로, 〈和光同塵〉이란 자기의 지혜를 자랑하는 일 없이, 오히려 그 지혜를 부드럽게 하여 속세의 티끌에 동화함을 말하고 있다.

《老子》의 제4장에서 이렇게 말하고 있다.

도(道)는 텅 비었으되 아무리 써도 늘 다함이 없으며, 깊어서 만물의 근본과 같다. 그 날카로움을 꺾고, 그 어지러움을 풀고, 그 지혜의 빛을 늦추고, 속세의 티끌과 함께하는 것이거니와, 물이 깊게 가득차 있는 것과 같다. 나는 그것이 누구의 자식인지 알 수 없어도, 천체보다도 더 먼저 존재하는 것 같다.(道沖而用之 或不盈 淵乎似萬物之宗. 挫其銳 解其紛 和其光 同其塵湛乎似若存. 吾不知誰之子 象帝之先.)

도는 얼핏 보기에는 공허하지만, 그 작용은 무한하다. 연못과 같이 깊어서 만물의 근원과 같다. 모든 날카로운 기운을 약하게 하고, 모든 어지러움을 풀고, 지혜의 빛을 늦추고, 세상의 티끌과 하나가 되어야 한다.

도는 가득찬 물과 같이 존재하는 것 같다. 나는 그것이 어디에서 생겨난 것인지 알 수 없지만, 조물주인 천제(天帝) 이전부터 존재하는 것 같다.

이 장(章)은 노자(老子)의 소위 도를 설명한 것이거니와, 〈그 날카로운 기운을 꺾고(挫其鋭)〉이하의 12자는, 제56장의 네 귀절이 뒤섞인 것이라는 설도 있다. 확실히 이 제4장에서는 네 귀절을 빼는 것이 뜻도 잘 통한다.

제56장에서의 네 귀절의 뜻은 제4장에서 읽는 것보다 분명해진다.

아는 사람은 말하지 않고, 말하는 사람은 알지 못한다. 그 이목구비를 막고 그 문을 닫아서, 그 날카로운 기운을 꺾고, 그 혼란함을 풀고, 그 지혜의 빛을 늦추고, 그 속세의 티끌과 함께 하니, 이것을 현동(玄同)이라고 말한다. 그러므로 가히 얻어서 친하지도 못하고, 가히 얻어서 성기어지지도 않는다. 가히 얻어서 이롭게 할 수도 없으며, 해하지도 못한다. 가히 얻어서 귀하게 할 수도 없으며, 천하게 할 수도 없다. 그러므로 천하에 귀한 것이 된다.(知者不言 言者不知. 塞其兌 閉其門 挫其鋭 解其紛 和其光 同其塵. 是謂玄同. 故不可得而親 不可得而疏. 不可得而利 不可得而害. 不可得而貴 不可得而賤. 故爲天下貴.)

참으로 아는 사람은 그 앎을 말하지 않으니, 앎을 말하는 사람은 아는 사람이 아니다. 진정한 앎이 있는 사람은 그 이목구비를 틀어막고, 지혜의 문을 닫으며, 지혜의 날카로움을 꺾고, 지혜 때문에 일어나는 혼란을 풀고, 지혜의 빛을 늦추고, 그리고 속세의 티끌과 하나가 된다. 이것을 현동(玄同)이라고 한다.

그러므로 이와같은 현동(玄同)의 사람에 대하여는, 친해질 수도 없고 성기어질 수도 없으며, 이득을 줄 수도 해를 줄 수도, 귀하게 할 수도 천하게 할 수도 없다. 그러므로 천하에서 가장 귀한 것이 되는 것이다.

### • 畵龍點睛(화룡점정)

의미 / 용을 그리고 마지막으로 눈동자를 그려 넣는다는 뜻으로 사물의 안목(眼目)이 되는 곳이나, 최후의 손질을 해서 완성시키는 것을 가리키는 말이다.

출전 / 〈水衡記〉

해설 / 장승요(張僧繇)는, 남북조시대에, 남조의 양(梁)무제 시대 우군장군이 되었다. 계속해서 오흥(吳興)의 태수직을 역임했지만, 그 후에는 그림 그리는 일에 열중하여, 그 방면에서도 유명하게 되었다.

무제는 각지에 나누어 임명한 자식의 생각이 떠올라, 초상화를 그려 두고 싶어서, 장승요에게 명하여 초상화를 그려 오도록 시켰다. 완성된 후에 보니 그림이 살아 있는 듯하여 무제를 기쁘게 하였다.

그가 그린 동물도 실물과 똑같았다고 한다. 윤주(潤州)의 홍국사 본전의 동쪽 기둥에 매를, 서쪽 기둥에 까치를 그렸다. 작은 새들은 그 그림을 무서워하여 둥우리를 틀지 않았다고 한다.

그가 그린 용은 더욱 생생했다. 어느 때, 소주(蘇州)의 화엄사 객전에 용을 그렸는데, 잠시 후, 큰 바람이 불어 천지가 어둡게 되었을 때, 그 용은 승천하려 하였다.

그래서 그는, 그 용의 몸 위에 쇠사슬을 그려 넣었다. 장승요의 신기와 같은 재주는 세상에 널리 알려졌다. 그래도 믿으려 하지 않는 사람이 약간은 있었다.

어느 때, 사람들은, 그가 금릉(지금의 남경)의 안락사 벽에 용을 그린다는 말을 듣고 앞을 다투어 달려갔다. 그 그림을 실제로 보고, 평판이 정말인지 아닌지를 확인하려고 했다.

시간이 얼마 지나지 않아서 네 마리의 용이 그려졌다. 알 수 없는 일은 눈동자가 그려져 있지 않았다. 구경꾼들이 의아해서 그 이유를 묻자, 그가 대답했다.

「눈은 용의 가장 큰 포인트여서, 가장 중요한 끝마무리입니다. 이것을 그려 넣으면 용은 정신이 충만하여, 생명을 얻어 날아가 버리게 됩니다. 눈동자는 그려 넣을 수 없읍니다.」

듣고 있던 사람들은,

「이런 바보 같은 사람 좀 보게! 허풍도 웬만해야지.」

와글와글 떠든 뒤에, 장승요에게 정말인지 아닌지 실제로 눈동자를 그려 보라고 말했다.

승요는 거절할 수 없게 되어, 하는 수 없이 붓을 들어 두 마리의 용에 눈동자를 그려 넣었다. 그러자, 번개가 치고 우뢰소리가 들리고, 두 마리의 용은 움직이기 시작하더니, 벽을 부수고 날아가 버렸다.

사람들은 몹시 놀랐다. 겨우 안정을 찾아 벽을 보았을 때, 그곳에는 눈동자를 그려 넣지 않은 두 마리의 용이 있을 뿐, 다른 두 마리의 모습은 보이지 않았다. 승천해 버린 것이었다.

## • 華胥之夢(화서지몽)

의미 / 꿈에 화서국(華胥國)에서 놀았다는 뜻으로, 무심코 꾼 꿈에서 큰 뜻을 깨달았다는 고사인데 선몽(善夢)이나 길몽(吉夢)을 일컫는다.

출전 / 〈列子〉 黃帝篇

해설 / 황제(黃帝)는 즉위한 지 15년이 지난 뒤에 천하 백성들이 다 자기에게 복종하는 것을 보고 만족해했다. 그래서 자기 몸을 보양(保養)하고자 하는 생각으로 이목구비(耳目口鼻)를 즐겁게 하기에만 힘썼다. 그러나 몸은 보양되지 않고 오히려 살결은 검게 여위었으며 감정은 조화를 상실했다.

다음 15년 동안 황제는 천하가 잘 다스려지지 않는 것에 신경을 써서 전력을 기울여 백성을 잘 다스리고자 노력했다. 그랬더니 심신은 더욱 쇠약해졌다.

그래서 무엇인가 잘못이 있음을 깨달은 황제는 정치에서 떠나 석 달 동안 오로지 심신수양에만 힘썼다.

그러던 어느 날 황제는 낮잠을 자다가 화서씨의 나라에서 노니는 꿈을 꾸었다. 그 화서씨의 나라에는 군주니 수령이니 하는 지배자도 없고 백성들에게는 욕심이 없어서 자연 그대로 살아가고 있었다. 사람들은 생을 즐길 줄도 죽음을 두려워할 줄도 모르므로 젊어서 죽는 법이 없고, 나를 위하고 남을 얕보는 법도 모르므로 애정이란 생각도 없고, 이해득실(利害得失)이라는 관념도 없었다. 사랑하고 미워하는 것도, 겁내거나 싫어하는 일도 없고, 물에 빠져도 익사하지 않으며 불에 뛰어들어도 타죽지 않고, 칼로 찌르고 채찍으로 때려도 상하지 않으며, 꼬집고 할퀴어도 아픈지 가려운지 몰랐다. 아무것도 없는 곳에서도 물건 위를 밟듯이 걷고, 허공에서 잠을 자도 침대와 같이 편하며, 구름이나 안개도 그 시각을 가로막지 않고 뇌정(雷霆)도 그 청각을 어지럽게 하지 않았다. 물건의 미추(美醜)도 그 마음을 동요시키지 않고 험준한 산곡(山谷)도 그 보행을 어렵게 하지 않아 형체를 초월한 정신적 자유에 충만되어 있었다.

황제는 잠시 후 꿈에서 깨어나 번개같이 깨닫는 바가 있었다. 그래서 세 사람의 근시(近侍)를 곁으로 불러 꿈이야기를 하고 이렇게 말했다.

「나는 지난 3개월 동안 방안에 틀혀박혀 오로지 심신수양에만 힘을 써서 내 몸을 기르고 물(物)을 다스리는 방법을 공부했으나 끝내 좋은 생각이 떠오르지 않았소, 그런데 피곤해서 잠이 들었을 때 꾼 꿈이 이것으로, 비로소 나는 그 꿈속에서 그 도(道)란 것을 터득한 듯 하구료.」

그 후 무심결에 도의 극치를 터득한 황제는 천하를 잘 다스리니, 마치 꿈에서 본 화서씨의 나라와 같이 잘 되었다고 한다.

## • 換骨奪胎(환골탈태)

의미 / 뼈를 바꿔놓고 탈을 달리 쓴다는 뜻으로, 용모가 전혀 몰라볼 정도로 아름다와지거나 시나 문장이 다른 사람의 손을 거침으로써 완전히 새로운 뜻과 미(美)를 지니게 되는 것을 말한다.

출전 / 惠洪의 〈冷齋夜話〉

해설 / 황산곡이 이렇게 말했다.

「시 뜻은 무궁한데 사람의 재주는 한계가 있다. 한계가 있는 재주로 무궁한 뜻을 쫓는다는 것은 도연명(陶淵明)과 두자미(杜子美)라 할지라도 할 수가 없다. 그러나 그 뜻을 바꾸지 않고 그 말을 만드는 것을 일컬어 환골법(換骨法)이라 하고 그 뜻을 본받아 형용하는 것을 일컬어 탈태법(奪胎法)이라고 한다.」

나는 성인의 지혜가 죄인의 목에 거는 큰 칼과 발에 거는 차꼬가 되지 않고 또 이른바 인(仁)이니 의(義)니 하는 것이 차꼬와 수갑의 빗장이 되지 않는 예를 알지 못한다. 효도로 유명한 증삼(曾參)과 강직하기로 유명한 사유(史鰌)가 폭군인 걸(桀)과 가장 큰 도둑인 척(跖)의 효시(嚆矢)가 아니란 것을 어떻게 알 수 있겠는가? 그러므로 성(聖)을 끊고 지(知)를 버려야 천하가 크게 다스려진다고 말하는 것이다.

여기서 환골탈태라는 말이 나왔다. 환골탈태의 문장법은 남이 애써 지은 글을 표절하는 것과는 다르다. 그것을 이용하여 보다 뜻이 살고 보다 절실한 표현을 얻게 되는 것을 말하는 것이다.

## • 效顰(효빈)

의미 /「효」는 눈살을 찌푸리는 것.「효빈」은 눈살을 찌푸리는 것을 흉내낸다는 말. 사물의 좋고 나쁨을 생각지 않고 무턱대고 흉내를 내는 것. 또한, 상대를 추켜세우고 그 흉내를 내는 경우에도 사용된다.

출전 /「장자(莊子)」천운(天運)

해설 / 서시(西施)는, 춘추 말기 월나라의 유명한 미인으로, 그 아름다움은 나이가 들수록 세련되어「서면 작약, 앉으면 목단, 걷는 모습은 등꽃」이라는, 그의 모습에 대한 세상의 평판이 있다.

서시는 심장병을 앓았다. 그래서, 눈썹을 찡그리고 가슴에 손을 대고 마을을 산책했다. 그 모습에서, 마을 사람들은 보통과는 다른 아름다움을 보았는데, 그것이 소문의 발단이었다.

그 마을에 한 사람의 추녀가 있었다. 눈을 찡그리고 가슴에 손을 얹은 서시의 아름다운 모습을 보고 자기도 닮으려고 눈을 찡그리고 손을 가슴에 대고 마을길을 돌아다녔다.

그것을 본 마을 부자는 급히 문을 닫아 그녀를 보지 않으려 했고, 가난한 사람도, 아내와 딸이 흉내를 낼까봐 당황하여, 처자를 데리고 멀리 이사를 갔다.

이 추녀는 눈을 찡그린 모습의 아름다움만 염두에 두고, 서시가 본래 아름다워, 그것이 자신과는 근본적으로 다르다는 것에는 생각이 미치지 못한 것이다.

## • 嚆矢(효시)

의미 / 소리나는 화살이란 뜻인데, 옛날 중국에서는 이 우는 화살을 적진에 쏘아 보내는 방법으로써 개전(開戰) 신호를 삼았다. 그래서 모든 사물의 시초나 선례(先例)를 가리키는 말로 쓰이게 되었다.

출전 / 〈莊子〉 在宥篇

해설 / 지금 세상은 사형자의 유해가 서로 베개하고, 차꼬를 찬 사람이 서로 밀리고, 형벌을 받은 사람이 서로 바라본다. 그런데도 유가(儒家)와 묵가(墨家)들은 곧 비로소 발에 차꼬를 차고 손에 차꼬를 찬 사람들 사이에서 팔을 걷어붙이고 있다. 아아, 심하도다. 그 부끄러운 줄을 모르고 부끄러움을 알지 못하니 심하도다. 나는 아직 성인의 지혜가 목의 차꼬와 발의 차꼬에 쐐기가 되지 못하고, 인(仁)과 의(義)란 사람들을 괴롭히고 욕되게 하는 차꼬를 채우는 것이 되지 않음을 알지 못하겠다. 어찌 증삼(曾參)이나 사유(史鰌)와 같은 사람이 걸왕(桀王)과 같은 폭군이나 도척(盜跖)과 같은 극악무도한 사람의 울리는 화살이 되지 않음을 알겠는가? 그러므로 말하기를, 〈성인을 끊고 지혜를 버리면 천하가 크게 다스려진다〉고 하는 것이다.(今世殊死者相枕也 桁楊者相推也 刑戮者相望也 而儒黑乃始離跂 攘臂乎桎梏之間 噫甚矣哉. 其無愧而不知恥也 甚矣. 吾未知聖知之不爲桁楊接槢也 仁義之不爲桎梏鑿枘也. 焉知曾史之不爲桀跖嚆矢也. 故曰絶聖棄知 而天下大治.)

〈재유편(在宥篇)〉은 〈천하의 죄를 용서함이 있음을 듣고, 천하를 다스림을 듣지 않는다(聞在宥天下 不聞治天下也)〉라는 글로 시작된 편지이거니와, 〈在宥〉란 죄를 있는대로 모두 용서함, 또는 무위(無爲)로써 자연에 맡기어 천하를 다스리는 일이라는 뜻이다.

여기에 든 1절은 최구(崔瞿)라는 사람이 노자에 대하여, 〈천하를 다스림에 있어서 인위(人爲)를 버리면, 사람의 마음은 잘 될 것이 아닌가?〉고 물은 데 대하여 노자가 대답하는 형식으로 서술된 것이다.

〈효시〉라는 말의 가장 오래된 예가 여기에 있다는 것만으로도, 장자(莊子)의 재유(在宥)라는 주장과 嚆矢라는 말과는 아무런 관계가 없음은 거론할 필요도 없다.

# 故事成語 熟語

## 〔가〕

**家給人足**(가급인족) 집집마다 살림이 넉넉하고, 사람마다 의식에 부족함이 없다.

**街談巷語**(가담항어) 늘 세상에 떠도는 뜬소문.

**苛斂誅求**(가렴주구) 세금을 가혹하게 징수하다.

**家無儋石**(가무담석) 석(石)은 한 항아리, 담(儋)은 두 항아리. 집에 저축이 조금도 없다.

**家貧思良妻**(가빈 사양처) 집이 가난하면 어진 아내를 생각한다.

**家貧親老**(가빈친로) 살림이 궁색하고 어머니가 늙었을 때에는, 그 봉양을 위해서, 마땅치 않은 벼슬 자리라도 한다는 말.

**家有名士 三十年不知**(가유명사 삼십년부지) 가까운 데 있는 사람은 모르고 지내기 쉽다.

**可東可西**(가동가서) 동쪽이라도 좋고 서쪽이라도 좋다. 이러나 저러나 상관없다.

**佳人薄命**(가인박명) 여자의 용모가 아름다우면 운명이 기박하다는 말.

**苛政猛於虎**(가정맹어호) 가혹한 정치는 호랑이보다 무섭다.

**假虎成狐**(가호성호) 신하로서, 군주의 권세에 힘입어 다른 신하를 공갈하다.

**刻鵠類鶩**(각곡유목) 따오기를 그리려다 이루지 못하여도 집오리와 비슷하게는 된다. 성인을 본받으려 하면, 실패하더라도 선인(善人)은 될 수 있음을 비유한 말.

**刻骨難忘**(각골난망) 은혜를 깊이 새기어 잊지 않다.

**刻骨痛恨**(각골통한) 원한이 뼈에 사무쳐, 잊지 않고 늘 깊이 한탄함.

**各人自掃門前雪** (각인자소 문전설) 자기 할 일은 자기가 할 것이요, 남의 일에 관여하지 말라.
**各自圖生** (각자도생) 각기 자기 생활을 도모함.
**各者以爲大將** (각자이위대장) 저마다 잘난 척하고 나서다.
**刻舟求劍** (각주구검) 배에 새기어 칼을 찾다.
**肝腦塗地** (간뇌도지) 간과 뇌가 땅 위에 흐트러지도록 참혹한 죽음을 당하다. 목숨을 돌보지 않고 힘을 다하다.
**肝膽相照** (간담상조) 간과 담이 서로 비추다. 서로 진심을 터놓고 사귀다.
**竿頭之勢** (간두지세) 어려움이 극도에 달하여 아주 위태로운 형세. 댓가지를 세우고, 그 꼭대기에 서게 된 형상.
**間不容髮** (간불용발) 털 하나가 들어갈 틈이 없을 만큼 형편이 매우 급하다.
**間世之材** (간세지재) 썩 뛰어난 인물.
**間於齊楚** (간어제초) 약자가 강자 틈에 끼어 괴로움을 받다.
**竭力盡忠** (갈력진충) 힘과 능력을 다하다.
**渴不飮 盜泉水** (갈불음 도천수) 목이 말라도 도천의 물은 마시지 않는다. 「도천(盜泉)」은 샘의 이름.
**渴而穿井** (갈이천정) 목이 말라야 비로소 샘을 판다.
**渴者易飮** (갈자이음) 목이 마른 자는 탁한 물이라도 만족한다는 말.
**甘井先竭** (감정선갈) 물맛이 좋은 우물은, 길어가는 이가 많으므로 빨리 마른다. 재능 있는 사람이 일찍 쇠폐(衰廢)한다.
**甘呑苦吐** (감탄고토) 달면 삼키고 쓰면 뱉는다.
**甲男乙女** (갑남을녀) 이름도 알려지지 않은 평범한 사람들.
**康衢煙月** (강구연월) 큰 거리의 태평스러운 풍경.
**強弩之末** (강노지말) 강한 힘도 최후에는 쇠퇴하여 아무것도 할 수 없게 된다. 강한 활로부터 나온 화살의 최후.
**强近之親** (강근지친) 아주 가까운 친척.
**江山之助** (강산지조) 산수(山水)의 풍경이 사람의 시정(詩情)을 도와 좋은 작품을 만들게 하다.
**江山風月主人** (강산풍월주인) 강산과 풍월을 차지한 주인. 경치 좋은 산수간에서 즐겁게 살다.
**改過不吝** (개과불린) 과실이 있으면 즉시 고치기를 주저하지 말라.
**改過遷善** (개과천선) 지나간 허물을 고치고 착하게 되다.

改過換面(개과환면) 내심은 그대로 두고 단지 겉만 고치다.
蓋棺事定(개관사정) 사람에 대한 모든 평은 죽은 뒤에야 정해진다.
開卷有得(개권유득) 책을 펴고 글을 읽어 새로운 지식을 얻다.
開門納賊(개문납적) 문을 열고 도적을 맞아들이다.
改善匡正(개선광정) 좋도록 고치고 바로잡다.
客反爲主(객반위주) 주객이 전도되다. 사물의 대소 경중 전후를 뒤바꾸다.
去頭截尾(거두절미) 머리와 꼬리를 잘라 없애다. 일의 요점만 말하다.
居安思危(거안사위) 편안하게 살면서, 위험한 때를 항시 경계하여 생각하다.
擧案齊眉(거안제미) 밥상을 눈 높이로 받들어 올리다. 처가 남편을 지극히 존경하다.
擧一反三(거일반삼) 한 가지를 들어서 세 가지를 돌이켜 알다.
去者日疎(거자일소) 친밀한 사이라도, 죽어서 이 세상을 떠나면 정이 멀어짐.
車載斗量(거재두량) 수레에 싣고 말로 되다. 매우 많다.
乾坤一擲(건곤일척) 운명과 흥망을 걸고 한판걸이로 성패를 겨루다.
乾坤清氣(건곤청기) 천지에 가득 찬 맑은 기운.
乞人憐天(걸인연천) 거지가 하늘을 불쌍히 여기다.
乞骸骨(걸해골) 뼈를 구걸하다.
揭斧入淵(게부입연) 도끼를 들고 물에 들어가다. 쓸데 없는 것.
格物致知(격물치지) 사물의 이치를 연구하여 지식을 명확히 하다.
激濁揚清(격탁양청) 탁류를 몰아내고 맑은 물을 끌어들이다.
隔靴搔痒(격화소양) 신을 신은 채 가려운 데를 긁다. 애써 하려 하지만 효과를 얻지 못하다.
牽强附會(견강부회) 이치에 맞지 않는 것을 억지로 맞추다.
見利思義(견리사의) 이익되는 것을 보면 먼저 의리에 합당한가를 생각하다.
犬馬之年(견마지년) 자기 나이를 낮추어서 하는 말.
犬馬之勞(견마지로) 자기의 노력을 낮추어서 일컫는 말.
見蚊拔劍(견문발검) 모기 보고 칼을 빼다. 하찮은 일에 화를 내다.
犬牙相制(견아상제) 개의 어금니가 서로 맞지 않는 것처럼, 국경선이 들쭉날쭉하여 서로 견제하는 형세.
見危授命(견위수명) 나라의 위태로움을 보고, 목숨을 아끼지 않고 싸우다.

**堅忍不拔** (견인불발) 굳게 참고 버티어 마음을 빼앗기지 아니하다.

**犬兎之爭** (견토지쟁) 개와 토끼가 쫓고 쫓기다가 둘이 다 지쳐 죽어 농군이 주워 가다. 양자 싸움에 제삼자가 이익을 보다.

**結者解之** (결자해지) 묶은 사람이 그것을 푼다. 처음 시작하는 사람이 그 일을 끝맺는다.

**結草報恩** (결초보은) 죽어서까지도 은혜를 잊지 않고 갚다.

**兼人之勇** (겸인지용) 능히 몇 사람을 당해 낼 만한 용기.

**鷄肋** (계륵) 닭의 갈빗대.

**鷄鳴狗盜** (계명구도) 행세하는 사람이 배워서는 아니 될, 천한 기능을 가진 사람.

**季布一諾** (계포일락) 틀림없이 승낙하다.

**經國濟世** (경국제세) 국사를 경영하고 세상을 구함.

**傾國之色** (경국지색) 미인.

**傾危之士** (경위지사) 궤변을 농하여 국가를 위태로운 지경에 몰아 넣는 인물.

**敬而遠之** (경이원지) 겉으로는 존경하는 체하나 실제로는 가까이하지 않다.

**驚天動之** (경천동지) 하늘과 땅을 진동시킬 만큼 세상을 몹시 놀라게 하다.

**鏡花水月** (경화수월) 거울에 비친 꽃과 물에 비친 달. 볼 수만 있고 가질 수 없는 것.

**計窮力盡** (계궁역진) 꾀가 막히고 힘이 다하다. 어떻게 할 수단과 방법이 없다.

**桂玉之愁** (계옥지수) 땔 나무는 계수나무와 같고 쌀은 옥과 같이 귀하여 근심이다. 양식과 땔감이 매우 귀함.

**鷄皮鶴髮** (계피학발) 늙어서 주름살이 잡히고 백발이 되다.

**股肱之臣** (고굉지신) 팔다리처럼 믿고 중히 여기는 신하.

**膏粱珍味** (고량진미) 기름지고 맛좋은 음식.

**高麗公事三日** (고려공사삼일) 고려의 공사가 사흘밖에 못 가다. 자주 변경되다.

**孤立無依** (고립무의) 외롭고 의지할 데 없다.

**鼓腹擊壤** (고복격양) 태평 세월을 즐기다.

**孤峰絶岸** (고봉절안) 우뚝 솟은 산과 깎아지른 낭떠러지.

姑息之計 (고식지계) 잠시 모면하는 일시적인 계교.
孤臣冤淚 (고신원루) 외로운 신하의 원통한 눈물.
孤掌難鳴 (고장난명) 한 손바닥으로는 소리가 나지 않다.
苦盡甘來 (고진감래) 고생이 다하면 낙이 온다.
高枕而臥 (고침이와) 베개를 높이 하고 자다.
曲肱而枕之 (곡굉이침지) 팔을 굽혀 베개 삼다.
曲學阿世 (곡학아세) 사곡(邪曲)한 학문을 하여 세상에 아첨하다.
汨沒無暇 (골몰무가) 한 가지 일에 골몰하여 틈이 조금도 없다.
骨肉相爭 (골육상쟁) 동족끼리 서로 싸우다.
骨肉之親 (골육지친) 부모 형제와 가까운 혈족.
功過相反 (공과상반) 공과 허물이 반반씩. 공도 있고 잘못도 있다.
空山明月 (공산명월) 사람 없는 빈 산에 외로이 비치는 밝은 달.
空手來空手去 (공수래 공수거) 빈 손으로 왔다가 빈 손으로 가다.
攻玉以石 (공옥이석) 돌로써 옥을 갈다. 천한 물건으로 귀한 것을 수리하다.
孔子穿珠 (공자천주) 어리석은 사람에게서도 배울 지혜가 있다.
空中樓閣 (공중누각) 공중에 누각을 짓다.
空行空返 (공행공반) 행하는 것이 없으면 소득도 없다.
過恭非禮 (과공비례) 지나치게 공손함은 도리어 예가 아니다.
過麥田大醉 (과맥전대취) 밀밭을 지나가다 취하다.
過目不忘 (과목불망) 한 번 본 것은 잊지 않다.
過猶不及 (과유불급) 지나침은 모자람과 같다.
瓜田不納履 (과전불납리) 외밭에서는 신발을 고쳐 신지 않는다.
過則勿憚改 (과즉물탄개) 허물이 있으면 꺼리지 않고 속히 고치다.
管中之天 (관중지천) 대롱 구멍으로 하늘을 보다. 소견이 좁음.
管鮑之交 (관포지교) 다정하고 허물 없는 교제.
刮目相對 (괄목상대) 눈을 닦고 자세히 보다.
教婦初來 (교부초래) 아내는 처음 시집 왔을 때에 가르쳐야 한다.
巧言令色 (교언영색) 교묘한 말과 애교 있는 낯빛으로 남의 기분을 사다.
教子以義方 (교자이의방) 지식을 교육시킴에는 정의로써 한다.
膠柱鼓瑟 (교주고슬) 금(琴)에 아교를 붙여서 이것을 탄다. 규칙에 얽매이어 변통할 줄 모르는 사람.
交淺言深 (교천언심) 교제한 지 얼마 안 되지만, 서로 심중을 털어놓고 이야기하다.

狡兎死 走狗烹 (교토사 주구팽) 토끼가 죽으면 사냥개를 삶는다. 일이 있을 때는 실컷 부려먹다가, 일이 끝나면 돌보지 않고 학대하다.
教學相長 (교학상장) 가르쳐 주거나 배우거나 다 나의 학업을 증진시킨다.
狗尾續貂 (구미속초) 쓸 만한 인격자가 없어 비천한 사람을 등용하다. 또는, 남이 하던 일을 이어서 함의 겸칭(謙稱).
口尚乳臭 (구상유취) 입에서 아직 젖내가 나다.
九十春光 (구십춘광) 봄의 석달. 90일.
九牛一毛 (구우일모) 하찮은 것.
口耳之學 (구이지학) 들은 풍월 격으로, 아무런 연구성이 없는 천박한 학문.
九折羊腸 (구절양장) 아홉 번 꺾인 양의 창자처럼 험한 산길. 또는 세상이 험악하여 살아가기 어렵다.
國士無雙 (국사무쌍) 나라 안에서 둘도 없게 뛰어난 선비.
跼天蹐地 (국천척지) 하늘에 부딪칠까 염려하여 허리를 구부리고, 땅이 꺼질까 걱정하여 조심조심 발을 떼어 놓다. 걱정이 심하여 몸을 둘 바를 모르다.
群鷄一鶴 (군계일학) 홀로 뛰어난 사람.
群盲撫象 (군맹무상) 여러 맹인이 코끼리를 더듬다. 자기의 좁은 소견과 주관으로 사물을 그릇 판단하다.
窮餘一策 (궁여일책) 궁한 끝에 내는 한 가지 꾀.
窮鳥立懷 (궁조입회) 쫓긴 새가 품안에 날아들다. 곤궁한 사람이 와서 의지하다.
勸善懲惡 (권선징악) 착한 행실을 권장하고 악한 행동을 징계하다.
捲土重來 (권토중래) 흙먼지를 회오리쳐 일으키며 다시 오다.
歸馬放牛 (귀마방우) 전쟁이 끝나고 평화로운 시절이 되다.
龜毛兎角 (귀모토각) 거북의 털과 토끼의 뿔. 도저히 있을 수 없는 것.
貴人賤己 (귀인천기) 군자는 인서(仁恕)의 마음이 있는 탓에 늘 자신보다 타인을 높인다.
克己復禮 (극기복례) 욕심을 누르고 예의범절을 좇다.
近墨者黑 (근묵자흑) 먹을 가까이 하면 검은 빛이 물든다. 사람은 가까이 하는 사람에 따라 영향을 받아서 변하므로 조심하라는 말.
近朱者必赤 (근주자필적) 붉은 빛을 가까이 하면 반드시 붉게 된다.

**禽困覆車** (금곤복차) 새가 괴로우면 수레를 뒤엎는다. 약자도 살기 위하여 기를 쓰면 큰 힘을 낼 수 있다.

**金科玉條** (금과옥조) 금옥과 같이 귀중히 여기어 신봉하는 법률이나 규정.

**金口木舌** (금구목설) 목탁. 훌륭한 학자나 목사가 되어 사람을 교도하다.

**金蘭之契** (금란지계) 견고한 우정.

**錦上添花** (금상첨화) 좋은 일에 또 좋은 일이 더하다.

**今夕何夕** (금석하석) 무척 즐거운 밤을 맞이하여 감탄하는 말.

**金城湯池** (금성탕지) 견고하여 용이하게 쳐부수기 어려운 성.

**琴瑟之樂** (금슬지락) 부부가 화합하다.

**金烏玉兎** (금오옥토) 금오는 해, 옥토는 달. 해와 달.

**金玉滿堂** (금옥만당) 금옥 같은 보화가 집에 가득하다.

**錦衣還鄕** (금의환향) 출세하여 고향에 돌아가다.

**錦衣夜行** (금의야행) 비단 옷을 입고 밤길을 가다.

**金枝玉葉** (금지옥엽) 임금의 자손이나 집안. 또는, 귀여운 자손.

**急流勇退** (급류용퇴) 사람이 미련을 가지는 벼슬자리를 단연 버리고 물러가는 것이, 급류를 건넘과 같이 용감하다.

**急行無善步** (급행무선보) 너무 급히 걸어가면 넘어지듯이, 무슨 일이고 급히 서두르면 일이 잘 진전되지 않는다.

**起居萬福** (기거만복) 서간문 용어로서, 변함없이 많은 복을 받으라는 말.

**氣高萬丈** (기고만장) 씩씩한 기운을 크게 떨치다.

**麒麟兒** (기린아) 슬기와 재주가 뛰어난 사람.

**記問之學** (기문지학) 항상 고서를 읽어 기억할 뿐, 아무 응용 능력이 없는 학문.

**起死回生** (기사회생) 중병으로 죽을 뻔하다가 도로 살아나다.

**箕山之節** (기산지절) 허 유가 기산에 숨어서, 벼슬하지 않고 절조를 지켰음을 이름. 굳은 절개.

**寄與補裨** (기여보비) 이바지하여 돕고 모자라는 것을 보태다.

**旣往不咎** (기왕불구) 지난 일은 어찌할 도리가 없고, 오직 장래의 일을 잘 삼가야 한다.

**杞憂** (기우) 쓸데없는 걱정.

**奇而又奇** (기이우기) 몹시 신기한 일.

**飢者易爲食** (기자이위식) 기갈이 심한 자는 어떤 음식이라도 먹는다.

**騎虎之勢**(기호지세) 범을 탄 기세.
**奇貨可居**(기화가거) 진기한 물건은 사서 잘 보관해 두면 장차 큰 이득을 본다.
**吉祥善事**(길상선사) 매우 기쁘고 좋은 일.

# 〔나〕

**樂極哀生**(낙극애생) 즐거움이 극에 달하면 슬픔이 생긴다.
**落膽喪魂**(낙담상혼) 몹시 놀라 정신이 없다.
**落落難合**(낙락난합) 뜻이 커서 세상과 상합되지 않다.
**樂生於憂**(낙생어우) 쾌락은 언제나 고생하는 데서 나온다.
**洛陽紙價貴**(낙양지가귀) 훌륭한 글을 다투어 베끼느라고 종이의 수요가 늘어서 값이 오르다.
**落月屋梁**(낙월옥량) 벗을 사모하는 마음이 간절하다.
**樂以忘憂**(낙이망우) 쾌락에 도취되어 근심을 잊다.
**落穽下石**(낙정하석) 우물에 빠진 사람을 구해 주기는 커녕 도리어 돌을 떨어뜨리어 해치다. 남의 환난에 더 해를 주다.
**落天圖謀**(낙천도모) 다른 사람이 잘 된 것이 자기가 힘써 그렇게 된 것이라 하여, 그에 대한 사례로 금품을 요구하다.
**落花流水**(낙화유수) 남녀간의 그리운 심정을 비유하는 말.
**難得者兄弟**(난득자형제) 형제는 인력으로 얻어지는 것이 아니므로 형제간에는 서로 의가 좋아야 한다.
**卵色天**(난색천) 비를 머금은 누런 하늘.
**亂臣賊子**(난신적자) 세상을 어지럽히는 무리.
**亂我心曲**(난아심곡) 마음이 산란함.
**難行苦行**(난행고행) 마음과 몸이 고된 것을 참는 수행.
**難兄難弟**(난형난제) 낫고 못함을 분간하기 어려움.
**南柯一夢**(남가일몽) 부귀와 권세는 한때의 꿈과 같다.
**南橘北枳**(남귤북지) 남쪽 땅의 귤나무를 북쪽에 옮겨 심으면 탱자나무로 변한다. 사람은 처해 있는 곳에 따라서 선하게도 악하게도 된다.

**南極老人** (남극노인) 별 이름. 이 별이 나타나면 천하가 태평하다.

**男女相悅之詞** (남녀상열지사) 고려 가요를, 이조 초기의 학자들이 천시하여 이르던 말. 남녀가 서로 좋아하는 노래.

**男負女戴** (남부여대) 남자는 지고 여자는 이고 가다. 가난한 사람이 떠돌아다니면서 살다.

**濫觴** (남상) 사물의 시초.

**南船北馬** (남선북마) 중국의 남쪽은 강이 많아 배를 타고 다니고, 북쪽은 들이 넓어 말을 타고 다닌다. 사방으로 바쁘게 돌아다닌다.

**男兒一言重千金** (남아일언 중천금) 남자의 말 한 마디는 천 금의 무게를 가진다.

**南田北畓** (남전북답) 소유하고 있는 전답이 여기저기 많이 있다.

**男尊女卑** (남존여비) 태어나면서부터 권리와 지위에 있어 남자가 높고 여자가 낮다.

**男中一色** (남중일색) 남자로서 얼굴이 아름다운 사람.

**臘尾春頭** (납미춘두) 연말연시.

**狼子野心** (낭자야심) 이리의 새끼는 아무리 길을 들이려 해도 야수의 성질을 버리지 못한다.

**囊中自有錢** (낭중자유전) 주머니에 돈이 있다.

**囊中之錐** (낭중지추) 주머니 속에 든 송곳.

**囊中取物** (낭중취물) 주머니 속에 든 것을 꺼내는 것처럼 손쉽게 얻을 수 있다.

**內富外貧** (내부외빈) 겉으로는 가난한 듯하나 속으로는 부자.

**來語不美 去語何美** (내어불미 거어하미) 오는 말이 곱지 않으면 가는 말도 곱지 않다.

**怒甲移乙** (노갑이을) 갑에 대하여 노한 것을 을에게 옮기다.

**老當益壯** (노당익장) 늙으면 더욱 뜻을 굳게 해야 한다.

**路柳墻花** (노류장화) 창녀.

**老馬之智** (노마지지) 사물에는 각기 특징이 있다. 늙은 말의 경험.

**怒髮上衝** (노발상충) 성을 내어 머리털이 곤두서다.

**老生常談** (노생상담) 늙은이가 늘 하는 말.

**盧生之夢** (노생지몽) 인생의 허무함을 말함. 한단지몽.

**勞心焦思** (노심초사) 애를 쓰며 속을 태우다.

**老牛舐犢之愛** (노우저독지애) 늙은 소가 송아지를 핥아 주는 사랑. 자식에 대한 사랑이 깊다.
**勞而無功** (노이무공) 힘껏 일하였으나 공이 없다.
**怒者逆德** (노자역덕) 노하게 되면 서로 싸우게 되므로, 노하는 것을 역덕이라 한다.
**老婆心切** (노파심절) 남을 위하여 지나치게 걱정함. 노파심.
**綠林豪傑** (녹림호걸) 불한당. 화적.
**鹿死不擇音** (녹사불택음) 사슴은 그 소리가 아름답지만, 죽게 되었을 때에는 그 아름다운 소리를 가려 낼 여유가 없다. 위급한 지경을 당했을 때에는 나쁜 성질이 나온다.
**綠衣紅裳** (녹의홍상) 곱게 차린 여인의 복색.
**綠衣黃裏** (녹의황리) 귀천의 자리가 서로 바뀜.
**論功行賞** (논공행상) 공로의 크고 작음을 비교 검토하여, 거기에 대응하는 상을 주는 것.
**弄假成眞** (농가성진) 장난삼아 한 것이 참으로 한 것이 되다.
**弄瓦之慶** (농와지경) 딸을 낳은 기쁨.
**弄璋之慶** (농장지경) 아들을 낳은 기쁨.
**籠鳥戀雲** (농조연운) 속박당한 사람이 자유를 희구하는 마음.
**雷逢電別** (뇌봉전별) 우뢰처럼 만났다가 번개처럼 헤어지다.
**雷聲大名** (뇌성대명) 세상에 널리 알려진 이름.
**累卵之危** (누란지위) 알을 쌓아 놓으면 굴러 떨어져 곧 깨어지듯 매우 위태로운 형세.
**能見難思** (능견난사) 능히 보고도 이해하기 어려움. 볼 수는 있으나 그 이치를 이해하기 어려움.
**能大能小** (능대능소) 모든 일을 임기응변으로 잘 처리하다.
**能書不擇筆** (능서불택필) 글씨를 잘 쓰는 사람은 붓의 좋고 나쁨을 가리지 않는다.
**能雲之志** (능운지지) 높은 뜻.

## 〔다〕

**多岐亡羊** (다기망양) 갈림길이 많아 양을 잃다.

**多能鄙事** (다능비사) 낮고 속된 일에 재능이 많다.

**多多益善** (다다익선) 많을수록 좋다.

**多聞博識** (다문박식) 견문이 많고 학식이 넓음.

**多言數窮** (다언삭궁) 말이 많으면 자주 곤궁에 빠진다.

**多才多病** (다재다병) 재주가 많은 사람은 흔히 몸이 약하여 잔병이 많다.

**多才多藝** (다재다예) 재능과 기예가 많다.

**多錢善賈** (다전선고) 밑천이 많으면 장사를 잘 할 수 있다.

**斷金之交** (단금지교) 친구간의 두터운 교분. 쇠붙이도 끊을 만큼 단단한 우정.

**單刀直入** (단도직입) 군말을 빼고 바로 본론을 말하다.

**簞食豆羹** (단사두갱) 대그릇에 담긴 밥과 작은 나무 그릇에 담긴 국. 검소하고 변변하지 못한 음식.

**簞食瓢飮** (단사표음) 도시락 밥과 표주박의 물. 검소한 생활.

**丹脣皓齒** (단순호치) 붉은 입술과 흰 이. 미인의 얼굴.

**斷長補短** (단장보단) 들쭉날쭉한 것을 곧게 하다.

**達人大觀** (달인대관) 도리에 통달한 선비의 탁월한 식견.

**膽大心小** (담대심소) 배짱은 한없이 크게 갖되 마음은 항상 주의깊게 하다.

**膽大於身** (담대어신) 담이 매우 큼.

**談笑自若** (담소자약) 위험이나 곤란에 직면해서도, 보통 때와 변함없이 유연하게 있는 모습.

**談言微中** (담언미중) 완곡하게 상대방의 급소를 찌르는 말.

**堂狗風月** (당구풍월) 당구삼년 폐풍월(堂狗三年 吠風月)의 준말. 서당개 삼 년에 풍월 읊는다.

**當代發福** (당대발복) 부모를 좋은 묏자리에 장사하여 자식이 부귀를 누리다.

**螳臂當車** (당비당차) 사마귀가 발을 벌리고 수레바퀴를 막다.

**當世儒宗** (당세유종) 그 시대의 첫째 가는 학자.

**當時丞相** (당시승상) 지금 정승 벼슬을 지낸다. 한창 권세가 당당한 처지.

**大喝一聲** (대갈일성) 크게 한 번 소리치다.

**大驚失色** (대경실색) 몹시 놀라 얼굴 빛을 잃다.

**大器晩成** (대기만성) 크게 될 인물은 큰 종을 만드는 것과 같아서 속히 이루어지지 않는다.

大器小用 (대기소용) 큰 그릇을 작은 데에 쓰다.
大辯如訥 (대변여눌) 대군자의 말은 이치에 합당하므로, 듣기에는 말을 어물어물하는 듯하나 실지로는 훌륭한 변설이다.
大富長者 (대부장자) 큰 부자.
戴盆望天 (대분망천) 동이를 머리에 이면 하늘을 바라볼 수 없고, 하늘을 바라보면 동이를 일 수 없다. 두 가지 일을 동시에 할 수 없다.
對牛彈琴 (대우탄금) 소를 두고 거문고를 타다. 어리석은 사람에게 도리를 가르쳐도, 알아듣지 못한다.
大義滅親 (대의멸친) 국가 대사를 위하여 개인을 희생함.
大材小用 (대재소용) 큰 인물을 작은 일에 사용하는 것. 사람의 사용방법이 틀렸음을 말한다.
大旱不渴 (대한불갈) 아무리 오래 가물어도 마르지 않을 만큼 물이 많음.
德無常師 (덕무상사) 덕을 닦는 데에는 일정한 스승이 없다.
德不孤 (덕불고) 덕 있는 사람은 따르는 이가 많아서 외롭지 않다.
道不拾遺 (도불습유) 길에 떨어진 것을 줍지 않다.
桃源境 (도원경) 이 세상으로부터 동떨어져 있는 곳. 이상향. 또는, 현실생활과 유리된 환상사회.
道有升降 (도유승강) 천도에는, 크게 융성함과 쇠망함의 두 가지가 있다.
道出一原 (도출일원) 도리의 근원은 하나이다.
塗炭之苦 (도탄지고) 진흙이나 숯불에 빠진 것 같은 고통.
倒行逆施 (도행역시) 사람의 도리에 따르지 아니하고, 무리하게 행하거나 상식에 어긋나게 행동하다.
獨不將軍 (독불장군) 혼자서는 장군이 못 된다. 혼자 잘난 척 뽐내다가 고립된 처지에 있는 사람.
讀書亡羊 (독서망양) 글을 읽는 데 정신이 팔려, 양을 잃다. 하는 일에는 뜻이 없고 딴 생각만 하다가 낭패를 당하다.
讀書百遍義自見 (독서백편의자현) 뜻이 어려운 글도 여러 번 반복하여 읽고 외면 글의 뜻을 스스로 깨쳐 알게 된다.
讀書三到 (독서삼도) 독서하는 데는 눈으로 보고, 입으로 읽고, 마음으로 해독하여야 된다.

**讀書尙友** (독서상우) 독서함으로써 옛날의 현인을 벗삼다.
**讀書破萬卷** (독서파만권) 책을 많이 읽다.
**獨眼龍** (독안룡) 외눈으로서 용맹 있는 사람.
**讀五車書** (독오거서) 다섯 대의 수레에 가득 실을 만큼 많은 책을 읽다.
**獨掌不鳴** (독장불명) 손바닥 하나로는 소리가 나지 않는다. 맞서는 이가 없으면 싸움이 되지 않는다.
**獨學孤陋** (독학고루) 스승 없이 혼자 배운 사람은 식견이 좁아 몹시 고루하다.
**東家食 西家宿** (동가식 서가숙) 두 가지 좋은 일을 함께 가지려 하다. 의식주가 없어 떠돌아다니다.
**同價紅裳** (동가홍상) 같은 값이면 다홍치마.
**同氣之親** (동기지친) 형제간의 친애.
**棟樑之材** (동량지재) 나라의 중임을 맡을 만한 인물.
**東問西答** (동문서답) 엉뚱한 대답.
**同病相憐** (동병상련) 같은 병을 서로 불쌍히 여기다. 처지가 비슷한 사이끼리 서로 동정하다.
**東奔西走** (동분서주) 매우 분주함.
**同床異夢** (동상이몽) 한 자리에 자면서 다른 꿈을 꾸다. 같은 자리에 있으면서 생각이 서로 다름.
**東西南北人** (동서남북인) 주거가 일정하지 않은 사람.
**冬扇夏爐** (동선하로) 겨울의 부채와 여름의 화로. 쓸모 없는 것.
**同而不和** (동이불화) 겉으로는 동의하지만 내심으로는 그렇지 않다.
**同舟相救** (동주상구) 이해 관계를 같이 하는 사람은 자연히 서로 돕게 됨.
**斗南一人** (두남일인) 두남은 북두칠성의 남쪽. 천하 제일의 현명한 사람.
**杜門不出** (두문불출) 문을 닫고 밖에 나가지 않다.
**杜撰** (두찬) 출처가 확실하지 않은 문자를 쓰거나 오류가 많다.
**得隴望蜀** (득농망촉) 욕심은 한이 없다.
**得斧喪斧** (득부상부) 얻은 도끼나 잃은 도끼나 같다. 손해 본 것이 없다.
**得不補失** (득불보실) 얻은 것으로 잃은 것을 채우지 못하다.
**得失相半** (득실상반) 얻은 것이나 잃은 것이 반반.
**得一忘十** (득일망십) 한 가지 일을 기억하면 다른 열 가지 일을 잊다.

**得親順親** (득친순친) 부모의 뜻에 순종하다.
**登高自卑** (등고자비) 높은 곳에 오르려면 낮은 곳에서부터 오른다. 일에는 순서가 있다.
**登高必賦** (등고필부) 군자는, 높은 산에 오르면, 반드시 시를 지어 심중에 쌓인 생각을 푼다.
**登臺不自照** (등대부자조) 등대의 불은 먼 곳을 밝게 비추지만, 등대 자신은 어둡다.
**登樓去梯** (등루거제) 높은 누에 오르게 하고 사다리를 치우다.
**登龍門** (등용문) 입신 출세의 관문.
**燈下不明** (등하불명) 등잔 밑이 어둡다.
**燈火稍可親** (등화초가친) 등불을 가까이 하여 글을 읽다.

# 〔마〕

**馬脚露出** (마각노출) 숨기려던 큰 흠이 부지 중에 나타나다.
**馬頭納采** (마두납채) 납채를 혼인하는 당일 가지고 가다.
**馬頭出令** (마두출령) 갑자기 명령을 내리다.
**馬生角** (마생각) 막에 뿔이 나다.
**馬牛襟裾** (마우금거) 말이나 소에 의복을 입히다.
**馬耳東風** (마이동풍) 남의 말을 귀담아 듣지 않고 흘려 버리다.
**麻中之蓬** (마중지봉) 구부러진 쑥도 삼밭에 심으면 꼿꼿하게 자란다.
**莫上莫下** (막상막하) 우열이 없다.
**莫逆之友** (막역지우) 마음이 맞아 서로 거스리는 일이 없는 벗.
**莫知東西** (막지동서) 동서를 분간하지 못하다.
**幕天席地** (막천석지) 하늘을 천막 삼고 땅을 자리 삼다. 기상이 호방하고 거리끼지 않다.
**輓歌** (만가) 상여를 메고 갈 때 부르는 노래.
**萬古千秋** (만고천추) 과거 미래를 통한 영원한 세월.
**萬古風霜** (만고풍상) 오랜 동안에 겪는 수많은 고난.
**萬口成碑** (만구성비) 만인의 입이 비를 이루다. 여러 사람이 칭찬하는 것. 송덕비와 같다.
**萬里同風** (만리동풍) 천하가 통일되어 온 세상의 풍속이 같다.

萬物父母 (만물부모) 천지의 뜻. 천지는 물(物)을 낳는다.
滿盤珍羞 (만반진수) 상에 가득 찬 맛좋은 음식.
萬不失一 (만불실일) 조금도 틀림이 없다.
萬事皆如夢 (만사개여몽) 이 세상 모든 일이 꿈 같다.
萬死無惜 (만사무석) 죄가 무거워 만 번 죽어도 용서할 여지가 없다.
萬事休 (만사휴) 모든 일이 헛수고가 되다.
萬乘之國 (만승지국) 승은 병거. 병거 일만을 낼 수 있는 나라.
晩時之嘆 (만시지탄) 기회를 잃은 한탄.
萬牛難回 (만우난회) 만 필의 소를 모아 그 힘으로도 돌이킬 수 없다. 고집이 센 사람.
萬人異心 (만인이심) 각 사람의 마음이 모두 다르다.
萬折必東 (만절필동) 흐르는 황하의 물이 이리저리 만 번을 굽돌아도 반드시 동으로 흐른다. 한 번 굳게 마음먹은 절개가, 아무리 꺾으려 해도 꺾이지 아니하고, 뜻대로 나아간다.
萬彙群象 (만휘군상) 삼라만상.
亡國之音 (망국지음) 멸망한 나라의 음악. 음탕하고 애상적인 음악.
網漏呑舟之魚 (망누탄주지어) 그물이, 배를 삼킬 만큼 큰 고기를 빠뜨리다.
望梅解渴 (망매해갈) 목이 마른 병졸이 신 살구 얘기를 듣고 입에 침이 고여 목마름을 풀었다는 고사.
網目不疎 (망목불소) 그물코가 총총한 것처럼 법률이 세밀하다.
忘身忘家 (망신망가) 몸과 집안을 잊다.
亡羊補牢 (망양보뢰) 양을 잃고 우리를 고치다.
亡羊之歎 (망양지탄) 잃어버린 양을 쫓아 가다가 갈림길이 많아 찾지 못하였다는 고사. 학문의 길이 다기다난하여 한 가지도 제대로 성취하지 못한 탄식.
望洋之歎 (망양지탄) 제 힘이 미치지 못한 탄식.
望雲之情 (망운지정) 타향에서, 고향에 계신 부모를 그리는 정.
罔有擇言 (망유택언) 말이 모두 이치에 맞아 빼낼 것이 없다.
妄自尊大 (망자존대) 자기만 잘났다고 뽐내고 남을 업신여기다.
罔知所措 (망지소조) 어찌할 바를 모르고 허둥거리다.
賣劍買牛 (매검매우) 칼을 팔아 소를 사다. 전쟁을 그만두고 농사를 짓다.
賣鹽逢雨 (매염봉우) 소금을 팔다가 비를 맞다.

麥秀之嘆 (맥수지탄) 나라의 멸망을 한탄하다.
盲龜遇木 (맹귀우목) 눈 먼 거북이가 물에 뜬 나무를 붙잡다.
孟母三遷之敎 (맹모삼천지교) 맹자의 어머니가 맹자를 선도하기 위하여 집을 세 번 옮겼다는 고사.
盲玩丹青 (맹완단청) 보아도 내용을 알지 못할 사물을 보다.
盲人眼疾 (맹인안질) 있으나마나 아무 상관이 없다.
盲者直門 (맹자직문) 장님이 문을 바로 들어가다.
猛虎爲鼠 (맹호위서) 범도 위엄을 잃게 되면 쥐와 같다.
面從腹背 (면종복배) 겉으로는 복종하는 체 하면서 내심으로는 배반하다.
明鏡止水 (명경지수) 잡념 없이 깨끗한 마음.
名山大川 (명산대천) 이름난 산과 큰 내.
命世之才 (명세지재) 세상을 구할 만한 뛰어난 인재.
名實相符 (명실상부) 이름과 실상이 같다.
明若觀火 (명약관화) 불을 보듯이 분명하다.
命在頃刻 (명재경각) 곧 숨이 끊어질 지경.
明哲保身 (명철보신) 이치에 좇아 일을 처리하여 몸을 지키다.
毛遂自薦 (모수자천) 자신을 스스로 추천하다.
矛盾 (모순) 말이나 행동이 앞 뒤가 서로 일치되지 아니하다.
目不忍見 (목불인견) 참혹하여 눈으로 볼 수 없음.
武陵桃源 (무릉도원) 이 세상과 따로 떨어진 별천지.
無望之禍 (무망지화) 뜻밖의 재앙.
無父無君 (무부무군) 어버이도 모르고 임금도 모르는 난신적자. 행동이 매우 어지러운 사람.
無不通知 (무불통지) 모르는 것이 없다.
巫山之夢 (무산지몽) 남녀간의 애정이 깊음.
無所不爲 (무소불위) 못할 짓이 없다.
無用之辯 (무용지변) 불필요한 변설. 쓸데 없는 말.
無爲而治 (무위이치) 성인의 큰 덕에 백성이 감화를 입어 나라가 저절로 다스려지다.
無虎洞中 狸作虎 (무호동중 이작호) 범이 없는 곳에서 여우가 범노릇을 하다.
墨翟之守 (묵적지수) 굳건히 성을 지키다. 자기 의견이나 주장을 굳이 지키다.
刎頸之交 (문경지교) 죽고 살기를 같이하여 목이 떨어져도 두려워하

지 않을 만큼 친한 사귐.

文武兼備 (문무겸비) 문식과 무략을 함께 갖추다.

文房四友 (문방사우) 종이·붓·벼루·먹.

門前成市 (문전성시) 권세가 드날리거나 부자가 되어, 집 문 앞이 방문객으로 저자를 이루다.

門前沃畓 (문전옥답) 집 문 앞에 있는 기름진 전답. 많은 재산.

聞一知十 (문일지십) 한 가지를 듣고 열 가지를 알다.

物各有主 (물각유주) 무엇이나 그 주인이 있다.

物外閑人 (물외한인) 세상의 시끄러움을 피하여 한가롭게 지내는 사람.

未亡人 (미망인) 남편이 죽으면 의례히 따라 죽어야 함에도 불구하고 아직 죽지 않고 이 세상에 남아 있는 사람. 과부가 스스로 겸손하게 일컫는 말.

彌縫策 (미봉책) 임시로 꾸며대어 눈가림만 하는 계책.

尾生之信 (미생지신) 우직하게 약속만을 굳게 지키다.

民心無常 (민심무상) 백성의 마음은 다스림에 의하여 좌우된다.

## 〔바〕

博物君子 (박물군자) 온갖 사물에 정통한 사람.

拍掌大笑 (박장대소) 손바닥을 치면서 크게 웃다.

盤根錯節 (반근착절) 구부러진 나무 뿌리와 울퉁불퉁한 마디.

半生半死 (반생반사) 다 죽게 된 처지.

半僧半俗 (반승반속) 중도 아니고 속인도 아니다. 분명하게 이름을 붙일 수 없는 것.

伴食宰相 (반식재상) 자리만 차지하고 있는 무능한 신하.

傍若無人 (방약무인) 좌우에 사람이 없다는 듯이 언행을 함부로 하다.

拔本塞源 (발본색원) 폐단의 근원을 뽑고 막아 없애다.

發憤忘食 (발분망식) 발분하여 끼니까지 잊고 노력하다.

杯盤狼藉 (배반낭자) 술 먹는 자리의 어지러운 모양.

背水之陣 (배수지진) 물을 등지고 진을 치다.

背恩忘德 (배은망덕) 남의 은덕을 잊고 도리어 해치려 하다.
白骨難忘 (백골난망) 죽어 백골이 되어서도 잊을 수 없다.
白駒過隙 (백구과극) 흰 망아지가 빨리 달리는 것을 문틈으로 보는 것처럼 눈 깜박할 사이.
百鬼夜行 (백귀야행) 온갖 잡귀가 밤에 돌아다니다. 하는 짓이 몹시 흉악한 놈들이 덤벙거리다.
百年之客 (백년지객) 한평생을 두고 늘 어려운 손님으로 맞다. 처가에서 사위를 두고 하는 말.
百年河淸 (백년하청) 중국의 황하가 항상 흐리어 맑을 때가 없다는 뜻.
伯樂一顧 (백락일고) 명마(名馬)가 백 락을 만나 세상에 알려지다.
白面書生 (백면서생) 사무에 능숙지 못한, 젊은 풋내기.
百無一失 (백무일실) 무슨 일에나 실수가 없다.
百無一取 (백무일취) 언행 가운데서 하나도 쓸 만한 것이 없다.
百聞不如一見 (백문불여일견) 백 번 듣는 것이 한 번 보는 것만 같지 않다.
白眉 (백미) 흰 눈썹. 가장 뛰어나다.
百發百中 (백발백중) 백 번 쏘아 백 번 맞추다. 앞서 생각한 일들이 꼭 들어맞다.
百事大吉 (백사대길) 모든 일이 잘 되다.
百世之師 (백세지사) 백대 후까지도 모든 사람의 스승으로 우러러 본받을 만한 사람.
伯牙絶絃 (백아절현) 친구의 죽음을 슬퍼하다.
百折不撓 (백절불요) 실패를 거듭해도 뜻을 굽히지 않다.
伯仲之間 (백중지간) 낫고 못함이 거의 없다.
百尺竿頭 (백척간두) 높다란 장대 끝에 서다. 위태롭고 난처한 지경.
百八煩惱 (백팔번뇌) 불가에서 말하는 108가지 번뇌.
繁文縟禮 (번문욕례) 번거롭고 복잡한 조문과 규칙.
煩言碎辭 (번언쇄사) 번거롭고 자자분한 말.
凡夫肉眼 (범부육안) 범인의 천박한 견해.
辟邪進慶 (벽사진경) 사악한 귀신을 쫓고 경사로운 일을 맞이하다.
病入膏肓 (병입고황) 병이 고황에 들다. 병이 깊다.
補車相依 (보거상의) 서로 돕고 의지하다.
福過禍生 (복과화생) 지나친 행복은 재앙을 가져 오는 원인이다.
覆水不返盆 (복수불반분) 한번 쏟아진 물은 다시 담을 수 없다.
腹心之友 (복심지우) 마음이 맞는 극진한 벗.

覆車之戒 (복차지계) 실패한 일을 거울삼아 경계하다.
駙馬 (부마) 임금의 사위.
富貴在天 (부귀재천) 부귀는 하늘이 정하기에, 인력으로는 어쩔 수 없다.
負薪入火 (부신입화) 나무를 지고 불에 들다.
父慈子孝 (부자자효) 아비는 자애를 주로 하고 아들은 효를 주로 한다.
父執尊長 (부집존장) 아버지의 친구로, 아버지와 나이가 비슷한 어른.
富則多事 (부즉다사) 재산이 많으면 일도 많다.
附和雷同 (부화뇌동) 아무 비판없이 남의 말에 따르다.
北山之感 (북산지감) 부모에게 공양하지 못함을 한탄하다.
粉骨碎身 (분골쇄신) 뼈가 가루가 되고 몸이 부서지도록 노력하다.
憤氣衝天 (분기충천) 분한 기운이 하늘까지 솟다.
焚書坑儒 (분서갱유) 학자들의 정치 비평을 금하기 위하여 책을 불사르고 유생을 생매장한 일.
不共戴天之讎 (불공대천지수) 같은 하늘 아래서는 함께 살 수 없는 원수.
不老不死 (불로불사) 지극히 장수하다.
不立文字 (불립문자) 도(道)는 마음으로 전하는 것이지 문자로 전하는 것이 아니다.
不問曲直 (불문곡직) 옳고 그름을 가리지 않고 함부로 일을 처리하다.
不免虎口 (불면호구) 위험을 면하지 못하다.
不撓不屈 (불요불굴) 어떠한 곤란에도 굽히지 않다.
不遠千里 (불원천리) 천리를 멀다 않고 찾아오다.
不入虎穴 不得虎子 (불입호혈 부득호자) 호랑이 굴에 들어가지 않으면 호랑이 새끼를 얻을 수 없다.
不肖之父 (불초지부) 어리석은 아버지.
不娶同姓 (불취동성) 같은 성의 사람과 혼인하지 않다.
不恥下問 (불치하문) 아래 사람에게 배우는 것을 부끄러이 여기지 않다.
不避湯火 (불피탕화) 물 불을 가리지 않다.
朋友講習 (붕우강습) 벗이 모여 서로 학식을 닦다.
非禮勿視 (비례물시) 예가 아닌 것은 보지 않다.
非禮之禮 (비례지례) 경우에 벗어난 예식.
非常之功 (비상지공) 아주 큰 공.

**比屋可封** (비옥가봉) 요·순 때에는 사람이 모두 착하고 태평하여 집집마다 표창할 만하였다는 뜻.

**脾胃難定** (비위난정) 비위를 가라앉히기 어렵다.

**髀肉之嘆** (비육지탄) 넓적다리에 살이 오른 것을 탄식하다.

**飛耳長目** (비이장목) 먼 데에서 나는 소리를 잘 듣고, 먼 데 것을 잘 보다.

**比翼鳥 連理枝** (비익조 연리지) 각기 한 쪽에만 날개가 있는 두 마리 새가 한데 합하여 나란히 날고, 한 나무의 가지가 딴 나무의 가지에 연하여 하나가 되다.

**非一非再** (비일비재) 한두 번이 아님.

**牝鷄之晨** (빈계지신) 암탉이 울어 때를 알린다. 아내가 남편의 권리를 빼앗음을 비유한 말.

**貧賤不能移** (빈천불능이) 가난이 닥쳐도 뜻을 굽히지 않다.

**貧賤之交 不可忘** (빈천지교 불가망) 빈천한 때의 친구는 언제까지나 잊어서 안 된다.

**氷炭不相容** (빙탄불상용) 얼음과 숯은 서로 용납하지 못한다. 군자와 소인은 화합하지 못한다.

# 〔사〕

**四顧無親** (사고무친) 친척이 없어 의지할 곳 없는 외로운 지경.

**舍己從人** (사기종인) 자기의 잘못된 행위를 버리고 남의 선행을 따라 행하다.

**詞俚不載** (사리부재) 속된 노래를 책에 싣지 않다.

**四面楚歌** (사면초가) 사방에서 초나라 노래가 들린다. 적에게 포위당하여 고립되다.

**四面春風** (사면춘풍) 어떠한 경우라도 좋은 낯으로 대하다.

**思無邪** (사무사) 조금도 나쁜 일을 생각지 않다.

**斯文亂賊** (사문난적) 교리에 어긋나는 언동으로 유교를 어지럽히는 사람.

**事半功倍** (사반공배) 들인 공은 적어도 이루어진 공이 많다.

**四分五裂** (사분오열) 넷으로 나누어지고 다섯으로 쪼개어지다.

**死不瞑目** (사불명목) 죽어도 눈을 감지 못하다.
**四時長春** (사시장춘) 한결 같음.
**四十不動心** (사십부동심) 사십 세에 도를 깨달아, 주견이 확고히 서서 마음이 동요하지 않다.
**似而非者** (사이비자) 겉으로 보기에는 비슷한 것 같으나 실지로는 아주 다른 가짜.
**獅子奮迅** (사자분신) 사자가 몸을 일으켜 성을 내는 기세.
**獅子吼** (사자후) 크게 부르짖어 열변하는 연설.
**使錢如水** (사전여수) 돈을 물 쓰듯 하다.
**死諸葛 走生仲達** (사제갈 주생중달) 죽은 공명에게, 살아 있는 중달이 쫓겨가다.
**蛇足** (사족) 뱀의 발. 화사첨족의 준말. 부질없는 일로 일을 그르치다.
**死中求生** (사중구생) 죽을 지경에 빠졌다가 살 길을 찾다.
**四通五達** (사통오달) 사방으로 왕래할 수 있는 편리한 곳.
**事必歸正** (사필귀정) 모든 일은 반드시 바르게 된다.
**四海兄弟** (사해형제) 천하의 뭇 사람은 모두 형제이다.
**死後淸心丸** (사후청심환) 죽은 뒤의 약. 시기를 놓치다.
**山高水長** (산고수장) 군자의 덕이 높고 끝 없음을, 산이 우뚝 솟음과 큰 냇물의 흐름에 비유한 말.
**山紫水明** (산자수명) 산수의 풍경이 깨끗하고 아름답다.
**山戰水戰** (산전수전) 복잡한 세상의 일.
**散之四方** (산지사방) 산산히 흩어지다.
**山盡水窮** (산진수궁) 산골짜기가 더 나갈 수 없이 다 되고 물이 막히다.
**殺身報國** (살신보국) 목숨을 바쳐 나라에 은혜를 갚다.
**殺身成仁** (살신성인) 남을 위하여 목숨을 희생하다.
**三顧草廬** (삼고초려) 유 비가 제갈 공명을 세 번이나 찾아가 군사(軍師)로 초빙한 데서 유래한 말. 임금의 두터운 사랑을 입다.
**三令五申** (삼령오신) 세 번 명령하고 다섯 번 알린다. 몇 번이고 같은 것을 명령하기도 하고 규정하다.
**三三五五** (삼삼오오) 이삼 인 또는 사오 인씩 흩어져 있다.
**三旬九食** (삼순구식) 집안이 가난하여 먹을 것이 적다.
**三十六計 走爲上策** (삼십육계 주위상책) 도망가서 몸을 안전하게 하는 것을 제일 좋은 상책으로 한다. 비겁한 자를

조롱하는 말.

三益友 (삼익우) 매화, 대나무, 돌.

三人成虎 (삼인성호) 거짓말이라도 여러 사람이 말하면 참말로 믿는다.

三人言市有虎 (삼인언시유호) 허무맹랑한 말이라도 여러 사람이 같은 말을 하면, 결국에는 정말로 믿게 된다.

三日雨 (삼일우) 사흘 동안 계속하여 내리는 비. 많은 비.

三日天下 (삼일천하) 삼일 동안 정권을 잡았다가 물러나다. 잠시의 권세.

三族之罪 (삼족지죄) 삼족이 연좌하는 죄.

三從之道 (삼종지도) 여자는 어려서 어버이께 순종하고, 시집가서는 남편에게, 남편이 죽은 후에는 아들에게 순종해야 한다는 도덕관.

三尺童子 (삼척동자) 키가 석 자 되는 아이. 어린아이.

三千甲子 東方朔 (삼천갑자 동방삭) 삼천 갑자(3000×60년) 동안 산 동방삭.

三遷之教 (삼천지교) 맹자의 어머니가 맹자를 선도하기 위하여 세 번 집을 옮겼다는 고사. 묘지 근처에 살다가 시장거리로, 다시 글방 근처로 옮겼다.

三韓甲族 (삼한갑족) 우리 나라의 옛부터 문벌이 높은 집안.

喪家之狗 (상가지구) 상가의 개.

傷弓之鳥 (상궁지조) 화살에 맞은 새. 한 번 궂은 일을 당하고 나면 의심하고 두려워한다.

霜露之病 (상로지병) 한냉으로 인하여 생긴 병.

上漏下濕 (상루하습) 위에서는 비가 새고 밑에서는 습기가 차오르다. 가난한 집.

桑麻之交 (상마지교) 권세와 영달의 길을 버리고 한적한 시골에서 뽕나무와 삼나무를 벗삼아 지내다. 전원에 은거하여 농사꾼과 사귀며 지내다.

桑蓬之志 (상봉지지) 사방으로 활동하여 공명을 이루려는 남자의 의지.

桑田碧海 (상전벽해) 뽕나무 밭이 바다가 되다. 세상 일의 변천이 심함.

上濁下不淨 (상탁하부정) 웃물이 흐리면 아랫물도 깨끗할 수 없다.

塞翁之馬 (새옹지마) 인간의 길흉화복의 변화가 무상하다.

**色卽是空 空卽是色** (색즉시공 공즉시색) 색은 공으로부터 생기고 공은 색에 의하여 나타남. 본래 색과 공은 차별이 없음.

**生口不網** (생구불망) 산 사람의 목구멍에 거미줄 치지 않는다.

**生面不知** (생면부지) 본 적이 없는 사람.

**生而知之** (생이지지) 학문을 닦지 않아도, 나면서부터 알다.

**生前富貴 死後文章** (생전부귀 사후문장) 살아 있을 때에는 부귀를 누리며 살고, 죽은 뒤에는 좋은 문장으로 후세에 이름을 남기는 것이 가장 좋다.

**庶幾之望** (서기지망) 거의 될 듯한 희망.

**書不可盡信** (서불가진신) 책에 기록되어 있다고 다 믿어서는 안 된다.

**書不借人** (서불차인) 책을 아껴서 남에게 빌려 주지 않다.

**石火光陰** (석화광음) 돌이 마주 부딪칠 때 불이 반짝이는 것 같은 빠른 세월.

**先見之明** (선견지명) 앞 일을 미리 내다보는 총명.

**先忘後失** (선망후실) 먼저는 잊고 뒤에는 잃음. 뭐든 잊어버리다.

**先發制人** (선발제인) 싸움에서 선기를 잡는 편이 상대를 제압한다. 먼저 손을 쓰는 편이 이긴다는 의미.

**先事處事** (선사처사) 일이 생기기 전에 그 일에 대한 준비를 생각하다.

**先始於隗** (선시어외) 나에게서부터 시작하라.

**先憂後樂** (선우후락) 남보다 먼저 조심하고 남보다 나중 즐기다.

**仙姿玉質** (선자옥질) 용모가 아름답고 재질도 뛰어남.

**先則制人** (선즉제인) 앞서면 사람을 제한다.

**仙風道骨** (선풍도골) 풍채가 뛰어난 사람.

**雪膚花容** (설부화용) 흰 살결에 고운 얼굴. 미인의 얼굴.

**雪上加霜** (설상가상) 눈 위에 서리가 더하다. 불행이 겹치다.

**說往說來** (설왕설래) 서로 변론을 주고 받으며 옥신각신하다.

**雪中松栢** (설중송백) 소나무나 잣나무는 눈 속에서도 그 빛이 변하지 않는다.

**盛年不重來** (성년부중래) 젊은 시절은 다시 없다.

**成者必衰** (성자필쇠) 성한 자는 반드시 쇠망한다.

**成卽君王 敗卽逆賊** (성즉군왕 패즉역적) 같은 일이라도, 성공하면 군왕의 칭호를 받을 것이요, 못 되면 역적의 벌을 받는다.

**城下之盟** (성하지맹) 싸움에 진 나라가 적국에 항복하고 맺는 약속.

항복하다.
洗踏足白 (세답족백) 남의 빨래를 하였더니 제 발이 희어지다. 남을 위하여 한 일이 자기에게도 이득이 되다.
勢利之交 (세리지교) 권세와 이익을 위해 맺는 교제.
歲月不待人 (세월부대인) 세월은 사람을 기다리지 않는다.
世態炎凉 (세태염량) 세상사의 성쇠.
歲寒松栢 (세한송백) 역경에도 굴하지 않는 절개.
笑裏藏刀 (소리장도) 겉으로는 웃음을 띠어 온화하지만, 내심은 음험하여 악랄하다.「입에 꿀, 배에 칼」.
燒眉之急 (소미지급) 눈썹이 타면 급히 끄지 않을 수 없다. 매우 급한 상태.
宵壤之判 (소양지판) 하늘과 땅의 차이.
騷人墨客 (소인묵객) 시문이나 그림을 일 삼는 사람.
小人之勇 (소인지용) 혈기에서 부리는 소인의 용기.
小貪大失 (소탐대실) 적은 것을 탐내다가 큰 것을 잃다.
束手無策 (속수무책) 어찌 할 방책이 없어 꼼짝 못하다.
孫康映雪 (손강영설) 손강은 가난하여 등유를 사지 못하고, 겨울 밤에 책을 눈에 비추어 읽었다.
送舊迎新 (송구영신) 묵은 해를 보내고 새해를 맞다.
宋襄之仁 (송양지인) 쓸데없는 인정.
送往迎來 (송왕영래) 가는 사람을 전송하고 오는 사람을 맞이하다.
守口如甁 (수구여병) 말할 때 신중하고 비밀을 잘 지키다.
首邱初心 (수구초심) 여우가 죽을 때는 제 집 쪽으로 머리를 돌리고 죽는다. 고향을 잊지 않고 그리워하다.
水落石出 (수락석출) 물이 줄고 암석이 드러난 겨울날의 강의 경치.
手舞足蹈 (수무족도) 어쩔 줄 모르고 좋아서 날뛰다.
手無分錢 (수무푼전) 돈이 한 푼도 없다.
手不釋卷 (수불석권) 손에서 책을 놓지 않고 늘 글을 읽다.
首鼠兩端 (수서양단) 쥐가 구멍에서 머리를 내놓고, 나올까 말까 망설이다.
袖手傍觀 (수수방관) 팔짱끼고 보고만 있다.
水深可知 人心難知 (수심가지 인심난지) 물의 깊이는 알 수 있으나 사람의 속마음은 헤아리기 어렵다.
水魚之交 (수어지교) 고기와 물과의 관계.
誰怨誰咎 (수원수구) 남을 원망하거나 책망할 것이 없다.

豎子不足與謀 (수자부족여모) 수자와는 더불어 모의를 하지 못한다. 수자는 일에 익숙지 못한 사람. 또는,남을 경멸하여 일컫는 말.

水滴石穿 (수적석천) 물방울도 오래 떨어지면 돌을 뚫는다.

手足之愛 (수족지애) 형제간의 우애.

守株待兎 (수주대토) 요행을 바라고 헛되이 세월을 보내다.

壽則多辱 (수즉다욕) 장수하면 욕된 일을 많이 겪는다.

誰知烏之雌雄 (수지 오지자웅) 까마귀의 암수를 가리지 못하듯, 옳고 그름을 분간할 수 없다.

水淸無大魚 (수청무대어) 물이 맑으면 큰 고기가 살지 않는다.

孰是孰非 (숙시숙비) 어떤 것이 옳고 어떤 것이 그른지 시비가 분명하지 않다.

脣亡齒寒 (순망치한) 입술이 없으면 이가 시리다. 돕는 이가 망하면 이웃이 함께 위험하다.

順天者存 (순천자존) 천리에 따라 행하는 자는 오래 남는다.

脣齒之國 (순치지국) 이해 관계가 밀접한 나라.

昇天入地 (승천입지) 하늘로 올라가고 땅으로 들어가다. 죽음.

是非之心 (시비지심) 선악을 가릴 줄 아는 마음.

是是非非 (시시비비) 옳은 것은 옳다 하고 그른 것은 그르다 함.

是耶非耶 (시야비야) 옳고 그름.

視吾舌 (시오설) 내 혀를 보라. 신체가 아무리 상해도 혀만 있으면 살 수 있다.

尸位素餐 (시위소찬) 공없이 국녹만 받다.

市井之徒 (시정지도) 방탕하게 노는 무리.

時和年豊 (시화연풍) 나라가 태평하고 풍년이 들다.

食小事煩 (식소사번) 먹을 것은 적고 일만 복잡하다.

識者憂患 (식자우환) 학식이 있어서 도리어 근심을 사게 되다.

食前方丈 (식전방장) 식사를 할 자리에, 사방 한 길 넓이에 여러 가지 음식을 가득 벌려 놓다. 매우 호사스럽게 차린 음식.

新凉燈火 (신량등화) 서늘한 초가을 밤에 등불 밑에서 글 읽기가 좋다.

身老心不老 (신로심불로) 몸은 늙어도 마음은 늙지 않다.

新沐者必彈冠 (신목자 필탄관) 새로 머리를 감은 사람은 반드시 관의 먼지를 떨고서 쓴다.

信賞必罰 (신상필벌) 상벌을 공정히 하다.

**身言書判**(신언서판) 사람을 판단하는 네 가지 기준. 생김새 · 말씨 · 글씨 · 판단력.

**新浴者必振衣**(신욕자 필진의) 새로 몸을 씻은 사람은 반드시 옷의 먼지를 떨고서 입는다.

**身體髮膚**(신체발부) 머리 끝부터 발 끝까지의 몸 전부.

**神出鬼沒**(신출귀몰) 출몰이 자유자재하여 귀신 같다.

**實事求是**(실사구시) 사실 즉 실제에 임하여 그 일의 진상을 찾고 구하다.

**心腹之友**(심복지우) 가장 친밀한 벗.

**十伐之木**(십벌지목) 열 번 찍어서 안 넘어가는 나무가 없다.

**十常八九**(십상팔구) 열 가운데 여덟이나 아홉.

**十匙一飯**(십시일반) 여러 사람이 힘을 합하여 한 사람을 돕는 일은 쉽다.

**十日之菊**(십일지국) 10일의 국화. 국화는 9월 9일이 절정이므로, 이미 늦었다.

# 〔아〕

**阿鼻叫喚**(아비규환) 많은 사람이 고통을 못 이겨 구원을 부르짖는 소리. 극심한 참상.

**我田引水**(아전인수) 자기 논에 물대기. 나에게 이롭게 하다.

**眼高手卑**(안고수비) 눈은 높고 재주는 없다.

**安居危思**(안거위사) 편안한 때에, 위난이 닥쳐올 것을 잊지 말고 대비하라.

**安貧樂道**(안빈낙도) 가난하지만 마음을 편히 하고 걱정하지 않으며 도를 즐기다.

**雁信**(안신) 편지, 소식.

**安身立命**(안신입명) 신념에 안주하여 신명(身命)의 안위를 조금도 걱정하지 않다.

**眼中之人**(안중지인) 정든 사람.

**暗中模索**(암중모색) 어림으로 무엇을 찾아내거나 알아내다.

**巖穴之士**(암혈지사) 속세를 떠나 깊은 산 속에 숨어 사는 선비.

仰不愧天 (앙불괴천) 하늘을 우러러 조금도 부끄러움이 없다.
仰天大笑 (앙천대소) 하늘을 보며 크게 웃는 웃음.
仰天而唾 (앙천이타) 하늘을 향해 침을 뱉다.
哀而不悲 (애이불비) 슬프지만 겉으로 드러내지 않다.
愛人以德 (애인이덕) 사람을 덕으로써 사랑하다.
愛之重之 (애지중지) 매우 사랑하여 중히 여기다.
夜不踏白 (야부답백) 어두운 밤에 하얗게 보이는 것은 물이니 밟지 말라.
藥籠中物 (약롱중물) 필요한 인물.
良工苦心 (양공고심) 재주가 능한 사람의 가슴에는 고심이 많다.
羊頭狗肉 (양두구육) 양의 머리를 걸어 놓고 개고기를 팔다.
梁上君子 (양상군자) 대들보 위의 군자. 도둑.
兩手執餠 (양수집병) 두 손에 든 떡. 가지기도 어렵고 버리기도 어려운 경우.
良藥苦口 (양약고구) 좋은 약은 입에 쓰다.
兩虎相鬪 (양호상투) 두 마리의 호랑이가 싸우다.
養虎遺患 (양호유환) 스스로 화근을 길러 근심을 사다.
魚頭肉尾 (어두육미) 생선은 머리 부분이 맛있고 짐승은 꼬리 부분이 맛있다.
魚變成龍 (어변성룡) 물고기가 변하여 용이 되다.
漁夫之利 (어부지리) 쌍방이 다투는 사이에 제삼자가 득을 보다.
語不成說 (어불성설) 말이 이치에 맞지 않다.
魚水之親 (어수지친) 임금과 백성이 친밀하다. 부부가 서로 사랑하다.
抑强扶弱 (억강부약) 강한 자는 누르고 약한 자는 돕다.
億兆蒼生 (억조창생) 수많은 백성.
言飛千里 (언비천리) 말이 전하여짐이 매우 빨라서 널리 퍼지다.
言語道斷 (언어도단) 어처구니 없어 할 말이 없다.
言有召禍 (언유소화) 말 때문에 재앙을 초래하다.
言中有骨 (언중유골) 말 속에 뼈가 있다.
言則是也 (언즉시야) 말이 사리에 맞다.
餘桃啗君 (여도담군) 먹다 남은 복숭아를 임금에게 먹이다.
如履薄氷 (여리박빙) 엷은 얼음을 밟다. 매우 조심하다.
與民同樂 (여민동락) 왕이 백성과 더불어 즐거움을 같이 나누다.
如反掌 (여반장) 손바닥을 뒤집는 것과 같다.
如魚失水 (여어실수) 물고기가 물을 떠남과 같다. 곤궁한 사람이 의

탁할 곳이 없어 기가 막히다.
女中丈夫(여중장부) 남자에 못지 않은 여자.
如出一口(여출일구) 여러 사람의 말이, 한 입에서 나오는 것처럼 한결 같다.
女必從夫(여필종부) 아내는 반드시 남편에게 순종해야 한다.
逆旅主人(역려주인) 여관의 주인.
逆鱗(역린) 임금의 노여움.
易子敎之(역자교지) 나의 자식과 남의 자식을 바꾸어서 교육하다. 부자의 사이에는 잘못을 꾸짖기 어렵다.
易地思之(역지사지) 남이 당한 경우를 바꾸어서 생각하다.
延年益壽(연년익수) 나이를 많이 먹고 오래 살다.
鳶飛魚躍(연비어약) 솔개가 날고 물 속에 고기가 뛰놀다. 천지조화의 오묘함.
連理枝(연리지) 연리의 가지. 화목한 부부.
緣木求魚(연목구어) 나무에 올라가서 고기를 구하다.
燕雀安知 鴻鵠之志哉(연작안지 홍혹지지재) 연작이 어찌 홍혹의 뜻을 알리오.
烈女不更二夫(열녀불경이부) 정렬한 부인은 두 남편을 섬기지 않는다.
炎涼世態(염량세태) 권세가 있을 때에는 아첨하여 좇고, 권세가 떨어지면 푸대접하는 세속의 형편.
榮枯盛衰(영고성쇠) 번영하고 쇠퇴함이 뒤바뀌는 형상.
寧爲鷄口 無爲牛後(영위계구 무위우후) 닭의 입이 될지언정 소의 꼬리는 되지 않다.
禮煩則亂(예번즉난) 예의도 지나치게 번잡하면 도리어 혼란하게 된다.
禮不可廢(예불가폐) 어느 때 어느 장소에서나 예의를 지키다.
禮失則昏(예실즉혼) 사람이 예의를 잃으면 뜻을 잃고 혼란해진다.
禮儀生富足(예의생부족) 살림이 넉넉해지면 자연히 예의를 지킨다.
五車之書(오거지서) 다섯 수레에 실을 만큼 많은 책.
五里霧中(오리무중) 오 리나 낀 안개 속. 방향이나 갈피를 잡을 수 없는 상태.
傲慢不遜(오만불손) 교만하고 공손하지 않다.
寤寐不忘(오매불망) 자나깨나 잊지 않다.
烏飛梨落(오비이락) 까마귀 날자 배 떨어진다.

烏飛兎走 (오비토주) 까마귀의 비상, 토끼의 질주. 빠른 세월.
傲霜孤節 (오상고절) 서릿발 날리는 때에도 굴하지 않고 외로이 지키는 절개.
五十步百步 (오십보 백보) 조금의 차이가 있지만, 크게 보아서는 본질상의 차이가 없다.
吳越同舟 (오월동주) 적의를 품은 자들이 같은 처지나 한 자리에 있다.
五風十雨 (오풍십우) 매우 순조로운 기후. 태평 세월.
烏合之衆 (오합지중) 까마귀가 모인 것같이 임시로 조직없이 모여든 무리.
玉石俱焚 (옥석구분) 옥과 돌이 함께 타버리다. 선한 자나 악한 자나 다 함께 망하다.
玉石混淆 (옥석혼효) 돌과 옥이 뒤섞이다.
沃野千里 (옥야천리) 기름지고 넓은 들.
溫故知新 (온고지신) 옛 것을 연구하여 새로운 것을 알다.
溫柔敦厚 (온유돈후) 상냥하고 인정이 두텁다.
臥薪嘗膽 (와신상담) 섶 위에서 자고, 쓸개를 맛보다. 원수를 갚고자 고생을 참고 견디다.
蝸牛角上爭 (와우각상쟁) 작은 나라끼리의 싸움. 하찮은 일로써의 싸움.
玩物喪志 (완물상지) 진귀한 물건을 손에 넣고, 그 물건에 마음을 빼앗겨 뜻을 잃다.
完璧 (완벽) 흠이 없는 구슬. 결점이 없다.
外貧内富 (외빈내부) 가난한 차림이나 속은 부자.
外親内疎 (외친내소) 가까운 체하나 속은 멀리하다.
遼東豕 (요동시) 요동의 돼지. 하찮은 공을 스스로 자랑하다.
要領不得 (요령부득) 요령을 얻지 못하다.
樂山樂水 (요산요수) 지혜 있는 자는 사리에 통달하여 물과 같이 막힘이 없으므로 물을 좋아하고, 어진 자는 의리에 밝고 산과 같이 중후하여 변하지 않으므로 산을 좋아한다.
窈窕淑女 (요조숙녀) 조신한 여자.
龍頭蛇尾 (용두사미) 처음엔 그럴 듯하다가 뒤가 흐지부지해지는 형상.
龍鳳之姿 (용봉지자) 모습이 보통 사람보다 뛰어나다.
容或無怪 (용혹무괴) 혹시 그러할지라도 괴이할 것이 없다.

愚公移山(우공이산) 스스로 애써 쉬지 않으면 큰 일도 반드시 이룩할 수 있다.
牛刀割鷄(우도할계) 닭을 잡는 데에 소 잡는 칼을 쓰다.
雨露風霜(우로풍상) 온갖 경험.
牛溲馬渤(우수마발) 소 오줌과 말의 똥. 대수롭지 않은 물건.
牛耳讀經(우이독경) 쇠 귀에 경 읽기. 헛된 일.
愚者一得(우자일득) 어리석은 사람도 때에 따라 좋은 생각을 낸다.
雨後竹筍(우후죽순) 한 때에 번창하다.
雲泥之差(운니지차) 사정이 크게 다르다. 차이가 썩 심하다.
遠交近攻(원교근공) 먼 나라와 사귀고 가까운 나라를 치다.
鴛鴦之契(원앙지계) 원앙의 화합. 부부가 서로 화합함을 비유.
怨徹骨髓(원철골수) 원한이 골수에 사무치다.
元亨利貞(원형이정) 사물의 근본이 되는 도리.
遠禍召福(원화소복) 화를 멀리하고 복을 가져 오다.
越犬吠雪(월견폐설) 어리석은 자가 일을 잘 못한 경우에 이르는 말.
月旦評(월단평) 인물 비평.
越俎代庖(월조대포) 제례(祭禮)의 관장자가 자기의 임무를 넘어서 요리사의 일에까지 참견하다.
越鳥巢南枝(월조 소남지) 월나라에서 온 새는 언제나 남쪽 가지에 앉는다. 월나라는 남쪽 나라.
月態花容(월태화용) 달 같은 태도와 꽃 같은 얼굴.
月下氷人(월하빙인) 혼인을 중매하는 사람.
危機一髮(위기일발) 절박한 순간.
爲善最樂(위선최락) 선을 행함이 가장 큰 즐거움이다.
威而不猛(위이불맹) 위엄이 있으면서 무섭지 않고 부드럽다.
韋編三絶(위편삼절) 독서에 힘쓰다. 옛날에 대조각에 글씨를 써서 가죽 끈으로 엮었는데, 공자가 가죽으로 엮은 주역을 끈이 세 번이나 끊어질 때까지 읽었다는 데서 나온 고사.
類萬不同(유만부동) 모든 것이 서로 같지 않다.
有名無實(유명무실) 명목뿐이고 실질이 없다.
有始無終(유시무종) 지조가 굳지 못하다.
唯我獨尊(유아독존) 이 세상에 나보다 더 높은 것이 없다.
柳暗花明(유암화명) 버드나무는 어두컴컴하고 꽃이 밝게 핀다는, 봄의 경치.

流言蜚語 (유언비어) 근거없이 떠도는 말.
有耶無耶 (유야무야) 우물쭈물. 어물어물.
有用之用 (유용지용) 세상에 소용이 되는 것.
愈出愈怪 (유출유괴) 점점 더욱 괴이하다.
有何面目見之乎 (유하면목 견지호) 무슨 면목으로 보겠는가.
戮力同心 (육력동심) 마음을 합하여 힘을 하나로 하다. 「동심협력(同心協力)」과 같은 의미.
殷鑑不遠 (은감불원) 다른 사람의 실패를 보고 자신의 경계로 삼다.
隱居放言 (은거방언) 세상을 피하여 혼자 살면서, 품고 있는 생각을 거리낌 없이 말하다.
恩反爲仇 (은반위구) 은혜가 도리어 원수가 되다.
隱忍自重 (은인자중) 마음속으로 참으며 조심하다.
淫談悖說 (음담패설) 음탕하고 상스러운 말.
吟風弄月 (음풍농월) 맑은 바람과 밝은 달에 관한 시를 짓고 즐겁게 놀다.
邑犬群吠 (읍견군폐) 고을 개가 많이 모여 짖는다. 많은 소인이 남을 비방하다.
泣斬馬謖 (읍참마속) 눈물을 머금고 마 속의 목을 베다.
應口輒對 (응구첩대) 묻는 대로 지체없이 대답하다.
應接不暇 (응접불가) 일일이 인사할 틈이 없다.
應天順人 (응천순인) 천명에 따르고 인위에 순응하다.
衣錦夜行 (의금야행) 입신출세하고도 고향에 돌아가지 않기 때문에 사람들에게 알려지지 않다.
衣錦還鄕 (의금환향) 입신출세하여 고향에 돌아가다.
意氣揚揚 (의기양양) 뜻대로 되어 으쓱거리는 기상이 펄펄하다. 득의한 마음이 얼굴에 나타나다.
倚門之望 (의문지망) 어머니가 멀리 간 아들을 고대하는 정.
衣繡夜行 (의수야행) 비단 옷을 입고 밤길을 가다.
疑心暗鬼 (의심암귀) 의심은 암귀를 낳는다.
以管窺天 (이관규천) 대롱으로 하늘을 보다. 식견이 매우 좁다.
異口同聲 (이구동성) 말과 의견이 일치하다.
以德報怨 (이덕보원) 원수에게 은혜를 베풀다.
異路同歸 (이로동귀) 가는 길은 달라도 도달하는 곳은 같다.
以貌取人 (이모취인) 사람이 어질고 어질지 않은 것을 보는데 다만 용모의 미추만 보고 정하다.

**以文會友** (이문회우) 학문으로 친구를 사귀다.
**二姓之好** (이성지호) 신랑집과 신부집 사이의 두터운 정의.
**以少凌長** (이소능장) 어른에게 무례한 행동을 하다.
**以食爲天** (이식위천) 음식은 사람이 살아가는 데 근본이 된다. 먹는 것이 가장 중요하다.
**以實直告** (이실직고) 사실대로 고하다.
**以心傳心** (이심전심) 마음에서 마음으로 전하다.
**以羊易牛** (이양역우) 작은 것을 가지고 큰 것 대신 쓰다.
**以一知萬** (이일지만) 한 가지 이치로써 만 가지 이치를 알다.
**耳懸鈴 鼻懸鈴** (이현령 비현령) 귀에 걸면 귀걸이요. 코에 걸면 코걸이.
**以火救火** (이화구화) 구해 주려다가 도리어 폐해를 더하다.
**人面獸心** (인면수심) 겉모양은 사람이나 속마음은 짐승과 같다.
**人命在天** (인명재천) 사람의 일이 다 하늘에 달려 있다.
**人非木石** (인비목석) 사람은 모두 희로애락의 감정을 가진 탓에 목석처럼 무정하지 않다.
**人生如朝露** (인생여조로) 인생은 아침 이슬처럼 짧고 덧없다.
**人生七十古來稀** (인생칠십고래희) 사람이 칠십을 살기란 고래로 드물다.
**因循姑息** (인순고식) 구습을 고치지 않고 목전의 편안만을 취하다.
**仁者無敵** (인자무적) 어진 사람은·모든 사람을 사랑하므로 천하에 적이 없다.
**忍之爲德** (인지위덕) 참는 것이 덕이다.
**一刻千金** (일각천금) 일각은 천금에 비길 만큼 매우 귀중하다. 일각은 15분.
**一擧兩得** (일거양득) 한 가지 일을 하여 두 가지 효과를 거두다.
**一騎當千** (일기당천) 한 사람이 천 사람의 적을 당하다.
**一望無際** (일망무제) 한없이 넓다.
**一網打盡** (일망타진) 한꺼번에 모조리 잡다.
**一面如舊** (일면여구) 단 한번 만나 사귀어서 옛 친구처럼 친해지다.
**一鳴驚人** (일명경인) 한번 하여 사람을 놀라게 하다.
**日暮途遠** (일모도원) 날은 저물고 길은 멀다.
**一無可觀** (일무가관) 하나도 볼 것이 없다.
**一無可取** (일무가취) 하나도 취할 것이 없다.

**一無消息** (일무소식) 전연 소식이 없다.
**一無差錯** (일무차착) 침착하고 치밀하여 처리함에 하나도 틀림이 없다.
**一飯三吐哺** (일반삼토포) 중국의 주공(周公)이 현인을 구함에 있어, 한 끼의 식사에 세 번이나 입에 넣은 밥을 도로 입에서 내고 일어나 객(客)을 영접한 일. 현인을 맞아들이기에 힘쓰다.
**一瀉千里** (일사천리) 일이 지체없이 진행되다.
**一視同仁** (일시동인) 인정 많은 마음씨로 사람이나 짐승을 다같이 사랑하다.
**一心不亂** (일심불란) 오직 한 가지 일에만 마음을 쓰다.
**一言而蔽之** (일언이폐지) 한 마디로 말하면.
**一葉落知天下秋** (일엽낙지천하추) 오동잎 하나가 떨어지는 것으로 가을을 알다. 사물의 일단을 보고 대세를 미루어 짐작하다.
**一衣帶水** (일의대수) 띠 같은 좁은 냇물.
**一日三秋** (일일삼추) 무척 애태우며 기다리다.
**一字千金** (일자천금) 글자 한 자에 천금.
**一場春夢** (일장춘몽) 덧없는 인생.
**一朝一夕** (일조일석) 짧은 시간.
**一進一退** (일진일퇴) 한 번 나아가고 한 번 물러서다.
**一切衆生** (일체중생) 이 세상에 살아 있는 모든 사람.
**日就月將** (일취월장) 나날이 다달이 진보하다.
**一敗塗地** (일패도지) 한 번 싸우다가 여지없이 패하여 다시 일어나지 못하다.
**一片丹心** (일편단심) 진정에서 우러나오는 마음.
**一筆揮之** (일필휘지) 글씨나 그림을 한숨에 죽 쓰거나 그리다.
**一攫千金** (일확천금) 한꺼번에 많은 돈을 얻다.
**一喜一悲** (일희일비) 기쁜 일과 슬픈 일이 번갈아 일어나다.
**臨渴掘井** (임갈굴정) 목이 말라서야 우물을 파다.
**臨機應變** (임기응변) 그때 그때의 변화되는 사정에 따라 적당히 처리하다.

# 〔자〕

自家撞着 (자가당착) 언행이 전후 모순되어 일치하지 않다.
自激之心 (자격지심) 제가 한 일에 대하여 스스로 미흡한 생각을 가지다.
煮豆燃萁 (자두연기) 콩을 삶는데 콩깍지를 태운다. 곧 형제끼리 서로 시기하고 싸우다.
自手成家 (자수성가) 물려받은 재산 없이 스스로 재산을 모아 살림을 이루다.
自肅自戒 (자숙자계) 삼가 경계하다.
自繩自縛 (자승자박) 자기의 행동으로 말미암아 자기가 괴로움을 받다.
自業自得 (자업자득) 자기가 저지른 일의 업을 자기가 받다.
自初至終 (자초지종) 처음부터 끝까지의 사정.
自稱天子 (자칭천자) 스스로 칭찬하는 자를 비웃는 말.
自暴自棄 (자포자기) 마음에 불만이 있어 자신을 스스로 돌보지 않다.
自畵自讚 (자화자찬) 자기가 한 일을 스스로 자랑하다.
作心三日 (작심삼일) 결심이 사흘을 못 가다.
長命富貴 (장명부귀) 수명이 길고 재산이 많고 지위가 높다.
丈夫一言 重千金 (장부일언 중천금) 남자가 한 번 한 말은 천금의 무게가 있다.
丈夫一言 千年不改 (장부일언 천년불개) 남자가 한 번 말한 것은 천년이 가도 변하지 않는다.
張三李四 (장삼이사) 장 서방의 세째 아들, 이 서방의 네째 아들. 평범한 인물.
長夜之飮 (장야지음) 날이 새어도 창을 가리고 불을 켜 놓은 채 계속하는 주연.
莊周之夢 (장주지몽) 장자가 꿈에 나비가 되었는데, 깨어난 후, 장자가 나비가 되었는지 나비가 장자가 되었는지 의심하였다는 고사.
掌中寶玉 (장중보옥) 손바닥 안의 보물.
長鋏歸來乎 (장협귀래호) 장검아, 돌아가지 않으려는가.

**在下者 有口無言** (재하자 유구무언) 아랫 사람은 어른에게 대하여 논쟁하지 못한다.
**賊反荷杖** (적반하장) 도둑이 도리어 매를 들다.
**積小成大** (적소성대) 작은 것을 모아서 큰 것을 이루다.
**赤手空拳** (적수공권) 맨손 맨주먹.
**積土成山** (적토성산) 적은 흙도 쌓이고 쌓이면 산이 된다.
**電光石火** (전광석화) 매우 빠르다.
**戰戰兢兢** (전전긍긍) 두려워 겁내는 모양.
**輾轉反側** (전전반측) 뒤척이며 잠을 이루지 못하다.
**前程萬里** (전정만리) 앞길이 유망하다.
**轉禍爲福** (전화위복) 화가 바뀌어 복이 되다.
**絶長補短** (절장보단) 긴 곳을 잘라 짧은 데를 보충하여 폭이 고르게 하다.
**折枝之易** (절지지이) 나무의 가지를 꺾는 것 같이 쉬운 일.
**切磋琢磨** (절차탁마) 학문과 덕행을 수행하다.
**切齒腐心** (절치부심) 몹시 분하여 이를 갈고 속을 썩이다.
**折檻** (절함) 난간이 부러지다.
**節孝旌門** (절효정문) 충신, 효자, 열녀 등을 표창하기 위하여 세우는 붉은 문.
**漸入佳境** (점입가경) 점점 더 좋은 경지로 들어가다.
**點滴穿石** (점적천석) 한 방울씩 떨어지는 물방울이 돌을 뚫다.
**正大高明** (정대고명) 현인의 마음.
**情禮兼到** (정례겸도) 정리와 예의가 두루 미치다.
**情文俱盡** (정문구진) 정리와 문장을 다같이 온전히 갖추다.
**頂門一針** (정문일침) 정수리에 침을 주다.
**精神一到 何事不成** (정신일도 하사불성) 정신을 집중하여 노력하면 어떤 어려운 일이라도 성취할 수 있다.
**井底蛙** (정저와) 우물안 개구리.
**鼎足之勢** (정족지세) 솥발처럼 셋이 맞서 대립한 형세.
**庭訓** (정훈) 가정에서의 가르침.
**濟世之才** (제세지재) 세상을 구제하고 다스릴 만한 재주.
**諸子百家** (제자백가) 중국 춘추시대의 여러 학자.
**濟濟多士** (제제다사) 인재가 많다.
**濟河焚舟** (제하분주) 적군을 공격하러 배를 타고 물을 건너서는그 배를 태워 버리다.

**諸行無常** (제행무상) 인생의 덧없음.
**糟糠之妻** (조강지처) 구차하고 천한 때에 함께 고생한 아내.
**朝東暮西** (조동모서) 정한 곳 없이 이리저리 옮아다니다.
**朝得暮失** (조득모실) 얻은 지 얼마 안 가서 곧 잃어버리다.
**朝令暮改** (조령모개) 변덕이 심하여 종잡을 수 없다.
**朝露人生** (조로인생) 인생이 허무하고 덧없다.
**朝名市利** (조명시리) 명성을 원하는 자는 조정에서 놀고, 이익을 원하는 자는 시장에서 논다.
**朝聞夕死** (조문석사) 아침에, 사람이 행하여야 할 도리를 들어 깨달으면 저녁에 죽어도 한이 없다.
**朝飯夕粥** (조반석죽) 아침에는 밥을, 저녁에는 죽을 먹을 만큼 가난한 생활.
**朝不謀夕** (조불모석) 아침에 저녁 일을 꾀하지 못하다.
**朝三暮四** (조삼모사) 간사한 꾀로 남을 농락하다.
**朝生暮死** (조생모사) 아침에 나서 저녁에 죽다. 생명이 극히 짧음.
**爪牙之士** (조아지사) 발톱이나 이빨이 짐승의 몸을 보호하듯이 보필하는 신하.
**助長** (조장) 도와서 자라게 하다.
**朝薺暮鹽** (조제모염) 아침에는 냉이를 먹고 저녁에는 소금을 씹다.
**鳥足之血** (조족지혈) 새 발의 피.
**左顧右眄** (좌고우면) 이것저것 생각하며 결정을 짓지 못하다.
**左袒** (좌단) 웃옷의 왼편 어깨를 벗다.
**坐不安席** (좌불안석) 침착하지 못하여 한 군데에 오래 앉아 있지 못하다.
**坐井觀天** (좌정관천) 우물 속에 앉아 하늘을 보다.
**左之右之** (좌지우지) 마음대로 하다.
**左衝右突** (좌충우돌) 사방으로 치고 받다.
**晝耕夜讀** (주경야독) 낮에 일하고 밤에 공부하다.
**走馬加鞭** (주마가편) 달리는 말에 채찍을 더하다.
**走馬看山** (주마간산) 달리는 말 위에서 산천을 구경하다.
**舟中敵國** (주중적국) 자기 편 속에 적이 있다.
**酒池肉林** (주지육림) 술로써 못을 이루고 고기로써 숲을 이루다.
**竹馬故友** (죽마고우) 어릴 때부터 함께 자란 친구.
**樽俎折衝** (준조절충) 주석에서의 온화한 외교 교섭으로 유리하게 일을 맺다.

衆寡不敵 (중과부적) 적은 수로써 많은 무리를 대적하지 못한다.
衆口難防 (중구난방) 여러 사람의 말은 막기 어렵다.
衆口鑠金 (중구삭금) 여러 사람의 말은 무쇠라도 녹인다.
衆怒難犯 (중노난범) 많은 사람의 분노를 함부로 건드리면 안 된다.
中石沒鏃 (중석몰촉) 돌에 박힌 화살.
衆心成城 (중심성성) 많은 사람의 뜻이 뭉치면 성과 같이 굳다.
重言復言 (중언부언) 같은 말을 반복하다.
舐犢之愛 (지독지애) 어미소가 송아지를 핥아서 귀여워하다.
指鹿爲馬 (지록위마) 사슴을 가리켜 말이라고 하다.
持滿 (지만) 활을 당긴 채 화살을 놓지 않다.
知命之年 (지명지년) 나이 오십 세.
智小謀大 (지소모대) 꾸며 놓은 일을 행할 능력이 없다.
池魚籠鳥 (지어농조) 몸이 부자유하다.
池魚之殃 (지어지앙) 연못 속 고기의 재앙
知者不惑 (지자불혹) 지자는 사물의 도리에 밝으므로 일을 당하여 의혹하는 바 없다.
知足不辱 (지족불욕) 모든 일에 분수를 알고 만족하게 생각하면 모욕을 받지 않는다.
知足者富 (지족자부) 족한 것을 알고 현재에 만족하는 사람은 부자다.
咫尺之地 (지척지지) 매우 가까운 곳.
指天射魚 (지천사어) 하늘을 보고 고기를 쏘다.
知彼知己 (지피지기) 상대를 알고 나를 알다.
志學之年 (지학지년) 나이 15세.
指呼之間 (지호지간) 가리키면 보이고, 부르면 들릴 정도로 가까운 곳.
直情徑行 (직정경행) 자기의 뜻대로 곧 행하다.
盡善盡美 (진선진미) 완전 무결하다.
珍羞盛饌 (진수성찬) 맛좋고 많이 차린 음식.
盡人事 待天命 (진인사 대천명) 노력을 다한 후에 천명을 기다린다.
塵積爲山 (진적위산) 티끌이 모여 태산이 되다.
盡忠報國 (진충보국) 충성을 다하여 나라에 보답하다.
進退兩難 (진퇴양난) 나아갈 수도 없고 물러설 수도 없는 형편.
進退維谷 (진퇴유곡) 진퇴양난.
嫉逐排斥 (질축배척) 시기하고 미워하여 물리치다.
疾風甚雨 (질풍심우) 센 바람과 몹시 쏟아지는 비.
執牛耳 (집우이) 소의 귀를 잡다.

# 〔차〕

車如流水 (차여유수) 수레가 흐르는 물과 같다.
此日彼日 (차일피일) 일을 핑계하고 자꾸 기한을 늦추다.
車螢孫雪 (차형손설) 고학(苦學).
借虎威狐 (차호위호) 윗 사람의 세력을 믿고 공갈을 하는 자.
捉足無處 (착족무처) 발을 붙이고 설 자리가 없다.
娼家責禮 (창가책례) 창기의 집에서 예의를 따지다.
滄桑之變 (창상지변) 푸른 바다가 변하여 뽕나무 밭이 되다.
創業易守成難 (창업이수성난) 이루기는 쉽고 지키기는 어렵다.
倉卒之間 (창졸지간) 어떻게 할 수 없이 급작스런 동안.
滄海遺珠 (창해유주) 세상에 알려지지 않은 것.
滄海一粟 (창해일속) 아주 큰 것 속에 있는 매우 작은 존재.
採薇歌 (채미가) 고비를 캐는 노래. 절의지사(節義之士)의 노래.
跖狗吠堯 (척구폐요) 도둑이 기르는 개가 요 임금을 보고 짖는다 함이니 사람은 누구나 상전에게 충실한 법이다.
天高馬肥 (천고마비) 하늘은 높고 말은 살찌다.
千金之子 (천금지자) 부자집 아들.
天道不容 (천도불용) 하늘의 도는 공정하여 악인을 용서하지 않는다.
千慮一得 (천려일득) 바보도 한 가지쯤은 좋은 생각이 있다.
千慮一失 (천려일실) 여러 번 생각하여 신중하고 조심스럽게 한 일에도 때로는 한 가지 실수가 있다.
千里同風 (천리동풍) 천리에 같은 바람이 분다.
千里眼 (천리안) 먼 것을 보는 안력(眼力). 꿰뚫어 보는 힘.
天方地軸 (천방지축) 너무 바빠서 두서를 잡지 못하고 허둥대다.
千變萬化 (천변만화) 심한 변화.
千兵萬馬 (천병만마) 수없이 많은 군사와 말.
天不生 無祿之人 (천불생 무록지인) 하늘은 녹 없는 사람을 낳지 않는다.
千山萬水 (천산만수) 그윽한 깊은 산속.
泉石膏肓 (천석고황) 자연을 사랑함이 고치지 못할 병처럼 크다.
千辛萬苦 (천신만고) 한없이 수고하고 애를 쓰다.

**天圓地方** (천원지방) 하늘은 둥글고 땅은 네모지다.

**天衣無縫** (천의무봉) 바느질 자국이 없는 옷.

**千仞斷崖** (천인단애) 깎아지른 듯한 천길 낭떠러지.

**千紫萬紅** (천자만홍) 가지가지 빛깔로 만발한 꽃.

**天長地久** (천장지구) 천지는 영원히 변함이 없다.

**千載一遇** (천재일우) 다시 만나기 어려운 좋은 기회.

**天知地知 子知我知** (천지지지 자지아지) 하늘이 알고, 땅이 알고, 자네가 알고, 내가 안다.

**天眞爛漫** (천진난만) 가식이 없는 말과 행동.

**千秋萬歲** (천추만세) 오래 살기를 축수하는 말.

**千篇一律** (천편일률) 똑같아 변함이 없다.

**天下無雙** (천하무쌍) 천하 제일.

**鐵面皮** (철면피) 뻔뻔스럽고 염치를 모르는 사람.

**轍鮒之急** (철부지급) 수레바퀴 자국 안의 붕어의 급박함. 매우 긴박한 상태.

**鐵心石腸** (철심석장) 지조가 철석같아 움직이지 않는 마음.

**掣肘** (철주) **남의 팔꿈치를 당기어 움직임을 제약하다.**

**徹天之冤** (철천지원) 하늘에 사무치는 원한.

**轍環天下** (철환천하) 천하를 두루 돌아다니다.

**青雲之志** (청운지지) 출세하려는 큰 뜻.

**青天霹靂** (청천벽력) 마른 하늘의 벼락.

**草露人生** (초로인생) 풀 끝에 맺힌 이슬 같은 인생.

**草木怒生** (초목노생) 초목이 봄을 맞아서 싱싱하게 싹트다.

**草木黃落** (초목황락) 늦가을에 초목이 누렇게 시들어 낙엽지다.

**焦眉之急** (초미지급) 눈썹에 불이 붙음과 같이 매우 다급한 지경.

**楚王失弓 楚人得之** (초왕실궁 초인득지) 좁은 도량. 초나라 왕이 잃은 활을 초나라 사람이 줏다.

**蜀犬吠日** (촉견폐일) 촉나라는 사방에 높은 산뿐이어서, 해가 늦게 뜨고 빨리 지기 때문에, 해를 보는 시간이 짧아 개들이 해를 보면 이상히 여겨 짖는다.

**寸進尺退** (촌진척퇴) 진보는 적고 퇴보가 많다.

**寸善尺魔** (촌선척마) 세상 일은 좋고 순조로운 일보다 좋지 않은 일이 더 많다.

**寸鐵殺人** (촌철살인) 한 마디 말로써 상대방의 급소를 찌르다.

**秋風落葉** (추풍낙엽) 가을 바람에 떨어지는 잎처럼 이리저리 떨어져

흩어지다.
逐鹿者不顧兎 (축록자불고토) 사슴을 얻고자 하면 토끼를 돌보지 않는다.
春日遲遲 (춘일지지) 봄날이 화창하고 조용하다.
春雉自鳴 (춘치자명) 봄의 꿩이 스스로 운다.
出藍 (출람) 제자가 스승보다 뛰어나다.
出將入相 (출장입상) 나가서는 장수요, 들어와서는 재상이 되다.
忠臣不事二君 (충신불사이군) 충신은 두 임금을 섬기지 않는다.
忠臣愛名 (충신애명) 충신은 명예를 아낀다.
忠言逆耳 (충언역이) 충고하는 말은 귀에 거슬린다.
忠孝兩全 (충효양전) 충성과 효도를 겸하다.
醉生夢死 (취생몽사) 일생을 흐리멍텅하게 마치다.
治亂存亡 (치란존망) 천하의 태평함과 어지러움과 존재함과 망함.
置之度外 (치지도외) 내버려 두고 상대하지 않다.
七去之惡 (칠거지악) 아내를 내쫓는 이유가 되는 일곱 가지 경우.
漆身呑灰 (칠신탄회) 복수를 위하여 몸을 괴롭히다.
七顚八起 (칠전팔기) 일곱 번 넘어졌다가 여덟 번 일어나다.
枕流漱石 (침류수석) 시냇물을 베개 삼고, 돌로 양치질하다.
針小棒大 (침소봉대) 사물을 과장해서 말하다.
沈魚落雁 (침어낙안) 아름다운 여인의 고운 얼굴.

## 〔카〕

快刀亂麻 (쾌도난마) 어지러운 일을 시원스럽게 처리하다.
快人快事 (쾌인쾌사) 씩씩한 사람의 시원스런 행동.

## 〔타〕

泰山北斗 (태산북두) 태산과 북두칠성을 우러러보듯이 사람을 존경하다.

**泰山鴻毛** (태산홍모) 홍모는 기러기의 깃털. 매우 중요하고 큰 물건과 경미하고 작은 물건과의 비교.

**他山之石** (타산지석) 타산의 돌. 「타산」은 산의 이름임. 타산에서 나오는 돌은 질이 좋지 않지만, 이 돌로 옥을 갈면 옥이 아름답게 된다.

**卓上空論** (탁상공론) 실현성이 희박한 공상론.

**貪官汚吏** (탐관오리) 재물을 탐내며 마음이 깨끗하지 못한 관리.

**貪小利失大利** (탐소리실대리) 작은 이익을 탐내다가 도리어 큰 이익을 잃다.

**貪財好色** (탐재호색) 재물을 탐하고 여색을 즐기다.

**探花蜂蝶** (탐화봉접) 꽃을 찾아다니는 벌과 나비.

**蕩盡家産** (탕진가산) 집안 살림이나 재산을 다 써서 없애다.

**蕩蕩平平** (탕탕평평) 어느 쪽에도 치우치지 않다.

**泰山不讓土壤** (태산불양토양) 태산은 흙 한 줌을 사양하지 않는다. 대인은 도량이 넓어서 뭇 사람을 다 포용한다.

**泰山壓卵** (태산압란) 태산처럼 무거운 것으로 달걀을 깨뜨리다. 아주 쉬운 일.

**泰然自若** (태연자약) 마음에 충동을 받고도 동요하지 않고 천연스러움.

**太平烟月** (태평연월) 세상이 평화롭고 안락한 때.

**澤及枯骨** (택급고골) 은택이 죽은 이에까지 미치다.

**澤及萬世** (택급만세) 혜택이 오래 오래 미치다.

**土昧人遇** (토매인우) 미개하고 어리석은 사람으로 대우하다.

**土崩瓦解** (토붕와해) 나라나 단체가 무너지다.

**土積成山** (토적성산) 작은 것이 쌓여 큰 것이 되다.

**推敲** (퇴고) 문장을 여러 번 고치다.

**堆金積玉** (퇴금적옥) 금과 옥을 산과 같이 쌓다.

**投鼠忌器** (투서기기) 쥐를 잡으려 하니 그 옆에 있는 그릇을 깨뜨릴까 염려된다.

**特立獨行** (특립독행) 소신을 관철하여 일세에 독행하다.

# 〔파〕

破落戶 (파락호) 방탕하여 가산을 잃은 사람. 일정한 직업이 없는 무뢰한.

波瀾重疊 (파란중첩) 어려운 일이 복잡하게 겹치다.

破釜沈船 (파부침선) 솥을 깨뜨리고, 배를 가라앉히다. 결사적으로 전쟁에 임하다.

破邪顯正 (파사현정) 그릇된 것을 깨뜨리고 올바르게 바로잡다.

破屋數間 (파옥수간) 허물어지고 협소한 집.

破竹之勢 (파죽지세) 대나무를 쪼개는 듯한 기세.

破天荒 (파천황) 아무도 하지 못했던 일을 이루다.

八斗才 (팔두재) 시문을 짓는 재주가 풍부하다.

八方美人 (팔방미인) 누구에게나 잘 보이도록 처세하는 사람. 여러 방면에 능통한 사람.

敗軍之將 (패군지장) 싸움에 패한 장수. 실패하여 면목없게 된 사람.

片言隻辭 (편언척사) 일언반구.

平氣虛心 (평기허심) 마음을 조용하게 가져 잡념을 없애다.

萍水相逢 (평수상봉) 개구리 밥이 바람 부는 대로 떠다니다가 우연히 서로 만나다. 여행 중에 우연히 만나다.

平易正直 (평이정직) 성질이 평탄하고, 단순하고, 바르고, 곧다.

平地落傷 (평지낙상) 평평한 땅에서 넘어져 다치다.

弊袍破笠 (폐포파립) 헤진 옷과 부서진 갓. 구차한 차림새.

閉戶先生 (폐호선생) 문을 닫고 학문에만 열중하는 선생.

炮烙之刑 (포락지형) 뜨거운 쇠로 단근질 하는 형벌의 속칭.

蒲柳之質 (포류지질) 매우 약한 체질.

抱腹絶倒 (포복절도) 배를 잡고 몸을 가누지 못할 정도로 몹시 웃다.

飽食暖衣 (포식난의) 배불리 먹고 따뜻하게 입다.

布衣之交 (포의지교) 선비일 때에 사귄 벗.

暴虎憑河 (포호빙하) 범을 맨손으로 때려 잡고 큰 강을 배없이 걸어서 건너다.

風流罪過 (풍류죄과) 죄가 되지 않는 죄.

風馬牛 不相及 (풍마우 불상급) 암수 말이나 소가 서로 찾으면서도 미치지 못하다.

風磨雨洗 (풍마우세) 바람에 갈리고 비에 씻기다.
風木之悲 (풍목지비) 풍수지탄.
風飛雹散 (풍비박산) 사방으로 날려서 흩어지다.
風聲鶴唳 (풍성학려) 바람소리와 학의 울음.
風騷之士 (풍소지사) 풍류가 있는 선비.
風樹之歎 (풍수지탄) 효도할 기회를 잃은 것을 한탄하다.
風雲之會 (풍운지회) 구름과 용이 만나고 바람과 범이 서로 만나다.
風月主人 (풍월주인) 바람과 달을 벗하여 노는 한가한 사람.
豊衣飽食 (풍의포식) 의식이 풍족하다.
風前燈火 (풍전등화) 바람 앞의 등불. 위급함.
風塵之變 (풍진지변) 전쟁.
風餐露宿 (풍찬노숙) 큰 뜻을 이루려는 사람이 겪는 고초.
風波之民 (풍파지민) 마음이 쉬 흔들리는 사람.
風花雪月 (풍화설월) 네 계절의 좋은 경치.
皮相之士 (피상지사) 겉만 보고 속을 알지 못하는 사람.
彼一時 此一時 (피일시 차일시) 그 때나 지금이나 마찬가지.
匹夫匹婦 (필부필부) 평범한 남자와 여자.
匹夫之勇 (필부지용) 소인의 용기. 만용.

# 〔하〕

下官不職 (하관부직) 관리가 그 직책을 감당하지 못하다.
夏爐冬扇 (하로동선) 여름의 화로와 겨울의 부채. 쓸모없는 재능.
下愚不移 (하우불이) 몹시 어리석은 사람.
下筆成章 (하필성장) 붓을 대면 바로 문장이 되다.
下學上達 (하학상달) 아래로 사람에 관한 일을 배워, 위로 천리를 깨닫다.
河漢其言 (하한기언) 뜻이 심원하여서 용이하게 헤아리기 어렵다.
鶴立鷄群 (학립계군) 닭의 무리 속에 있는 학.
鶴首苦待 (학수고대) 몹시 기다리다.
學如不及 (학여불급) 학업을, 언제나 모자란 듯이 여기다.
學于古訓 (학우고훈) 옛 성왕의 가르침을 배우다.

漢江投石 (한강투석) 한강에 돌을 던지다.
邯鄲之夢 (한단지몽) 한단에서 꾼 꿈. 일장춘몽.
邯鄲之步 (한단지보) 한단 지방 사람의 걸음걸이.
汗馬之勞 (한마지로) 말을 달려 싸움터에서 힘쓴 공로.
寒食上墓 (한식상묘) 한식날의 성묘.
閑言語 (한언어) 쓸데없는 말.
寒往暑來 (한왕서래) 세월이 흐르다.
汗牛充棟 (한우충동) 많은 책.
閑雲野鶴 (한운야학) 구름 아래 한가로이 노는, 들의 학.
汗出沾背 (한출첨배) 땀이 등에 배다.
割肉充腹 (할육충복) 제 살을 베어서 배를 채우다. 혈족의 재물을 빼앗다.
緘口不言 (함구불언) 입을 다물고 말하지 않다.
含憤蓄怨 (함분축원) 분함을 머금고 원한을 쌓다.
含笑入地 (함소입지) 안심하고 죽다.
含哺鼓腹 (함포고복) 음식을 먹고 배를 두드리다. 태평한 세월을 즐기다.
咸興差使 (함흥차사) 심부름을 간 뒤에 아무 소식이 없다.
恒茶飯事 (항다반사) 늘 먹는 밥이나 차처럼 예사로운 일.
亢龍有悔 (항룡유회) 사람은 전성기에 몸을 삼가지 않으면 멸망의 후회가 온다.
海內奇士 (해내기사) 국내에서 비교할 사람이 없을 만큼 뛰어난 인물.
偕老同穴 (해로동혈) 함께 늙어 무덤을 같이하다.
海不揚波 (해불양파) 파도가 일지 않다. 성군이 있어 천하가 잘 다스려지다.
解語花 (해어화) 말이 통하는 꽃. 미인.
解衣推食 (해의추식) 밥과 옷을 남에게 주다.
咳唾成珠 (해타성주) 주옥 같은 문장을 쓰다.
海闊天空 (해활천공) 광활한 바다와 끝없는 하늘.
行道遲遲 (행도지지) 근심이 있어서 느릿느릿한 걸음걸이.
行百里者 半九十 (행백리자 반구십) 백 리 길을 가려면, 구십 리를 가도 오십 리도 못 간 것으로 생각하여야 한다.
行不勝衣 (행불승의) 키가 작고 여위어서 옷맵시가 나지 않는다.
行常帶經 (행상대경) 외출할 때에 항시 경서를 휴대하다.
行尸走肉 (행시주육) 송장의 움직임처럼 동작뿐이고 아무 소용 없다.

行雲流水 (행운유수) 각양각색으로 변화하다.
行有餘力學文 (행유여력학문) 일을 마치고 남은 시간에 글을 배우다.
杏花雨 (행화우) 청명절에 오는 비.
向陽花木 (향양화목) 해를 향한 꽃과 나무.
向隅之歎 (향우지탄) 많은 사람들이 즐거워하지만 혼자 구석을 향하여 한탄하다.
虛氣平心 (허기평심) 기운을 가라앉히고 마음을 편안하게 하다.
虛心坦懷 (허심탄회) 거리끼지 않고 숨김이 없는 마음.
虛心平意 (허심평의) 아무것도 생각지 않고 조용히 있다.
虛延歲月 (허연세월) 쓸데없이 세월을 보내다.
虛張盛勢 (허장성세) 허세를 부리다.
赫赫之名 (혁혁지명) 널리 알려진 빛나는 명예.
懸頭刺股 (현두자고) 머리를 끈으로 묶어 높이 걸어 잠을 깨고, 허벅다리를 찔러 잠을 깨다.
懸河之辯 (현하지변) 거침없이 잘하는 말.
懸弧之辰 (현호지신) 남자의 탄생. 남자 아이가 태어나면 활을 문 왼쪽에 걸어서, 활 잘 쏘기를 바란 데서 유래.
孑遺生靈 (혈유생령) 외롭게 살아 남은 목숨.
孑孑單身 (혈혈단신) 의지할 곳 없는 홀몸.
刑名之學 (형명지학) 법으로써 나라를 다스려야 한다는 학설.
螢雪之功 (형설지공) 열심히 공부하여 보람을 얻다.
形影相吊 (형영상조) 몸과 그림자가 서로 위로하다.
形容枯槁 (형용고고) 초췌한 모습.
螢窓雪案 (형창설안) 고학.
惠而不費 (혜이불비) 위정자는 백성에게 은혜를 베풀되 재물을 낭비하지 말아야 한다.
狐假虎威 (호가호위) 임금의 권세를 빌어 다른 사람을 위협하다.
糊口之策 (호구지책) 먹고 살아갈 대책.
好內好外 (호내호외) 여색을 좋아함과 현인을 좋아함.
號令如汗 (호령여한) 한 번 내린 명령은 취소하기 어렵다.
壺裡乾坤 (호리건곤) 항상 술에 취하다.
好事多魔 (호사다마) 좋은 일에는 방해가 되는 일이 많다.
虎死留皮 人死留名 (호사유피 인사유명) 호랑이는 죽어서 가죽을 남기고 사람은 죽어서 이름을 남긴다.
好生之德 (호생지덕) 인애하고 살상하지 않는 덕.

虎視耽耽 (호시탐탐) 호랑이가 눈을 부릅뜨고 노려보다.
浩然之氣 (호연지기) 천지간에 충일한 바른 기운.
呼牛呼馬 (호우호마) 남이 무어라 하든 개의치 않다.
縞衣玄裳 (호의현상) 흰 옷과 검은 치마.
胡蝶之夢 (호접지몽) 장자가 나비가 되어 날아다닌 꿈.
壺中天地 (호중천지) 별천지.
好好先生 (호호선생) 어떤 일에 대해서나 「좋다」고 말하는 사람. 일의 시비를 가리지 않는 「예스 맨」적인 사람.
惑世誣民 (혹세무민) 세상 사람을 속여 마음을 어지럽히다.
魂飛魄散 (혼비백산) 몹시 놀라 정신이 없다.
忽顯忽沒 (홀현홀몰) 문득 나타났다가 문득 없어지다.
紅爐點雪 (홍로점설) 벌겋게 단 화로에 떨어진 눈.
紅一點 (홍일점) 여럿 속에서 오직 하나 이채를 띠는 것. 많은 남자들 사이에 있는 한 사람의 여자.
畵龍點睛 (화룡점정) 사물의 가장 요긴한 곳.
花無十日紅 (화무십일홍) 열흘 붉은 꽃이 없다.
化民成俗 (화민성속) 백성을 교화하여 좋은 풍속을 이루다.
禍福同門 (화복동문) 화와 복은 모두 자신이 불러들인다.
禍福由己 (화복유기) 화나 복은 스스로 초래하는 것이다.
畵蛇添足 (화사첨족) 쓸데없는 일을 하다.
禍生不德 (화생부덕) 재앙을 겪는 것은 모두 본인의 덕이 없는 탓이다.
華胥之夢 (화서지몽) 길몽(吉夢).
花信風 (화신풍) 춘삼월 경에 꽃이 피려 함을 알리는 바람.
華而不實 (화이불실) 꽃뿐이요, 열매가 없다.
花朝月夕 (화조월석) 꽃 핀 아침과 달 밝은 저녁.
禍從口生 (화종구생) 입이 재앙을 낳는다.
花中君子 (화중군자) 연꽃.
花中神仙 (화중신선) 해당화.
畵中之餠 (화중지병) 그림의 떡.
畵虎類狗 (화호유구) 호랑이를 그리려다가 개 비슷하게 되다.
鰥寡孤獨 (환과고독) 홀아비, 과부, 고아, 자식 없는 사람.
患得患失 (환득환실) 물건을 얻기 전에는 그것을 얻으려고 걱정하고, 얻은 후에는 잃지 않으려고 걱정하다.
惶恐無地 (황공무지) 매우 죄송하여 몸둘 바를 모르다.

**黃口小兒** (황구소아) 어린 아이. 참새 새끼의 황색 주둥이에서 연유.
**荒唐無稽** (황당무계) 터무니 없고 근거가 없다.
**黃河千年一清** (황하천년일청) 황하가 천 년에 한 번 맑다.
**會稽之恥** (회계지치) 전쟁에 진 치욕.
**悔人不倦** (회인불권) 사람을 가르치고 깨우침에 조금도 권태를 느끼지 않다.
**膾炙人口** (회자인구) 날고기와 구운 고기. 맛있는 음식처럼, 시문 등이 사람들의 입에 많이 오르내리고 찬양을 받다.
**會者定離** (회자정리) 만나면 반드시 헤어진다.
**橫目之民** (횡목지민) 백성.
**橫說竪說** (횡설수설) 조리없는 말을 함부로 지껄이다.
**效顰** (효빈) 분수를 모르고 남의 흉내를 내다.
**後生可畏** (후생가외) 「후생」을 두려워하다. 「후생」은 후배.
**黑白分明** (흑백분명) 흑백이 분명하다. 선악이 분명하다.

# 속담풀이

## 〔ㄱ〕

• 가난 구제는 나라도 못한다

가난한 사람을 구제하는 일은 아무리 하여도 한이 없음으로 매우 어렵다는 말로써 아무도 못한다는 말.

• 가는 년이 물 길어다 놓고 갈까

이미 일이 다 틀어져서 그만 두는 터에 뒷일을 위하여 무엇을 할 필요가 없다는 말.

• 가는 말에 채찍질

부지런히 하느라고 하는데 자꾸 더 빨리 하라고 독촉한다는 뜻.

• 가는 말이 고와야 오는 말이 곱다

내가 남에게 좋게 해야 남도 나에게 좋게 한다는 말.

• 가는 방망이 오는 홍두깨

내가 남에게 조금이라도 잘못하면 더 큰 해가 돌아온다는 뜻.

• 가는 손님은 뒤꼭지가 이쁘다

가난하여 손님을 대접하기가 어려운데 속을 알아 주어 곧 돌아가는 손님은 무척 고맙게 여겨진다는 말.

• 가던 날이 장날이다

뜻하지 아니한 일이 공교롭게도 잘 들어맞을 때 하는 말.

• 가랑비에 옷 젖는 줄 모른다

옷이 가랑비에 조금씩 젖는 줄도 모르게 젖어 가듯이 재산이 없어지는 줄도 모르게 조금씩 없어져 간다는 말.

- 가랑잎이 솔잎더러 바스락거린다고 한다

제 허물 큰 줄은 모르고 남의 작은 허물을 들어 나무라는 어리석은 행동을 이름.

- 가루는 칠수록 고와지고 말은 할수록 거칠어진다

말이 많으면 좋은 말보다 해로운 일이 더 많이 생기는 법인즉 말을 삼가하라는 뜻.

- 가르친 사위

아주 못나서 제 일을 혼자 처리할 줄도 모르고 또 융통성이 없는 사람을 조롱할 때 쓰는 말.

- 가마 밑이 노구솥 밑을 검다 한다

제 흉은 모르고 남의 흉보기는 쉽다고 남의 흉허물을 웃고 욕할 때 이르는 말.

- 가물에 콩 나듯

어떤 일이나 물건이 드문드문 있을 때 쓰는 말.

- 가을에 제 아비 제사 못 지낸놈이 봄에 의붓아비 제사 지낼까

형편이 넉넉할 때 꼭 치러야 할 일도 못하였는데 하물며 어려운 때에 체면을 차리기 위하여 힘든 일을 하겠느냐는 뜻.

- 가을볕에는 딸을 쬐이고 봄볕에는 며느리를 쬐인다

며느리보다는 딸을 더 생각한다는 말.

- 가자니 태산(泰山)이요, 돌아서자니 숭산(嵩山)이라

앞으로 나가지도 못하고 뒤로 돌아가지도 못한다는 말이니, 이럴 수도 저럴 수도 없는 난처한 경우에 빠졌다는 뜻.

- 가재는 게 편이요, 초록(草綠)은 한빛이라

모양이 비슷하고 인연이 있는 것끼리 서로 편되어 붙는다는 뜻.

• 가지 많은 나무 바람 잘 날 없다

자식을 많이 둔 부모는 자식을 위하는 걱정으로 마음 편할 날이 없다는 말.

• 까마귀 고기 먹었나

잘 잊어버리는 사람을 조롱하는 말.

• 까마귀 날자 배 떨어진다

어떤 일이 공교롭게도 어떤 다른 일과 때를 같이하여 무슨 관계라도 있는 듯한 혐의를 받는 것을 말한다.

• 깐깐 오월 미끈 유월

오월 달은 해가 길어서 더디 간다는 말이며 유월 달은 해가 짧고 해야 할 일이 많아 어느 틈에 훽 지나가 버린다는 뜻.

• 간다 간다 하면서 아이 셋 낳고 간다

말로만 그만둔다 둔다고 하지 실제는 그만두지 못하고 질질 끈다는 뜻.

• 간에 기별도 안 갔다

음식을 조금밖에 먹지 못해서 전혀 양(量)이 차지 않는다는 뜻.

• 갈모 형제라

아우가 형보다 더 나을 때 쓰는 말.

• 갑작 사랑 영 이별

갑자기 이루어진 사랑은 이내 식어서 아주 헤어져 버리기 쉽다는 말.

• 갓 마흔 첫 버선

오래 기다리던 일을 마침내 이루게 되었을 때 쓰는 말.

• 갓방 인두 달듯

갓 만드는 데의 인두가 언제나 뜨겁게 달아 있는 것처럼 저 혼자 애태우고 어쩔 줄 모른다는 말.

• 강물이 돌 굴리나

좀처럼 움직이지 않는다는 뜻.

• 강아지 똥은 똥 아닌가

아주 적고 희미하다 해서 본색을 감출 수는 없다는 말로, 나쁜 일을 조금 하였다 하여 아니 하였다고 발을 뺄 수는 없다는 뜻.

• 개가 똥을 마다한다

평소 좋아하던 것을 싫다고 거절할 때 비꼬아서 쓰는 말.

• 개가 콩엿 사먹고 버드나무에 올라가게

어리석고 못난 자가 감히 할 수 없는 일을 하겠다고 큰소리 함을 비웃는 말.

• 개같이 벌어서 정승같이 쓴다

돈을 벌 때는 천한 일을 가리지 않고 벌어서 생광(生光)있게 쓴다는 말.

• 개 꼬리지 미워서 낙지 산다

고기를 사서 먹고 남는 뼈다귀는 개를 주게 되므로, 개가 뼈다귀 먹는 꼴이 미워서 뼈 없는 낙지를 산다는 말로써, 자기가 미워하는 자에게는 그 자가 좋아할 일은 하지 않는다는 말.

• 개꼬리 삼년 두어도 황모(黃毛) 못된다

개꼬리는 아무리 오래 두어도 족제비 꼬리가 되지 못하듯이 본래부터 타고난 제 천성은 언제까지 가도 고치기 어렵다는 뜻.

• 개구리도 움츠려야 뛴다

아무리 급할지라도 일을 이루게 하려면 어느 정도의 준비와 주선할 시간이 있어야 한다는 말.

• 개구리 올챙이 적 생각 못한다

전날 미천하던 사람이 높은 지위에 올랐을 때, 그 전날을 생각하지 않는다는 말이며 일을 배워서 익숙하게 되면, 그 전의 서툴던 때 생각을 않는다는 말이다.

개도 무는 개를 돌아본다

- 영악하고 사나운 사람에게는 혹시 그 화를 입을까 하여 도리어 잘 대하여 준다는 뜻.

개도 주인 알아본다

- 남의 은혜를 받고도 배은망덕한 사람에게 개만도 못한다고 하는 말.

개똥도 약에 쓰려면 없다

- 보통 때 흔하던 물건도 필요하여 찾으면 드물고 귀하다는 뜻.

개를 따라 가면 칙간으로 간다

- 품성(品性)이 좋지 못한 사람과 사귀면 결국 좋지 못한 데로 가게 된다는 뜻.

개 머루 먹듯

- 개가 머루를 먹기는 하나 겉만 핥는 것이라 그 참맛을 모른다는 말이니 무슨 일이나 그 내용을 잘 모르고 아는 체한다는 말.

개 못된 것은 들에 가서 짖는다

- 제가 마땅히 해야 할 일에는 하지 않고 아무 소용도 없는데 가서 되지 못하게 나서는 것을 말한다.

개미 금탑(金塔) 모으듯 한다

- 애써 게으름 피우지 않고 개미처럼 부지런히 벌어서 재산을 늘려 나가는 사람을 두고 하는 말.

개미에게 불알 물렸다

- **보잘것없는** 것한테 피해를 당했다는 말.

개발에 주석 편자

- 개발에는 **제철(蹄鐵)이** 필요치 않은데 하물며 주석 편자가 격에 맞을 리가 없다는 말이니, 대개 옷차림이나 물건이 과분해서 제격에

맞지 않을 때 쓰는 말.

• 개 보름 쇠듯 한다

굶어서 배고프다는 말.

• 개 ×에 덧게비

관계 없는 일에 덧게비처럼 덩달아 덤벼 나서는 것을 말함.

• 개 ×에 보리알 끼이듯

좁은 곳에 무엇이 총총 수많이 끼어 있음을 비유한 말.

• 개 입에 벼룩 씹듯

한 번 한 소리를 두고 두고 되씹어 한다는 뜻.

• 개천아 네 그르냐, 눈 먼 봉사 내 그르다

제가 실수한 것은 제 잘못이지 남을 원망하거나 탓하여도 소용 없다는 말.

• 개천에 나도 제 날 탓이라

아무리 미천한 집안에서 태어나도 저만 잘나면 얼마든지 훌륭하게 될 수 있다는 말.

• 개천에 든 소

개천에 든 소는 양편 언덕의 풀을 마음껏 뜯어 먹을 수 있다는 말이니 먹을 것 많아 유복한 처지에 있음을 뜻함.

• 개천에서 용 난다

변변찮은 집안에서 훌륭한 인물이 나왔을 때 하는 말.

• 개 팔자가 상 팔자라

한가하게 놀 수도 있고, 걱정없는 개 팔자가 더 좋겠다는 말. 일이 분주하고 고생스러울 때를 말함.

• 개하고 똥 다투랴

사납고 모진 사람과는 시비를 가릴 수 없다는 말.

• 개 핥은 죽사발 같다

아무 것도 남기지 않고 깨끗하다는 뜻. 매우 인색해서 다른 사람이 아무 것도 얻어 갈 것이 없다는 뜻.

• 거동에 망아지 새끼 따라다니듯 한다

어미 말을 따라 망아지가 따라다니듯이 필요없는 사람이 귀찮게 따라다님을 말함.

• 거문고 인놈이 춤을 추면 칼쓴놈도 춤을 춘다

자기는 할 수 없는 처지인데도 남들이 한다고 덩달아 흉내를 낸 다는 말.

• 거북이 잔등의 털을 긁는다

털이 나지 않은 거북의 잔등에서 털을 긁을 수 없는 것처럼 아무리 해도 구할 수 없는 데서 구하려 한다는 말.

• 거적문에 돌쩌귀

거적문은 새끼로 얽어 매는 것이 제 격일 터인데, 돌쩌귀를 달았으니 격에 맞지 않고 오히려 우습다는 말.

• 거지끼리 자루 찢는다

서로 도와야 할 처지에 있으면서 서로가 더 가지겠다고 싸운다는 뜻.

• 거지 발싸개 같다

더럽고 지저분한 것을 말함.

• 거짓말이 외삼촌보다 낫다

거짓말도 잘만 하면 경우에 따라서는 큰 도움이 된다는 말.

• 거짓말 하고 뺨 맞는 것보다 낫다

사실을 사실대로 정직하게 말해야 자기에게 이롭다는 말.

• 걱정도 팔자

자기와 관계도 없는 남의 일에 참견하는 사람을 비웃는 말.

• 건넛 술막 꾸짖기

직접 그 사람의 잘못을 꾸짖지 않고 다른 사람의 잘못을 끌어 다가 그것을 빌어다가 꾸짖는다는 말.

• 건들 팔월(八月)

음력 팔월은 추수 때이므로 바삐 지내다 보면 어느새 지나간다하여 쓰는 말.

• 건시(乾柿)나 감이나

대동소이(大同小異)한 물건이라는 뜻.

• 검둥개 목욕 감기듯

원체 검어서 아무리 해도 깨끗해지기 어렵다는 말로 나쁜 사람이 끝내 제 잘못을 뉘우치지 못한다는 뜻.

• 검불 밭에 수은(水銀) 찾기

막연하여 도저히 찾을 가망이 없다는 말.

• 겉보리 서말만 있으면 처가살이 하랴

처가살이는 할 것이 못된다는 말.

• 게 눈 감추듯 한다

음식을 몹시 빠르게 먹을 때를 이르는 말.

• 게으른 선비 책장 넘기기

글 읽는 데 몰두하지 않고 얼마나 읽었나 책장만 헤아린다는 말이니, 하는 일에는 정신을 쏟지 않고 그 일에서 벗어날 궁리만 한다는 뜻.

• 게으른 여편네 아이 핑계한다

일하기 싫어서 아이 젖먹이는 핑계를 한다는 말로 꾀를 부리고 핑계하며 일은 하지 않는다는 말.

• 겨 묻은 개 똥 묻은 개를 흉본다

저도 변변찮은 주제에 남의 흉을 가지고 떠들 때 둘다 변변치 못하다고 지적하는 말.

• 겨 주고 겨 바꾼다

아무리 한들 효과도 없고 소용없는 짓을 한다는 뜻.

• 계란에도 뼈가 있다

운수가 나쁜 사람은 무슨 일을 해도 안 된다는 말.

• 계수번(界首番)을 다녔나 말도 잘 만든다

계수번이란 옛날 서울에 있으면서 각도의 감영(監營)의 일을 보던 관원으로, 말만 번지르하게 잘 꾸며서 하는 사람을 일컬음.

• 계집 때린 날 장모(丈母)온다

일이 공교롭게도 잘 안 되어서 난처한 일이 겹친다는 뜻.

• 계집 둘 가진 놈의 창자는 호랑이도 안 먹는다

처첩(妻妾)을 여럿 거느리고 살자면 속썩는 일이 많다는 뜻.

• 계집 바뀐 건 모르면서 젓가락 바뀐 건 아나

큰 변화는 모르면서 작은 변경을 가지고 들고 떠들 때 이름.

• 계집은 상을 들고 문지방을 넘으며 열두 가지 생각을 한다

여자는 언제나 복잡한 딴 생각을 하고 있다는 뜻도 되며 아내가 남편에게 말할 기회가 없다가 상을 들고 들어가면서는 여러 가지 말할 것을 생각한다는 뜻.

• 계집의 독한 마음 오뉴월에 서리 친다

여자들의 원한과 저주는 오뉴월에 서릿발이 칠 만큼 매섭고 독하다는 뜻.

• 계집의 매도 너무 맞으면 아프다

아무리 서로 친한 사이라도 여러 번 지나친 장난을 하면 불쾌하다는 말이니 비록 친한 사이라도 예의는 잃지 말라는 뜻.

• 고기도 먹어본 놈이 많이 먹는다

무슨 일이든지 늘 하던 사람이 더 잘하게 된다는 말.

• 고기도 저 놀던 물이 좋다

평소에 자기가 살던 낯익은 곳이 좋고 정든 사람들과 같이 지내는 것이 좋다는 뜻.

• 고래 싸움에 새우 등 터진다

강자 끼리 다투는 사이에서 아무 관계가 없는 약자가 피해를 입는다는 말.

• 고리 백정(白丁) 내일 모레

고리를 만드는 백정이 늘 약속한 기한을 안 지키고 자꾸 미룬다는 뜻.

• 고수관(高守寬)의 딴전이라

고수관은 이조말엽의 명창으로 노래를 하다가 음조(音調)를 바꿔서 하는 걸 장기로 했다 하는 바, 말한 바와는 전혀 다른 말을 시치미 떼고 한다는 뜻.

• 고슴도치도 제 새끼는 함함하다고 한다

부모의 눈에는 제 자식이 잘 나보이며 자식의 허물은 모르고 덮어놓고 자랑한다는 뜻.

• 고슴도치 외 걸머지듯

남에게 진 빚이 많은 것을 말함.

• 고양(高陽)밥 먹고 양주(楊州) 구실하다

제가 할 일은 안하고 남의 일을 함을 말한다.

• 고양이가 발톱을 감춘다

재주 있는 사람이 능력을 깊이 감추고 드러내지 않는다는 뜻.

• 고양이 목에 방울 달기

실행하지 못할 것을 공연히 의논하는 것을 말함.

• 곡식은 될수록 준다

무엇이나 이러지러 옮겨 담으면 조금이라도 줄지 늘지는 않는다는 말.

• 곤 대추 삼년 간다

아주 약한 사람이 얼마 못 살듯 하면서도 오래 살아간다는 말.

• 골난 며느리 보리 방아 찧는다

골이 나면 기분 풀이를 하게 되고 기가 더 오른단 말.

• 공든 탑이 무너지랴

공을 들이고 정성을 들여서 한 일은 그렇게 쉽사리 실패하지 않는다는 뜻.

• 공(公)은 공이고 사(私)는 사라고

공사(公事)와 사사(私事)는 반드시 가려서 분명해야 된다는 말.

• 공중을 쏘아도 알관만 맞춘다

힘들이지 않고 한 일이 아주 큰 성과를 거둘 때 하는 말.

• 곶감 꼬치에서 곶감 빼 먹듯

애써 모아 둔 것을 하나하나 먹어 없앤다는 뜻.

• 꽃 본 나비 불을 헤아리냐

남녀 간에 정(情)이 깊이 들면 어떠한 위험이 뒤에 수반되더라도 찾아가서 만나 애정을 속삭인다는 뜻.

• 꽃이 좋아야 나비가 모인다

가지고 있는 물건이 좋아야 살 사람도 많다는 뜻.

• 과물전 망신은 모과가 시킨다

못난 것은 그가 속해 있는 단체의 여러 사람을 망신시키는 일만 저지른다는 뜻.

• 과부는 은이 서 말이다

과부는 생활을 알뜰하게 하기 때문에 혼자서도 잘 산다는 말.

- 과부 사정은 과부가 안다

같은 실정에 있는 이만 그 사정을 헤아릴 수 있다는 말.

- 구관(舊官)이 명관(名官)이다

그 전에 일을 하던 이가 숙달되어 더 잘한다는 뜻도 되고 사람은 언제나 지나간 것을 더 좋게 여긴다는 뜻도 됨.

- 구더기 무서워 장 못 담글까

반드시 해야 할 일은 사소한 비방을 두려워하지 말고 할 일은 해야 한다는 뜻.

- 구르는 돌에는 이끼가 끼지 않는 법이다

사람이 활동하지 않으면 폐인이 된다는 말.

- 꾸어다 놓은 보릿자루

여럿이 모여 웃고 이야기하는 가운데, 혼자 가만히 앉아 어울리지 못하는 사람을 말한다.

- 국수 잘하는 솜씨가 수제비 못하랴

어떤 한 가지 일을 잘하는 사람은 그와 비슷한 다른 일을 못할 리가 없다는 뜻.

- 국 쏟고 ×× 덴다

불운한 가운데 있는데 더욱 더 큰일을 당한다는 뜻.

- 국이 끓는지 장이 끓는지

일이 어떻게 되어 가는지 영문도 모른다는 말.

- 군자 말년에 배추씨 장사

남을 위하여 어질게 살아온 사람이 말년에 가서는 매우 곤란하게 살게 되었다는 말.

- 굳은 땅에 물이 괸다

헤프게 쓰지 않고 절약하면 재산을 모운다는 말.

- 굴뚝에 바람 들었다

굴뚝에 바람이 들면 아궁이로 연기가 나와서, 불 때는 사람의 눈에서 눈물이 나오므로 왜 우느냐는 뜻으로 하는 말.

- 꿈보다 해몽이 좋다

좋지 않은 일이라도 풀이를 잘할 때 쓰는 말.

- 굽은 나무가 선산(先山)을 지킨다

사람이나 물건이 못난 듯 보이는게 오히려 쓸모가 있다는 말.

- 굽은 지팡이는 그림자도 굽어 보인다

좋지 않은 본성은 아무리 해도 숨길 수 없다는 말.

- 굿이나 보고 떡이나 먹지

남의 일에 쓸데없이 간섭 말고 형편이나 보다가 이득이나 얻겠다는 뜻.

- 궁하면 통한다

아무리 어려운 처지에 놓여도 극복할 길은 있다는 뜻.

- 꿩 대신 닭

그와 비슷한 것으로 대신해서 쓸 수도 있다는 말.

- 꿩 먹고 알 먹는다

하나의 수고를 하여 두 가지 이득을 본다는 말.

- 귀머거리 삼 년이요 벙어리 삼 년이라

옛날 시집 온 여자에게 모든 일에 함부로 간섭하지 말고 조심하여, 듣고도 못 들은 체 보고도 못 본 체하라는 말인즉 시집살이 하기가 매우 어렵다는 뜻.

- 귀신 듣는데 떡 소리한다

늘 좋아하는 것을 얘기하면 그것을 꼭 가지고 싶어한다는 말.

• 귀신이 곡(哭)할 노릇

일이 매우 기묘하여 신통하다는 뜻.

• 귀에 걸면 귀걸이, 코에 걸면 코걸이

한 가지 사물을 보는 시각에 따라 이렇게도 보이고 저렇게도 보인다는 뜻이고, 자기의 일정한 주견이 없이 이랬다 저랬다 하는 사람을 두고 한 말.

• 귀한 그릇 쉬 깨진다

귀하게 태어난 사람이나 비상한 재주를 지니고 있는 사람이 더 일찍 죽는다는 뜻.

• 귀한 자식 매 한 대 더 때리고 미운 자식 떡 한 개 더 준다

귀할수록 버릇을 잘 들여야 한다는 뜻.

• 그림의 떡

형체는 있으나 실지로는 아무 실속이 없는 것을 말함.

• 그 아비에 그 아들

잘 난 어버이에게선 잘난 자식이, 못난 어버이에게서는 못난 자식이 태어난다는 말.

• 글 속에 글 있고 말 속에 말이 있다

말이나 글이 가지고 있는 뜻이 무궁무진함을 일컬음.

• 긁어 부스럼

쓸데없는 짓을 하여 재화를 자초한다는 말.

• 금강산(金剛山)도 식후경(食後景)

아무리 좋은 것 재미 나는 것이라도 배가 부르고 난 뒤라야 좋은 것을 안다는 뜻.

• 기는 놈 위에 나는 놈 있다

잘난 사람 위에는 그보다 더 잘난 사람이 있다는 말.

- 길가에 집 짓기

길가에 집을 지으면 오가는 사람마다 참견하여 집을 못 짓고 만다. 간섭하는 이가 많으면 일을 이루지 못한다는 뜻.

- 길고 짧은 것은 대어 보아야 안다

잘 하고 못 하는 것은 겨루어 보아야 안다는 말.

- 길이 아니면 가지를 말고 말이 아니면 탓하지 마라

사리(事理)에 어긋나는 말은 입 밖에 내지도 말라는 뜻.

- 김 안 나는 숭늉이 더 뜨겁다

말을 떠벌리는 사람보다 가만히 있는 사람이 더 무섭다는 말.

## 〔ㄴ〕

- 나가는 년이 세간 사랴

이미 일이 다 틀어져 버렸는데 뒷일을 생각할 수 없다는 뜻.

- 나간 머슴이 일 잘했다

현재 가지고 있는 것보다 전것이 더 낫다고 생각한다는 뜻.

- 나는 놈 위에 타는 놈 있다

아무리 재주가 있다고 해도 그 보다 더 나은 사람이 있다는 말이다.

- 나 먹자니 싫고 개 주자니 아깝다

자기에게는 별 소용없는 것도 막상 남에게 주긴 아깝다는 뜻.

- 나 못 먹는 밥에 재나 넣지

제가 가지지 못할 바에는 남도 못 가지게, 못 쓰게 망쳐 버린다는 뜻으로 아주 심술이 사나운 것을 말한다.

- 나 부를 노래 사돈이 부른다

자기가 하려고 하는 말을 상대편이 먼저 할 때 쓰는 말.

• 나중 보자는 양반 무섭지 않다

나중에 어떻게 하겠다고 미리 공갈하는 사람은 무섭지 않으니 아무 소용이 없다는 말.

• 나중에 난 뿔이 우뚝하다

후배가 선배보다 나을 때 쓰는 말.

• 낙숫물은 떨어지던 데 또 떨어진다

한번 버릇이 들면 고치기 힘들다는 말.

• 낙숫물이 댓돌을 뚫는다

꾸준히 노력하면 아무리 어려운 일이라도 이룰 수 있다는 말.

• 낙태한 고양이 상(相)

얼굴을 잔뜩 찌푸리고 있음을 비유한 말.

• 난 거지 든 부자

밖으로는 거지 꼴이나 안으로는 살림이 부자인 사람을 말함.

• 날 잡은 놈이 자루 잡은 놈을 당하랴

월등하게 유리한 조건에 있는 사람과는 경쟁이 안 된다는 말.

• 날 장비 같다

우악스럽고 거센 사람을 말함.

• 남 눈 똥에 주저 앉고, 애매한 두꺼비 떡돌에 치인다

자기 잘못은 없이 남의 잘못으로 화를 입는다는 말.

• 남대문(南大門) 입납(入納)

입납(入納)이란, 지금 편지 겉봉에 쓰는 귀중(貴中)이라는 말과 같은 말이다. 도무지 찾을 수 없는 것을 말함.

• 남의 고기 한 점 먹고 내 고기 열 점 준다

남으로부터 적은 이득을 보려다가 더 큰 손해를 본다는 말.

• 남의 눈에 눈물 내면 제 눈에는 피가 난다

남에게 악행(惡行)을 가하면 반드시 그보다 더 큰 벌을 받게 된다는 뜻.

- **남의 말 하기는 식은 죽 먹기**

남의 잘못을 말하기는 매우 쉽다는 말.

- **남의 밥 보고 장 떠먹는다**

남의 것을 턱 없이 바란다는 뜻.

- **남의 밥에 든 콩이 더 크다**

제가 가진 것보다 남이 가진 것이 더 좋아 보인다는 말.

- **남의 일은 오뉴월에도 손이 시리다**

이득 없는 남의 일이란 하기 싫다는 말.

- **남의 잔치에 감 놓아라 배 놓아라 한다**

자기와는 아무 상관도 없는 일에 공연히 간섭하고 참견하지 말라는 뜻.

- **남이 장 간다고 하니 거름 지고 나선다**

아무 주견없이 남이 하는 대로 그대로 따라서 행동한다는 뜻.

- **남자는 배짱, 여자는 절개**

남자는 두려워 할 줄 모르는 담력(膽力), 여자는 자신을 지키는 깨끗한 절개가 으뜸이라는 말.

- **낫 놓고 기역 자도 모른다**

무식한 사람을 두고 하는 말.

- **낫으로 눈 가리기**

당치 않은 방법으로 숨기려 하나 숨기지 못한다는 뜻.

- **낮 말은 새가 듣고 밤 말은 쥐가 듣는다**

아무리 비밀인 것이라도 자신이 한 말은 반드시 남의 귀에 들어간다는 뜻으로 말조심 하라는 말.

• 내리 사랑은 있어도 치사랑은 없다

웃사람이 아랫사람을 사랑하는 일은 있어도 그 반대되는 일을 하기는 어렵다는 말.

• 내 발등의 불을 꺼야 아들 발등의 불을 끈다

사람이 급한 일을 당하면 자기 일부터 먼저 처리한다는 말.

• 내 밥 준 개가 내 말등 문다

제게 도움을 받은 자가 오히려 배신한다는 뜻.

• 내 배가 부르니 평안감사가 조카 같다

내 배가 부르고 풍족하면 아무리 좋은 것도 부럽지 않다는 뜻.

• 내 손톱에 장을 지져라

되지도 않는 일을 가지고 장담하는 사람에게 절대로 불가능하다고 단정하는 말.

• 내외간 싸움은 칼로 물베기

부부 간 싸움은 중재가 필요없이 내버려 두면 자연히 쉬 화합한다는 뜻.

• 내 코가 석자

내 사정이 급해서 남의 사정까지 돌볼 여유가 없다는 말.

• 냉수 먹고 이 쑤시기

실속없이 허세(虛勢)를 부린다는 뜻.

• 너구리 굴 보고 피물(皮物) 돈 내어 쓴다

너구리를 잡기도 전에 가죽 팔아 얻은 돈을 미리 빚내어 쓴다는 말이니, 확정도 되지 않은 일을 가지고 그로부터 나올 이익을 미리 앞당겨 쓰는 것을 비웃는 말이며 일을 너무 급히 서둘러 한다는 뜻.

• 네 것이 내 것이요 내 것이 내 것이다

무엇이건 다 자기 것이라는 뜻.

• **노는 입에 염불(念佛)하기**

그저 노는 것 보다는 무엇이나 하는 것이 낫다는 뜻.

• **노닥노닥 해도 비단일세**

본 바탕이 좋은 것은 낡고 헐어도 그 볼품을 잃지 않는다는 뜻.

• **노루 꼬리가 길면 얼마나 될까**

재주가 있으면 얼마나 있겠느냐는 뜻으로 보잘것없는 재주를 과신하는 사람을 비웃는 말.

• **노루 때리던 막대**

어쩌다가 한번 노루를 때려 잡은 막대를 가지고 이것만 가지면 언제나 노루를 잡으려니 하고 터무니없는 생각을 한다는 말인즉, 요행을 바라는 어리석음, 지난 날의 방식을 덮어놓고 지금도 적용하려는 어리석음을 뜻한다.

• **노루를 피하니 범이 나온다**

작은 해(害)를 피하려다 도리어 큰 화를 만남을 일컫는 말이며 또 일이 점점 더 험하고 어려워질 때를 이름.

• **노루 제 방귀에 놀란다.**

경솔하고 침착하지 못한 자를 말한다.

• **노여움은 호구별성(戶口別星)인가**

늘 화만 내는 사람을 두고 하는 말.

• **노적가리에 불 붙여 놓고 박상 주워 먹는다**

큰것을 잃고 작은것을 얻을 때를 말함.

• **노처녀가 시집 가려니 등창이 난다**

벼르고 벼르던 일을 하려 할 때 마가 붙고 방해물이 끼어서 못 한다는 말.

• **녹피(鹿皮)에 갈 왈(曰)자라**

사슴가죽에 쓴 갈 왈(曰)자는 당기는 대로 날 일(日)자도 되고, 갈 왈(曰)자도 된다는 말이니 이랬다 저랬다 풀이하기에 달렸다는 말.

• 논 팔아 굿하니 맏며느리 춤추더라

당면한 어려운 일을 가장 뼈 아프게 알아야 할 사람이 도리어 반대 방향으로 나갈 때 비유하는 이르는 말.

• 놀란 토끼 벼락 바위 쳐다보듯

말은 못하고 눈만 껌벅거리고 쳐다본다는 말.

• 높은 가지가 부러지기 쉽다

높은 지위일수록 그 자리를 보존하기가 어렵다는 말.

• 누가 흥(興)이야 항(恒)이야 하랴

관계없이 남이 이래라 저래라 할 수 없다는 뜻.

• 누울 자리 봐 가며 발 뻗친다

결과를 생각해 가면서 모든 일을 미리 살피고 시작한다는 뜻.

• 누워서 떡 먹기

일하기가 매우 쉽다는 뜻.

• 누이 좋고 매부 좋다

피차 서로 좋다는 말.

• 눈 가리고 아웅한다

얕은 수를 써서 남을 속이려 하는 수작을 말함.

• 눈 감고 언덕 뛰기

아주 위태한 일을 모험적으로 한다는 말.

• 눈 감으면 코 베어 간다

인심이 험악하고 사나와서 조금도 마음을 놓을 수 없다는 뜻.

• 눈 구석에 쌍가래톳 선다

너무나 기가 막혀서 할 말이 없다는 뜻.

• 눈 먹던 토끼 다르고 얼음 먹던 토끼 다르다

사람은 자기가 겪어 온 환경에 따라서 그 능력이 다르고 생각도 다르다는 말.

• 눈 먼 구렁이 꿩알 굴리듯 한다

못난 놈이 껍적거리고 남보다 먼저 나선다는 말.

• 눈 먼 중 갈밭에 든 것 같다

무엇인지 어딘지 방향을 가리지 못하여 갈팡질팡한다는 말.

• 눈치가 빠르면 절에 가도 새우젓을 얻어 먹는다

사람이 영리하고 수단만 좋으면 겉으로 내어 놓고도 못할 일도 뒷거래를 할 수 있다는 말.

• 느릿느릿 걸어도 황소 걸음

속도는 더디되 꾸준히 해나가 믿음직스럽다는 말.

• 늦게 배운 도둑이 날 새는 줄 모른다.

늙어서 바람이 나면 걷잡을 수 없다는 말.

• 늦은 밥 먹고 파장(罷場)간다.

적절한 때를 놓치고 늦게야 행동을 시작한다는 말.

## 〔ㄷ〕

• 다 된 죽에 코 빠졌다

다 된 일을 망쳐 놓았다는 뜻.

• 다람쥐 쳇바퀴 돌 듯

제자리에서 뱅뱅 맴돌기만 한다는 말로 애는 쓰지만 큰 진전이 없어 제자리 걸음만 한다는 뜻.

• 다리 아래에서 원을 꾸짖는다.

맞대 놓고는 말 못하고 그 사람이 없는 데서 원망하고 욕한다는 말.

• 달걀로 바위 치기

약한 것이 강한 것에 대항하자 하는 어리석음을 뜻함.

• 달걀 지고 성(城) 밑에 못 가겠다

너무 의심이 많고 필요 이상으로 걱정을 하는 사람을 말함.

• 달면 삼키고 쓰면 뱉는다

제게 이로우면 이용하고 필요하지 않을 때는 배척한다는 뜻.

• 달아나는 노루 보고 얻은 토끼 놓쳤다

욕심을 부리다가 결국 손에 가진 것까지 잃었다는 말이니 너무 큰 이익만 탐하지 말고 가까운 곳에 있는 작은 이익부터 취하라는 뜻.

• 딸 자식은 도둑년이다

딸은 길러 시집 보낼 때도 많은 혼수를 해 가고 출가한 후에도 친정집에 와서 이것저것 집어가므로 하는 말.

• 닭 소 보듯 소 닭 보듯

서로 별 관심이 없이 모른 척 빤히 바라본다는 뜻.

• 닭이 천(千)이면 봉이 한 마리

여럿이 모이면 반드시 그 가운데 뛰어난 이가 한 사람쯤은 있다는 말.

• 닭 잡아 먹고 오리발 내놓는다

나쁜 짓을 하고도 엉뚱한 변명을 한다는 뜻.

• 닭 쫓던 개 지붕만 쳐다본다.

한참 애쓰던 일이 실패로 돌아가거나 서로 경쟁하던 상대가 유독 앞서 갈 때의 막막한 상황을 의미함.

• 땅 짚고 헤엄치기

매우 쉽다는 뜻.

• 대추나무에 연 걸리듯

일이 이리저리 얽히고 설킨 것을 뜻함.

• 때리는 시어미보다 말리는 시누이가 더 밉다

겉으로는 위해 주는 체 하면서도 속으로는 해하는 사람이 가장 밉다는 말.

• 더운 죽에 혀 데기

대단치 않은 일에 낭패를 보아 얼마 동안 쩔쩔 맨다는 뜻.

• 더위 먹은 소 달만 보아도 허덕인다

어떤 일에 한번 혼이 나면 그와 비슷한 것만 보아도 왈칵 겁을 낸다는 뜻.

• 떡방이 소리 듣고 김치국 찾는다

제 짐작으로만 일을 서둘러 버린다는 뜻.

• 떡 본 김에 제사 지낸다

필요한 것을 구한 기회에 하고자 하는 것을 해치운다는 말.

• 떡 줄 놈은 생각도 않는데 김치국부터 마신다

해 줄 사람은 생각지도 않는데 일에 대한 기대가 너무 앞서거나 되지 않을 일을 바랄 때 하는 말.

• 떡 해 먹을 세상

떡을 하고 고사를 지내야 할 만큼 뒤숭숭하고 궂은 일이 많다는 뜻.

• 도둑이 매를 든다

잘못한 놈이 도리어 잘한 사람을 꾸짖는다는 뜻.

• 도둑이 제 발이 저리다

죄 지은 자가 폭로될까 두려워 걱정하다가 도리어 저도 모르는 사이에 그 사실의 꼬리가 잡히게 된다는 뜻.

• 도둑질을 해도 손발이 맞아야 한다

무슨 일이든지 서로 뜻이 맞아야 일을 해 낼 수 있다는 말.

- 도랑 치고 가재 잡는다

일의 순서가 뒤바뀌어 아무리 하여도 성과가 없음을 이름.

- 돈만 있으면 개도 멍첨지라

돈이 있으면 세상에 못할 일이 없다는 말.

- 돈 모아 줄 생각 말고 자식에게 글 가르쳐라

막대한 유산(遺産)을 자식에게 남겨 주는 것보다 자식을 훌륭하게 교육시키는 것이 더 낫다는 말.

- 돈 없는 놈이 큰 떡 먼저 든다

자격을 갖추지 못한 이가 먼저 덤벼들 때 하는 말.

- 돌다리도 두들겨 보고 지난다

지나치게 조심스럽고 세심한 사람을 두고 하는 말.

- 돌담 배부른 것

아무 소용이 없고 도리어 해로운 존재라는 뜻.

- 돌도 십년을 보고 있으면 구멍이 뚫린다

무슨 일이나 꾸준히 노력하면 안 되는 일이 없다는 뜻.

- 돌을 차면 내 발부리만 아프다

화난다고 쓸데없이 화풀이를 하면 저만 손해라는 뜻.

- 동네 북인가

모든 사람들이 달려들어 친다는 말.

- 동무 따라 강남 간다

남에게 끌려서 좇아하게 되는 경우를 말함.

- 똥 묻은 개가 겨 묻은 개 나무란다

자기는 더 큰 흉이 있으면서 도리어 남의 작은 흉을 본다는 말.

- 똥 싼 놈이 성낸다

제 잘못은 덮어두고 도리어 큰소리 친다는 뜻.

- 똥이 무서워서 피하나 더러워서 피하지

악한 사람을 상대해서 겨루는 것보다 피하는 것이 낫다는 뜻.

- 되로 주고 말로 받는다

주기는 조금 주고 그 댓가는 훨씬 많이 받는다는 말.

- 두부 먹다 이 빠진다

마음 놓는 데서 실수가 생긴다는 말로 틀림없는 데서 뜻밖의 실수를 할 때를 이름.

- 두 손에 떡

어느 것을 하여야 좋을지 모름을 가르키는 말.

- 뚝배기보다 장맛

겉에 비하여 내용이 좋다는 말.

- 둘러치나 메어치나 일반

이렇게 하거나 저렇게 하거나 마찬가지라는 말.

- 뒷간에 갈 적 맘 다르고 올 적 맘 다르다

사람의 마음은 한결같지 않아서 제가 아쉽고 급할 때는 애써 다니다가 그 일이 끝나면 모르는 체하고 있다는 뜻.

- 뒷집 짓고 앞집 뜯어 내란다

사리는 불구하고 제 욕심만 옳다고 하는 말.

- 드는 돌에 낯 붉는다

무거운 돌을 들면 힘이 들어 얼굴이 붉어지는 것과 같이 무슨 일이나 결과에는 그 원인이 있다는 말.

- 든 거지 난 부자

집안 살림은 거지꼴이면서 밖으로는 부자같이 보이는 사람을 말함.

• 등잔 밑이 어둡다

가까운 데서 생긴 일이 오히려 먼곳에서 생긴 일보다 때때론 더 모르기 쉽다는 말.

• 마른 하늘 벼락 맞는다

뜻하지 않은 큰 재앙을 당했다는 말.

• 마방(馬房) 집이 망하려면 당나귀만 들어온다

마방 집에 죽을 먹는 말이 안 들어오고 날 것만 먹는 당나귀만 들어온다는 말이니 달갑잖은 사람만 찾아 온다는 뜻.

• 마소의 새끼는 시골로 보내고, 사람의 새끼는 서울로 보내라

마소는 먹이가 풍부한 시골로 보내고, 사람은 견문이 많아 배울 것이 많은 도회지로 보내야 잘 될 수 있다는 말.

• 말 가는 데 소도 간다

재빠른 이가 비록 앞서 가지만 노력하면 늦게 가는 이도 따라 갈 수 있다는 말.

• 말똥에 굴러도 이승이 좋다

아무리 고생을 하고 천하게 살더라도 죽는 것보다는 낫다는 말.

• 말 많은 집안은 장맛도 쓰다

말 많은 집안은 살림이 잘 안 된다는 뜻.

• 말 속에 말 들었다

말 속에 다른 뜻의 말이 들었다는 말.

• 말 안하면 귀신도 모른다

혼자 속을 태우지 말고 시원스럽게 말을 하라는 뜻.

• 말은 할수록 늘고 되질은 할수록 준다

같은 내용의 말이라도 사람들의 입을 통해 전해지면 전해질 수록 과장되고, 물건은 옮겨 갈수록 줄어 든다는 뜻.

- 말은 해야 맛이고 고기는 씹어야 맛이다

할 말은 해야 된다는 뜻.

- 말이 씨 된다

늘 말하던 것이 마침내는 어떤 사실을 유발시키게 됨을 이름.

- 말 타면 경마 잡히고 싶다

사람의 욕심은 끝이 없다는 말.

- 말하는 남생이

말하는 것을 믿을 수 없는 경우에 쓰는 말로 못 알아들을 말을 한다는 뜻도 된다.

- 매도 먼저 맞는 놈이 낫다

이왕 겪어야 할 일이라면 아무리 괴롭더라도 남보다 먼저 당하는 것이 낫다는 말.

- 매사는 간주인(看主人)이라

무슨 일이나 주인이 맡아 알아서 재량하는 법이라는 말.

- 매사는 불여 튼튼이라

무슨 일이나 튼튼히 해 놓는 것이 좋다는 말.

- 맥도 모르고 침통 흔든다

아무 것도 모르면서 아는 척하는 것을 말함.

- 머슴살이 삼년에 주인 성 묻는다

응당 알고 있어야 할 것도 모르는 사람을 두고 이르는 말.

- 먹는데는 남이요 궂은 일엔 일가다

좋은 일이 있을 때는 일가라도 찾아오지 않다가 궂은 일이 생기면 찾아와서 일가라고 간청한다는 말.

• 모로 가도 서울만 가면 된다

무슨 수를 쓰더라도 목적만 이루게 되면 된다는 말.

• 모르면 약이요, 아는 게 병

아무 것도 모르고 있으면 마음이 편하고 무엇을 좀 알고 있으면 걱정거리만 된다는 말.

• 목구멍이 포도청

굶주려 먹기 위해서는 어떤 짓이나 하게 된다는 뜻.

• 목 마른 놈이 우물 판다

필요한 사람이 먼저 일을 시작한다는 말.

• 못된 송아지 엉덩이에 뿔 난다

되지 못한 자가 건방지고 나쁜 짓을 한다는 뜻.

• 무거운 절 떠나라 말고 가벼운 중 떠난다

보기 싫은 자가 있을 경우 내가 먼저 피한다는 말.

• 무는 개를 돌아본다

사람도 성미가 사납고 말이 많은 사람을 더 주심한다는 말.

• 무는 호랑이는 뿔이 없다

모든 것을 다 완전히 갖출 수는 없다는 말.

• 무쇠도 갈면 바늘 된다

꾸준히 노력하면 아무리 어려운 일도 이룰 수 있다는 말.

• 무자식(無子息)이 상팔자(上八字)다

자식이 없는 것이 도리어 걱정이 없다는 뜻.

• 문둥이 콧구멍에 박힌 마늘씨도 파먹겠다

욕심이 많아서 아주 조그마한 것도 탐하는 것을 비유한 말.

• 문(門) 바른 집은 써도 입 바른 집은 못 쓴다

너무 시비(是非)를 가려서 지나칠 정도로 까다롭게 따지는 사람은 남의 원망과 노여움을 사기 쉽다는 말.

- **물과 불과 악처(惡妻)는 삼대 재액**

  아내를 잘못 만나는 것이 인생의 큰 불행임을 이름.

- **물에 빠져도 주머니밖에 뜰 것 없다**

  몸에 아무 것도 지닌 것 없는 가난한 사람이라는 말.

- **물에 빠진 놈 건져 놓으니까 망건 값 달랜다**

  남에게 신세를 지고 그것을 갚기는 커녕 도리어 그 은인을 원망한다는 말.

- **물에 빠지면 짚이라도 잡는다**

  사람이 위급한 때를 당하면 무엇이나 닥치는 대로 잡고 늘어진다는 말.

- **미련하기는 곰이다**

  아주 미련한 사람을 이른 말.

- **미련한 놈 가슴에 고드름이 안 녹는다**

  미련한 사람이 한번 앙심을 품으면 좀처럼 풀어지지 않는다는 말.

- **미운 놈 떡 하나 더 준다**

  자기가 미워하는 사람에게 그로부터 후환이 없도록 술책상 후하게 하라는 말.

- **믿는 도끼에 발등 찍힌다**

  믿고 있던 일, 또는 사람에게 도리어 해를 입었을 때 하는 말.

- **미운 중놈이 고깔 모로 쓰고 이래도 밉소 한다**

  미운 것이 더욱 더 미운 짓만 골라 함을 말함.

- **미친 체하고 떡 목판에 엎드러진다**

  사리를 잘 알면서도 모르는 체 제 욕심을 채우려 한다는 말.

# 〔ㅂ〕

• 바늘 가는 데 실 간다

늘 서로 붙어 다닌다는 뜻.

• 바늘 구멍으로 황소바람 들어온다

추울 때는 아무리 작은 구멍으로 새어 들어오는 바람이라도 차다는 뜻.

• 바늘 도둑이 소도둑 된다

처음에는 작은 잘못을 저지른 사람이 나중에는 점점 더 큰일까지 저지르게 된다는 뜻.

• 발 없는 말이 천리 간다

말은 그만큼 신속히 퍼지기 쉬운 것이니 말 조심하라는 뜻.

• 밤 말은 쥐가 듣고 낮 말은 새가 듣는다

말은 저절로 새어나가 시비거리가 되는 것이니 삼가라는 뜻.

• 밤새도록 물레질만 한다

속셈은 딴 데 있으면서도 그와 관계없는 딴 수작만 하고 있다는 말.

• 밥 먹는 것은 개도 안 때린다

아무리 큰 잘못이 있더라도 밥을 먹을 때는 때리지 말고 꾸짖지도 말라는 뜻.

• 방귀가 잦으면 똥 사기 쉽다

무슨 일이나 작은 일이라도 전조(前兆)가 잦으면 큰일이 나고야 만다는 뜻.

• 방귀 뀐 놈 성낸다

자기가 잘못하여 놓고도 도리어 성을 낸다는 말.

- 배가 앞 남산(南山)만 하다

배가 부르다는 말이고, 특히 임신부의 배를 두고 이름.

- 배꼽에 노송(老松)나무 나거든

죽어서 묻음에 노송이 날 때란 기약할 수 없는 일이라는 말.

- 배 먹고 이 닦기

배도 먹고 배 속으로 이도 닦았으니 한 가지 일로써 두 가지 이익을 보았을 때 하는 말.

- 배보다 배꼽이 더 크다

마땅히 작아야 할 것이 크고 적어야 할 것이 많을 때 하는 말.

- 밴 아이 사내 아니면 계집이지

둘 중의 어느 하나가 틀림없다는 뜻.

- 뱁새가 황새를 따라 가려면 다리가 찢어진다

제 힘에 겨운 일을 억지로 하다가는 도리어 화를 당한다는 뜻.

- 번개가 잦으면 천둥을 친다

전조(前兆)가 있으면 무엇이든지 당장에 그 일을 처리해 버리려고 하는 사람을 두고 하는 말.

- 번갯불에 콩 볶아 먹겠다

성질이 몹시 급하여 무엇이든지 당장에 그 일을 처리해 버리려고 하는 사람을 두고 하는 말.

- 범 굴에 들어가야 범을 잡지

큰 목적을 이루려면 그만한 위험이 따른다는 말.

- 범 무서워 산에 못 가랴

마음에 걸리는 일이 있더라도 할 일은 해야 한다는 말.

- 벼룩도 낯짝이 있다

너무 뻔뻔스러운 사람을 보고 하는 말.

• 병신 육갑(六甲)한다

제대로 생기지도 못한 병신이, 되지 못한 엉뚱한 짓을 할때 쓰는 말.

• 병 주고 약 준다

무슨 일을 망치게 해 놓고 뒤에 도와 준다는 말.

• 뽕도 따고 임도 보고

두 가지 일을 동시에 이룸을 말한다.

• 부뚜막의 소금도 집어 넣어야 짜다

아무리 쉬운 일이라도 하지 않으면 소용없다는 말.

• 부모가 자식을 겉 낳았지 속 나았나

아무리 제가 낳은 자식이지만 그 자식의 속마음은 알 수 없다는 말로 자식의 잘못은 부모의 책임이 아니라는 말.

• 뿌리 깊은 나무는 가뭄 타지 않는다

무엇이나 근원이 깊고 튼튼하면 오래 견딘다는 말.

• 부모가 온 효자가 되어야 자식이 반 효자

자식은 부모가 하는 것을 보고 따라 하게 된다는 말. 또는 비록 좋은 감화(感化)를 받는다 해도 온건하게 되기는 어렵다는 말도 된다.

• 부모는 차례 걸음이라

부모의 죽음을 슬퍼하는 자식에게 나이 많은 부모가 으레 먼저 돌아가시는 법이라는 위로하는 말.

• 부모 속에는 부처가 들어 있고 자식 속에는 앙칼이 들어 있다

부모는 자식을 무한히 사랑하나 자식은 그렇기가 어렵다는 뜻.

• 부스럼 살 될까

이미 다 그릇된 것이 다시 좋아질 수가 없다는 말.

• 부앗김에 서방질한다

참을 수 없는 홧김에 분별없이 행동하여 더욱 큰일을 저지름을 말함.

• 부자 망해도 삼년 간다

부자이던 사람은 망했다 해도 얼마 동안은 그럭저럭 살아갈 수 있다는 뜻.

• 부처님 마르고 살찌기는 석수(石手)에 달렸다

일이 잘 되고 못 되는 것은 그 일을 맡은 사람에게 달렸다는 뜻.

• 부처 밑을 기울이면 삼거웃이 드러난다

삼거웃이란 마(麻)를 삼다가 거기에서 떨어진 부스러기를 말하고, 외양이 훌륭한 것도 그 이면(裏面)을 들추면 지저분하고, 남의 허물을 들추다 보면 자기 허물도 드러난다는 말.

• 북은 칠수록 소리난다

하면 할수록 그만큼 손해만 커진다는 뜻.

• 복은 쌍으로 안 오고 화는 홀로 안 온다

기쁜 일은 겹쳐 오지 않고, 화는 연거푸 닥쳐온다는 뜻.

• 불난 데 부채질한다

남의 안 되는 일이 더 안 되도록 심술을 부리거나 화난 사람을 더 노하게 한다는 뜻.

• 불뚝 성이 살인 낸다

불뚝 성이 들어서 큰 사고를 저지른다는 말.

• 비는 데는 무쇠도 녹는다

자기 잘못을 뉘우치고 사과하면 아무리 완고한 사람도 용서해 준다는 말.

• 비단 옷 입고 밤길 가기

애쓰고도 아무도 알아 주는 이가 없다는 뜻.

• 비둘기는 콩밭에만 마음이 있다

먹을 것이 있는 곳에만 마음을 기울이고 애쓴다는 뜻.

- 비렁뱅이가 하늘을 불쌍히 여긴다

쓸데없는 걱정을 한다는 뜻.

- 빈 수레가 더 요란하다

지식이 없고 교양 부족한 사람이 더 아는 체하고 떠든다는 뜻.

- 빚 보증하는 자식 낳지도 마라

까딱하면 자기 손으로 단 한 푼도 써 보지 못하고 빚돈을 대신 갚아 줘야 하므로 경계하는 말.

- 빛 좋은 개살구

겉모양은 좋으나 실속이 없다는 뜻.

## 〔ㅅ〕

- 사공이 많으면 배가 산으로 올라간다

무슨 일을 할 때 간섭하는 사람이 많으면 일이 잘 안 된다는 뜻.

- 사돈네 남의 말한다

제 일을 놔두고 남의 일에 말 참견한다는 뜻.

- 사돈의 팔촌

자기와 아무 상관없는 남이라는 뜻.

- 사돈집과 뒷간은 멀수록 좋다

사돈집과의 사이에는 서로 말이 많고, 뒷간은 고약한 냄새가 나므로 멀수록 좋다는 뜻.

- 사람은 죽어서 이름을 남기도 범은 죽어서 가죽을 남긴다

사람은 생전에 좋은 일을 하여 후세에 명예로운 이름을 남겨야 한다는 뜻.

- 사위는 백 년 손이요 며느리는 종신(終身) 식구다

사위와 며느리는 남의 자식으로 사위는 남이지만 며느리는 제집 식구란 말.

- 사위도 반 자식이다

사위도 때로는 자식 구실을 할 때가 있다는 말.

- 사위 사랑은 장모, 며느리 사랑은 시아버지

장모는 사위를 아끼고 시아버지는 며느리를 귀여워 하는 일반적 경향에서 나온 말.

- 사위 자식 개 자식

사위는 결국 장인·장모에겐 남의 자식과 다를 바 없다는 뜻.

- 사촌이 땅을 사면 배가 아프다

사람은 남이 잘 되는 것을 공연히 시기한다는 뜻.

- 사흘 굶어 담 아니 넘을 놈 없다

아무리 착한 사람이라도 몹시 궁핍하게 되면 옳지 못한 짓도 저지르게 된다는 뜻.

- 싸라기 밥을 먹었나

반말 하는 사람을 핀잔 줄 때 하는 말.

- 싼 것이 비지떡

값싼 물건은 당연히 품질이 좋지 않다는 말.

- 산 사람의 목구멍에 거미줄 치랴

사람은 아무리 가난해도 굶어 죽지 않는다는 말.

- 산이 깊어야 범이 있다

자기에게 덕망이 있고 생각이 깊어야 사람들이 따른다는 뜻.

- 쌍지팡이 짚고 나선다

기를 쓰고 못하게 말린다는 말.

• 새침데기 골로 빠진다

내성적이고 새침한 사람이 한번 실수하여 어떤 일에 집착하게 되면 외향적(外向的)인 사람보다도 더 외곬으로 빠져 든다는 말.

• 서당개 삼 년에 풍월(風月)한다

어리석은 사람도 늘 보고 들은 일은 능히 할 수 있게 된다는 말.

• 서른 세 해 만에 꿈 이야기한다

오래 묻어 두었던 일을 새삼스레 얘기한다는 뜻.

• 서울 놈은 비만 오면 풍년이란다

서울 사람이 농삿일에 대하여 전혀 알지 못하는 것을 비웃는 말로써, 문외한(門外漢)이 일부의 일만 보고 아는 체 잘못 단정을 내린다는 뜻.

• 선 무당이 사람 잡는다

능숙하지 못한 사람이 아는 체하여 일을 하다가 아주 망쳐 놓게 한다는 뜻.

• 설마가 사람 죽인다

설마 그럴리야 없겠지 하고 믿고 있는 일에 낭패를 본다는 말.

• 성나 바위 차기

애매한 데 화풀이를 하면 도리어 제가 해롭고 역경을 거슬러 억지를 부린다고 해서 일이 제대로 되는 것은 아니라는 말.

• 세 닢 주고 집 사고, 천 냥 주고 이웃 산다

세상살이를 하는데 이웃이 중요하다는 말.

• 세 사람만 우겨대면 없는 호랑이도 만들어 낼 수 있다

여러 사람이 모여 떠들고 소문을 내면 없는 말도 생긴다는 뜻.

• 세 살 먹은 아이도 제 손엣것 안 내놓는다

사람은 누구나 제 것을 내어 놓기 싫어한다는 말.

• 세살 적 버릇이 여든까지 간다.

어렸을 때 한번 굳어진 버릇은 늙도록 고치기 어렵다는 말.

• 소가 크면 왕노릇 하나

몸이 크고 힘만 세다고 해서 지도자가 될 수는 없다는 말.

• 소경이 개천을 나무란다

제 잘못은 탓하지 않고 남만을 원망한다는 말.

• 소경 잠 자나 마나

일을 하나 마나 마찬가지란 뜻.

• 소경 죽이고 살인 빚 갚는다

하찮은 일을 저지르고 큰 책임을 지게 된다는 뜻.

• 소금 먹은 놈이 물 켠다

죄지은 놈은 벌을 받게 되고 빚진 사람은 빚을 갚게 된다는 뜻.

• 소도 언덕이 있어야 비빈다

사람도 의지할 곳이 있어야 그것을 발판으로 삼아 성공할 수 있다는 말.

• 소리개도 오래면 꿩을 잡는다

한 가지 일을 오랫동안 계속하여 경력을 쌓으면 재주없는 사람도 결국에는 정통하게 된다는 말.

• 소문난 잔치 먹을 것 없다

소문난 것이 흔히 소문에 비해 보잘 것 없다는 말.

• 소 잃고 외양간 고친다

이미 일을 그르친 뒤에 대비해도 소용이 없다는 말.

• 속곳 벗고 함지박에 들었다

일이 다급해져 아무래도 낭패를 보게 되었다는 말.

속으로 기억자 긋는다

결정을 지어 마음먹는다는 뜻.

• **손이 들이 굽지 내 굽나**

가까운 사람에게 마음이 가게 마련이라는 뜻.

• **손톱 밑에 가시 드는 줄은 알면서도 염통 밑에 쉬 쓰는 줄은 모른다**

사소한 일이나 조그마한 이익에는 눈이 밝지만 당장 눈에 보이지 않는 큰 손해 나는 일에는 어둡다는 말.

• **쇠똥에 미끄러져 개똥에 코 박은 셈**

연거푸 실수하여 어이가 없거나, 매우 억울한 일을 당하여 못견딜 노릇이라는 뜻.

• **쇠 먹은 똥은 삭지도 않는다**

뇌물을 쓰면 효과가 있다는 말.

• **쇠 뿔도 단김에 빼라**

무슨 일이나 시작하면 당장에 해치우라는 뜻.

• **쇠 힘은 쇠 힘이요, 새 힘은 새 힘이라**

각각 특수성이 있는 것이니, 힘의 대소(大小)만으로 가치를 평가해서는 안 된다는 말.

• **수박 겉 핥기**

내용이나 참 뜻은 모르면서 겉으로 건성으로만 일을 하는 것을 말함.

• **수양산(首陽山) 그늘이 강동(江東) 팔십 리를 간다**

어떤 사람이 잘 되어 기세가 좋으면 그의 친척이나 친구가 모두 그 덕을 본다는 뜻.

• **수염이 댓자라도 먹어야 양반**

사람이란 먹는 것이 가장 중하다는 뜻.

• 숭어가 뛰니까 망둥이도 뛴다

제 처지는 생각하지도 않고 저보다 나은 사람을 덮어놓고 모방하려 애쓴다는 뜻.

• 씨 보고 춤춘다

오동나무의 씨만 보고도 그 씨를 심어 난 오동나무로 가야금을 만들 생각을 하여 벌써부터 춤을 춘다는 뜻으로 성미가 급하여 너무 일찍 서두른다는 뜻.

• 씨아와 사위는 먹고도 안 먹는다

목화씨를 앗는 씨아가 목화를 먹어도 당연한 것처럼 사위는 아무리 먹어도 아깝지 않다는 말로써, 흔히 사위를 극진하게 대접한다는 뜻.

• 시앗 싸움엔 돌부처도 돌아 앉는다

아무리 점잖고 무던한 부인네라도 시앗을 보면 시기도 하고 미워도 한다는 뜻.

• 시어미 죽고 처음이다

오랜만에 속 시원하고 만족스럽다는 말.

• 시장이 반찬이다

배가 고플 때는 무슨 음식이건 잘 먹는다는 말.

• 식은 죽 먹기

아주 쉬운 일이라는 뜻.

• 식혜 먹은 고양이 속

제가 저지른 일이 탄로될까 봐 노심초사하는 상태를 말함.

• 신선 놀음에 도끼자루 썩는 줄 모른다

좋은 일에 정신이 팔려 시간 가는 줄 모른다는 뜻.

• 실없는 말이 송사(訟事) 건다

실없이 한 말 때문에 큰 변이 생긴다는 뜻.

- 실성한 영감 죽은 딸네집 간다

정신없이 아무데나 잘못 가 거기가 어딘가 하고 둘러본다는 뜻.

- 실한 과객 편에 중우 부친다

미덥지 못한 사람에게 긴요한 일을 부탁하는 어리석음을 말한다.

- 십년 공부 나무아미타불

오랫동안 노력한 보람도 없이 허사로 돌아갔을 때 쓰는 말.

- 십년이면 강산(江山)도 변한다

십 년이란 세월이 흐르면 세상에 변하지 않는 것이 없다는 말.

- 십인십색(十人十色)

열 사람이면 열 사람의 성격이나 사람됨이 제각기 다르다는 말.

## 〔ㅇ〕

- 아내 나쁜 것은 백 년 원수, 된장 신 것은 일 년 원수

아내를 잘못 맞으면 일평생을 망치게 된다는 뜻.

- 아니 땐 굴뚝에 연기 날까

어떤 일이거나 그 결과에는 반드시 원인이 있다는 말.

- 아닌 방중에 홍두깨

별안간 불쑥 내놓는다는 뜻.

- 아이 싸움이 어른 싸움된다

어린아이들의 싸움이 나중에는 부모들의 시비로 변한다는 말.

- 아저씨 아저씨 하고 길짐만 지운다

겉으로 존경하는 체 달래면서 사람을 부려 먹는다는 뜻.

- 아주머니 떡도 싸야 사 먹는다

어떤 경우라도 이해 관계는 따져본다는 뜻.

- 악으로 모은 살림 악으로 망한다

나쁜 짓을 하여 모은 재산은 오래 가지 못하고 오히려 해를 끼치게 된다는 뜻.

- 안 되는 놈은 뒤로 넘어져도 코가 깨진다

일이 잘 안 될 때에는 뜻하지 않은 실패와 재난이 겹친다는 말.

- 안성마춤

경기도 안성(安城)은 옛날부터 유기(鍮器)의 명산지로써 주문에 따라 그릇을 꼭 맞추어 만든데서 나온 말로 무엇이 꼭 들어 맞을 때 하는 말.

- 앉아서 주고 서서 받는다

돈을 꾸어 주기는 쉽고 돌려받기는 어렵다는 뜻.

- 암탉이 울면 집안이 망한다

집안에서 여자가 남자보다 활달하여 안팎 일을 간섭하면 집안일이 잘 안 된다는 말.

- 약방(藥房)에 감초(甘草)

무슨 일이나 빠짐없이 참여하는 사람을 이름.

- 양반은 물에 빠져도 개헤엄은 안 한다

아무리 위급한 때에라도 점잖은 사람은 체면 깎이는 일은 하지 않는다는 뜻.

- 양지(陽地)가 음지(陰地)되고 음지가 양지된다

세상 일이 번복이 많다는 말.

- 어느 구름에서 비가 올지

일이란 되어 보아야 알지 미리 짐작을 할 수 없다는 말.

- 어물전 망신은 꼴뚜기가 시킨다

동료들의 망신을 못난 사람이 시킬 때 쓰는 말.

- 어느 장단에 춤추랴

참견하는 사람이 많아서 어느 말을 좇아야 할지 모른다는 말.

- 어미 팔아 동무 산다

부모도 소중하지만 친구 사귀기도 무척 중요하다는 말.

- 억지 춘향이

사리에 맞지 않아 안 될 일을 억지로 한다는 뜻.

- 언 발에 오줌 누기

잠시 효과는 있을지 모르나 마침내는 더 나쁘게 될 일을 한다는 말.

- '에'해서 다르고 '애'해서 다르다

비록 사소한 사이라도 그 말씨 여하로 상대편에게 주는 느낌은 크게 다르다는 뜻.

- 여든에 능참봉을 하니 한달에 거동이 스물 아홉 번이라

오래 고대하고 바라던 일이 이루어 지기는 했으나 수고롭고 실속은 아무 것도 없다는 말.

- 여름 비는 잠 비, 겨울 비는 떡 비

여름에 비가 오면 낮잠을 자게 되고, 겨울에 비가 오면 떡을 해먹게 된다는 뜻.

- 여인은 돌면 버리고 가구는 빌리면 버린다

여자가 밖으로 너무 나다니면 버리기 쉽다는 뜻.

- 여자의 말을 잘 들어도 패가하고 안 들어도 망신한다

남자는 여자의 말이라도 올바른 말은 들어야 하고 간악한 말은 아무리 혹한 계집이 말이라도 물리쳐야 한다는 말.

- 열고 보나 닫고 보나

이렇게 하나 저렇게 하나 매일반이라는 말.

- 열두 가지 재주 가진 놈이 저녁거리가 없다

어정쩡한 여러 가지 재능을 가진 사람이 한 가지 재능을 가진 사람보다 성공하기 어렵다는 말.

• 열 번 찍어 안 넘어 가는 나무 없다

여러 번 계속해서 애쓰면 일이 성사가 된다는 뜻.

• 열 사람이 지켜도 한 도둑을 못 막는다

여러 사람이 한 사람의 나쁜 짓을 막기는 어렵다는 말.

• 열 소경에 한 막대

매우 요긴하게 쓰이는 소중한 물건을 말함.

• 열 손가락에 어느 손가락 깨물어 아프지 않을까

자식이 아무리 많아도 부모의 자애로운 마음에는 어느 자식이 더 소중하고 덜 소중하게 느껴지지 않고 다 같다는 뜻.

• 염불에는 맘이 없고 잿밥에만 맘이 있다

제가 해야 할 일에는 정신을 들이지 않고 제 욕망을 채우기 위한 다른 일에만 마음을 쓴다는 뜻.

• 오뉴월 감기는 개도 안 앓는다

여름에 감기 앓는 사람을 비웃는 말.

• 오뉴월 불도 쬐다 나면 섭섭하다

별 필요를 느끼지 않던 것도 없어지면 아쉽다는 말.

• 오래 앉으면 새도 살을 맞는다

이로운 곳이라고 너무나 오래 있으면 화(禍)를 당한다는 뜻.

• 오르지 못할 나무는 쳐다 보지도 말라

자기 힘으로 될 수 없는 일이면 처음부터 손 대지 말라는 말.

• 오지랖이 넓다

제게 관계없는 일에 나서서 간섭하는 사람을 두고 하는 말.

• 옥(玉)에도 티가 있다

아무리 좋은 물건이나 훌륭한 사람에게도 한 가지 결점은 있다는 말.

• 옷은 새 옷이 좋고 사람은 옛사람이 좋다

물건은 새 것일수록 좋고 사람은 오래 사귈수록 정의가 두터워 좋다는 말.

• 외손자는 업고 친손자는 걸리면서 업은 놈 발 시리다 빨리 가자 한다

친손자 보다 외손자를 더 귀여워 하는 것이 인정이란 뜻.

• 우물 안의 개구리

견식(見識)이 좁아 세상 형편을 잘 모르는 사람을 말함.

• 우물을 파도 한 우물을 파라

무슨 일이나 한 가지 일을 끝까지 밀고 나가야 성공할 수 있다는 말.

• 울고 싶자 매 때린다

무슨 일을 하고 싶은데 마땅한 구실이 없어 못하다가 때마침 좋은 핑계거리가 생겼다는 말.

• 울며 겨자 먹기

싫은 일이지만 부득한 사정으로 안 할 수 없는 경우를 말함.

• 원님 덕에 나팔 분다

남의 덕에 좋은 대접을 받는다는 뜻.

• 원수는 외나무 다리에서 만난다

남과 원한을 맺으면 피치 못할 경우에 만나는 일이 있다는 말.

• 은행나무도 마주 서야 연다

은행나무는 암나무와 숫나무가 따로 있으므로 마주 서 있어야 열매가 열리는 것처럼 사람도 마주 바라보고 있어야 인연이 더 깊어진다는 말.

• 이가 없으면 잇몸으로 살지

좀은 아쉽지만 없으면 없는 대로 또 다른 방법이 있다는 말.

• 일색(一色) 소박은 있어도 박색(薄色) 소박은 없다

얼굴이 아름다운 여자는 살림살이보다 제 얼굴 치장에 더 마음을 쓰고 행실이 경박해 박색보다 소박당하는 일이 더 많다는 뜻.

## 〔ㅈ〕

• 자는 범 코침 주기

공연히 건드려서 일을 키워 위험을 산다는 말.

• 자다가 봉창 두드린다

아무 관계도 없는 딴 소리를 불쑥 내놓을 때를 말함.

• 자라 보고 놀란 가슴, 솥뚜껑 보고 놀란다

무엇에 한번 몹시 놀란 사람은 그와 유사한 물건만 보아도 몹시 겁을 먹는다는 뜻.

• 자식은 내 자식이 커 보이고 벼는 남의 벼가 커 보인다

자식은 제 자식이 좋게 보이지만 재물은 남이 가진 것이 탐난다는 말.

• 자식을 길러 봐야 부모 은공을 안다

부모의 입장이 되어 봐야 비로소 부모님의 사랑을 헤아릴 수 있다는 말.

• 작게 먹고 가는 똥 누지

이득을 너무 지나치게 탐내지 말고 제게 알맞게 천천히 취하는 것이 낫다는 말.

• 작은 고추가 더 맵다

몸집이 작은 사람이 큰 사람보다 더 단단하고 영악스럽다는 말.

• 잔솔밭에서 바늘 찾기

애써 해 봐야 헛일이라는 뜻.

• 장닭이 울어야 날이 새지

집안에서 일을 처리하는 데는 남편이 주장이 되어야 해결이 된다는 말.

• 장비(張飛)야 내 배 다칠라

교만하고 잘난 체하는 것을 비꼬아서 하는 말.

• 재수 없는 포수는 곰을 잡아도 웅담(熊膽)이 없다

운수가 나쁜 사람은 무슨 짓을 하더라도 잘 안 된다는 말.

• 재주는 곰이 넘고 돈은 되놈이 번다

애써 일한 사람이 따로 있고 그 일에 대한 보수는 전혀 다른 사람이 받는다는 뜻.

• 저녁 굶은 시어미 상(相)같다

못마땅하여 얼굴을 잔뜩 찌푸리고 있는 모양을 말함.

• 저런 걸 낳지 말고 호박이나 낳았더라면 국이나 끓여 먹지

사람이 미련하여 도무지 마땅치 않을 때 욕하는 말.

• 저렇게나 급하면 할미 속으로 왜 아니 나와

매우 성미가 급한 사람보고 하는 말.

• 저승 길과 변소 길은 대신 못간다

죽음과 용변(用便)은 남이 대신 해 줄 수 없다는 말.

• 저승 길이 대문 밖이다

죽음이란 멀리 있는 듯 싶으나 실은 바로 가까이에 있는 것인 즉 언제 죽을지 모른다는 말.

• 저 팽이가 돌면 이 팽이도 돈다

저쪽 사정이 변하면 이쪽 사정도 달라진다는 말.

- 적적할 때는 내 볼기짝 친다

하는 일 없이 무료할 때는 쓸데없는 아무 짓이라도 한다는 말.

- 절에 가면 중 되고 싶고 마을에 가면 속인 되고 싶다

주견(主見)이 없어 남이 이 일을 하면 이것이 좋게 보이고 저일을 하면 저것이 좋게 보여 덮어놓고 따라 하려 한다는 말.

- 절에 가 젓국 찾는다

당치 않는 곳에 가서 그 물건을 찾는다는 말로써 마땅히 있을 곳에 가야 그 물건이 있다는 뜻.

- 절에 간 색시

남이 시키는 대로만 따라 하는 사람을 말함.

- 점잖은 강아지 부뚜막에 오른다

겉으로 점잖은 체하는 사람이 엉뚱한 짓은 남 먼저 한다는 뜻.

- 제 논에 물 대기

제게만 유리하도록 일을 한다는 말.

- 제를 제라고 하니 생원님 보고 벗하잔다

되지 못한 자를 조금 대접해 주니 버릇없이 굴 때 이르는 말.

- 제 버릇 개 줄까

타고난 결점은 여간한 노력으로 고치기 어렵다는 뜻.

- 제 칼도 남의 칼 집에 들면 찾기 어렵다

비록 자기 물건이라도 남의 손에 들어가고 나면 제 마음대로 할 수 없다는 말.

- 족제비는 꼬리 보고 잡는다

족제비는 꼬리가 가장 긴용하게 쓰이는 것이라 꼬리가 없으면 잡을 필요가 없다는 말로 무슨 일이든 그 목적이 있고 노리는 바가 있다는 말.

• × 빠진 강아지 모래밭 싸대듯 한다

어찌할 바를 모르고 쩔쩔매고 싸다니는 것을 두고 하는 말.

• 죽 쑤어 개 좋은 일 하였다

애써 만들어 놓은 일이 남만 좋게 이롭게 했다는 말.

• 죽어 보아야 저승을 알지

무슨 일이나 경험해 보아야 그 진상을 알 수 있다는 말.

• 죽은 사람 원도 풀어주는데 산 사람 소원이야

이미 죽고 없는 사람의 원을 푸닥거리라도 해서 풀어 주는데 하물며 살아 있는 사람의 소원이야 풀어 주지 못하겠느냐는 말.

• 죽은 자식 나이 세기

이와 그릇된 일을 생각하고 회상해도 아무 소용이 없다는 말.

• 죽을 병에도 살 약이 있다

아무리 어려운 곤경에 빠지더라도 살아날 방법이 있다는 말로 낙담하지 말라는 뜻.

• 죽이 끓는지 밥이 끓는지

무엇이 어떻게 되는지 도무지 모른다는 뜻.

• 줄 듯 줄 듯 하면서 안준다

말로만 준다 준다 하고 도무지 실행은 하지 않는다는 뜻.

• 주인 많은 나그네 밥 굶는다

해 준다는 사람이 너무 많으면 서로 해 주거니 하고 믿다가 결국 일이 안 된다는 뜻.

• 주제에 수캐라고 다리 들고 오줌 눈다

못난 자가 제 구실을 한다고 떠들어 댄다는 뜻.

• 죽는 년이 밑 감추랴

갑자기 당한 위급한 일에 예의, 염치를 가릴 수 없다는 말.

- 죽 떠먹은 자리라

감쪽같이 흔적도 없다는 말.

- 쭈그렁 밤송이 삼년 간다

아주 약해 보이는 사람이 오래 살아 목숨을 이어 간다는 말.

- 줄수록 양양

사람의 욕심은 끝이 없어 주면 줄수록 더 요구한다는 말.

- 중매는 잘하면 술이 석 잔이요 못하면 뺨이 세 대라

중매하기가 무척 어렵다는 뜻.

- 중은 중이라도 절 모르는 중이라

반드시 알아야 할 처지에 있으면서도 모르고 있다는 말.

- 중이 고기 맛을 알면 법당에 파리가 안 남는다

무슨 일에 혹하여 그만 정신없이 미쳐서 날뛴다는 말.

- 중이 미우면 가사(袈裟)까지 밉다

그 사람이 밉다 보면 그에게 딸린 것들이 모두 밉게만 보인다는 뜻.

- 지렁이도 밟으면 꿈틀 한다

아무리 순하고 약한 사람이라도 억압하면 항거를 한다는 뜻.

- 집과 계집은 가꾸기 탓

허술한 집도 변변찮은 집도 평소 잘 가꾸면 훌륭하게 된다는 말.

## 〔ㅊ〕

- 차(車)치고 포(包)친다

무슨 일이나 당당하게 잘 해결해 내어 수완이 좋다는 뜻.

- 찬 물도 위 아래가 있다

무슨 일에나 상(上)·하(下)의 순서가 있다는 말.

• 찬 물에 × 줄듯
무엇이 조금씩 오그라 들어가는 것을 말함.

• 참새가 방앗간 그저 지나랴
욕심 많은 사람이 이(利)를 보고 그냥 지나칠 리 없다는 말.

• 참을 인(忍)자 셋이면 살인도 피한다
아무리 분한 일이 있어도 참으면 위기를 모면할 수 있다는 말.

• 처삼촌(妻三寸) 뫼에 벌초하듯
무슨 일을 할 때 정성을 들이지 않고 건성으로 조잡하게 한다는 말.

• 첩 정은 삼년, 본처 정은 백년
첩에게 혹한 사람이라도 오래 지나지 않아 본처에게로 돌아온다는 뜻.

• 첫 딸은 세간 밑천
첫딸은 가사(家事)에 큰 도움을 주게 된다는 뜻.

• 청(廳)을 빌려 방에 들어간다
처음에는 조심스럽게 조금씩 하던 일도 차차 재미를 붙여 더 심한 짓을 한다는 말.

• 치장 차리다가 신주 개 물려 보낸다
너무 늦장을 부리다가 좋은 기회를 다 놓치고 만다는 뜻.

• 칼 물고 뜀뛰기
최후의 목숨을 걸고 성패를 모험적으로 한다는 뜻.

• 코가 쉰 댓자나 빠졌다
근심 걱정이 많아 맥이 쑥 빠졌다는 뜻.

• 코 아래 진상(進上)이 제일이라

남의 환심을 사려면 먹이는 것이 제일이라는 말.

• **콩 심은 데 콩 나고 팥 심은 데 팥 난다**
모든 일은 그 원인에 따라 결과가 생긴다는 말.

• **콩으로 메주를 쓴다 해도 곧이 안 듣는다**
남에 대한 불신감(不信感)이 대단하여 남의 말을 절대로 믿지 않겠다는 말.

• **콩이야 팥이야 한다**
별 차이 없는 것을 가지고 다르다고 따지거나 시비한다는 말.

• **콩죽은 내가 먹었는데 배가 왜 네가 앓느냐**
일은 내가 저질렀는데 그 걱정은 왜 네가 하느냐 라는 말.

• **콩 칠팔(七八) 새 삼륙(三六)한다**
두서를 잡을 수 없고 혼동이 되었을 때 쓰는 말.

• **키 크면 속 없고 키 작으면 자발 없다**
흔히 키 큰 사람은 실속 없고 싱거우며 키 작은 사람은 참을성 없고 행동이 가볍다는 말.

## 〔ㅌ〕

• **태산을 넘으면 평지를 본다**
어려운 고비를 넘기면 평탄한 길이 열린다는 뜻.

• **털도 아니 난 것이 날기부터 하려 하다**
제 실력도 없는 자가 제 분수에 맞지 않는 엄청난 일을 하려 한다는 말.

• **토끼를 다 잡으면 사냥개를 삶는다**
필요할 때는 신중히 여기다가도 이용 가치가 없어지면 천대하고 관계를 끊는다는 말.

- 티끌 모아 태산

아무리 적은 것이라도 많이 모이고 쌓이면 많아 진다는 말.

## 〔ㅍ〕

- 파방(罷榜)에 수수엿 장수

일이 끝나 더 볼 것이 없다는 뜻.

- 팔은 안으로 굽는다

사람은 누구나 자기와 가까운 사람에게 정이 더 쏠린다는 말.

- 평양감사도 저 싫으면 그만이다

아무리 좋은 일이라도 제가 하기 싫다면 억지로 시킬 수는 없다는 뜻.

- 포도청(捕盜廳) 문고리도 뽑겠다

겁이 없고 담이 큰 사람을 두고 하는 말.

- 풍년 거지 더 섧다

남들은 다 잘 살아가는데 저만 어렵게 지내는 처지가 더 슬프다.

- 핑계 없는 무덤 없다

잘못을 저지르고도 여러 가지 핑계를 댈 때 하는 말로써, 무슨 일이든지 핑계거리는 있다는 뜻.

- 핑계 핑계 도라지 캐려 간다

적당한 핑계를 달아서 놀러간다는 뜻.

# 〔ㅎ〕

- **하나는 열을 꾸려도 열은 하나를 못 꾸린다**

한 부모는 여러 자식을 거느리고 살아나가도 자식은 여럿 있어도 한 부모를 모시기가 어렵다는 뜻.

- **하나만 알고 둘은 모른다**

도무지 융통성이 없고 미련하다는 말.

- **하늘 높은 줄을 알아도 땅 넓은 줄은 모른다**

키가 작고 옆으로만 뚱뚱하게 생긴 사람을 보고 하는 말.

- **하늘 보고 주먹질 한다**

아무 소용없는 짓을 한다는 뜻.

- **하늘 보고 침 뱉기**

자기 스스로 자기에게 욕이 되게 한다는 뜻.

- **하늘 울 때마다 벼락 칠까**

그렇지 않고 예외일 때도 있다는 말.

- **하늘을 보아야 별을 따지**

어떤 일이든지 성과를 보려면 노력과 정성이 들어야 하고 그 원인이 있어야 한다는 말.

- **하늘의 별 따기**

매우 하기 어려워서 이룰 가망이 없다는 말.

- **하늘이 돈 짝만하다**

정신이 어찔거려서 사물을 볼 수가 없다는 말.

- **하늘이 무너져도 솟아날 구멍이 있다**

아무리 큰 재난을 당하더라도 그것을 벗어날 길은 있다는 말.

- 하룻강아지 범 무서운 줄 모른다

철 모르고 함부로 덤비는 것을 말함.

- 하룻밤을 자도 만리장성을 쌓는다

비록 잠시 동안이나마 깊은 정의(情誼)를 맺는다는 말.

- 한 노래 긴 밤 새울까

한 가지 일만 가지고 세월을 허송세월 하지 말고 그만 둘 때가 되면 그만두고 딴 일을 하라는 뜻.

- 한 다리가 천리(千里)

조금이라도 더 가까운 사람에게 정이 쏠린다는 말.

- 한 술 밥에 배 부르랴

무슨 일이고 처음에 큰 성과를 기대할 수는 없고 힘을 조금 들이고는 큰 효과를 바랄 수 없다는 말.

- 함박 시키면 바가지 시키고 바가지 시키면 쪽박 시킨다

웃사람이 아랫사람에게 무슨 일을 시키면 그는 또 자기 아랫 사람에게 그 일을 시킨다는 말.

- 헌 짚신도 짝이 있다

아무리 어렵고 가난한 사람도 다 짝이 된다는 말.

- 혀 아래 도끼 들었다

말을 잘못 하면 큰 재앙을 받게 된다는 뜻.

- 호랑이도 제 말 하면 온다

마침 이야기에 오르고 있는데 그 자가 그때 나타날 때 하는 말.

# 세계의 명언

## 世界의 名言

# 머리말

*

사람은 누구나 삶에 대하여 많은 의문(疑問)을 제기하지만, 누구도 그것에 대해 확연(確然)한 해답을 얻지 못한 채 살아가고 있다. 삶의 목적(目的)에 대해 의문을 갖고 전전긍긍하는 사람이 있는가 하면, 수단이나 과정에 대해 그런 사람이 있다. 결과(結果)에 대해, 아니면 본질(本質)에 대해, 또는 살아가는 방편 등에 대해 수없이 많은 질문을 마음 속에 지닌 채 살고 있다.

그것이 어떤 사람들에게는 일생(一生)을 두고 해야 할 일의 선택을 좌우하기도 한다. 이를테면, 「인간이 왜 사느냐」 하는 질문은 누구나 일생을 통해 한 번쯤 해보지만, 대개의 경우, 금방 잊어버리고 일상적인 일에 빠져든다. 그러나, 많은 사람들이 그 해답을 구하기 위해 학문(學文)을 하며 평생(平生)을 보내기도 한다.

이러한 제각기의 의문(疑問)은 경험과 지식(知識)을 통해 답이 얻어지기도 하지만, 책을 읽는 동안 저절로 문제점이 소멸되는 경우가 많다. 왜냐하면, 우리는 책을 통해 작가(作家)나 논자(論者)의 주장에 동의(同意)하기도 하고, 때로는 논박하기도 하면서 마음 속에 잠자고 있던 의문점들을 이해할 수 있게 되기 때문이다.

우리가 접할 수 있는 책 속에는, 여러가지 사건(事件)의 복잡한 상황 전개로 독자를 이끌어 가다가 결국 말하고자 하는 주제(主題)로 귀결시키는 글이 있는가 하면, 여기에 수록된 말처럼 단도직입적이고도 간결한 문장으로 거미줄과 같이 얽

혀져 있는 머리 속을 맑게 정리해 주는 글도 있다. 전자와 후자 중 어느 것이 우리에게 유익한가에 대하여는 논하지 말자. 문학에서 시와 소설 중 어느 것이 좋다고 말할 필요가 없고, 미술 세계에서 회화와 조각 중 어느 것이 미(美)의 절실한 표현(表現)이라고 말할 수 없듯이, 그것을 논하고 결정하는 것이 중요한 것이 아니라, 어느 것에서도, 나에게 또는 우리에게 필요한 것만을 취하면 된다.

여기에 소개하는 짧은 문장 속에는 논자(論者)의 일생 동안의 경험이 집약된 것도 있고, 심오한 철학이 한 마디의 말로 정리된 것도 있으며, 불변의 진리가 되어 온 말도 있다. 이렇게 현자들이 남긴 수없이 좋은 말들 중에서도 특히 오랜 세월 동안 많은 사람들의 공감을 얻어온 말을 여기에 모아 본다.「나」와 공감할 수 있는 몇개의 명언을 완전히 자기의 것으로 소화한다면, 나의 삶에 그 말을 주장하는 사람의 삶까지를 더불어 살 수 있지 않을까 한다.

우리는 자의(自意)에 의하거나 타인(他人)에 의해, 또는 우연적으로나 필연적으로 많은 책을 읽고, 간접적인 경험과 만나며 살고 있다. 그 중에서 단 한마디의 말이 우리에게 번뜩이면서 다가온다. 그것이 짧은 순간이거나 혹은 긴 세월 동안, 「나」를 「나」이게 한다.

되도록이면 많은 사람들이 「빛」을 발견할 수 있게 되기를 바란다.

**＊편자**

●차례

# 인간(人間)에 대하여

*10세 때에는 과자로 움직이고, 20세 때에는 애인, 30세 때에는 쾌락, 40세 때에는 야심, 50세에는 식욕에 움직인다. 어느 때가 되어야 인간은 그저 예지(叡知)만을 추구하게 될 것인가.
《룻소 / 프랑스 · 사상가 · 소설가》

*인간은 환경을 지배하지만, 환경으로부터는 지배당하지 않으려고 한다. 인간 최대의 가치는 여기에 있다.
《괴테 / 독일 · 시인 · 극작가》

*인간은 겁장이어서 변명만 하고 있다. 「나는 이렇게 생각한다」 「나는 이렇다」라고 말할 용기는 없고 성인과 현철의 말을 인용한다. 풀잎이나 장미 꽃망울을 보아도 자신이 없는 처지다. 장미꽃은 자기들보다 우수한 장미나 옛날 장미를 참고로 삼지는 않는다.
《에머슨 / 미국 · 사상가 · 시인》

*사리를 아는 사람은 자기를 세상에 적응시키고, 사리를 모르는 사람은 자기에게 세상을 적응시키려고 한다.
《버너드 쇼 / 영국 · 극작가》

*왜 나는 작곡을 하는가? 나는 명성 때문에 작곡하려고는 생각하지 않았다. 나는 마음 속에 지니고 있는 것을 밖으로 토해내지 않으면 못견디었다. 내가 작곡하는 것은 그 때문이다.
《베에토벤 / 독일 · 작곡가》

*삶의 기술이란 하나의 공격 목표를 정하여 놓고 거기에 모든 힘을 집중하는 것이다.
《모로아 / 프랑스 · 소설가》

*인간은 참으로 천지조화(天地造化)의 걸작이다. 이성은 숭고하고, 능력은 무한하며, 그 단정한 자태와 감탄할 만한 움직임, 천사 같은 행동과 신(神)과 같은 지혜. 인간은 세상의 꽃이요, 만물의 영장(靈長)이로다.
《세익스피어 / 영국 · 시인 · 극작가》

*인간은 동물과 초인과의 사이에 이어진 하나의 줄이다. 건너가는 것도 위험하고, 도상에 있는 것도 위험하고, 몸부림치는 것도 위험하고, 그대로 서있는 것도 또한 위험하다.
《니체 / 독일 · 시인 · 철학가》

*재능은 없어도 인격은 갖추어야 한다.
《하이네 / 독일 · 시인》

*인간은 돌이다. 그것을 가지고 신의 모습으로 조각하든가, 악마의 모양을 새기든가, 그것은 각인의 마음 먹기에 달려 있다.
《E · 스펜서 / 영국 · 시인》

*모든 인간은 값이 있다. 나는 인생에서 거래를 하지 않는 사람을 본 적이 없다.
《로오즈 / 남아프리카 · 정치가》

*인간은 무능하지도 않고 전능(全能)하지도 않다. 인간은 갖가지 힘을 가지고 있으며 그 힘은 놀랄 정도로 크지만 인간이 바라는대로 큰 것은 못된다.
《러셀 / 영국 · 철학자 · 평론가》

*만약 인간의 가치가 일로서 결정이 된다면 소는 어떤 인간보다도 가치가 있을 것이다. 소는 일을 잘하고 또 절대로 불평을 하지 않는다.
《고르키/러시아 · 문호》

*전 세계를 알면서도 자기 자신을 모르는 인간이 있다.
《라퐁테느/프랑스 · 시인 · 우화작가》

*인간에게 남겨져 있는 유일한 임무는 임무를 버리지 않는 것이다.
《G · 그린/영국 · 소설가》

*자기에 대한 존경과 지식과 제어만이 생활에 절대적인 힘을 준다.
《테니슨/영국 · 시인》

*인간은 남의 경험을 이용하는 특수한 능력을 가진 동물이다.
《코린그우드/독일 · 평론가》

*인간은 이따금 야수와 같이 포효하는 수도 있고, 때로는 천사처럼 평안함을 얻기도 한다.
《모로아/프랑스 · 소설가》

*인간은 본시 사회적인 존재여서, 동포의 고난을 무관하게 생각하여, 자기를 완전히 동포에서 떼어놓고 생각하지는 않는다.
《힐티/스위스 · 사상가》

*인간은 자연중에서 가장 약한 한 그루의 갈대다. 그러나 그것은 생각하는 갈대다.
《파스칼/프랑스 · 수학자 · 철학자 · 종교사상가》

*인간에게 있어서 최대의 적은 인간이다.
《R · 버어튼 / 영국 · 목사》

*인간은 원래 잘 믿는 반면에 잘 믿지 않기도 하며, 소심하면서도 대담한 면도 있다.
《파스칼 / 프랑스 · 수학자 · 철학자 · 종교사상가》

*돼지가 되어서 즐겁기 보다는 사람이 되어 슬퍼하겠다.
《소크라테스 / 그리스 · 철학자》

*인간은 만물의 척도이다.
《프로타고라스 / 그리스 · 철학자》

*인간소외는 근대생활의 모든 영역에 나타나 있는 것으로서, 단지 최근 역사상의 몇 가지 우발사건의 결과가 아니라 우리들 시대의 기본적 경향의 하나이다.
《파펜하임 / 독일 · 물리학자》

*인간은 대체로 내용보다도 외모를 통해서 사람을 평가한다. 누구나 다 눈은 가지고 있지만 통찰력을 가진 사람은 드물다.
《마키아벨리 / 이탈리아 · 역사학자 · 정치이론가》

*숭고한 인간과 어리석은 인간의 차이는 불과 한 걸음 밖에 되지 않는다.
《나폴레옹 / 프랑스 · 황제》

*아마도 인간의 참된 존엄은 자기를 경멸하는 능력이다.
《산타야나 / 미국 · 철학자 · 시인 · 평론가》

*그대들이 높이 오르려고 한다면 자기 다리를 써라! 남이 들어

올리게 하지 말라! 남의 머리 위에 타지 말라!
《**니체**/독일·시인·철학가》

*이기심은 모든 과실과 불행의 원천이다.
《**카알 라일**/영국·평론가》

*인간이란 어리석기 짝이 없어, 오늘은 목숨이 있어도 내일은 어떻게 될지 모른다는 것을 알지 못한다.
《**고르키**/러시아·문호》

*불가사의한 것은 많다. 그러나 인간만큼 불가사의한 것은 없다.
《**소포크레스**/그리스·시인》

*무엇이 나의 가장 신성한 의무라는 것인가? 나에게 있어서 신성한 의무, 그것은 나 자신에 대한 의무이다.
《**입센**/노르웨이·극작가》

*인간이 현명한 것은 그 경험에 의해서가 아니라, 경험에 대한 능력에 의해서이다.
《**쇼오**/영국·극작가·소설가·비평가》

*어떠한 조건하에서도 인간은 진정한 인간으로써 인간에게 작용한다. 이것의 여하에 인류의 장래가 연결되어 있다.
《**슈바이처**/프랑스·신학자·철학자·의사·음악가》

*인간이란 거의 전부가 머지 않아 비료로서 땅 속에 묻힌다. 그런데 세상 사람들은 벌레가 먹고 녹이 슬고 도둑이 들어가 훔치는 재물을 모으는 일에 몰두하고 있다.
《**솔로**/그리스·정치가·시인》

*신은 세계를 창조하였다. 인간이 신을 닮은 이상, 인간의 본질도 창조적이다.
《**베르자아에프** / 러시아 · 종교철학자》

*모든 정의가 실제할 정도로 인간은 폭 넓고, 다채롭고, 다양하다.
《**M · 셀러** / 독일 · 철학자》

*인간의 가능성은 무한하다. 그러나 불가능도 무한하다.
《**짐멜** / 독일 · 철학자 · 사회학자》

*사람을 불안하게 하는 것은 사물 그 자체가 아니라 사물에 대한 사람의 생각이다.
《**에펙테토스** / 로마 · 철학자》

*우리는 자기자신의 얘기를 할 때 많은 즐거움을 느끼지만 그것을 듣는 사람은 도무지 기쁜 일이 아니라는 것을 알아야 한다.
《**라 로슈푸코** / 프랑스 · 모랄리스트》

*우리는 우리들 자신을 어떻게 재발견하는 것일까. 어떻게 인간은 자기를 알 수 있을까. 그것은 어두워서 밝혀지지 않는 사실이다.
《**니체** / 독일 · 시인 · 철학가》

*사람이 자기에게서 느끼는 남과 다른 점, 그것이야 말로 사람이 갖는 진귀한 것이며 각자의 가치를 형성하는 것이다. 그런데 사람은 그것을 한사코 없애버리려하고 남의 흉내를 낸다. 그리고 생을 사랑한다고 주장한다.
《**지이드** / 프랑스 · 소설가》

*비굴하지 않는 자만이 자기 일을 침묵할 자격이 있다.
《**니체** / 독일 · 시인 · 철학가》

*자기를 망각하는 정도가 클수록, 나의 세계는 넓어진다.
《**힙펠** / 영국 · 소설가》

*모든 인간의 지식 중에서 가장 유용하면서도 진보되지 않은 것은 인간에 관한 지혜이다.
《**룻소** / 프랑스 · 사상가 · 소설가》

*우리는 평범인에 지나지 않는다. 그러나 평범인이 되기 위한 노력은 보통인 이상으로 하고 있다.
《**F · 루즈벨트** / 미국 · 제32대 대통령》

*인간은 끈기 있는 존재다. 전쟁, 비애, 실망, 절망 등, 어느 하나도 인간 이상으로 계속되는 것은 없다.
《**W · 포크너** / 미국 · 소설가》

*인간은 단 한가지 생각으로 꽉 차 있고 두 가지를 동시에 생각할 수는 없다. 우리가 신을 좇아 생각하는 것은 당연한 일이다.
《**파스칼** / 프랑스 · 수학자 · 철학자 · 종교사상가》

*인간은 자기의 개성에 너무 의지하여 고립이 되어 서민의 마음을 잊어 간다.
《**고호** / 네덜란드 · 화가》

*인간은 이제 그들이 만들어 놓은 도구의 도구가 돼 버렸다.
《**도로** / 미국 · 철학자 · 시인》

*인간은 인간이 탐구하는 것으로 판단하면 어리석고, 발견하는

것으로 판단하면 위대하다.
《**발레리** / 프랑스 · 시인 · 비평가 · 사상가》

*인간에게는 각각 주어진 사명이 있다.
《**클라이브** / 영국 · 군인 · 정치가》

*우리는 전연 백지 상태로 인생의 여러 단계의 연령에 이른다. 그러므로 우리는 아무리 나이를 먹어도 경험의 부족을 느낀다.
《**라 로슈푸코** / 프랑스 · 모랄리스트》

*인간은 아무런 이유없이 살아 갈 수는 없다.
《**카뮈** / 프랑스 · 소설가 · 극작가 · 평론가》

*많은 인간들 중에서 칭찬할만한 것은 항상 자기 자신뿐이다. 비평가는 누구나 자기 마음에 든 타입 속에서, 자기숭배를 하고 있음에 불과하다.
《**생트뵈브** / 프랑스 · 비평가 · 시인 · 소설가》

*나의 가장 강한 특질은 자기극복이다. 하지만 나는 또 그것을 무엇보다도 필요로 하고 있다. 나는 항상 깊은 물속에 있다.
《**니체** / 독일 · 시인 · 철학가》

*부패한 인간은 그가 즐기는 것을 결코 입 밖에 내지 않는다.
《**생트뵈브** / 프랑스 · 비평가 · 시인 · 소설가》

*허영심은 대개 자기의 가치에 대한 판단이 불확실한 데서 생기는 것이므로 항상 타인의 확인을 필요로 한다.
《**힐티** / 스위스 · 사상가》

*자기도 지킬 수 없는 자기의 비밀을 남더러 지키라고 하는 생

각은 잘못이다.
《**라 로슈푸코** / 프랑스 · 모랄리스트》

*유명한 인간은 대개 매춘과 같은 짓을 해서 생활하고 있다.
《**생트뵈브** / 프랑스 · 비평가 · 시인 · 소설가》

*인간이 정말로 저열(低劣) 해지면 타인의 불행을 좋아하는 외에 아무런 흥미도 갖지 않게 된다.
《**괴테** / 독일 · 시인 · 극작가》

*인간이 「산다」는 것은 그저 존재하는 것이 아니고 「잘 존재한다」는 것을 뜻한다.
《**올테가 이 가셋트** / 스페인 · 철학자》

*아무도 오랫 동안 가면을 쓸 수는 없다. 위장은 자기의 본성을 되돌려 준다.
《**세네카** / 로마 · 철학자》

*자기자신의 내심을 지배할 수 없는 사람은 자칫하면 옆 사람의 의지를 지배하고 싶어진다.
《**괴테** / 독일 · 시인 · 극작가》

*훌륭한 사람은 덕행의 옹호를 위한 것이라면 어떤 거짓말로 태연히 하는 법이다.
《**러셀** / 영국 · 철학자 · 평론가》

*사회 안에서 사회의 일부분으로서의 개인을 완성시키자.
《**존 · 듀이** / 미국 · 철학가 · 교육가》

*나는 인간답게 처신하고 싶다. 어떠한 철학자도 이(齒)가 몹시

아픈 것을 가만히 앉아서 조용히 참아낸 일은 없지 않은가.
《**세익스피어** / 영국 · 시인 · 극작가》

*진보, 이것만이 인간으로서의 명확한 특색이다.
《**브라우닝** / 영국 · 시인》

*인간은 철두철미하게 벗겨 맞춘 것과 섞어 바른 것에 불과하다.
《**몽테뉴** / 프랑스 · 사상가 · 모랄리스트》

*인간은 어떻게 자기 자신을 알 수 있는가. 관찰에 의해서가 아니라 행위에 의해서이다. 너의 의무를 달성하려고 노력하라. 그렇게 하면 자기의 성능을 곧 알 것이다.
《**괴테** / 독일 · 시인 · 극작가》

*인간을 이해하는 방법은 단 한 가지 밖에 없다. 그것은 그들을 판단하는 데 결코 서둘러서는 안된다는 것이다.
《**생트뵈브** / 프랑스 · 비평가 · 시인 · 소설가》

*인간은 자신을 너무나도 심각하게 생각한다. 즉, 이것을 원죄(原罪)라고 한다.
《**와일드** / 영국 · 시인 · 소설가 · 극작가》

*나는 인간다운 일은 무엇이라도 행한다. 왜냐하면 그 이상의 일을 하면 인간이 되지 않기 때문에.
《**세익스피어** / 영국 · 시인 · 극작가》

*개개의 인간은 하나의 성격을 완전한 형태로 지닐 수가 없다. 그래서는 살 수가 없을 것이다. 생존하기 위해서 사람은 잡다한 성질을 갖지 않으면 안된다.
《**괴테** / 독일 · 시인 · 극작가》

*사람은 제각기 특성을 지니고 있어 그것을 일괄할 수가 없다. 더구나 자기의 특성 때문에 파멸되는 일이 적지 않다.
《괴테 / 독일 · 시인 · 극작가》

*사람은 모두 열살까지는 천재다.
《A · 헉슬리 / 영국 · 소설가 · 비평가》

*쾌락도, 지혜도, 학문도, 그리고 덕도, 건강 없이는 그 빛을 잃는다.
《몽테뉴 / 프랑스 · 사상가 · 모랄리스트》

*인간은 박해를 가해올 것이라고 생각한 자로부터 은혜를 입으면 보다 강한 의리(義理)를 느낀다.
《마키아벨리 / 이탈리아 · 역사학자 · 정치이론가》

*너의 운명의 별은 네 자신의 가슴 속에 있다.
《실러 / 독일 · 시인 · 극작가》

# 인생(人生)에 대하여

*인생의 사업, 인생의 사명은 기쁨이다. 하늘과 태양과 별을 향해 기뻐하자. 그리고 풀과 나무와 인간을 향해 기뻐하라. 이 기쁨이 어떠한 일이 있어도 파괴되지 않도록 감시하고, 만약 파괴된다면 그것은 어디선가 과오를 저질렀기 때문이다. 그  과오를 찾아서 고치도록 하라.
《**톨스토이** / 러시아 · 작가》

*삶이 꿈이고 죽음이 깨달음이라면, 내가 다른 것으로부터 특별하게 취급을 받는 존재라고 생각하는 사실도 역시 꿈이다.
《**쇼펜하우워** / 독일 · 철학자》

*시초라는 것은 없다. 네가 부딪친데부터 시작해라. 방법은 마음 내키는 대로 설정하라.
《서양 격언》

*모두 다 이유가 있다. 그러나 일체의 이유가 없어도 자기 고집 때문에 자살하는 것은 나쁜이다.
《**도스토예프스키** / 러시아 · 문호》

*자기가 자신을 지켜야 한다. 「아니오」와 「예」를 똑똑히 말할 줄 모르면 남들은 진정한 사실을 꿈에도 알아 주지 않는다.
《**카프카** / 독일 · 작가》

*인생을 허무하게 생각하지 말라.
《**롱펠로우** / 미국 · 시인》

*인생의 처음 사십년은 우리에게 「시험」을 준다. 그리고 이후 삼십년간은 「시험」에 대한 주석을 해 준다.
《**쇼펜하우워** / 독일 · 철학자》

*나는 절대적이란 말을 싫어한다. 절대적이란 것은 존재하지 않는다. 도덕율이 언제나 변화하고 있는 것처럼.
《**러셀** / 영국 · 철학자 · 평론가》

*삶이 비참한 것이면 참고 견디겠다. 만약 그것이 행복이라면 잃을까 두렵다. 어느 것도 어려운 것은 마찬가지다.
《**라 브르이에르** / 프랑스 · 모랄리스트》

*이 세상은 한 권의 아름다운 책이다. 그러나 그 책을 읽지 않으면 아무런 쓸모가 없게 된다.
《**골드니이** / 이탈리아 · 작가》

*인생에 있어서 가장 큰 기쁨은 세상 사람들이 「불가능」이라고 말하는 그 일을 성취시키는 것이다.
《**월터 배죠트** / 독일 · 평론가》

*인생은 여러가지 색 유리로 만든 둥근 천정과 같이 흰빛을 발산한다. 죽음이 그것을 산산 조각으로 만들 때까지.
《**셸리** / 프랑스 · 소설가》

*인생이란 운명이 가득 담겨있는 술잔이다.
《**불랙 로크** / 영국 · 철학가》

*사는 것은 즐겁고 또 살아가는 것은 충분히 가치가 있다. 그러나 그것은 한번 뿐이다.
《**처어칠** / 영국 · 정치가》

*삶의 매력을 음미하라! 삶은 한번 밖에는 없다.
《**F·융거**/독일·시인·소설가》

*동물에게 있어서 자기 몸의 행복을 목적으로 하지 않는 행동, 즉 행복에 정면으로 대립하는 행동은 삶을 부정하는 것이다. 그러나 인간에게 있어서는 정 반대이다. 자기 한몸의 행복만을 추구하는 인간의 행동은 인간 삶의 완전한 부정이다.
《**톨스토이**/러시아·작가》

*이 세상 모든 곳은 무대이고 모든 사람은 배우에 지나지 않는다.
《**세익스피어**/영국·시인·극작가》

*시간의 흐름에는 세 가지가 있다. 미래(未來)는 주저하면서 다가오고, 현재는 화살같이 날아가고, 과거는 영원히 정지하고 있다.
《**실러**/독일·시인·극작가》

*자유를 사랑하는 것은 남을 사랑하는 것이고 힘을 사랑하는 것은 자기 자신을 사랑하는 것이다.
《**랑케**/독일·역사가》

*공동 임무에 대한 노동은 서로 대립하는 사람들을 융합시키는데 매우 효과적이다.
《**비스마르크**/독일·정치가》

*가장 가치있는 삶은 남을 위해서 사는 것이다. 남에게 베푸는 행위를 하지 않는 삶은 죽음보다도 못하다. 그러므로 고독 속에서도 남에게 봉사한다.
《**함마숄드**/스웨덴·정치가·경제학자》

*노동이 집안으로 들어오면 빈곤은 달아난다. 그러나 노동을 하지 않으면 빈곤이 창으로 뛰어든다.
《**로벨트 라이니크**/미국 · 정치가》

*과거를 되돌아 보면 인생을 이해할 수 있다. 그러나 우리는 미래를 지향하면서 살아야 한다.
《**아이퍼**/미국 · 학자》

*산다는 것, 그것은 치열한 전투이다.
《**로망 로랑**/프랑스 · 소설가 · 극작가》

*인생은 투쟁과 변화와 단호한 결정으로 다져진다.
《**R · 프로스트**/미국 · 시인》

*노동은 인생을 감미롭게 한다. 노동을 미워하는 자는 고뇌를 맛본다.
《**웰헤름 브르만**/독일 · 철학가》

*인생은 대리석과 진흙으로 구성되어 있다.
《**N · 호오도온**/미국 · 소설가》

*높은 지위에 있는 사람도 무위도식에 의해서는 멸망한다.
《**몽테뉴**/프랑스 · 사상가 · 모랄리스트》

*슬픔이란 뇌운(雷雲)과 같아서, 멀리서 보면 시꺼멓다. 그러나 그것이 머리 위로 올 때에는 회색 빛이 된다.
《**잔 파울 리히터**/독일 · 작가》

*눈물은 슬픔의 소리없는 말이다.
《**올렌드**/프랑스 · 역사가》

*나는 사실 진심으로 희극 배우보다는 위대한 비극 배우가 되고 싶었다.
《**채플린** / 영국 · 희극배우 · 영화감독 · 제작자》

*음주는 일시적인 자살이다. 음주가 주는 행복은 오직 소극적인, 것, 불행의 일시적인 중절에 지나지 않다.
《**러셀** / 영국 · 철학자 · 평론가》

*괴로움을 이기려면 죽는 것보다 더 큰 용기가 필요하다.
《**나폴레옹** / 프랑스 · 황제》

*슬픔이란 오해당한 기쁨일지도 모른다.
《**브라우닝** / 영국 · 시인》

*짧은 인생은 시간 낭비로 인해서 더욱 짧아진다.
《**사뮤엘 존슨** / 영국 · 시인 · 평론가》

*창조는 투쟁 때문에 생기는 것이다. 투쟁이 없는 곳에 인생은 없다.
《**비스마르크** / 독일 · 정치가》

*인생은 신에 의해 씌여진 한 토막 동화에 지나지 않는다.
《**안데르센** / 덴마크 · 문학자 · 동화작가》

*술이 만들어 내는 것은 아무것도 없다. 오로지 소음뿐이다.
《**실러** / 독일 · 시인 · 극작가》

*인생은 넓은 바다를 항해하는 것이다. 이성은 나침판이고 정열은 질풍이다.
《**포우프** / 영국 · 시인》

*인생은 외국어이다. 대개의 인간은 그것을 잘못 발음한다.
《**모올리**/영국 · 철학자》

*남의 괴로움을 동정하는 것은 인간적인 일이고, 그것을 구제하는 것은 신의 일이다.
《**호오레스 만**/미국 · 정치가》

*인생은 완전한 것이다.
《**괴테**/독일 · 시인 · 극작가》

*너는 같은 강물로 다시는 목욕할 수 없다.
《**헤라클레이토스**/그리스 · 철학자》

*자살이란 살인의 최악의 방법이다. 왜냐하면 그것은 후회할 기회가 전혀 없으므로.
《**J · C · 크린스**/스페인 · 시인》

*인간의 존엄과 자유는 인간이 원래 가지고 있는 것이다. 이 귀한 보배들을 지키자. 만약 그렇지 못하다면 존엄과 함께 죽어버리자.
《**키케르**/로마 · 문인 · 철학자 · 정치가 · 변론가》

*인생의 참된 기쁨은 자기보다 못한 사람들과 함께 생활하는 것이다.
《**댁커리**/영국 · 극작가 · 문필가》

*조국의 일부가 자유롭지 않으면 자신만 자유를 느낄 수 없다. 반만 산다는 것이 불가능하듯 반만 자유롭다는 것은 있을 수 없기 때문이다.
《**스카르노**/프랑스 · 시인 · 소설가 · 극작가》

*태어나는 것은 불행이요, 살아가는 것은 고통(苦痛)이다. 또한 죽음은 귀찮은 것이다.
《聖 버어나아드》

*희열은 노동 후의 휴식이다.
《**칸트** / 독일 · 철학자》

*노동은 생명이요. 사상이며 광명이다.
《**위고** / 프랑스 · 시인 · 소설가 · 극작가》

*인생의 목적은 행위이며 사상은 아니다.
《**카알 라일** / 영국 · 평론가》

*인간은 자기를 동물보다 약간 나은 생물로서 인정하기 위해 얼마나 어리석은 자부심의 노예가 되고 맹인이 되고 있을까.
《**모파상** / 프랑스 · 소설가》

*마음의 고통은 육체의 고통보다 크다.
《**프리니우스 사일러스** / 프랑스 · 가톨릭 주교》

*자유 정신은 경쟁을 싫어하고 자기의 적의 편을 든다.
《**발레리** / 프랑스 · 시인 · 비평가 · 사상가》

*슬픔을 지니고 있는 사람은 위로를 받을 수 있기 때문에 행복하다.
《성서》

*인간은 그가 날마다 종사하고 있는 노동에서 세계관의 기초를 찾아내어야 한다.
《**페스탈로치** / 스위스 · 교육가》

*인생은 한 찰나이다. 죽음도 한 찰나에 지나지 않는다.
《**실러** / 독일 · 시인 · 극작가》

*슬퍼하는 마음이여, 너무 괴로와 하지 말라. 구름 뒤에는 태양이 비치고 있다. 너의 운명은 누구에게나 공통된 운명이고, 어느 정도의 비는 누구의 인생에게도 내리는 법이다. 며칠 동안은 쓸쓸함과 어둠속에 잠기지 않으면 안되니까.
《**롱 로오** / 그리스 · 소설가》

*인간 최고의 의무는 성실하게 그리고 진지하게 진리를 탐구하는 것이다.
《**헤밍웨이** / 미국 · 소설가》

*인생에서 많은 고통을 면하는 최상의 방법은 자기의 이익을 아주 적게 생각하는 일이다.
《**쥬베르** / 프랑스 · 모랄리스트》

*불행이란 거의 언제나 인생에 대한 잘못된 해석의 표적이다.
《**몽테를랑** / 프랑스 · 극작가 · 소설가》

*삶이란 불충분한 전제로부터 충분한 결론을 끌어내는 기술이다.
《**S · 버틀러** / 영국 · 소설가》

*편안하게 자유를 누리며 살고 싶으면 불필요한 사치물을 자기 주변에서 없애 버려라.
《**톨스토이** / 러시아 · 작가》

*눈에 보이지 않는 술의 정(精)이여! 너에게 아직 이름이 없다면 앞으로 너를 악마라고 부를테다.
《**세익스피어** / 영국 · 시인 · 극작가》

*인간이 세상에 존재하는 것은 부자가 되기 위해서가 아니라 행복하게 되기 위해서이다.
《**스탕달** / 프랑스 · 소설가》

*고통 속에서 울지 못하는 사람과 분에 넘치도록 행복하면서도 즐거워 할 줄 모르는 사람과는 어느 쪽이 더 불쌍할까?
《**파울 하이제** / 독일 · 극작가》

*인간의 가치는 사람이 소유하고 있는 진리에 의해 판단되는 것이 아니라 진리를 파악하기 위해 그 사람이 겪은 고통에 의해서만 측정된다.
《**렛싱** / 독일 · 극작가》

*인생은 아침이 되면 시들고, 다치기만 해도 떨어지는 풀이나 꽃이다. 약한 바람으로도 꺼져버리는 등불인 것이다.
《**아미엘** / 스위스 · 문학자 · 철학자》

*일반적으로 괴로움과 걱정은 위대한 자각과 깊은 심성의 소유자에게는 언제나 필연적인 것이다.
《**도스토예프스키** / 러시아 · 문호》

*오랜 세월이 지난 후에도 인간들은「아아, 인생은 왜 이다지도 고달픈 것일까!」하고 한탄을 하게 될 것이다. 그리고 동시에 지금 우리와 마찬가지로 죽음을 두려워하고, 죽기를 싫어할 것이 분명하다.
《**체호프** / 러시아 · 소설가 · 극작가》

*나는 인생을 밖에서 보는 사람들의 명쾌한 논증보다는 생활 속에서 관망하는 사람의 공상, 나아가서는 편견까지도 존중한다.
《**체스터튼** / 영국 · 언론인 · 소설가》

*간소한 생활, 그리고 높은 사색.
《**워즈워드** / 영국 · 시인》

*사는 것과 죽는 것, 그것이 문제다.
《**세익스피어** / 영국 · 시인 · 극작가》

*인생이란, 길거나 짧거나, 영원에 비교하면 무(無)와 같다.
《**브론테** / 영국 · 소설가》

*자연의 극치는 사랑이다. 사랑에 의해서만 사람은 자연에 접근할 수 있다.
《**괴테** / 독일 · 시인 · 극작가》

*인생은 흐느낌과 울음과 미소로 성립된다. 그 중에서 가장 많은 것이 울음이다.
《**O · 헨리** / 미국 · 작가》

*인생이란 행복한 자에게는 너무 짧고 불행한 자에게는 지나치게 길다.
《**S · 버틀러** / 영국 · 소설가》

*인간은 죽음을 두려워 한다. 그것은 생을 사랑하는 까닭이다.
《**도스토예프스키** / 러시아 · 문호》

*인생은 댄스보다는 씨름에 가깝다.
《**아우렐리우스** / 로마 · 황제》

# 사랑에 대하여

*사랑받는 것은 타오르는 것이다. 사랑하는 것은 마르지 않는 기름으로 밝히는 것이다. 사랑을 받는 것은 망하는 것이며 사랑한다는 것은 망하지 않는 것이다.
《릴케/독일 · 시인》

*사랑하고 있을 때에는 누구나 시인이다.
《플라톤/그리스 · 철학자》

*사랑은 눈에 보이는 것이 아니므로 우리는 그것을 믿을 수밖에 없다. 즉, 사랑은 단순한 표현에 의해서 알 수 있는 것이 아니기 때문이다.
《키에르케고르/덴마크 · 사상가》

*사랑은 깨닫지 못하는 사이에 찾아든다. 우리들은 다만 그것이 사라져가는 것을 볼 뿐이다.
《도브슨/영국 · 시인》

*보답받지 못하는 사랑은 없다. 방법은 다를지라도 틀림없이 보답받을 것이다.
《휘트만/미국 · 시인》

*인간적인 사랑의 최고의 목적은, 종교적인 사랑과 마찬가지로 사랑하는 사람과 하나가 되는 것이다.
《보봐르/프랑스 · 소설가 · 사상가》

*생활의 무엇인가를 더하고, 혹은 무엇인가를 감해서 생활을 변화시키는 상태가 아니면 사랑할 가치가 없다.
《**몽테를랑**/프랑스 · 극작가 · 소설가》

*연애란, 남자가 단 한 사람의 여자에 만족하기 위해 치르는 노력이다.
《**폴 제라르디**/프랑스 · 시인 · 극작가》

*사랑한다는 것은 믿는 것이다.
《**위고**/프랑스 · 시인 · 소설가 · 극작가》

*사랑과 가난은 감추지 못한다.
《덴마크 속담》

*될수록 일찍 결혼하는 것은 여자의 비지니스이며, 가능한 결혼을 하지 않고 있다는 것은 남자의 비지니스이다.
《**버너드 쇼**/영국 · 극작가》

*연애를 한 순간부터, 가장 현명한 남자도 대상을 제대로 보지 못한다. 자기의 장점을 과소평가 하고, 사랑하는 사람의 사소한 호의를 과대 평가한다. 불안에도 희망에도 즉시 어떤 소설적인 것으로 연상한다. 그리고 무슨 일이든 단순한 우연이라고는 생각되지 않는다.
《**스탕달**/프랑스 · 소설가》

*연애란 두 사람이 일체가 되는 것이며, 한 남자와 한 여자가 한 천사가 되는 것이다. 그것은 천국이다.
《**위고**/프랑스 · 시인 · 소설가 · 극작가》

*사랑에는 과식(過食)이란 것이 없다. 욕정(慾情)은 욕심이 많

아 과식을 하고 죽어 버린다. 사랑에는 진실이 넘쳐 흐르나, 욕정은 꾸며 만든 허망(虛妄)으로 차 있다.
《**세익스피어**/영국·시인·극작가》

*사랑은 나이를 갖지 않는다. 왜냐하면, 언제나 자신을 새롭게 만들기 때문이다.
《**파스칼**/프랑스·수학자·철학자·종교사상가》

*사랑을 시작하기 위해서는 작은 희망으로도 충분하다.
《**스탕달**/프랑스·소설가》

*남자는 시시하게 자주 사랑하고, 여자는 길고 드물게 사랑한다.
《**바스타**/독일·민족학자》

*결혼이란, 당신의 모든 정신을 기울여야 하는 일이다.
《**입센**/노르웨이·극작가》

*사랑이 있는 곳에 신(神)이 있다.
《**스토우 부인**/미국·작가·노예해방론자》

*미술과 마찬가지로 사랑은 눈에서 시작된다.
《**잔·파울**/독일·작가》

*연애는 당사자가 생각하는 것보다 훨씬 요구하는 것이 적은 것이다. 연애의 10분의 9는 사랑하는 사람 쪽에 있고, 그 10분의 1은 사랑을 받는 대상에 있다.
《**산타니아**/스페인·철학자·시인·평론가》

*물질에 구애받지 않는 연애는 불멸이다. 왜냐하면, 그와 같은 연애를 경험하는 정신은 죽지 않기 때문이다. 서로 사랑하는 것

은 우리들의 육체가 아니라 정신이다. 그러나, 나는 애정이 생겨날 때는 육체는 조금도 소용이 없다고 주장할 생각은 없다. 그것은, 만일 그렇다면, 성의 차이라는 것은 대체 무슨 소용이 있겠는가. 또 왜 남자끼리 사랑하는 기분으로 서로 사랑할 수 없게 되었는가 말이다…….
《**위고**/프랑스·시인·소설가·극작가》

*처음에 미인을 꽃에 비유한 사람은 천재이지만, 두 번째로 비유한 인간은 바보다.
《**볼테르**/프랑스·작가·계몽사상가》

*연애와 기침은 숨길 수 없다.
《**G·허버트**/영국·목사·시인》

*사랑받는 행복은 이 세상 최고의 행복이다.
《**헤르더**/독일·철학자·문학자》

*애인의 결점을 미점(美點)으로 생각하지 않는다면, 그것은 사랑하지 않는 증거이다.
《**괴테**/독일·시인·극작가》

*남의 사랑을 끌어오려고 하지 말라. 사랑하라, 그리고 사랑을 받아라
《**톨스토이**/러시아·작가》

*사랑이란, 하늘로 우리를 이끌어가는 별이며, 메마른 황야에 있는 녹색의 한점이며, 회색의 모래 속에 섞인 한 알의 금이다.
《**할름**/독일·시인》

*단 한 사람에게서도 사랑을 받지 못하는 것은 커다란 고통이다.

아무도 사랑하지 못하는 것은 삶 속의 죽음이다.
《**라아크스너**/독일·철학자》

*연애를 처음하는 사람은 그것이 비록 헛되게 되더라도 신(神)이다. 그러나 두번 다시 연애를 하는 사람은, 더우기 그것이 헛되게 되면 바보다.
《**하이네**/독일·시인》

*사랑의 본질은 개인을 보편화하는 데 있다.
《**콩트**/프랑스·철학자》

*사랑은 타오르는 불길이며, 앞을 비추는 광명이라야 한다. 타오르는 사랑은 흔하다. 그러나 불길이 꺼지면 무엇에 의지할 것인가.
《**바이런**/영국·낭만파 시인》

*사랑이란 무엇이냐고 너는 묻는다. 떠오르는 안개 속의 별이다.
《**하이네**/독일·시인》

*굶주림이 크면 사랑은 적다.
《**G·그린**/영국·소설가》

*사랑은 인간에게 몰아(沒我)를 가르친다. 따라서 사랑은 인간을 괴로움에서 구한다.
《**톨스토이**/러시아·작가》

*연애는 인간을 평등하게 만든다.
《이태리 속담》

*사랑이란 상실이며 단념이다. 사랑은 모든 것을 주어 버렸을때

가장 큰 것이다.
《**구츠코**/독일 · 소설가 · 극작가》

*그 여성이 남자였다면 틀림없이 친구로 선택하리라고 생각되는 여자가 아니면 결코 아내로 선택해서는 안 된다.
《**쥬베르**/프랑스 · 모랄리스트》

*사랑에는 세 가지 종류가 있다. 아름다운 사랑, 헌신적인 사랑, 활동적인 사랑.
《**톨스토이**/러시아 · 작가》

*사랑이 무엇인지 생각하는 사람은 이미 사랑을 할 수 없다.
《**코체부**/독일 · 극작가》

*사랑은 최선의 것을 더욱 좋은 것으로 만든다.
《**워즈워드**/영국 · 시인》

*연애는 영혼의 가장 순수한 부분이 미지(未知)의 것에 대해서 품는 거룩한 동경이다.
《**조르쥬 상드**/프랑스 · 작가》

*사랑할 수 있다는 것은 모든 것을 할 수 있다는 뜻이다.
《**체호프**/러시아 · 소설가 · 극작가》

*결혼하기 전에는 두 눈을 크게 뜨고 보라. 결혼 후에는 한 쪽 눈을 감으라.
《**토머스 플러어**/영국 · 성직자》

*인생은 사랑이며, 그 생명은 정신이다.
《**괴테**/독일 · 시인 · 극작가》

*사랑은 죽음보다 죽음의 공포보다도 강하다. 그 사랑으로써만 인생은 유지되고 진보하게 된다.
《**투르게네프** / 러시아 · 소설가》

*연애란 열병 같아서 의지(意志)와는 상관없이 생기고 사라진다. 결국 연애는 나이와 상관없다.
《**스탕달** / 프랑스 · 소설가》

*나는 사랑하는 여성의 도움과 뒷받침 없이는 만족스럽게 왕으로서의 중책을 맡고 그 의무를 완수할 수 없음을 알았다.
《**윈저공** / 영국 · 전 국왕》

*사랑은 세계 역사의 궁극 목적이며 우주를 인식하는 것이다.
《**노발리스** / 독일 · 시인 · 소설가》

*진실한 사랑에 빠진 남자는 그 애인 앞에서 어쩔줄 몰라 제대로 사랑을 고백하지도 못한다.
《**칸트** / 독일 · 철학자》

*사랑은, 옛날에는 그 어떤 커다란 기관이 퇴화한 유물이거나, 혹은 장래 어떤 커다란 기관으로 발달될 세포거나 둘 중의 하나다. 현재에는 그것은 만족한 작용을 하지 않아, 아주 의외의 결과만을 초래한다.
《**체호프** / 러시아 · 소설가 · 극작가》

*연애편지. 청년은 단숨에 읽고, 장년은 천천히 읽고, 노년은 몇 번이고 읽는다.
《**안드레 브레보** / 영국 · 학자》

*사랑하는 것, 그것은 행동하는 것이다.
《**위고**/프랑스·시인·소설가·극작가》

*사랑을 빨리 성숙시키려면, 붓을 들기 보다는 입으로 하라.
《**라크로**/프랑스·소설가》

*연애란 예술처럼, 그것이 어떻게 해서 실현되는지 말로 표현하지 못하는 자가 가장 훌륭하게 실행한다.
《**바파리**/프랑스·극작가》

*연애 주식회사에는 안정주가 없다.
《**안드레 브레보**/영국·학자》

*미래에 있어서의 사랑이라는 것은 없다. 사랑이란 오직 현재에 있어서의 활동이다. 현재 사랑이 보이지 않는 인간은 사랑을 갖고 있지 않다.
《**톨스토이**/러시아·작가》

*불행한 결혼의 반은 한 쪽이 불쌍한 기분이 나서 하게 된 결혼이다.
《**몽를랑**/프랑스·작가》

*연애. 그것은 마음의 중병이다.
《**플라톤**/그리스·철학자》

*사랑이 없는 결혼이 있는 곳에서는 결혼이 없는 사랑이 생길 것이다.
《**프랭크린**/미국·정치가》

*사랑은 애원하여 얻을 수도, 살 수도, 선물로 받을 수도, 길에

서 주을 수도 있는 것. 그러나 사랑을 탈취하는 일만은 불가능하다.
《**헷세** / 독일 · 소설가 · 시인》

*연애는 어느 면에서 야수(野獸)를 인간으로 만들고, 다른 면에서는 인간을 야수로 만든다.
《**세익스피어** / 영국 · 시인 · 극작가》

*진실한 사랑은 유령과 같다. 누구나 그것에 대해 말하지만 그것을 본 사람은 없다.
《**라 로슈푸코** / 프랑스 · 모랄리스트》

*우리들의 애정이 식어버리는 것은, 상대가 죽었기 때문이 아니고, 우리들 자신이 죽어가기 때문이다.
《**부르스** / 프랑스 · 소설가 · 시인》

*인간의 성질에는 남을 사랑하고자 하는 숨은 믿음과 움직임이 있다. 이것이 한 사람 혹은 몇 사람에게 쏠리지 않을 때에는 자연적으로 다수에게 퍼져서 수도승(修道僧)에게서 가끔 그런 예를 보듯이 사람으로 하여금 인정(人情) 있고 자애심 있게 만든다.
《**F · 베이콘** / 영국 · 철학자》

*사랑은 가슴 속에 숨겨 둘 수 없는 불덩어리다.
《**라신느** / 프랑스 · 작가》

*남자는 심심해서 결혼하고, 여자는 호기심 때문에 결혼한다.
《**와일드** / 영국 · 시인 · 소설가 · 극작가》

*사랑은 이 세상을 꽃동산으로 만드는 위대한 힘이다.
《**스티븐슨** / 영국 · 소설가 · 시인》

*사랑하는 것은 서로 응시하는 것이 아니라, 함께 같은 방향을 응시하는 것이다.
《쌍 테크듀베리》

*사랑은 인생의 대부분이다.
《**바이런**/영국 · 낭만파 시인》

*에로스는 모든 신 중에서 인간의 최대의 벗이며, 인류의 구조자이며, 모든 고뇌를 치료하는 의사이다.
《**플라톤**/그리스 · 철학자》

*사랑이란 환상의 아들이고, 환멸의 어버이다.
《**우나무노**/스페인 · 철학자 · 시인 · 소설가》

*연애와 권력은 친구를 싫어한다.
《서양 격언》

*물은 헛된 행복 같아서 흘러가 버린다. 그러나 사랑의 물결은 충실하게 되돌아 온다.
《**아른트**/독일 · 시인》

*사랑을 베푸는 것은 이 세상을 꽃밭으로 만드는 위대한 열쇠다.
《**스티븐슨**/영국 · 소설가 · 시인》

*사랑은 열려 있는 마음 뿐 아니라, 굳게 닫쳐 있는 마음에서도 입구를 찾아낸다.
《**F · 베이콘**/영국 · 철학자》

*하여간 결혼하라. 그대가 훌륭한 아내를 얻는다면 그대는 아주 행복하게 될 것이다. 그대가 나쁜 아내를 얻는다면 그대는 철학

자가 될 것이다. 그리고, 그것은 어느 쪽도 좋은 일이다.
《**소크라테스** / 그리스 · 철학자》

*애인들 사이의 싸움에서, 자기가 더 잘 못했다고 언제나 인정하려고 하는 것은 가장 강하게 사랑하고 있음이다.
《**스코트** / 영국 · 소설가 · 시인 · 역사가》

*인간의 행동 중에서 결혼은 남과 관계되는 것이 가장 적은 일이다. 그러나, 그것은 또 모든 행동 중에서 남의 간섭을 가장 많이 받는 일이다.
《**존 셀덴** / 영국 · 정치가 · 역사가》

*사랑은, 즉 봉사를 뜻한다.
《**O · J · 스미드** / 영국》

*육욕(肉慾)을 이겨내는 유일의 방법은 자기가 영적 존재임을 자각하는 것이다. 즉 성욕은 저급한 동물적 본능이라는 것을 이해하기 위해서는 사람은 자기가 어떤 존재인가를 상기하면 된다.
《**톨스토이** / 러시아 · 작가》

*언제나 사랑하는 사람은 불평을 늘어 놓거나 불행에 빠질 겨를이 없다.
《**쥬베르** / 프랑스 · 모랄리스트》

*사랑의 승리만은 기실 패배이다.
《**나폴레옹** / 프랑스 · 황제》

*사랑은 맹목적이다. 그러므로, 연인들은 그들이 범하는 조그마한 실수가 눈에 띄지 않는다.
《**세익스피어** / 영국 · 시인 · 극작가》

*연애와 음악과 시 사이에는 분명히 무슨 관계가 있는 것 같다.
《**로버트 번즈**/영국·시인》

*결혼이란, 남자는 그의 자유를 걸고, 여자는 그녀의 행복을 거는 도박과 같다.
《**마담 드 류우**/프랑스》

*사랑이란, 늙는다는 것을 모른다.
《**스탕달**/프랑스·소설가》

*결혼이란, 결국 상호의 오해에서 이루어지는 것이다.
《**와일드**/영국·시인·소설가·극작가》

*사람은 증오로서 많은 일을 할 수 있다. 그러나 사랑에 의해서 더 많은 일을 할 수 있다.
《**세익스피어**/영국·시인·극작가》

*사랑은 순결하지 않고는 깊이를 얻을 수 없다.
《**콩트**/프랑스·철학자》

*사랑은 최대의 모순을 융화하고, 세상으로 통하는 길을 안다.
《**괴테**/독일·시인·극작가》

# 우정(友情)에 대하여

*친구로서 도움이 되지 않는 사람은, 언제 적으로서 해를 끼칠지 모른다.
《**겔레르트** / 독일 · 목가시인》

*나를 가장 잘 이해하는 사람을 친구로 하고, 나를 가장 잘 모르는 사람을 적으로 삼는다면, 그보다 더 좋은 일은 없다.
《**보나트** / 프랑스 · 정치사상가》

*친구는 어떤 경우에는 변호하지 않으면 안 된다. 그것은 명백한 사실을 부인하라는 것은 아니다. 친구도 성인이 아닌 한 때로는 중대한 과오를 범할 수 있기 때문이다. 그러나, 마음 속에 있는 친구에 대한 존경을 믿지 않으면 안 된다. 중요한 것은 그것뿐이기 때문이다.
《**모로아** / 프랑스 · 소설가》

*많은 친구를 얻는 자는 해를 당하게 되지만, 어떤 친구는 형제보다 친밀하다.
《구약 잠언》

*우정은 평등한 사람간의 사리없는 거래다. 사랑은 폭군과 노예간의 비열한 교섭이다.
《**골드스미스** / 영국 · 시인 · 소설가 · 극작가》

*성실하지 못한 친구를 갖는 것보다는 적(敵)을 갖는 것이 낫

다.
《세익스피어/영국 · 시인 · 극작가》

*친구에게 속는 것보다, 친구를 믿지 않는 것이 더 부끄러운 일이다.
《라 로슈푸코/프랑스 · 모랄리스트》

*교유에 주의하라. 만약 여성이 그에 개입한다면 당신의 교유(交遊)는 파멸에 가까와졌다는 것이 확실하다.
《존 밴블루우/영국 · 극작가》

*우연이 우리들의 양친을 만들며 선택이 우리들의 친구를 만든다.
《데리레/프랑스 · 정치가》

*추종자는 일견 친구와 같다. 마치 늑대가 개와 비슷한 것처럼.
《채프먼/영국 · 시인 · 극작가》

*우정은 날개 없는 사랑이다.
《바이런/영국 · 낭만파 시인》

*가장 불행한 상태란, 무엇을 해야겠다고 생각을 하지 못하는데 있다.
《A · P · 포히텔스레에벤/독일 · 시인》

*친구에게 속는 것보다 친구를 믿지않는 것이 더욱 부끄러운 일이다.
《라 로슈푸코/프랑스 · 모랄리스트》

*사람이 친구를 위하여 자기 목숨을 버리면 이에서 더 큰 사랑

이 없나니라.
《신약 요한복음》

*내가 친구로 삼고 싶은 사나이는, 우정의 노여움을 각오하고 직언하는 인간이다. 형제와 같이 친구의 잘못을 용서 해주는 인간이다.
《**테오그니스**/그리스 · 시인》

*친구란 또 하나의 자신이다.
《**아리스토텔레스**/그리스 · 철학자》

*인생으로부터 우정을 없앤다는 것은 세상으로부터 태양을 없애는 것과 같다.
《**키케르**/로마 · 문인 · 철학자 · 정치가 · 변론가》

*친구의 결점에 대해 왈가왈부하는 사람이 있다. 하지만 얻는 것은 아무것도 없다. 나는 언제나 적의 공적에 주의를 기울이고, 그에 의해 이익을 얻었다.
《**괴테**/독일 · 시인 · 극작가》

*세상에는 기묘한 우정이 존재한다. 서로 잡아 먹을 듯이 으르렁거리면서도 헤어지지 못하고 평생을 그대로 살아가는 인간들이 있다.
《**도스토예프스키**/러시아 · 문호》

*우정이란 인간사회의 커다란 사슬이다. 그리고 편지는 그 사슬의 가장 중요한 고리의 하나다.
《**제임스 호오엘**/영국 · 지질학자》

*자기를 구하는 것 밖에는 생각하지 않는 사람은 멸망할 것이며,

남을 구하기 위하여 끊임없이 노력을 계속하는 사람은 불멸이다.
《**A · 헨더슨**/ 영국 · 정치가》

*황금은 불로 시험하고 우정은 곤경으로써 시험당한다.
《영국 격언》

*마음에 만족을 얻지 못하는 여자는 사치품을 탐내고, 남자를 진정으로 사랑하는 여자는 널판지 위에서도 잔다.
《**로렌스**/ 영국 · 소설가 · 시인 · 비평가》

*친구와 포도주는 오랠수록 좋다.
《영국 속담》

*친구는 기쁨을 배로 늘리고 슬픔은 반으로 줄인다.
《**실러**/ 독일 · 시인 · 극작가》

*너의 친구를, 그의 모든 결점과 함께 사랑하라.
《이탈리아 격언》

*결코 당신보다 가난한 사람과는 친구가 되지 말라. 이 한 마디를 평생을 통한 황금률로 삼으라.
《**더글라스 제롤드**/ 영국 · 시인》

*어떤 충고를 하든 장황하게 떠들지 말라.
《**호라티우스**/ 로마 · 시인》

*사람이 우정을 원하는 것은 자기의 무력함이나 빈곤 때문이 아닌가. 즉 서로 도움을 주고 받으면서, 자기 혼자 할 수 없는 일을 의지하고 또 보답하는 것이 아닌가.
《**키케르**/ 로마 · 문인 · 철학자 · 정치가 · 변론가》

*진정한 행복을 만드는 것은 수많은 친구가 아니며, 훌륭히 선택된 친구이다.
《**벤 존슨** / 영국 · 극작가 · 시인 · 비평가》

*우정이란, 통째가 아니면 주어질 수 없거나 되찾을 수 없는 완전한 신뢰를 예상하고 있다.
《**모로아** / 프랑스 · 소설가》

*우정이란, 이해받는 것보다는 이해를 주는 데 있다.
《**아리스토텔레스** / 그리스 · 철학자》

*사랑은 진실을 고백했을 때 깨어지는 수가 있고, 우정은 거짓을 말했을 때 깨어진다.
《**보나르** / 프랑스 · 화가》

*인생에는 우정보다 고귀한 쾌락은 없다.
《**플루타르코스** / 로마 · 철학자》

*남자와 여자 사이의 우정 관계란 극히 드물지만, 그것은 이 세상에서 가장 아름다운 것이다.
그러나 그것은 결혼생활을 말하는 것은 아니다.
《**하우스만** / 영국 · 고전학자 · 시인》

*싸우는 방법에는 두 가지가 있다.
첫째는 법이요, 둘째는 힘이다.
《**마키아벨리** / 이탈리아 · 역사학자 · 정치이론가》

*어떤 목적을 위해서 시작된 우정은, 그 목적을 이룰 때 까지도 계속되지 않는다.
《**카알즈** / 영국 · 시인》

*우정은 자신에 대하여 행하는 행복한 자유 약속이다. 그것은 자연의 공감을 불변의 친화로 바꾼다. 그것은 정념이나 이해관계나 경쟁심이나 우연을 미리 초월하고 있다.
《**아랑**/프랑스·소설가》

*친구는 근심과 슬픔을 서로 나눠야 하는 것이다.
《**세익스피어**/영국·시인·극작가》

*한 사람 또는 소수의 노예가 되지 말라. 만인의 노예가 되라. 그 때 당신은 만인의 친구가 될 수 있다.
《**키케로**/로마·철학자·정치가·변론가》

*우정에 있어서의 법칙은 의심이 앞문으로 들어오면 애정은 뒷문으로 달아난다는 것이다.
《**칸보아모르**/소련·소설가》

*갑자기 친해진 친구에 대해서는 얼마 안 가서 후회를 한다.
《**토머스 플러어**/영국·성직자》

*사람이 친구를 위해 생명을 버린다면 이보다 더 큰 사랑은 없다.
《성서》

# 명상(冥想)과 사색(思索)에 대하여

*사색하기를 포기하는 것은 정신적 파산 선고와 같다.
《**슈바이처** / 프랑스 · 신학자 · 철학자 · 의사 · 음악가》

*지식은 우리들로 하여금 하늘을 날게 하는 날개이다.
《**세익스피어** / 영국 · 시인 · 극작가》

*의혹을 의심하기 시작하고, 신앙을 믿기 시작하며, 무력이 야만적인 색채로 칠해지는 것 같은 상태가 되면 니힐리즘은 해결된다.
《**융** / 스위스 · 의사》

*무관심은 일종의 태만이다.
《**A · 헉슬리** / 영국 · 소설가 · 비평가》

*인간은 생각하는 것이 적으면 적을수록 말이 더 많아진다.
《**몽테스큐** / 프랑스 · 사상가》

*항상 생각하는 사람은 좋은 날씨에 궂은 날씨를 생각해서 대비한다.
《**T · 풀러** / 영국 · 성직자》

*사람은 각자 나름대로 생각하지 않으면 안 된다. 왜냐하면, 사람은 자신의 방식에 따라서 진리, 혹은 일생을 통해 소용되는 또한 가지 진리를 발견하기 때문에 다만 방종해서는 안 된다. 자제

하여야 한다. 다만 적나라할 뿐인 본능은 사람에게는 알맞지 않다.
《**괴테** / 독일 · 시인 · 극작가》

*진심에서 나오는 말만이 사람의 마음을 움직일 수 있고, 밝은 양심에서 나오는 말만이 사람의 마음을 꿰뚫는다.
《**윌리엄 펜** / 영국 · 신대륙 개척자》

*학식 있는 자가 반드시 현명한 자는 아니다.
《**몽테뉴** / 프랑스 · 사상가 · 모랄리스트》

*정신의 결함도 육체의 결함과 같다. 아무리 고치려고 해도 상처는 항상 나타나서 언제 다시 돋칠지 몰라 조마조마해 한다.
《**플라톤** / 그리스 · 철학자》

*마음 속으로만 생각하는 것은 고칠 수 있다.
그러나, 말한 뒤에는 결코 고칠 수 없다.
《**라 로슈푸코** / 프랑스 · 모랄리스트》

*지혜는 경험의 딸이다.
《**레오나르도다빈치** / 이탈리아 · 미술가 · 과학자 · 사상가》

*예술과 문학과 학문의 세계는 모두 국제적이다. 어떤 한 나라에서 이루어진 것은 그 나라만을 위해서 이루어진 것이 아니고, 모든 인류를 위해 이루어진 것이다.
《**러셀** / 영국 · 철학자 · 평론가》

*나는 하체를 육체에서 분리하지 않으면 안 된다고 말했다. 그것은 인간을 동물에서 분리하여야 한다는 것과 같다.
《**아랑** / 프랑스 · 소설가》

*운명의 까다로움은 그 복잡성에 있는데, 그것은 무늬와 그림을 생각해 내기를 좋아한다.
《**릴케**/독일·시인》

*만들어라, 예술가여! 말하지 말라! 단 하나의 입김도 그대의 시가 되라.
《**괴테**/독일·시인·극작가》

*사상이나 행동에 비하면 언어는 벼락출세자이다. 우리들이 읽어야 하는 것은 언어가 아니라 언어의 그늘에 있다고 느끼는 사람이다.
《**바틀러**/영국·시인》

*외국어(外國語)를 모르면 모국어(母國語)에 대해서도 모른다.
《**괴테**/독일·시인·극작가》

*시간은 흘러가지만, 한 번 입 밖에 낸 말은 그대로 남는다.
《**톨스토이**/러시아·작가》

*진정한 웅변은 할 말을 하고, 할 말만 하는 것이다.
《**라 로슈푸코**/프랑스·모랄리스트》

*태양이 꽃을 장식하듯이 예술은 갖가지 색깔로 인생을 장식한다.
《**러보크**/영국·은행가·인류학자·고고학자》

*글자의 복잡성이 정신의 단순성을 잃게 해서는 안 된다.
《**베르그송**/프랑스·철학자》

*우리의 첫째 의무는 우리 자신의 자유를 수호하고, 또한 세계

의 모든 자유를 위해서 힘쓰는 데 있다.
《**트루만**/미국·제33대 대통령》

*국가의 자유에 있어서 신문은 위대한 수호신이다.
《**찰스·그레이**/영국·정치가》

*생명은 죽음의 시초이며, 생명은 죽음을 위하여 있다. 죽음은 종말이자 시초이고, 분리된 것이면서 동시에 한층 더 긴밀한 자기 결합이다.
죽음으로써 환원이 완성된다.
《**노발리스**/독일·시인·소설가》

*예술은 사람들을 합일시키는 수단이다.
《**톨스토이**/러시아·작가》

*자살 이외에 고백에서 도피할 길은 없다. 더우기 자살은 고백이다.
《**웹스터**/영국·극작가》

*기회가 두 번 그대의 문을 두드리기를 기대하지 말라.
《**샹포르**/프랑스·도덕가》

*너무 자유롭다는 것은, 좋은 것이 아니다.
모든 필요한 물건을 다 가진다는 것은 좋은 일이 아니다.
《**파스칼**/프랑스·수학자·철학자》

*사람들은 행복과 불행은 모두 운명에 달렸다고 생각한다. 그러나, 실제로 운명은 우리들을 행복하게 만들지 않는다. 운명이란 우리들에게 그 기회와 재료와 씨를 제공할 뿐이다.
《**몽테뉴**/프랑스·사상가·모랄리스트》

*양심은 개인이 자기 보존을 위해 개발한 사회의 질서를 지키는 수호신이다.
《**모옴** / 영국 · 작가》

*자신에게 자살의 명령을 내렸을 뿐 아니라, 그 수단을 찾아 낸 사람은 참으로 위대하다.
《**세네카** / 로마 · 철학자》

*나는 운명의 목을 조르고 싶다. 어떤 일이 있어도 운명에 짓눌리고 싶지 않다.
《**베에토벤** / 독일 · 작곡가》

*인간의 일생을 지배하는 것은 운이며, 지혜가 아니다.
《**키케로** / 로마 · 철학자 · 정치가 · 변론가》

*담화(談話)에 있어서는, 누구에게 말하는가, 무엇을 말했는가, 무엇 때문에 말하는가에 주의하라.
《**호머** / 그리스 · 시인》

*죽음은 하늘이 내린 특별한 은총이다. 죽음으로 향하는 많은 길이 우리들에게 열려 있다.
《**세네카** / 로마 · 철학자》

*죽음이라는 것이 삶인지, 생명이라고 하는 것이 죽음인지 누가 아는가?
《**호머** / 그리스 · 시인》

*학문과 예술이란 폐와 심장과 같이 상조한다. 둘 중 하나를 손상시키면 다른 것도 안정을 잃는다.
《**톨스토이** / 러시아 · 작가》

*우리들은 운명에 의해 강하게 다듬어지기도 하고, 또 순하게 다듬어지기도 한다. 그러나, 그것은 인간의 신념과 소질에 따라 좌우된다.
《**엣센바흐** / 독일 · 작가》

*지적인 생명의 특징은 자기의 운을 자유롭게 따름에 있고, 동물의 특유하고 비굴한 투쟁에 있지 않음을 알라.
《**안토니우스** / 로마 · 정치가》

*말해야 할 때를 아는 사람은 침묵해야 할 때도 안다.
《**아르키메데스** / 그리스 · 수학자 · 물리학자》

*훌륭한 작품은 그 형식에서 태어난다. 형식은 작품보다도 빨리 탄생한다.
《**발레리** / 프랑스 · 시인 · 비평가 · 사상가》

*유순한 대답은 분노를 쉬게 하여도 과격한 말은 분노를 격동한다. 지혜있는 자의 혀는 지식을 선히 베풀고, 미련한 자의 입은 미련한 것을 쏟는다.
《**구약 잠언**》

*의논을 할 때, 이쪽에서 정성껏 얘기하고 있는데 쓸데 없는 농담을 지껄이는 것처럼 못 견딜 것은 없다.
《**괴테** / 독일 · 시인 · 극작가》

*거장이란, 모든 사람들이 이미 보아온 것을 자신만의 눈으로 눈여겨 보는 사람이다.
《**로당** / 프랑스 · 조각가》

*운명에는 우연이 없다. 인간은 어떤 운명을 만나기 전에 스스

로 그것을 만든다.
《**T · W · 윌슨** / 미국 · 제28대 대통령》

*악이란? 약함으로 인해서 생기는 일체의 것.
《**니체** / 독일 · 시인 · 철학가》

*우리의 미덕은 거의 언제나 가장(假裝)된 악덕(惡德)에 불과하다.
《**라 로슈푸코** / 프랑스 · 모랄리스트》

*우리 자신이 우리의 운과 불운을 만든다. 그리고, 이것을 우리는 운명이라고 부른다.
《**디즈렐리** / 영국 · 정치가》

*나는 그대의 주장에 찬성할 수 없다. 그러나, 그대가 주장하는 권리는 죽음을 내걸고 지키고 싶다.
《**볼테르** / 프랑스 · 작가 · 계몽사상가》

*참으로 철학에 관계하는 자는 모두 죽음을 바란다. 그러나, 아마도 자살하지 않을 것이다.
그것은 신(神)의 뜻에 어긋나기 때문이다.
《**소크라테스** / 그리스 · 철학자》

*습관이 된 악덕은 근절할 수 없다.
《**클라이스트** / 독일 · 극작가 · 소설가》

*창작은 작가가 자연과 인생을 소재로 해서 정신의 집을 세우는 것이다. 그 세우는 집이 크고 작음을 불문하고 영혼의 집을 구하는 경향은 대개의 사람에게 공통되는 경향이다. 더구나, 이 충동은 훌륭히 창작적 활동에 도의적 이유를 부여하는데 족한 순결한

내적충동이다.
《**아베지로오** / 이탈리아 · 소설가》

*자유는 싹트면 생장이 빠른 나무이다.
《**워싱턴** / 미국 · 초대 대통령》

*인간은 운명에 도전한다. 언제든지 한 번은 모든 것을 바치고 몸을 위험에 내맡기지 않고서는 그 대가로서 커다란 행복과 자유를 얻을 수 없다.
《**몽테를랑** / 프랑스 · 극작가 · 소설가》

*아는 것은 힘이다.
《**F · 베이콘** / 영국 · 철학자》

*모든 나라에서 자유가 꽃 피지 않는 한, 어떤 한 나라에서만 자유는 꽃 필 수 없다.
《**J · 케네디** / 미국 · 제35대 대통령》

*세상에 숙명이란 것이 있다면, 그것은 스스로 결정 짓지 못하는 가운데 빚어지는 모든 현상이다.
《**로망 로랑** / 프랑스 · 소설가 · 극작가 · 평론가》

*선이란? 뒷맛이 좋은 것이다.
악이란? 뒷맛이 나쁜 것이다.
《**헤밍웨이** / 미국 · 소설가》

*자유가 없는 인간은 생명이 없는 인간이다.
《**톨스토이** / 러시아 · 작가》

*가설(假說)은, 건축하기 전에 마련되어 건물이 완성되면 제거

되는 발판이다. 발판은 작업하는 사람이 있어야 한다. 다만, 작업하는 사람은 발판을 건물이라고 생각해서는 안 된다.
《**괴테** / 독일 · 시인 · 극작가》

*나는 네 개의 본질적인 인간의 자유에 기반을 둔 세계가 실현될 것으로 기대한다.
제일의 자유는 세계 어느 곳을 막론한 언론과 표현의 자유이다. 제이의 자유는 세계 어느 곳을 막론하고 모든 사람이 자신의 적합한 방법으로 신(神)을 예배할 수 있는 자유이다. 제삼의 자유는 궁핍으로부터의 자유이며, 제사의 자유는 공포로부터의 자유이다.
《**F · 루즈벨트** / 미국 · 제32대 대통령》

*운은 우리에게서 부귀를 빼앗을 수는 있어도 용기는 빼앗을 수 없다.
《**세네카** / 로마 · 철학자》

*자유 없는 곳에 인생의 가치는 없다. 자유를 추구하는 것은 인간의 의무이다.
《**푸시킨** / 러시아 · 시인》

*죽음에도 좋은 점은 있다. 즉 늙음의 끝맺음을 준다.
《**라 브르이에르** / 프랑스 · 모랄리스트》

*예술과 과학의 가치는 만인의 이익에 대한 사욕 없는 봉사이다.
《**라스킨** / 영국 · 저술가 · 비평가》

*우리의 정신을 단련하는 가장 합리적이고 가장 자연적인 방법은, 내가 믿는 바에 의하면 담화이다. 담화를 하는 것을 인생의 다른 어떤 행위를 하는 것보다도 나는 기쁘게 생각한다. 그러므

로, 지금 하나를 선택해야 한다면 나는 분명히, 귀나 혀보다도 눈을 잃는 것에 찬성할 것이다.
《**몽테뉴** / 프랑스 · 사상가 · 모랄리스트》

*서로의 자유를 해하지 않는 범위 내에서 자기의 자유를 확장하는 것, 이것이 자유의 법칙이다.
《**칸트** / 독일 · 철학자》

*성질도 인식에 이르는 수단의 하나이다. 일종의 사다리이다.
《**니체** / 독일 · 시인 · 철학가》

*완전히 모순 없는 인간은 죽은 자 뿐이다.
《**줄리안 헉슬리** / 영국 · 생물학자》

*자유를 사랑하는 것은 타인을 사랑하는 일이다.
《**W · 허즐리트** / 영국 · 에세이스트》

*웅변의 효과는 언어를 선택하는 데에도 달렸지만, 동시에, 얘기하는 사람의 목소리, 얼굴의 표정에도 달려 있다.
《**라 로슈푸코** / 프랑스 · 모랄리스트》

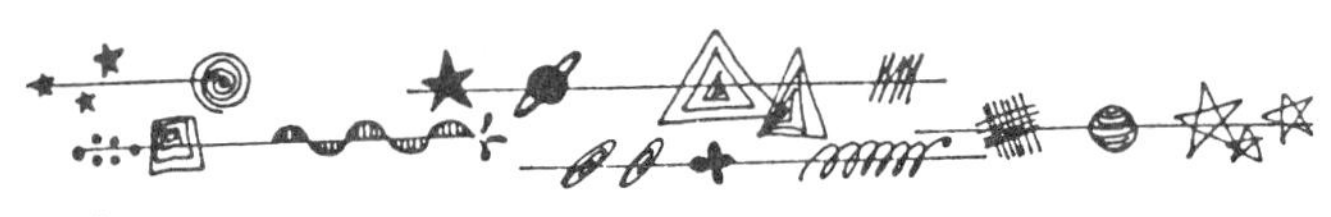

# 아름다움(美)에 대하여

*감옥에서의 시(詩)는 폭동이 된다. 병실의 시는 완쾌의 불타는 희망이 된다. 누추한 지붕밑 다락방에서의 시는 선녀와 같이 호화롭게 우아하게 몸을 장식한다.
《보들레르 / 프랑스 · 시인》

*미는 내부의 생명에서 나오는 빛이다.
《케르나 / 독일 · 시인》

*내 눈에는 사막의 바다가 하나의 매혹적인 미(美)로 보인다. 그 깊은 침묵, 방해하는 것이 없는 정적에 얼이 빠지고 만다.
《헤데인 / 스웨덴 · 탐험가 · 지리학자》

*아름다운 것에 멋도 모르고 그것에 경탄하는 작자들에게 침을 뱉아주고 싶다. 그 아름다운 것이 무엇 하나 쾌락을 가져다주지 않는 한.
《에피크로스 / 그리스 · 철학자》

*첫 눈에 마음에 든 것을 미(美)라고 부른다.
《토머스 아퀴나스 / 이탈리아 · 신학자》

*친구여, 예술이란 절대로 자기자신인 것이다.
《베르테느 / 프랑스 · 생리학자》

*자신 속에 어떤 음악도 없고, 감미로운 음의 조화에도 마음이

움직이지 않는 사람은 배신과 모략과 약탈에 적합한 인간이다.
《**세익스피어** / 영국 · 시인 · 극작가》

*현인의 저술이야말로 우리들 후손이 낭비할 수 없는 유일한 재산이다.
《**랜도어** / 영국 · 시인 · 산문작가》

*미(美)는 진(眞)을 판단한다.
《**아랑** / 프랑스 · 소설가》

*숭고한 것은 항상 크지 않아서는 안 된다. 미라고 하면 작아도 좋다. 숭고한 것은 단순하지 않으면 안 된다. 미는 연마되고 장식되어도 좋다. 커다란 높이도 깊이도 모두 숭고한 것이다.
《**칸트** / 독일 · 철학자》

*예술은 마음의 일상 생활의 먼지를 털어 준다.
《**피카소** / 프랑스 · 화가》

*예술가는, 작품을 보고 그 작자를 잊을 때에만 진짜로 칭찬을 받는다.
《**렛싱** / 독일 · 극작가》

*미는 요부다. 그 마력을 만나면 신앙은 품어져서 피가 된다.
《**세익스피어** / 영국 · 시인 · 극작가》

*미는 질서와 위대성 속에 있다.
《**아리스토텔레스** / 그리스 · 철학자》

*아름다운 것은 영원한 기쁨이다.
《**키츠** / 영국 · 시인》

*예술가란 감정에 지나지 않는다.
《**로댕** / 프랑스 · 조각가》

*역사란 과거에 있었던 소설이며, 소설이란 있었을지도 모르는 역사이다.
《**공쿠르** / 프랑스 · 소설가》

*햇볕 밑에서 무엇하나 새로운 것이 없다 하여도 일체를 바꾸어 놓을 수 있으며, 우리들은 옛사람과는 달라, 다른 양식에 의하여 노래할 수 있다.
마음이 죽은 솜씨 좋은 사람들이여, 손이란 눈뜬 정신에 순종하는 하인에 불과하다.
《**루오** / 프랑스 · 화가》

*아름다움이란 자연이 여자에게 주는 최초의 선물이며, 또 자연이 여자에게서 빼앗는 최초의 선물이다.
《**나레** / 스웨덴 · 학자》

*미는 하나의 틀에 머물러 있지 못한다.
《**들라크로와** / 프랑스 · 화가》

*화가의 팔레트는 아무 의미도 없다. 모든 것을 만드는 것은 화가의 눈이다.
《**르나르** / 프랑스 · 소설가 · 극작가》

*예술 작품은 그 자체로서 충분하다. 홀로 존립할 수 있으며, 자체 속에서 완성되어 있다.
《**실러** / 독일 · 시인 · 극작가》

*나는 시와 그림 사이에 차이를 두지 않는다. 나는 시를 화폭에

표현할 뿐이다.
《**미로**/ 스페인 · 화가 · 도예가》

*예술은 위안이 되는 놀이가 아니다. 그것은 전투이고 물건을 씹어뭉개는 톱니바퀴의 기계이다.
《**밀레**/ 프랑스 · 화가》

*예술가의 천직은 사람들의 마음 속 깊이 빛을 던져 주는 데 있다.
《**슈우망**/ 독일 · 작곡가》

*시는 만반 지식의 시초이며, 최후이고, 인간정신과 마찬가지로 불후의 것이다.
《**워즈워드**/ 영국 · 시인》

*대상은 그것이 생명을 생각나게 할 때에 아름답다.
《**체르누이세프스키**/ 러시아 · 사상가 · 문학자》

*그림은 소리없는 시이고 시는 유성의 그림이다.
《**콜리지**/ 영국 · 시인 · 평론가》

*어리석은 자는 이름 있는 작자의 것이라면 무엇이든 찬미한다. 나는 오직 나를 위해서만 읽는다.
《**볼테르**/ 프랑스 · 작가 · 계몽사상가》

*문학의 진보, 즉 사고와 표현의 기술의 완성은 자유의 건설과 그 보존에 필요하다.
《**스타르부인**/ 프랑스 · 평론가 · 소설가》

*방심하면 여러가지 언어로, 행동으로, 산산 조각으로 흩어질

것이다. 이 불안한 것을 반복하고 조용히 양손 아귀에 마주 쥘 일이다.
《**세잔느** / 프랑스 · 화가》

*미는 예술의 궁극의 원리이며 최고의 목적이다.
《**괴테** / 독일 · 시인 · 극작가》

*예술가는 그의 이념의 노예다.
《**보비이** / 스코트랜드 · 작가》

*요컨대 나는 간섭 받으면 모든 것을 망치고 만다. 왜 그럴까.
《**세잔느** / 프랑스 · 화가》

*예술이란 자연이 인간에 비추어진 것이다. 중요한 것은 거울을 닦는 일이다.
《**로당** / 프랑스 · 조각가》

*예술과 도덕은 상이한 두 개의 것이다. 예술가의 공헌은 그 윤리적인 연약함을 상기하고 고발함으로서 헐뜯을 수 없는 것이다.
《**프리드리히 에드윈 스미드** / 독일 · 소설가》

*먼저 제일급의 책을 읽어라. 그렇지 않으면 그것을 읽을 기회를 아주 놓치고 말지도 모른다.
《**도로** / 미국 · 철학자 · 시인》

*완전한 시인이란, 인간성의 총체를 표현하는 것이다.
《**실러** / 독일 · 시인 · 극작가》

*회화는 나의 아내이며, 내가 그린 그림은 나의 아들이다.
《**미켈란젤로** / 이탈리아 · 화가 · 조각가 · 건축가 · 시인》

*어떠한 것이든, 올바른 시간과 장소에서 미가 아닌 것은 없다. 반대로 올바른 시간과 장소에서 떨어진 것으로 아름다운 것은 하나도 없다.
《**밀레** / 프랑스 · 화가》

*어느 정도의 정신적 불건전함이 없이는 누구도 시인이 될 수도 없고, 시를 음미할 수도 없을 것이다.
《**마콜리** / 프랑스 · 소설가》

*적어도 두 번 읽고 싶지 않으면 정평 있는 훌륭한 책이라고는 할 수 없다.
《**베네트** / 미국 · 시인 · 소설가》

*어딘가 격에 맞지 않는 것이 없는 것은 나에게 비정한 느낌을 준다. 거기에서 불규칙, 즉 생각지도 않았던 것, 돌발 사고, 놀람이 미의 본질적인 한 요소이며 특징인 것이다. 라고 할 수 있기 때문이다.
《**보들레르** / 프랑스 · 시인》

*미는 느낄 수 있고 만들 수도 있다. 그러나 정의를 내릴 수는 없다.
《**에머슨** / 미국 · 사상가 · 시인》

*예술가가 예술을 창조하는 동안에는 종교인이다.
《**쇼펜하우워** / 독일 · 철학자》

*그림도 생활과 같다. 지체없이 행동하지 않으면 안 된다.
《**피카소** / 프랑스 · 화가》

*눈부실 정도로 아름다운 것이 언제나 선한 것이라고 할 수 없

다. 그러나 선한 것은 언제나 아름답다.
《**라크로**/프랑스·소설가》

*모든 예술에 있어 최고의 문제는 형태의 도움을 얻어 더욱 고상한 실제의 환상을 탄생시키는 것이다.
《**괴테**/독일·시인·극작가》

*문학. 가장 유혹적이며 가장 기만적이며 가장 위험한 직업.
《**모올리**/영국·철학자》

*미술의 분야에서와 마찬가지로 문학의 분야에서도 영혼을 기울여 일하고 있는 것으로 생각하는 예술가들에 나는 전적으로 공명한다.
《**고호**/네덜란드·화가》

*예술가에게는 모든 것이 미다.
《**로당**/프랑스·조각가》

*미는 분노의 정을 부드럽게 한다.
《**칸트**/독일·철학자》

*미는 편한 모습을 하고 있다.
《**코쿠리**/영국·극작가》

*모든 미는 모두 형제이나, 사상의 미는 그 중에서도 맏이다.
《**플라톤**/그리스·철학자》

*남을 감동시키려면 먼저 자신이 감동하지 않으면 안 된다. 그렇지 않으면 아무리 잘된 작품이라도 결코 생명이 없다.
《**밀레**/프랑스·화가》

*세계에는 두 가지 예술 밖에 없다. 그것은 생명에서 근본이 출발하는 것과 인습에 만족하는 것이다.
《**로망 로랑**/프랑스·소설가·극작가·평론가》

*시는 아름다운 것만으로는 부족하다. 마음을 움직이지 않으면 안 된다. 그래서 듣는 사람의 정신으로 하여금 시가 원하는대로 이끌어가지 않으면 안 된다.
《**호라티우스**/로마·시인》

*예술은 우선 미를 표현하지 않으면 안 된다. 미를 받아들이는 기관은 감정이 아니고 순수 관조(觀照)의 활동으로서의 판타지(想像)다.
《**한스크릭**/오스트리아·음악가》

*회화는 소리없는 시이며, 시는 소리 있는 회화이다.
《**콜리지**/영국·시인·평론가》

*진정한 시인은 자기자신의 소질에서 생기는 사상과 영원한 진리에서 오는 사상 외에 그 시대의 온갖 사상의 총체를 포함하지 않으면 안 된다.
《**위고**/프랑스·시인·소설가·극작가》

*음악은 인류가 갖는 보편적인 언어이다.
《**롱펠로우**/미국·시인》

*예술은 그 자체가 목적이 아니고 인간성을 표명하기 위한 수단이다.
《**무솔그스키**/러시아·작곡가》

*훌륭한 화가가 되기 위해서는 네 가지가 필요하다. 부드러운 마

음, 섬세한 눈, 가벼운 손, 언제나 깨끗이 씻어진 붓.
《**안세름 포이엘바하**/독일 · 철학가》

*화가는 자연을 모방하거나 묘사하는 것이 전부가 아니다. 자연 쪽에서 그림 쪽으로 움직여오도록 이행시키지 않으면 안 된다.
《**피카소**/프랑스 · 화가》

*완전한 것을 창작하려는 노력 만큼 마음을 순결하게 하고 우리를 종교적으로 만드는 것은 없다.
《**미켈란젤로**/이탈리아 · 화가 · 조각가 · 건축가 · 시인》

*예술을 위한 예술은 아름다울지 모른다. 그러나 진보를 위한 예술은 더욱 아름답다.
《**위고**/프랑스 · 시인 · 소설가 · 극작가》

*학문의 궁극의 목적은 진리이다. 예술의 궁극의 목적은 즐거움이다.
《**렛싱**/독일 · 극작가》

*어떠한 문장이든 비문적(碑文的) 문체를 다소라도 남겨 놓아야 한다.
《**쇼펜하우워**/독일 · 철학자》

*예술. 예술이야말로 지상(至上)이다. 그것은 사는 것을 가능케하는 위대한 것이며 삶에의 위대한 유혹자, 삶의 커다란 자극이다.
《**니체**/독일 · 시인 · 철학가》

*비루한 생각을 가진 사람이 그것을 숨기려고 시구(詩句)를 과장하는 경우가 있다. 과장된 시를 쓰는 사람의 마음을 나는 경계

한다.
《**생트뵈브**/프랑스 · 비평가 · 시인 · 소설가》

*미란 어디에나 있다. 결코 그것이 우리 눈앞에 존재하지 않는 것이 아니고 우리의 눈이 그것을 찾지 못할 따름이다.
《**로망 로랑**/프랑스 · 소설가 · 극작가 · 평론가》

*내용이 없는 명인의 예술이란 예술에서의 사막이다.
《**로망 로랑**/프랑스 · 소설가 · 극작가 · 평론가》

*문학이라는 것이 문학을 하고 있다고는 꿈에도 생각하지 않는 사람들의 문학보다 뜻이 깊은 것이라고 나는 도저히 생각되지 않는다.
《**생트 뵈브**/프랑스 · 비평가 · 시인 · 소설가》

*모든 예술작품은 오직 그 자체, 즉 그 자체의 법칙에 대해서만 해명할 필요가 있을뿐, 다른 어떤 요구에도 굴하지 않는 것이다.
《**실러**/독일 · 시인 · 극작가》

*도덕에 있어서 의도한 바가 중요시되나 예술에 있어서는 결과만이 중요시 된다.
《**몽테를랑**/프랑스 · 극작가 · 소설가》

# 교양(教養)에 대하여

*이처럼 아름답고 가련한 꽃에 바람이 모질게 불어댈 수 있는가.
《**존 · 플레처어** / 영국 · 시인》

*전에 읽은 책을 다시 손에 잡았을 때, 내가 무엇을 기대하는가를 나는 잘 알고 있다. 그러나 만족은 예상했던 탓으로 감소되지는 않는다.
《**W · 허즐리트** / 영국 · 에세이스트》

*한 번도 어리석은 짓을 하지 않고 사는 사람은 자신의 생각보다는 현명치 못한 사람이다.
《**라 로슈푸코** / 프랑스 · 모랄리스트》

*우둔한 사람은 어떤 이야기를 듣든 곧잘 깜짝 놀란다.
《**헤라클레이토스** / 그리스 · 철학자》

*독서에 소비한 만큼의 시간을 생각하는데 소비하라.
《**베네트** / 미국 · 시인 · 소설가》

*먼저 그대 자신을 존경하라.
《**피타고라스** / 그리스 · 수학자》

*바보 녀석이 창피스러운 일을 하고 있을 때, 그 녀석은 언제나 그것이 자신의 의무라고 단언한다.
《**버너드 쇼** / 영국 · 극작가》

*자기를 현명하다고 생각하는 사람은 실로 어처구니 없는 바보다.
《볼테르/프랑스 · 작가 · 계몽사상가》

*천재란 강렬한 끈기가 있는 사람이다.
《톨스토이/러시아 · 작가》

*자연은 책략가다. 그러나, 그 목적하고 있는 것은 선이다. 그 책략하는 것은 걱정하지 않는 것이 가장 좋다.
《괴테/독일 · 시인 · 극작가》

*어리석은 사람과 현명한 사람은 다같이 해가 없다. 다만, 어중간하게 어리석거나 어중간하게 현명한 사람만이 위험하다.
《괴테/독일 · 시인 · 극작가》

*그리고 말했다. 「나는 어쩌면 이렇게 먼지를 많이 일으킬까.」
《라퐁테느/프랑스 · 시인 · 우화작가》

*비평가란, 읽는 것을 알고 남에게 읽는 것을 가르쳐 주는 사람이다.
《생트 뵈브/프랑스 · 비평가 · 시인 · 소설가》

*동물은 참으로 기분 좋은 친구이다. 그들은 아무 질문도 하지 않으며 아무 비평도 하지 않는다.
《죠오지 엘리오트/영국 · 소설가》

*두 번 읽을 가치가 없는 책은 한 번 읽을 가치도 없다.
《A · F · 웨버/영국 · 학자》

*과학에 관해서는 최신 저서를 읽도록 애쓰고, 문학에 관해서는

옛날 작품을 읽도록 하라. 고전은 언제나 근대적이니까.
《**리튼**/영국 · 소설가》

*우리는 일하기 위해서 태어났다. 우리가 일할 수 있음을 아는 것은 행복이다.
《**워너메이커**/미국 · 실업가》

*어린이는 어른의 어버이다.
《**워즈워드**/영국 · 시인》

*좋은 독서가 좋은 책을 만든다.
《**에머슨**/미국 · 사상가 · 시인》

*스스로 괴로워하거나 남을 괴롭게 하거나, 그 어느 쪽이 없이는 연애는 존재하지 못한다.
《**앙리 드 레니에**/영국 · 초상화가》

*사랑은 나이를 가지고 있지 않다. 왜냐하면, 언제나 자체를 새롭게 만들고 있기 때문에.
《**파스칼**/프랑스 · 수학자 · 철학자》

*감사할 줄 모르는 어린이를 갖는다는 것은 뱀의 이빨보다도 더 무서운 일이다.
《**세익스피어**/영국 · 시인 · 극작가》

*책을 읽는 것은 그들에게서 배우고 싶다. 그들의 사상 속에 들어가고 싶은 욕구 때문이지, 그대들의 생각을 그들 속에서 찾아내기 위한 것은 아니다.
《**라스킨**/영국 · 저술가 · 비평가》

*나는 일생 동안 하루도 일을 한 일이 없다. 왜냐하면, 나의 모든 작업이 즐거운 위안이었기 때문이다.
《**에디슨** / 미국 · 발명가》

*좋지 않은 것이 쓰여 있다고 해서 그 책이 반드시 나쁜 책이라고만 할 수 없다.
《**세르반테스** / 스페인 · 소설가 · 극작가 · 시인》

*단적으로 마음에 호소하는 소박한 취미가 있다. 그리고 그것이야말로 고전에서 밖에는 찾아 볼 수 없다.
《**룻소** / 프랑스 · 사상가 · 소설가》

*나는 범인에 불과하다. 나는 범인이 되려는 노력을 보통 사람 이상으로 많이 하고 있을 따름이다.
《**T · 루즈벨트** / 미국 · 제26대 대통령》

*시니시즘(冷笑癖)은 지식인의 대디이즘(奢侈癖)이다.
《**메레디스** / 영국 · 소설가 · 시인》

*책을 남용하면 학문을 죽인다.
《**룻소** / 프랑스 · 사상가 · 소설가》

*정복하기 위해 굴복한다.
《**윌리엄 쿠퍼** / 영국 · 시인》

*책은 그 저자의 어깨 넘어로 보아야 하는 것이다.
《**발레리** / 프랑스 · 시인 · 비평가 · 사상가》

*책에는 책 자신의 운명이 있다.
《**테렌티아누스 마우르스** / 로마 · 철학자》

*진실을 말하는 것은 기지가 없는 사람 뿐이다.
《도스토예프스키 / 러시아 · 문호》

*스스로 돕지 않는 자에게는 기회도 힘을 빌려 주지 않는다.
《소포크레스 / 그리스 · 시인》

*잠자코 우는 어린이의 흐느낌은, 성이 나서 날뛰는 어른의 그것보다도 더욱 깊은 저주가 된다.
《브라우닝 / 영국 · 시인》

*어린 새를 해치는 인간은 결코 사람의 사랑을 받지 못할 것이다.
《윌리암 블레이크 / 영국 · 시인》

*명성이 확인된 위대한 책은 적어도 두 번 다시 읽지 않으면 읽은 것이 되지 않는다.
《베네트 / 미국 · 시인 · 소설가》

*교양 있는 가정의 아이들에게는, 교육에 의해서 다른 아이들에게 복종을 가르치듯 명령하는 것을 가르쳐야 한다.
《니체 / 독일 · 시인 · 철학가》

*대부분의 사람들의 재능은 결국에는 결점이 된다. 노인이 됨에 따라 그 결점이 더욱 현저하게 된다.
《생트 뵈브 / 프랑스 · 비평가 · 시인 · 소설가》

*국가의 운명은 청년의 교육에 달려 있다.
《아리스토텔레스 / 그리스 · 철학자》

*책을 사는 것은 좋은 일이다. 그와 동시에 그것을 읽기 위한

시간도 살 수 있다면.
그런데, 사람은 언제나 책을 샀다는 것과 책의 내용을 자기 것으로 한 것을 혼동한다.
《**쇼펜하우워**/독일 · 철학자》

*책을 읽고 싶어하는 열성 있는 인간과, 읽을 책이 없다고 하는 타입의 인간과는 그 거리가 멀다.
《**체스터튼**/영국 · 언론인 · 소설가》

*낙천은 사람을 성공으로 이끄는 신앙이다.
《**헬렌 켈러**/미국 · 저술가》

*모든 사람은 높은 교양을 지녀야 한다. 민주주의의 성공은 이것에 의존한다.
《**존 · 듀이**/미국 · 철학가 · 교육가》

*자신의 가족을 사랑하지 않는 남자는 자기 집에 새끼 사자를 기르면서 미움의 온상을 만들고 있는 인간이다.
《**제레미 테일러어**/영국 · 승정》

*책에 관하여 배우기보다 오히려 인간에 관하여 배우는 것이 필요하다.
《**라 로슈푸코**/프랑스 · 모랄리스트》

*현대 사회와 인생에는 기회가 가득 차 있다. 자기 능력이 갖추어져 있는 한 기회를 발견하게 마련이다.
《**글래드스톤**/영국 · 정치가》

*어떻게 기다리는가를 아는 것. 이것이 성공의 비결이다.
《불란서 속담》

*책이 책을 낳는다.
《**볼테르** / 프랑스 · 작가 · 계몽사상가》

*죽은 책이 고전인 것은 아니다. 제1급의 책이 고전이다.
《**몽테뉴** / 프랑스 · 사상가 · 모랄리스트》

*극히 경솔한 인간만이 지금 유행하는 문학에 뒤지지 않으려 한다.
《**G · 에이드** / 영국 · 학자》

*독서의 진정한 기쁨은 몇 번이고 되풀이 해 읽는 데 있다.
《**로렌스** / 영국 · 소설가 · 시인 · 비평가》

*생각하지 않는 사람의 재능은 쉴새 없이 지껄이는 일이다.
《**보브날그** / 프랑스 · 모랄리스트》

*일기는 고독한 사람의 상대이며, 위안자이며, 의사이다.
《**아미엘** / 스위스 · 문학자 · 철학자》

*우자(愚者)는 천사(天使)도 무서워서 가지 못하는 장소에 뛰어든다.
《**실러** / 독일 · 시인 · 극작가》

*책에는 많은 잘못이 있기 때문에 재미가 있는지도 모른다. 조금이라도 모순이 없다면 그것은 사실 시시한 것이다.
《**골드스미스** / 영국 · 시인 · 소설가 · 극작가》

*어떤 책은 흥미 있게 읽혀지며, 다른 책은 후떡 그냥 삼켜진다. 잘 씹어서 소화되는 책은 너무나 적다.
《**F · 베이콘** / 영국 · 철학자》

*자신의 지식으로 하여금 늘 역사를 읽게 하여 반성함이 있도록 하라. 이것이 유일의 진실한 철학이다. 탁월한 군인의 역사를 읽게 하라. 이것이 전술을 배우는 유일한 방법이다.
《**나폴레옹** / 프랑스 · 황제》

*욕망의 만족은 모든 욕망을 격화시킨다.
《**지이드** / 프랑스 · 소설가》

*꽃은 젖먹이라도 이해할 수 있는 말이다.
《**비쇼프 콕크스** / 영국 · 법학자》

*인생은 짧다. 이 책을 읽으면 저 책을 읽지 못한다.
《**라스킨** / 영국 · 저술가 · 비평가》

*현명한 사람은 기회를 행운으로 바꾼다.
《**산타야나** / 미국 · 철학자 · 시인 · 평론가》

*사람이 호랑이를 죽이려고 할 때에, 그는 그것을 스포오츠라고 부른다. 호랑이가 인간을 죽이려고 할 때에 인간은 그것을 흉악이라고 부른다.
《**버너드 쇼** / 영국 · 극작가》

*재능이란, 자신과 자신의 힘을 믿는 것이다.
《**고르키** / 러시아 · 문호》

*독서만큼 값싸고 영속적인 쾌락은 없다.
《**몬타규 부인** / 영국 · 작가》

*좋은 책을 읽을 때 나는 3천 년이나 산것 같은 느낌을 갖는다.
《**에머슨** / 미국 · 사상가 · 시인》

*결말을 이해하고 시초를 이해하는 것. 이것이 새로운 독서법이며 새로운 생활법이다.
《**뒤아멜** / 프랑스 · 소설가 · 비평가 · 시인》

*슬픈 일이다. 최대의 기쁨을 주는 것은 책이며, 최대의 고뇌의 원인이 되는 것은 인간이다.
《**쥬베르** / 프랑스 · 모랄리스트》

*지나친 욕망은 가끔 무서운 증오를 일으킨다.
《**소크라테스** / 그리스 · 철학자》

*이 작품은 인간성에 대한 신판(新版)과 같은 것이다. 인간성의 신판이야말로 진정한 저자의 자격이 있다.
《**W · 허즐리트** / 영국 · 에세이스트》

*「클레오파트라」의 코. 그것이 조금만 더 낮았더라면 역사가 변했을 것이다.
《**파스칼** / 프랑스 · 수학자 · 철학자》

*잠언이나 격언이란, 우리가 어떻게 해명해야할까. 난처할 때 놀랄 만큼 소요되는 것이다.
《**푸시킨** / 러시아 · 시인》

*일을 그 최초의 상태로 환원시켜 보라. 그리고 어떤 점에, 또 어떻게 해서 그 일이 악화되었는가를 살펴보라.
《**F · 베이콘** / 영국 · 철학자》

## 청춘(青春)에 대하여

*소망과 희망을 가진 자는 이미 미래에 사는 자이다.
《세퍼 / 영국 · 극작가 · 평론가》

*자유를 사랑하는 것은 남을 사랑하는 일이다. 힘을 사랑하는 것은 자신을 사랑하는 일이다.
《W · 허즐리트 / 영국 · 에세이스트》

*자제할 수 없는 사람은 자유인이라고 할 수 없다.
《피타고라스 / 그리스 · 수학자》

*젊을 때의 오류는 매우 좋은 일이다. 다만, 그것을 노인이 되기까지 끌어서는 안 된다.
《괴테 / 독일 · 시인 · 극작가》

*자신 있는 행동은 일종의 자력을 띤다.
《에머슨 / 미국 · 사상가 · 시인》

*이 세상에서 성공하려면 바보같이 보이면서 실은 영리해야 한다, 라는 점을 나는 늘 관찰하고 있다.
《몽테스큐 / 프랑스 · 사상가》

*빌로드 방석 위에 많은 사람과 같이 앉는 것보다는, 호박 위에 앉아서 그 호박을 자기가 독점하는 편이 낫다.
《헨리 데비트 도르고 / 미국 · 철학자 · 시인》

*이런 일은 도저히 불가능하다고 자신이 믿고 시작하는 것은, 그것을 스스로 불가능하게 만드는 수단이다.
《**워너메이커** / 미국 · 실업가》

*지배하거나 복종하지 않고, 그러면서도 무엇이 될 수 있는 사람만이 진정 행복한 사람이다.
《**괴테** / 독일 · 시인 · 극작가》

*희망은 강한 용기이며 새로운 의지이다.
《**루터** / 독일 · 종교개혁자 · 신학자》

*이 세상에 있는 그대로의 것으로 만족하고 생을 즐기기 위해서는, 무엇보다도 우리들은 둔감하고 눈앞을 분간하지 못하는 바보가 될 필요가 있다.
《**모파상** / 프랑스 · 소설가》

*인생이 무엇인지 알 정도로 오래 산 사람은 누구나 아담에게 감사할 것이다. 아담이야 말로 이 세상에 죽음을 도입한 인류 최초의 은인이기 때문이다.
《**토우엘** / 독일 · 극작가》

*희망이 없으면 노력도 없다.
《**사뮤엘 존슨** / 영국 · 시인 · 평론가》

*청춘이라는 것은 사람이, 나는 이것이 하고 싶다. 나는 저것이 하고 싶다. 나는 이렇게 되고 싶다, 라고 말하는 것으로 특징지어지는 것이다.
《**키에르케고르** / 덴마크 · 사상가》

*젊었을 때 너무 자유 방종하면 마음의 윤기가 없어진다. 그러

나, 너무 절제하면 머리의 융통성이 없어진다.
《**생트 뵈브**/프랑스·비평가·시인·소설가》

*행복에는 두 가지의 길이 있다. 욕망을 적게 하거나 재산을 많게 하거나 하면 된다.
《**프랭크린**/미국·정치가》

*이것이 최후의 손님이므로 정성껏 대접하기로 하자.
《**위고**/프랑스·시인·소설가·극작가》

*훌륭한 일은 모두 처음에는 불가능해 보인다.
《**카알 라일**/영국·평론가》

*불가능한 일을 원하는 사람을 나는 사랑한다.
《**괴테**/독일·시인·극작가》

*이 세상에서 당신이 필요로 할 것은 무지(無知)와 신념(信念)이다. 성공은 틀림없다.
《**마아크 트웨인**/미국·소설가》

*욕망이 없는 이는 늘 자유로울 것이다.
《**라블레**/프랑스·작가·의사·인문주의학자》

*너의 행동은 낮게 하고, 너의 희망은 높이 가지라.
《**G·허버트**/영국·목사·시인》

*무엇보다도, 젊은 사람들이 스스로 무능력하다고 생각하며 절망에 빠지는 일이 없도록 하라. 스스로 무력하다고 생각하지만 않는다면 사람은 누구하나 무능력하지는 않는 것이다.
《**펄벅**/미국·소설가》

*성공이란 대담하게 돌진하는 어린애다.
《**디즈렐리** / 영국 · 정치가》

*험한 언덕을 오르기 위해서는 처음에 천천히 걷는 것이 필요하다.
《**세익스피어** / 영국 · 시인 · 극작가》

*젊은이는 슬퍼해서는 안 된다. 명랑하고 즐거워해야 하며, 항상 좋은 기분을 가져야 한다.
《**루터** / 독일 · 종교개혁자 · 신학자》

*분에 넘치는 야심 때문에 마음을 괴롭히지만 않는다면, 대개의 인간은 작은 일에는 성공하는 법이다.
《**롱펠로우** / 미국 · 시인》

*일생이 끝날 무렵에는 가장무도회가 끝날 무렵에 가면을 벗는 것과 흡사하다. 자기가 일생 동안 접촉해 왔던 사람들이 진정 어떤 사람이었는가가 그 때에 분명해진다.
《**쇼펜하우워** / 독일 · 철학자》

*내가 장래에 대하여 탐구했던 것은 행복 그 자체보다, 오히려 거기에 도달하려고 했던 부단한 노력이었다.
《**지이드** / 프랑스 · 소설가》

*한 번도 성공해 본 경험이 없는 사람에게 가장 감미롭게 생각되는 것은 성공이다.
《**디킨슨** / 미국 · 시인》

*이 지상에서는 할 일이 너무나 많다. 서둘러라.
《**베에토벤** / 독일 · 작곡가》

*청년은 완전한 것을 사랑하지 않는다. 왜냐하면, 그가 노력해야 할 여지가 조금 밖에 남지 않기 때문이다.
《**발레리** / 프랑스 · 시인 · 비평가 · 사상가》

*정열은 이따금, 더없이 영리한 사람을 둔마(鈍馬)로 만들고, 더없는 둔마를 영리한 사람으로 만든다.
《**라 로슈푸코** / 프랑스 · 모랄리스트》

*미래를 설계하는 자만이 과거를 심판할 권리를 갖는다.
《**니체** / 독일 · 시인 · 철학가》

*성공은 결과이지 목적이 아니다.
《**플로베르** / 프랑스 · 작가》

*정열은 결점이 아니면 미덕이다. 다만 어느 쪽이 되든 정도를 넘쳤을 뿐이다. 큰 정열은 희망이 없는 병이다. 그것을 치유할 수 있는 것이 오히려 그것을 위험하게 한다.
《**괴테** / 독일 · 시인 · 극작가》

*성공하는 데는 두 가지 길이 있다. 하나는 근면이며, 다른 하나는 타인의 어리석음이다.
《**라 브르이에르** / 프랑스 · 모랄리스트》

*인간의 영광은 한 번도 실패하지 않았다는 것이 아니고 쓰러질 때마다 다시 일어난다는 점에 있다.
《**골드스미스** / 영국 · 시인 · 소설가 · 극작가》

*희망과 기력과 용기를 주는 것은 돈을 주는 것보다 큰 은혜이다.
《**러보크** / 영국 · 은행가 · 인류학자 · 고고학자》

*즐거움에도 기쁨에도 숨겨 두지 않으면 안 될 정도라는 것이 있고, 정도를 넘으면 인간을 노하게 하여 추행(醜行)이라 단정되어서 복수를 받게 된다.
《**생트 뵈브**/프랑스 · 비평가 · 시인 · 소설가》

*남의 지배를 받지 않겠다는 것은 남을 지배하는 것 이상으로 곤란하다.
《**라 로슈푸코**/프랑스 · 모랄리스트》

*젊음은 시들고, 사랑은 스러지며, 우정의 나무 잎은 떨어져도 어머니의 비밀어린 희망은 살아 남는다.
《**O · 홈즈**/미국 · 의학자》

*성공하는 사람은 송곳처럼 어느 한 점을 향해 돌진한다.
《**보비이**/스코트랜드 · 작가》

*청년은 가르침보다도 자극을 바란다.
《**괴테**/독일 · 시인 · 극작가》

*청춘의 실책은 장년의 승리나 노년의 성공보다도 바람직하다.
《**디즈렐리**/영국 · 정치가》

*애국자의 피는 자유라는 나무의 씨앗이다.
《**토머스 캳벨**/영국 · 시인》

*만사에는 끝이 있다. 따라서, 인내는 성공을 얻는 최상의 수단이다.
《**고르키**/러시아 · 문호》

*「자유의 가치는 영원한 불침번이다」라는 것은, 그것은 항상 위

협을 받고 있다는 것을 뜻한다. 하나는 의무에서, 다른 하나는 사정이 좋아지면 곧 좋아지는 인간의 약점 때문이다.
《**힐티**/스위스 · 사상가》

*모든 사람은 각자의 행복을 만들어내는 대장장이다.
《서양 속담》

*기회가 두번 다시 그대의 문을 두드리라고는 생각지 말라.
《**샹포르**/프랑스 · 도덕가》

*인간은 자유로운 것으로 태어났다. 그런데, 도처에서 사슬에 매어져 있다. 자신이 남의 주인이라고 생각하는 사람도 실은 그 사람 이상으로 노예이다.
《**룻소**/프랑스 · 사상가 · 소설가》

*어떻게 기다리느냐를 아는 것. 이것이야말로 성공의 비결이다.
《프랑스 속담》

*청춘을 늦게 맞이하는 사람은 오래도록 젊음을 그대로 간직할 수 있다.
《**위고**/프랑스 · 시인 · 소설가 · 극작가》

*불행을 고치는 약은 소망뿐이다.
《**세익스피어**/영국 · 시인 · 극작가》

*욕망의 짐을 지겹게 지고 있는 자는 조그만 기쁨을 살 때는 괴로움과 손해를 본다.
《**세바스찬 브란트**/독일 · 시인 · 법학자》

*우리들은 우리들이 언제 가장 훌륭하게 성공했었는지 결코 알

지 못한다.
《**우나무노**/스페인 · 철학자 · 시인 · 소설가》

*회의는 인간을 자유롭게 하고, 자유로운 인간을 위대하게 한다.
《**위고**/프랑스 · 시인 · 소설가 · 극작가》

*갈망은 행복이다. 행복으로서의 포만(飽滿)은 갈만(渴滿) 의 최후의 순간이다.
《**니체**/독일 · 시인 · 철학가》

*희망은 가난한 자의 빵이다.
《**탈레스**/그리스 · 철학자》

*중요한 것은 큰 뜻을 품고 그것을 실행에 옮길 수 있는 능력과 인내력을 갖는다는 것이다.
그 외의 것은 모두 중요하지 않다.
《**괴테**/독일 · 시인 · 극작가》

# 고독(孤獨)과 불안(不安)에 대하여

*대체로 불안이란 자신을 믿지 못하고 중심이 흔들리기 때문에 생기는 것이다.
《**굴드** / 미국 · 천문학자》

*믿음은 언제나 겸허한 마음에서 생긴다. 우리는 먼저 우리의 존재가 얼마나 미미한가를 알아야 하며, 그 때에 비로소 자기가 맡은 바 사명을 다할 수 있을 것이다.
《**러스킨** / 영국 · 비평가 · 사회사상가》

*인생에 있어서의 첫 대사는 자기를 발견하는 것이다. 그렇기 때문에 인간은 고독과 깊은 사색을 필요로 한다.
《**난센** / 노르웨이 · 북극탐험가 · 동물학자 · 정치가》

*마음의 고통은 육체의 고통보다 더 나쁘다.
《**프리니우스 사일러스** / 프랑스 · 가톨릭 주교》

*바쁜 벌은 슬퍼할 시간이 없다.
《**윌리암 블레이크** / 영국 · 시인》

*고독은 지혜의 최선의 유모이다.
《**시텔르네** / 영국 · 극작가》

*믿음은 사랑의 마지막의 것이다.
《상 테브르몽》

*극도의 슬픔은 우리들을 다시 하나님과 맺어 준다.
《**단테** / 이탈리아 · 시인》

*고독 없이는 아무것도 달성할 수 없다. 나는 예전에 나를 위해 일종의 고독을 만들었다.
《**피카소** / 프랑스 · 화가》

*신에 대한 믿음이 적은 사람은 식욕의 노예가 되기 쉽다.
《**사아디** / 프랑스 · 소설가》

*극도의 슬픔은 오래 계속되지 않는다. 어떠한 사람이라도 슬픔에 지쳐 버리거나, 익숙해지고 만다.
《**메타스타시오** / 영국 · 시인》

*무턱대고 기도하기 보다는 열심히 일을 하라. 마음만 진실하면 기도가 없어도 하늘이 지켜 줄 것이다.
《에스파니아 명언》

*슬픔은 남에게 터 놓고 이야기 함으로서 완전히 가시지는 않을망정, 누그러질 수 있다.
《**칼데론** / 스페인 · 극작가》

*만나고, 알고, 사랑하고, 이별하는 것. 이것이 대부분의 인간들의 슬픈 사연이다.
《**콜리지** / 영국 · 시인 · 평론가》

*2급 사상가는 아마 곤란한 모든 문제를 먼데서 바라보고, 그리고 몸을 지키는 사람들이다. 그것은 싸우지 않아도 피로해졌다는 것이다.
《**아랑** / 프랑스 · 소설가》

*말로 슬픔을 덜 수는 없다.
《**고르키** / 러시아 · 문호》

*슬픔은 가끔 행운에서 발생한다.
《**괴테** / 독일 · 시인 · 극작가》

*나의 생애에 있어, 허다한 난관에 닥쳐서 실망하지 않은 것은 믿음 때문이었다.
《**아인슈타인** / 미국 · 물리학자》

*모든 인간적인 것은 슬프다. 유모어의 가장 깊은 근원은 기쁨이 아니라 슬픔이다. 천국에는 유우모어가 없다.
《**토우엘** / 독일 · 극작가》

*인내력이 약한 사람은 그만큼 인생에 있어서 약한 사람이다.
《**러셀** / 영국 · 철학자 · 평론가》

*사람이 죽는 것은, 언제든지 너무 이르거나 늦거나 한다.
《**사르트르** / 프랑스 · 작가 · 평론가 · 철학자》

*신이 우리들을 죽이기 위하여 절망을 보내는 것은 아니다. 신이 그것을 우리에게 주시는 것은, 우리 안에 새로운 생명을 불러 일으키기 위해서다.
《**헷세** / 독일 · 소설가 · 시인》

*고민은 마음에 가두어 둘수록 자신을 해친다.
《**N · 피일** / 미국 · 신학박사》

*모든 지식은 의혹에서 시작되며 신앙에서 끝난다.
《**엣센바흐** / 독일 · 작가》

*신앙은 모든 지식의 처음이 아니라 끝이다.
《괴테 / 독일 · 시인 · 극작가》

*슬픔은 언제나 혼자서 오지 않는다. 뒤에서 떼를 지어 몰려 오는 법이다.
《세익스피어 / 영국 · 시인 · 극작가》

*고뇌에 항복하는 것은 약한 자이지만, 그것을 길러 두는 자는 바보다.
《몽테뉴 / 프랑스 · 사상가 · 모랄리스트》

*인간의 약점이라는 것이 인생을 탐구하는데 필요하게 되는 수가 가끔 있다.
《메테르링크 / 벨기에 · 시인 · 극작가 · 수필가》

*신앙이 존재하는 곳에 신이 존재한다.
《세르반테스 / 스페인 · 소설가 · 극작가 · 시인》

*절망은 심리적으로 볼 때, 진퇴양난의 궁지를 의미한다. 그러나, 모든 문제는 반드시 해결책이 있다는 것을 믿으며 살아야 한다. 어려운 문제일수록 먼저 조용히 행동해야 한다.
《피일 / 영국 · 정치가 · 수상》

*고독은 지혜의 최선의 유모다.
《시텔르네 / 영국 · 극작가》

*우리를 시시각각으로 괴롭히는 수많은 사소한 불행은 우리를 연마해서 커다란 불행에서 견딜 수 있는 힘을 주며, 행복하게 된 후에도 마음이 풀리지 않도록 단결시키는 사명을 가지고 있다.
《쇼펜하우워 / 독일 · 철학자》

*세속에 어울리고 휩쓸려 생활하기는 매우 쉽다. 고독한 환경에 있으면서 자기의 의견에 따라 생활하는 것도 극히 쉽다. 그러나, 군중과 뒤섞여 유유히 고독한 독립을 지킴은 위인만이 하는 일이다.
《**에머슨**/미국 · 사상가 · 시인》

*죽음이 마지막 잠인가? 아니다. 죽음은 최후의 깨어남이다.
《**W · 스코트**/영국 · 변호사》

*위인은 가치를 감추고 힘없는 나만이 남겨져 있다. 그래도 좋다! 그 수줍은 고독을 되찾자. 나에게는 아직 이「마음」과 배우는 길이 남아 있다.
《**위고**/프랑스 · 시인 · 소설가 · 극작가》

*인간의 생활은 절망의 저편에서 시작된다.
《**사르트르**/프랑스 · 작가 · 평론가 · 철학자》

*고독이여! 현인들이 네 얼굴에서 발견한 매력은 어디 있는가.
《**윌리엄 쿠퍼**/영국 · 시인》

*고귀한 사상을 몸에 지닌 사람은 결코 고독하지 않다.
《**필립 시드니**/영국 · 시인 · 정치가》

*누구 하나 아는 사람 없는 군중 속을 헤치고 갈 때 만큼 뼈 아프게 고독을 느낄 적은 없다.
《**괴테**/독일 · 시인 · 극작가》

*고독하게 살아라! 그것은 말하기는 쉬워도 실행하기는 극히 어렵다. 거의 절대적으로 어려운 일이다.
《**뤼케르트**/독일 · 시인 · 동양어학자》

*인간이면서 동물의 위치로 전락했을 때 인간은 죽음과 고통을 느낀다.
《**톨스토이**/러시아 · 작가》

*명예로운 죽음은 안락한 삶보다 값지다.
《**소크라테스**/그리이스 · 철학자》

*모든 역경 중에서 가장 딱한 불행은 지금까지 행복했었다는 것이다.
《**보에티우스**/로마 · 철학자》

*자연은 무한히 나누어진 신이다.
《**실러**/독일 · 시인 · 극작가》

*어떠한 불행 속에도 행복은 남겨져 있다. 어디에 좋은 일이 있으며, 어디에 나쁜 일이 있는지를 우리가 모르고 있을 따름이다.
《**게오르규**/루마니아 · 망명작가》

*사람의 불행과 행복을 좌우하는 것은 비교(比較)이다.
《**T · 풀러**/영국 · 성직자》

*길을 잘못 밟아들은 사람은 자기의 위험한 상태를 과장하는 것을 무엇보다도 조심하지 않으면 안 된다.
《**니체**/독일 · 시인 · 철학가》

*자신의 고뇌를 세밀하게 살펴 보는 것이야 말로 자신의 마음을 위로하는 수단이다.
《**스탕달**/프랑스 · 소설가》

*죽음보다 강한 자는 누구냐? 죽음이 닥쳐와도 웃을 수 있는 사

람이다.
《**뤄케르트** / 독일 · 시인 · 동양어학자》

*인내는 일을 해나가는 일종의 자본이다.
《**발자크** / 프랑스 · 소설가》

*절망이란 어리석은 자의 결론이다.
《**B · 디즈레일리** / 영국 · 정치가》

*죽을 때를 모르는 자는 살 때도 모른다.
《**러스킨** / 영국 · 비평가 · 사회사상가》

*자기가 옳다는 증거로서 자기의 고통을 간직하지 않으면 안 된다.
《**키에르케고르** / 덴마크 · 사상가》

*죽음을 두려워 하지 않는 자에게 무엇을 두려워 하라고 하겠는가.
《**실러** / 독일 · 시인 · 극작가》

*「산에는 왜 오르는가?」
「산이 거기 있기 때문이다.」
《**G · 마로리** / 영국 · 작가》

*어떤 일도 견딜 수 있는 사람은 어떤 일도 끝까지 실천할 수 있는 사람이다. 인내는 희망을 자아내는 기술이다.
《**보브날그** / 프랑스 · 모랄리스트》

*내 주위에 있는 모든 고통을 바라보고 나는 언제나 함께 괴로와 하지 않을 수 없다. 인간의 고통에 대해서 뿐만 아니다. 모든

생물의 고통에 대해서도 마찬가지이다.
《슈바이처 / 프랑스 · 신학자 · 철학자 · 의사 · 음악가》

*무릇 인간이 자발적으로 고뇌를 받는 동안에는, 또 그것으로 자신을 즐겁게 하는 자유 의사를 갖고 있다.
《니체 / 독일 · 시인 · 철학가》

*고독이 좋은 것이라는 것을 우리들은 인정하지 않을 수 없다. 그러나 또한, 고독은 좋은 것이라는 것을 이야기할 수 있는 상대를 가지는 것은 하나의 기쁨이 될 수 있다.
《발자크 / 프랑스 · 소설가》

*인간은 죽는다. 그러나, 반항하면서 죽어야겠다.
《까뮈 / 프랑스 · 소설가 · 극작가 · 평론가》

*역경에서 죽음을 경시하기는 쉬운 일이다. 불행한 채로 살 수 있는 사람은 더욱 용감한 사람이다.
《몽테뉴 / 프랑스 · 사상가 · 모랄리스트》

*고난은 사람의 진가를 증명하는 기회이다.
《에피크로스 / 그리스 · 철학자》

# 행복(幸福)에 대하여

*행복한 날에는 즐기고, 재앙이 있는 날에는 생각하라. 신은 이 두 가지를 함께 보내셨다.
《성서》

*사람은 행복할 때에, 그에게 행복을 부여한 미덕을 잊지 않도록 해야 한다.
《**모로아** / 프랑스 · 소설가》

*종교가 없으면 교양의 조화가 없고, 따라서 인생의 거룩한 의의가 상실된다.
《**쉴라이엘마허어** / 독일 · 신학자》

*하나님은 행복만을 주기 위하여 인간을 만든 것이 아니다.
《**R · 프린트** / 미국 · 평론가》

*인간은 대개의 경우, 인기라든가 행운만을 척도로 삼아 인간의 평가를 한다.
《**라 로슈푸코** / 프랑스 · 모랄리스트》

*불행 속에서도 위대할 수 있다는 것. 그것은 행복이다.
《**R · 후고** / 영국 · 성직자》

*우리들은 모두 남의 불행에 견딜 수 있을 만큼 행복하다.
《**라 로슈푸코** / 프랑스 · 모랄리스트》

*내세의 행복이 현재의 그것과 같이 자세하게 이해된다면, 살고 있다는 것은 고통스럽게 될 것이다.
《**토머스 브라운** / 영국 · 저술가》

*행복은 잃기가 쉽다. 행복이란 항상 분에 넘치는 것이기 때문이다.
《**카뮈** / 프랑스 · 소설가 · 극작가 · 평론가》

*행복한 이야기가 무슨 소용이냐? 행복을 준비하는 것, 이어서 이것을 파괴하는 자만이 이야기하면 족하다.
《**지이드** / 프랑스 · 소설가》

*자기 자신을 행복하다고 생각하지 않는 인간은 결코 행복해질 수 없다.
《**큐로스** / 미국 · 시인》

*불행한 많은 사람들은 올바른 노력을 하면 행복해질 수 있다.
《**러셀** / 영국 · 철학자 · 평론가》

*괴로움이여, 고민이여, 무더기로 덤벼라!
《**세익스피어** / 영국 · 시인 · 극작가》

*종교에 신학이 있는 것은 음식물에 독물이 있는 것과 비슷하다.
《**나폴레옹** / 프랑스 · 황제》

*아름다운 웃음은 집안의 태양이다.
《**삭카레** / 영국 · 소설가》

*행복에 대한 큰 장해는 지나친 행복을 바라는 일인 것이다.
《**라 로슈푸코** / 프랑스 · 모랄리스트 · 공작》

*운은 우리에게서 부를 빼앗을 수는 있어도 용기를 빼앗을 수는 없다.
《**세네카** / 로마 · 철학자》

*근심하는 자 같으나 항상 기뻐하고 가난한 자 같으나 많은 사람을 부하게 하고 아무것도 없는 자 같으나 모든 것을 가진 자로다.
《신약 고린도후서》

*진정으로 현명하려면 평범한 속에서 행복하게 사는 것을 아는 것만으로는 부족하다. 최후의 시기가 왔을 때, 모든 것을 냉정하게 버리는 것을 알고 있지 않으면 안 된다.
《**라메트리** / 프랑스 · 의학자 · 철학자》

*행복은 대항의 의식 속에는 없다. 협조의 의식 속에 있다.
《**지이드** / 프랑스 · 소설가》

*최대의 행복을 완성하려는 데 있어서 최소의 악도 행해서는 안 된다.
《**파스칼** / 프랑스 · 수학자 · 철학자》

*자신이 소화할 수 있는 이상의 여러 신앙을 삼켜서는 안 된다.
《**하베로크 에리스** / 영국 · 의사 · 심리학자》

*사람은 자기가 생각하듯이 행복하지도 불행하지도 않다.
《**라 로슈푸코** / 프랑스 · 모랄리스트》

*기쁜 마음으로 일하고, 그리고 행한 일을 기뻐할 수 있는 사람은 행복하다.
《**괴테** / 독일 · 시인 · 극작가》

*우리는 타인에게 행복을 나누어 주는 것과 정비례로 그것만큼 자기의 행복을 더하게 하는 것이다.
《**벤덤** / 영국 · 철학자 · 법학자》

*근로하여 얻은 빵보다 더 맛있는 것은 없다.
《**스마일즈** / 영국 · 저술가》

*행복이란 같은 취미와 같은 의견을 가진 사람들의 교제로써 촉진된다. 인간적 행복을 원하는 사람은 칭찬을 더 많이 하고 시기심을 줄여야만 한다.
《**러셀** / 영국 · 철학자 · 평론가》

*개인적인 행복을 향해서 나아간다는 것은, 우리들 속에 있는 동물적인 것을 지속시키는데 지나지 않다. 인간적인 생활은 그를 부정함과 동시에 비로소 개시된다.
《**아미엘** / 스위스 · 문학자 · 철학자》

*미소라는 것은 정신이 우수하고 훌륭하다는, 가장 미묘하고도 역연한 징표이다.
《**생트 뵈브** / 프랑스 · 비평가 · 시인 · 소설가》

*언제나 먼데로만 가려는가. 보라, 좋은 것은 가까운데 있는 것을. 다만 행복을 얻는 방법을 배우면 된다. 행복은 언제나 눈 앞에 있으니까.
《**괴테** / 독일 · 시인 · 극작가》

*행복한 생활은 총명한 타협에 있다.
《서양 격언》

*행복을 바르게 본다는 것은, 자연히 불행이 바르게 되는 기초

가 된다.
《**몽테뉴** / 프랑스 · 사상가 · 모랄리스트》

*사람과 아주 비슷하게 닮았기 때문에 원숭이가 더욱 추해 보이는 것처럼, 미신은 참된 종교와 비슷한 이유로 해서 더욱 추하다.
《**F · 베이콘** / 영국 · 철학자》

*모든 인간의 가장 기본적인 특징은 행복에의 추구다. 이 행복에의 추구가 온갖 인간행동의 가장 근본적인 동기다.
《**뒤파유** / 영국 · 작가》

*크고 작고 간에 고통이 뒤따르지 않는 행복이 이 세상에 있을까?
《**M · 올리판트** / 브라질 · 시인》

*행복을 유지하려면 불행에 처할 때 이상으로 큰 용기가 필요하다.
《**라 로슈푸코** / 프랑스 · 모랄리스트 · 공작》

*진실한 종교는 바위 위에 쌓아진다. 그렇지 못한 종교는 시대의 흐름에 흔들린다.
《**F · 베이콘** / 영국 · 철학자》

*웃음은 인간에게만 허용된 것이며, 이성이 가지는 특권의 하나이다.
《**리이 핸드** / 스웨덴 · 지리학자》

*사람은 매우 빨리 습관을 가지게 된다. 사람은 행복하게 살기 위하여 돈을 벌려고 생각하고, 인생의 모든 노력과 행복은 이 돈

벌이를 위해 집중한다. 행복은 잊어버려지고, 수단이 목적으로 생각되는 것이다.
《**카뮈** / 프랑스 · 소설가 · 극작가 · 평론가》

*인간은 남이 행복하지 않은 것을 극히 당연한 것으로 생각하면서도, 우리 자신이 행복하지 않은데 대해서는 언제나 이해를 하지 못한다.
《**엣센바흐** / 독일 · 작가》

*사랑과 웃음이 없는 곳에는 즐거움이 있을 수 없다. 사랑과 웃음 속에서 살아라!
《**호라티우스** / 로마 · 시인》

*어떠한 불행 속에도 행복은 숨어 있는 법이다. 다만 어디에 좋은 것이 있고 어디에 나쁜 것이 있는가를 모르고 있을 뿐이다.
《**게오르규** / 루마니아 · 망명작가》

*행복은 서로 나누어 갖도록 만들어져 있는 것 같다.
《**라신느** / 프랑스 · 작가》

*시기(猜忌) 없는 행복은 없다.
《**P · 발데크** / 프랑스 · 시인》

*사람이란 연약하고 불행한 동물이다. 그의 영혼에 신의 불이 붙을 때까지는.
《**톨스토이** / 러시아 · 작가》

*인간이 이 세상에 존재하는 것은 부자가 되기 위해서가 아니라 행복하게 되기 위해서다.
《**스탕달** / 프랑스 · 소설가》

*남을 위하여 일을 할 수 있다는 것은 나의 최대의 행복이었으며 즐거움이었다.
《**베에토벤**/독일·작곡가》

*지배하거나 복종하지 않는 인간만이 정말로 행복하고 위대하다.
《**괴테**/독일·시인·극작가》

*아무 것도 모르는 것이 가장 행복한 것이다.
《서양 격언》

*누구나 행복에 대해서 말하지만, 그것을 아는 사람은 거의 없다.
《**잔느·롤랑**/프랑스·정치가》

*행복한 사람이란 객관적으로 살고 있는 사람이다. 자유로운 애정과 광범위한 흥미를 갖고 있는 인간이다.
《**러셀**/영국·철학자·평론가》

*사람은 자기의 행복을 만들어 내는 대장장이다.
《서양 격언》

*행복의 원천은 감성 속에 있는 것이 아니라 활동 속에 있다.
《**힐티**/스위스·사상가》

*행복의 층계는 미끄러운 것이다.
《로마 격언》

*많거나 적거나 고통을 가지지 않고 살 수 있는 그런 행복이 이 세상에 있을까.
《**M·올리판트**/브라질·시인》

*행복이란, 자기의 영혼을 존귀한 것으로 느끼는 일이다. 이것 이외에 행복이라는 것은 없다. 따라서 행복은 비탄(悲嘆) 중에서도, 회한(悔恨) 중에서도 존재할 수가 있는 것이다.
《**쥬베르**/프랑스 · 모랄리스트》

*갈망은 행복이다. 행복으로서의 포만은 갈망의 최후의 순간이다.
《**니체**/독일 · 시인 · 철학가》

*우리들은 자기가 생각하고 있는 것처럼 행복하지도 않고 불행하지도 않다.
《**라 로슈푸코**/프랑스 · 모랄리스트 · 공작》

*『나는 불행하다는 데서 행복감을 느낀다』고, 때로는 말해도 좋을 것이다.
《**잔 · 파울**/독일 · 작가》

*나는 지금까지 자기의 욕망을 충족시키려고 애쓰는 것보다는, 그것을 제한함으로써 행복을 구하는 것을 배워왔다.
《**J · S · 밀**/영국 · 철학자 · 경제학자》

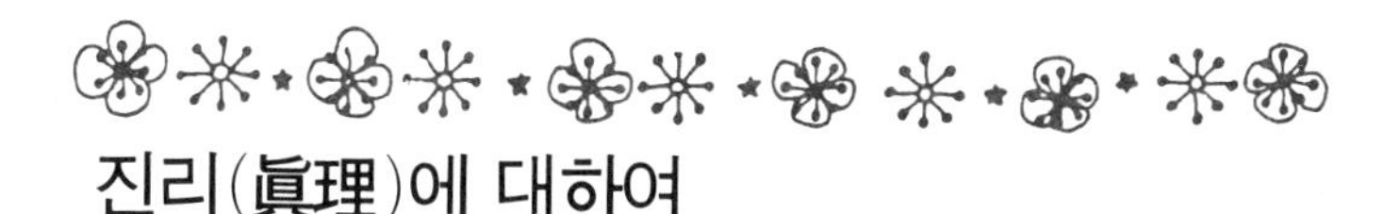

# 진리(眞理)에 대하여

*열권, 스무권의 철학책을 읽기보다는 단 한번 정말로 자기의 아내를 사랑하는 편이 좋다.
《영국 격언》

*천재, 그것은 결코 없다. 다만 노력과 방법이 있을 뿐이다. 부단히 계획하는 데 있다.
《**로당** / 프랑스 · 조각가》

*근면한 생활을 해야 한가한 시간을 벌 수 있다.
《**페니** / 미국 · 철학자》

*구하라 그러면 주어질 것이다. 물으라 그러면 채워질 것이다. 두드리라 그러면 열릴 것이다.
《성서》

*절대적 진리라는 것은 결코 없다. 그것은 날마다 입수하는 빵과 같은 것이다.
《**라뇨오** / 프랑스 · 비평가》

*인생의 목적은 행위이지 사상이 아니다.
《**카알 라일** / 영국 · 평론가》

*진리는 아름다운 얼굴을 하고 있으나 더러운 옷을 입고 있다.
《서양 격언》

*그대의 행동을 낮게 하고 희망을 높게 하라.
《**G·허버트**/영국·목사·시인》

*자연의 추이(推移)에 따르라. 그녀의 비밀은 인내다.
《**에머슨**/미국·사상가·시인》

*격에 맞지 않는 선행은 악행이다.
《**엔니우스**/로마·시인》

*완전한 것은 하늘의 척도이며, 완전하려고 하는 것은 인간의 척도이다.
《**괴테**/독일·시인·극작가》

*꾹 참으라. 무슨 일이 있던 최후까지 인내하라.
《**혹크스**/영국·경제학자》

*나는 완고(頑固)한 덕보다는 융통성이 있는 악덕을 좋아한다.
《**몰리에르**/프랑스·극작가·배우》

*희망에 부풀어 여행하는 것은 목적지에 도달하는 것보다 훨씬 좋다.
《**스티븐슨**/영국·소설가·시인》

*생각은 계량(計量)하는 것이다.
《**라뇨오**/프랑스·비평가》

*인간은 그저 한 번에 한 가지 일밖에 명백하게 생각할 수 없는 동물이다. 그래서 한 번에 두 가지, 세 가지 일을 생각하게 하려는 것은 인간에 대한 무리한 요구이다.
《**쇼펜하우워**/독일·철학자》

*겸손은 하나의 장식이다. 그런데 이 장식을 하지 않은 채 사람들은 돌아 다닌다.
《**그릴파르처** / 오스트리아 · 극작가》

*확실한 것도 모순되는 것은 얼마든지 있다. 허위인 것도 모순이 없는 것이 얼마든지 있다. 모순되는 것이 허위의 표시도 아니고, 모순되지 않는 것이 진리의 표시는 아니다.
《**파스칼** / 프랑스 · 수학자 · 철학자 · 종교사상가》

*지나친 자유는 더욱 더 욕망을 쌓게 한다. 물욕(物慾)이란 저축과 함께 역시 증가할 뿐이다.
《**드라이덴** / 영국 · 시인 · 극작가 · 비평가》

*오류(誤謬)로 들어가는 길은 수 없이 많다. 그러나 진리에 이르는 길은 단 하나이다.
《**룻소** / 프랑스 · 사상가 · 소설가》

*매일을 그대를 위한 최후의 날이라고 생각하라. 그렇게 하면 기대하지도 않던 오늘을 얻어 기쁨을 맛볼 것이다.
《**호라티우스** / 로마 · 시인》

*이 일은 나로서는 도저히 할 수 없다고 스스로 믿고 덤벼드는 것은, 그것을 스스로 될 수 없게 하는 수단이다.
《**워너메이커** / 미국 · 실업가》

*좁은 길로 들어와서 멸망으로 가는 문은 크다. 그 길은 넓어서 그리로 가는 사람이 많다. 생명에 이르는 문은 좁다. 그 길은 좁고 이것을 발견하는 사람은 적다.
《성서》

*악덕은 사랑과 같다. 사랑은 그것 때문이라면 무엇이든 희생을 하니까.
《**구르몽**/프랑스·문예평론가·시인·소설가》

*현명한 사람은 한 번의 인생으로 충분하지만, 어리석은 사람은 영원한 생명을 주었다 해도 그것을 어떻게 써야 좋을지 모를 것이다.
《**솔제니친**/소련·소설가》

*오직 미래를 구축하는 것만이 과거를 심판할 권리가 있다.
《**니체**/독일·시인·철학가》

*너의 길을 걸어가라. 남들은 멋대로 지껄이라고 해라.
《**단테**/이탈리아·시인》

*자기 자신이 경험하지 못하면, 진리를 포함하는 말의 뜻을 이해하지 못하는 수가 많다.
《**J·S·밀**/영국·철학자·경제학자》

*희망은 한 치 앞도 볼 수 없는 바다 위가 아니면, 그 아름다운 나래를 펼칠 수가 없다.
《**에머슨**/미국·사상가·시인》

*인내를 가진 사람은 그가 바라는 것은 무엇이든 손에 넣을 수가 있다.
《**프랭크린**/미국·정치가》

*이 세상에서 성공하려면 바보처럼 보이면서 실은 영리하지 않으면 안 된다.
《**몽테스큐**/프랑스·사상가》

*청년의 덕은 수줍음, 중년의 덕은 정의, 노인의 덕은 지혜에 있다.
《**아랑** / 프랑스 · 소설가》

*감사는 당연히 지불해야 할 의무다. 그러나 아무도 그것을 기대할 권리를 가지고 있지 않은 의무인 것이다.
《**룻소** / 프랑스 · 사상가 · 소설가》

*너는 인생이란 무엇인가라고 묻는다. 이것은 마치 인삼은 무엇인가 하는 것과 마찬가지다. 인삼은 인삼인 것이다. 이 이상 아무도 알지 못하고 있다.
《**체호프** / 러시아 · 소설가 · 극작가》

*우리는, 경멸할 과거 위에 장래를 건설할 수 없다.
《**아랑** / 프랑스 · 소설가》

*타락한 자유인은 최악의 노예다.
《**다비트 가리크** / 프랑스 · 극작가》

*여자는, 커다란 잘못은 용서할 것이다. 그러나 작은 모욕은 결코 잊어 버리지 않는다.
《**토머스 해리버어튼** / 영국 · 작가》

*모든 위대한 행위, 모든 위대한 사상은 사람을 바보로 한 것인 예가 있다. 우수한 작품은 이따금 어떤 길모퉁이나 레스트랑에서 태어난다.
《**카뮈** / 프랑스 · 소설가 · 극작가 · 평론가》

*신성한 의무 앞에서는 죽음의 문이라도 돌입한다.
《**아문젠** / 노르웨이 · 극지탐험가》

*인간의 의식은 객관적인 세계를 반영할 뿐 아니라, 다시 그것을 창조하기도 한다.
《**아랑** / 프랑스 · 소설가》

*커다란 결점을 갖는다는 것은 오직 위대한 사람만의 특권이다.
《**라 로슈푸코** / 프랑스 · 모랄리스트 · 공작》

*생명이 있는 한, 희망은 있다.
《**세르반테스** / 스페인 · 소설가 · 극작가 · 시인》

*남자가 여자를 사랑하게 되면 그 여자를 위해서 무엇이든지 해주지만, 단 한가지 해주지 않는 것은 언제까지든지 계속해서 사랑해 주는 일이다.
《**와일드** / 영국 · 시인 · 소설가 · 극작가》

*인생은 선도 아니고 악도 아니다. 그것은 그대들의 배려에 따라 선이나 혹은 악의 무대가 된다.
《**몽테뉴** / 프랑스 · 사상가 · 모랄리스트》

*진리는 진리의 체계 속에 갇혀지면 상실된다고 확신한다. 체계는 부분이 서로 지탱하며 유지되는 세계라서 결코 사고(思考)가 아니다.
《**아랑** / 프랑스 · 소설가》

*인간을 일하게 하고 활동하게 하는 것은, 모두 희망이다. 그러므로 허위가 아닌 유일한 사상은 물모의 사상이다.
《**카뮈** / 프랑스 · 소설가 · 극작가 · 평론가》

*돈 주머니가 빈 뒤에 절제는 이미 늦다.
《**세네카** / 로마 · 철학자》

*개인의 악덕은 사회의 이익이다.
《**망데비르** / 프랑스 · 시인》

*만일 사상은 옮겨진다는 것이 사실이라면, 사상은 장소를 바꿈에 따라서 변할 것이라는 것도 그에 못지 않게 진실일 것이다.
《**모로아** / 프랑스 · 소설가》

*어떠한 행동도 수반하지 않는 사상은 사상이 아니다. 그것은 몽상이다.
《**마루틴** / 스위스 · 인류학자》

*진리의 존부(存否)에 대한 논쟁은 하기 어렵다. 오직 진리의 한계(限界)에 대해서만은 논쟁이 되는 것이다.
《**루우드빗히 베르네** / 독일 · 평론가》

*새로운 진리의 정해진 운명은 언제나 이단(異端)에서 시작되며 미신에서 끝나는 법이다.
《**토머스 헉슬리** / 영국 · 생물학자》

*진리를 말하려면 두 사람이 필요하다. 한 사람은 설명하기 위해, 또 한 사람은 듣기 위해서.
《**도로** / 미국 · 철학자 · 시인》

*새로운 진리가 낡은 오류보다도 위험하다는 법은 없다.
《**괴테** / 독일 · 시인 · 극작가》

*인생은 한 권의 책과 같다. 어리석은 사람은 그것을 마구 넘겨가지만 현명한 인간은 열심히 읽는다. 왜냐하면 그는 단 한번 밖에 그것을 읽지 못한다는 것을 알기 때문이다.
《**샹포르** / 프랑스 · 도덕가》

*나는 진실과 허위를 구별해서, 나자신이 행하는 것을 직시하고 이 인생의 길을 확실한 발걸음으로 걷고 싶다.
《**데카르트**/프랑스·철학자·수학자·물리학자》

*성공에는 많은 공포나 불쾌가 수반되는 수가 있고, 실패에도 만족이나 희망이 생기는 수가 있다.
《**F·베이콘**/영국·철학자》

*어떤 사람이건, 남에게 속는 거와 같이 자신에게도 속는다.
《**크레비유**/프랑스·극작가》

*진정으로 위대한 인간의 최초의 시련(試鍊)은 그의 겸손이라고 생각한다.
《**러스킨**/영국·비평가·사회사상가》

*작은 일에 몸을 너무 몰두하는 사람은 일반적으로 큰 일을 할 수 없다.
《**라 로슈푸코**/프랑스·모랄리스트·공작》

*성공하는 사람은 송곳처럼, 어떤 한 점을 향하여 일한다.
《**보비이**/스코트랜드·작가》

*생각하는 것은 재는 사람의 작용이며 재는 기계작용이 아니다.
《**아랑**/프랑스·소설가》

*진리는 인간이 보존하고 있는 최고의 것이다.
《**쵸오서어**/영국·시인》

*악이란 약함이다.
《**밀톤**/영국·시인》

*시작이란 없다. 제군이 가다가 걸린 곳부터 하면 된다. 방법은 흥미에 따라 생겨날 것이다.
《**로당**/프랑스 · 조각가》

*자신이 의식하고 있는 겸손은, 이미 교만이다.
《**엣셀바흐**/독일 · 작가》

*이 세상에서 감사의 과도만큼 아름다운 과도는 없다.
《**라 브르이에르**/프랑스 · 모랄리스트》

*진리는 독단(獨斷)과는 병립하지 않는다.
《**메라메드**/미국 · 작가》

*시간은, 사색하는 자에게는 짧고, 욕망하는 사람에게는 끝이 없다.
《**아랑**/프랑스 · 소설가》

*나는 항상 청년의 실패를 흥미를 갖고 본다. 청년의 실패야 말로 그의 성공의 척도이다.
《**모르토케**/독일 · 군인》

*누구나 단번에 비상한 악인이 되는 일은 없다.
《**유베나리우스**/로마 · 시인》

*사는 것만이 중요하다. 살아 있기만하면 모든 것의 이면을 알 수 있다.
《**생트 뵈브**/프랑스 · 비평가 · 시인 · 소설가》

*진리는, 적이건 아군이건 모두 초월한다.
《**실러**/독일 · 시인 · 극작가》

*정직은 최량의 책략이다.
《서양 속담》

*인내는 희망을 갖기 위한 기술이다.
《보브날그/프랑스 · 모랄리스트》

*자신은 성공의 제일 첫번째 비결이다.
《에머슨/미국 · 사상가 · 시인》

*여자란 무엇인가, 자연의 굉장한 실책(失策)에 지나지 않는다.
《쿠울리이/프랑스 · 작가 · 평론가 · 번역가》

*진리와 자연은 결코 시대에 뒤지는 일이 없다.
《B · 디즈레일리/영국 · 정치가》

*많은 사람들은 고뇌로 인해 비로소 인생의 존귀함을 안다. 이 개인적인 강한 인상을 보면, 인생은 그 존귀함을 그들에게 표시할 수가 없다.
《짐멜/독일 · 철학자 · 사회학자》

*고귀한 일은 모두 처음에는 「불가능한 일」로 보인다.
《카알 라일/영국 · 평론가》

# 생활(生活·삶)에 대하여

*모든 사람들과 즐겁게 생활하기 위해서는 자기와 남을 절연시키는 것이 아니라, 자기와 남과를 연결시키는 것이 최상이라고 생각하라.
《**톨스토이**/러시아·작가》

*처세에서 성공하려면 어리석은 척하면서 현명해야 한다는 것을 나는 깨달았다.
《**몽테스큐**/프랑스·사상가》

*사람과 사람의 대화 없이 생활은 존재하지 않는다.
《**카뮈**/프랑스·소설가·극작가·평론가》

*한 번도 위험한 곳에 몸을 투입한 일이 없는 사람은 자기 용기를 믿을 수 없다.
《**라 로슈푸코**/프랑스·모랄리스트·공작》

*부드러운 말로 상대방을 설득할 수 없는 사람은 거치른 말로도 정복하지 못한다.
《**체호프**/러시아·소설가·극작가》

*영웅이란 자기가 할 수 있는 일을 한 사람이다. 그러나 평범한 사람은 할 수 있는 일은 하지 않고 될 수도 없는 것만 바라고 있다.
《**로망 로랑**/프랑스·소설가·극작가·평론가》

*남을 설득하려고 할 때는 자기가 먼저 감동하고, 자기를 설득하는 데서부터 시작해야 한다.
《**카알 라일** / 영국 · 평론가》

*자기가 경험한 것은 이해하고 있다고 생각하는 사람이 많이 있다.
《**괴테** / 독일 · 시인 · 극작가》

*인간을 위대하게도 만들고 비소하게 만들기도 하는 것은 그 사람의 뜻이다.
《**실리** / 영국 · 역사가》

*인간은 기회만 있으면 나쁜 짓을 한다.
《**아리스토텔레스** / 그리스 · 철학자》

*인간의 약함은 우리를 사교적으로 만든다.
공통된 불행이 우리들의 마음을 서로 결합시킨다.
《**룻소** / 프랑스 · 사상가 · 소설가》

*현실을 직시하는 마음에 진정한 이상이 생긴다.
《**괴테** / 독일 · 시인 · 극작가》

*마음에도 없는 말보다는 침묵이 도리어 사교성을 해치지 않는다.
《**몽테뉴** / 프랑스 · 사상가 · 모랄리스트》

*행하는 일이 없이 욕심을 내면 부패가 생긴다.
《**모로아** / 프랑스 · 소설가》

*친구의 결점에만 관심을 갖는 인간이 있다. 그러나 그것은 쓸

데 없는 짓이다. 나는 나의 적의 공적에 주목했다. 그렇게 하므로써 오히려 많은 귀중한 이익을 얻었다.
《괴테 / 독일 · 시인 · 극작가》

*재능 있는 어린이에게 대개의 경우, 가정은 온실이거나 소방도구에 지나지 않는다.
《엣센바흐 / 독일 · 작가》

*영웅은 보통 사람보다 용기가 있는 것이 아니라 그저 5분쯤 용기가 더 지속될 뿐이다.
《에머슨 / 미국 · 사상가 · 시인》

*아직 아무도 지나치게 소박한 생활을 했다고 후회하는 사람은 없다.
《톨스토이 / 러시아 · 작가》

*일이 즐거움이라면 인생은 낙원이다. 일이 의무라면 인생은 지옥이다.
《고르키 / 러시아 · 문호》

*이유없는 질책은 재치 있는 칭찬의 한 형식이다.
《엣센바흐 / 독일 · 작가》

*만일 한쪽만이 나쁘다면 싸움은 오래 가지 않을 것이다.
《라 로슈푸코 / 프랑스 · 모랄리스트 · 공작》

*태만은 살아 있는 죽음이다.
《영국 금언》

*온갖 사람들이 성공한 생활이라고 인정하는 것도 생활의 한 형

식에 지나지 않는다. 다른 형식을 희생시켜 가면서까지 하나의 형식만을 거창하게 내세우는 것은 무슨 까닭일까?
《**솔로**/그리스·정치가·시인》

*육체에 꼭 맞는 옷만을 입히지 말고, 양심에 꼭맞는 옷을 입도록 하라.
《**톨스토이**/러시아·작가》

*가정은 도덕상의 학교다.
《**페스탈로치**/스위스·교육가》

*「홈·스위트·홈」이것은 틀림없이 독신자가 만든 말일 것이다.
《**S·버틀러**/영국·소설가》

*좋은 생활을 유지하고 있을 때는 성급하게 그것을 고치려 들지 말고 안정을 구하는 것이 좋다. 반면에 살기 곤란한 생활이라면 올바르게 될 때까지 계속 흔들라.
《**테오그니스**/그리스·시인》

*소위 어린이와 같은 순진한 생활의 기쁨이란 동물적인 기쁨에 지나지 않는다.
《**체호프**/러시아·소설가·극작가》

*언제나 뒷맛이 남는 것은 비방 뿐만 아니라 자화자찬도 그러하다.
《**F·베이콘**/영국·철학자》

*만약 개인의 사상이 그 표정에 나타나면 어떠한 단란함도 성립되지 않고, 모든 가정의 결합도 끊어지고 말 것이다.
《**엣센바흐**/독일·작가》

*대중은 여자와 같다. 자기를 지배해 줄 자의 출현을 기다릴 뿐, 자유를 주어도 어리둥절할 뿐이다.
《**히틀러** / 독일 · 수상》

*사십 세가 넘으면, 남자는 자기의 습관과 결혼해 버린다.
《**메레디스** / 영국 · 소설가 · 시인》

*삼십분이란, 티끌과 같은 시간이라고 말하지 말고 그 동안이라도 티끌과 같은 일을 처리하는 것이 현명한 방법이다.
《**괴테** / 독일 · 시인 · 극작가》

*모든 인간을 사랑하고, 소수의 사람만을 믿으며, 누구에게도 악을 행해서는 안 된다.
《**세익스피어** / 영국 · 시인 · 극작가》

*망각 없이 행복은 있을 수 없다.
《**모로아** / 프랑스 · 소설가》

*생각하지 않고 읽는 것은 잘 씹지 않고 먹는 것과 같다.
《**버어크** / 영국 · 정치가 · 미학자》

*거짓말을 할 기회가 전혀 없다는 것으로는 정직하다고 할 수 없다.
《**슈니츨러어** / 오스트리아 · 소설가 · 극작가》

*기술이란 과잉된 것의 생산이다. 인간은 기술에 의해서 과잉을 만들어내는 존재다.
《**올테가 이 가셋트** / 스페인 · 철학자》

*자연은 우리에게 걷기 위한 다리를 준 것과 같이 인생에 처하

기 위한 지혜도 주었다. 지혜라면 철학자들이 생각해낸 것 같은 교묘하고 굳건하며, 과장된 것이 아니고 우리에게 알맞고 평이하며, 건강한 지혜이다.
《**몽테뉴** / 프랑스 · 사상가 · 모랄리스트》

*위대한 사람의 자세란 하나 밖에 없다. 가능한 한 인간이 되는 것, 평범하게 보이려고 하는 것.
《**롱펠로우** / 미국 · 시인》

*기억력을 쓰지 않고 나의 판단력을 움직임으로써 도움을 준다.
《**몽테뉴** / 프랑스 · 사상가 · 모랄리스트》

*그대를 괴롭히고 있는 불행을 머리 속에서 쫓아내려면 일에 몰두하는 외에 방법이 없을 것이다.
《**베에토벤** / 독일 · 작곡가》

*고통이 그대에게 준 것을 충분히 음미하라. 괴로움이 일단 목을 넘어가면 그 쓴 맛은 형언할 수 없는 감미로운 맛을 혀에 남길 것이다.
《**괴테** / 독일 · 시인 · 극작가》

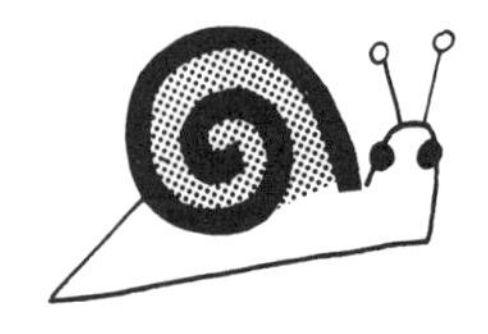

# 사회(社會)에 대하여

*생활에 대하여 여러 가지 요구를 내세워, 자기 인생의 행복을 광범위한 기초 위에 세우고자 하는 방식은 되도록 피하는 것이 좋다.
《**쇼펜하우워** / 독일 · 철학자》

*가장 신성한 진리는 최대 다수(最大多數)의 최대 행복(最大幸福)이 도의(道義)와 법률(法律)의 기본이라는 데 있다.
《**벤덤** / 영국 · 철학자 · 법학자》

*개인의 자유는 무한정으로 허용될 수 없다.
개인은 타인에게 방해를 주어서는 안 된다.
《**J · S · 밀** / 영국 · 철학자 · 경제학자》

*사소한 지출을 조심하라. 작은 구멍이 큰 배를 침몰시키는 경우가 있으므로.
《**프랭크린** / 미국 · 정치가》

*가난이 계속되면 과다한 향락이 계속된 경우와 같이 사람이 우둔해진다.
《**엣센바흐** / 독일 · 작가》

*속아서 잃은 돈만큼, 유리하게 쓴 것은 없다. 말할 것도 없이 그 돈으로 지혜를 산 셈이 되니까.
《**쇼펜하우워** / 독일 · 철학자》

*금전에 대해서는 경솔하게 처신하지 말라, 금전은 품행이다.
《리튼 / 영국 · 소설가》

*그릇된 의견도, 만일 그것과 싸울 수 있는 이성의 자유가 보장된다면, 이를 참을 수 있다.
《제퍼슨 / 미국 · 제 3 대 대통령》

*노동은 인류의 생활토대이며, 인간의 생활복지, 그리고 행복의 원천이다.
《카이로프 / 프랑스 · 조각가》

*돈으로 신용을 얻으려고 생각지 말라. 신용으로 돈을 얻도록 노력하라.
《테미스토크레스 / 그리스 · 장군 · 정치가》

*현명한 자들을 뽑아, 그들에게만 직언의 자유를 주라.
《마키아벨리 / 이탈리아 · 역사학자 · 정치이론가》

*폭력으로 이긴 자는 적을 반 밖에는 이기지 못하는 것이다.
《밀튼 / 영국 · 시인》

*네가 탐내는 것을 사지 말라, 필요한 것만을 사라.
《카토 / 로마 · 정치가》

*인생은 바다, 사공은 돈이다. 사공이 없으면 세상을 잘 타고 넘어갈 수가 없다.
《맥 케린 / 미국 · 경제학자》

*살아 있는 인간이 죽은 사람보다 더 자선을 필요로 한다.
《G · 아아놀드 / 영국 · 시인》

*전쟁에서 이기느냐, 지느냐, 사느냐, 죽느냐, 그 차이는 눈 깜짝할 사이에 생긴다.
《**객아더** / 미국 · 군인》

*빚과 부채에 의존하고 있는 가정 생활에는 아무런 자유도 정의도 없다.
《**입센** / 노르웨이 · 극작가》

*정신 생활이 모든 분야에서 진실로 우수한 사람이란, 항상 무엇이든지 그냥 주지 않고 모든 것은 대가를 치루고 구축하지 않으면 안된다는 것을 가장 잘 아는 사람이다. 그들은 일을 함에 있어서 장애가 없는 것을 두려워하여 스스로 그것을 만들기까지 하는 것이다.
《**발레리** / 프랑스 · 시인 · 비평가 · 사상가》

*질서는 사회의 힘이다.
《**아미엘** / 스위스 · 문학자 · 철학자》

*인간에게서 좋은 것은 젊은 감정과 늙은 사상뿐이다.
《**쥬베르** / 프랑스 · 모랄리스트》

*투표는 총알보다 강하다.
《**링컨** / 미국 · 제16대 대통령》

*사회 속에서 사회의 한 구성 분자로서의 개인을 완성하자.
《**존 · 듀이** / 미국 · 철학가 · 교육가》

*전진하는 것도 위험하며, 뒤돌아 보는 것도 위험하고, 몸을 흔드는 것도 또한 위험하다.
《**니체** / 독일 · 시인 · 철학가》

*나는 가장 옳은 전쟁보다도 옳지 않은 평화를 좋아한다.
《**키케르**/로마 · 문인 · 철학자 · 정치가 · 변론가》

*정객(政客)은 다음 선거의 일을 생각하고, 진정한 정치가는 다음 세대의 일을 걱정한다.
《**클라크**/영국 · SF 작가》

*이웃의 번영은 결국 우리 자신의 번영이다.
《**러스킨**/영국 · 비평가 · 사회사상가》

*인간 내면 생활이 이처럼 쓴 행복을 맛보게 하는 것은 다름이 아니라, 그것이 반은 천사이며 반은 야수이기 때문이다.
《**코오시 헬츠**/독일 · 학자》

*지배하는 것을 배우기는 쉽지만 통치하는 것의 습득은 어렵다.
《**괴테**/독일 · 시인 · 극작가》

*경제학이란 세상에서 빈곤을 없애기 위한 학문이다.
《**마샬**/영국 · 경제학자 · 신고전학파의 창시자》

*고생 없이 얻을 수 있는 진실로 귀중한 것은 하나도 없다.
《**에디슨**/미국 · 발명가》

*우리들 인간에 대한 최악의 죄는 인간을 미워하는 것이 아니고 무관심이다. 그것이 무정(無情)의 엣센스인 것이다.
《**버너드 쇼**/영국 · 극작가》

*어떠한 독재정치도 대다수의 피지배자의 동의없이는 오래 존재할 수가 없다.
《**모로아**/프랑스 · 소설가》

*순순히 노예가 되는 「런던」보다, 잿더미가 되는 「런던」이 차라리 낫다.
《**처어칠** / 영국 · 정치가》

*돈으로 신용을 얻으려고 하지 말라. 신용으로 돈을 만들려고 노력하라.
《**테미스토크레스** / 그리스 · 장군 · 정치가》

*두 사람이 같은 창살 속에서 밖을 내다보고 있다. 한 사람은 진구렁을, 또 한 사람은 별을…….
《**프레드릭 랭브리지** / 미국 · 작가》

*사람은 언제나 모국에 밀착한다.
《**안데르센** / 덴마크 · 문학자 · 동화작가》

*사람이 정치에 관계하는 이상, 몸소 전면에 나서야 한다. 그러므로 경우에 따라서는 암살당하는 것도 각오해야 한다.
《**나폴레옹** / 프랑스 · 황제》

*부자들의 쾌락은 가난한 사람들의 눈물로 얻어진다.
《**토머스 플러어** / 영국 · 성직자》

*정의는 사회의 지주이다.
《**A · 스미드** / 영국 · 경제학자 · 철학자》

*인간 최고의 도덕이란 애국심이다.
《**나폴레옹** / 프랑스 · 황제》

*인간은 선천적으로 사회적인 동물이다.
《**아리스토텔레스** / 그리스 · 철학자》

*나는 자식을 잃었지만 핏줄이 끊어진 것은 아니다. 휴우머니티, 이것이야말로 핏줄을 이어 주는 것이기 때문이다.
《**M · 힐슈**/ 독일 · 극작가》

*왕관을 쓴 머리에는 안면이 없다.
《**세익스피어**/ 영국 · 시인 · 극작가》

*무질서는 붕괴이며 죽음이다.
《**카알 라일**/ 영국 · 평론가》

*숭고한 인간과 못난 인간과는 한 발 차이밖에 나지 않는다.
《**나폴레옹**/ 프랑스 · 황제》

*일은 친구를 만든다.
《**괴테**/ 독일 · 시인 · 극작가》

*정치와 같은 도박은 없다.
《**디즈렐리**/ 영국 · 정치가》

*돈을 버는 사람은 빈둥거리며 걷지 않는다. 돈을 저축하는 사람은 좀체로 거드름을 피우지 않는다.
《**리튼**/ 영국 · 소설가》

현대 고사성어

1994년 1월 10일 초판 인쇄
2013년 1월 20일 14쇄 발행

편저자 : 편 집 부
발행자 : 유 건 희
발행처 : 삼성서관

등 록 : 제300-2002-153호
등록일 : 1992. 10. 9
주 소 : 서울 종로구 창신동 457-33
전 화 : 763-1258, 764-1258

* 잘못된 책은 교환해 드립니다

정가 20,000원